Inhaltsverzeichnis

Junge Menschen in Beruf, Familie und Gesellschaft
Zusammenleben gestalten

**Junge Menschen im Staat
Demokratische Prozesse mitgestalten**

Junge Menschen in Europa und der Welt
Sich in Europa und der Welt zurechtfinden und engagieren

Vorwort

Demokratie aktiv gestalten

Politik betrifft uns alle

Täglich übermitteln uns die Medien aktuelle Nachrichten aus Deutschland, Europa und der Welt. Hinter Schlagworten wie demografischer Wandel, Strukturwandel, Klimawandel, europäische Integration, Globalisierung verbergen sich politische Entscheidungen, Prozesse und Probleme, die jeden von uns betreffen.

Demokratie braucht aktive Bürgerinnen und Bürger

Wir leben in einem demokratischen Staat. Demokratie braucht – wie keine andere Staats- und Regierungsform – aktive Bürgerinnen und Bürger, die sich mit gesellschaftlichen und politischen Themen auseinandersetzen, sich in die Politik einmischen und den eigenen Standpunkt vertreten.

Lebendiger Unterricht

„Mitgestalten" will dazu beitragen, junge Menschen für Politik zu interessieren, damit sie ihre Interessen in einer immer komplizierter werdenden Welt besser vertreten können.

Vielfältiges und aktuelles Material

Das Autorenteam und der Verlag haben ein Buch entwickelt, das sich am Bildungsplan von Baden-Württemberg orientiert, gleichzeitig aber genügend Spielräume für besondere Schwerpunktsetzungen und die vertiefende Behandlung einzelner Themen möglich macht. Dabei werden unterschiedliche Vorkenntnisse der Schülerinnen und Schüler berücksichtigt. Die vielfältigen Materialien und Texte ermöglichen eine differenzierte Herangehensweise im Unterricht. „Mitgestalten" bietet damit nicht nur die Grundlage für einen abwechslungsreichen Unterricht, sondern ist auch die ideale Vorbereitung auf die Abschlussprüfung.

Kompetenzorientierung als Grundprinzip

Das kompetenzorientierte Lehrbuch „Mitgestalten" bietet eine Mischung aus Basisinformationen, Materialien zur Reflexion und Beurteilung sowie Ideen zum politischen Handeln. Zugleich ermöglicht es umfangreiches Methodentraining und Selbstreflexion des eigenen Lernfortschritts. Der Kompetenzerwerb wird als Prozess verstanden; und so steigert sich das Anforderungsniveau im Laufe der drei Schuljahre.

Einstieg ins Thema

Die Themen für jedes Schuljahr beginnen mit einem interessanten und lebendigen Einstieg, in dem in Wort und Bild dargestellt wird, worum es in den Kapiteln geht und welche Probleme und Fragen geklärt werden.

Zwei Seiten – ein Kapitel

Die einzelnen Kapitel sind nach dem „Doppelseiten-Prinzip" gestaltet: Jedes Kapitel umfasst zwei Seiten; die Materialien sind farblich gekennzeichnet und mit einer Nummer versehen, sodass sie leicht den entsprechenden Arbeitsvorschlägen zugeordnet werden können. Ergänzend dazu gibt es weiterführende Arbeitsvorschläge, die es Ihnen ermöglichen, ein Thema vertiefend zu bearbeiten.

Arbeitsvorschläge erleichtern die Arbeit

Die Marginalspalte der linken Seite bietet zusätzliche Informationen zu Personen, ergänzende Erklärungen oder statistische Angaben. Die Arbeitsvorschläge auf der rechten Seite sollen helfen, das Thema zu bearbeiten.

Die Farben des Kompetenzsymbols bei den Aufgabenvorschlägen bedeuten:

 Orange für Analysekompetenz

 Rot für politische Urteilskompetenz

 Violett für politische Handlungskompetenz

Blau für Kommunikative Kompetenz

So ist auf einen Blick zu erkennen, auf welche Kompetenz das Autorenteam bei der jeweiligen Aufgabe besonderen Wert legt.

Den Kompetenzen entsprechen bestimmte „Operatoren", sodass Sie auch darüber eine transparente Aufgabenstellung vorfinden. Zum Beispiel bedeutet die Formulierung „Analysieren Sie ..." immer Training der Analysekompetenz oder der Operator „Begründen Sie ..." Training der politischen Urteilskompetenz.

Das Autorenteam legt großen Wert auf das Training der Kommunikativen Kompetenz. So finden sich auch viele Aufgaben mit dem blauen Kompetenzsymbol.

Methodenkompetenz ist Voraussetzung für politische Handlungskompetenz. Deshalb gibt es in jedem Kapitel zwei Doppelseiten zu einer Methode. Die jeweilige Methode wird an einem Beispiel vorgestellt; dann kann sie selbst ausprobiert werden. Im Laufe der drei Unterrichtsjahre werden die Methoden immer komplexer. Am Ende verfügen die Schülerinnen und Schüler über einen Werkzeugkasten mit 18 unterschiedlichen Methoden.

Jedes Kapitel endet mit zwei besonderen Seiten. Beim „Wissens-Check" sind die wichtigsten Fachbegriffe und Basisinformationen zum jeweiligen Thema zusammengestellt. Beim „Kompetenz-Check" sind die wichtigsten Kompetenzen zusammengestellt, um die es in dem jeweiligen Kapitel geht. Beide „Check-Seiten" sollen Schülerinnen und Schülern dazu dienen, sich selbst zu überprüfen und die eigenen Fortschritte bzw. den Nachholbedarf zu reflektieren.

Zur Prüfungsvorbereitung finden Sie am Ende des Buches drei mögliche Prüfungsaufgaben des neuen Typus. Darüber hinaus enthält der Anhang sechs modulübergreifende Aufgabensätze, die eine inhaltliche Verbindung zwischen unterschiedlichen Kapiteln herstellen und unterschiedliche Kompetenzen erfordern. Der Umfang geht deutlich über eine „echte" Prüfung hinaus, vielmehr können Sie einzelne Aufgaben auswählen und zusammenstellen. Einen ausgearbeiteten Lösungsvorschlag hierzu finden Sie im Lehrerhandbuch.

Das Autorenteam und der Verlag hoffen, dass die Arbeit mit „Mitgestalten" nicht nur als Pflicht angesehen wird, sondern auch Spaß macht. Kritik und Anregungen nehmen wir gerne entgegen.

Autorenteam und Verlagsredaktion Allgemeinbildung

Junge Menschen in Beruf, Familie und Gesellschaft

Zusammenleben gestalten

Auszubildende und ihre Lebenswelt

Für Jugendliche beginnt ein neuer Lebensabschnitt, wenn sie eine Ausbildung beginnen. Sie nehmen in einem Beziehungsgeflecht verschiedene soziale Rollen ein, die an Erwartungen ihrer Mitmenschen gekoppelt sind. Dabei gerät man auch in Konflikte.

Welche Ziele habe ich im Leben?

Was ist das Besondere am Jungsein?

Wann ist man eigentlich erwachsen?

Ist die Familie das Modell der Zukunft?

Liebe – Ehe – Scheidung?

Wie kann man Konflikte lösen?

Strukturwandel der Gesellschaft

Die Lebenserwartung steigt, immer mehr ältere Menschen werden von immer weniger jungen versorgt. Die öffentlichen Kassen sind leer.

Menschen verlassen aus verschiedenen Gründen ihr Land auf der Suche nach einer neuen Heimat.

Deutschland entwickelt sich zu einer Informations- und Dienstleistungsgesellschaft.

Wie hat sich die Bevölkerungsstruktur in Deutschland verändert?

Warum verlassen Menschen ihre Heimat?

Welche Folgen hat Migration?

Wie haben sich die Sozialversicherungen in Deutschland entwickelt?

Wie hat sich unsere Arbeitswelt verändert?

Medien und Mediennutzung

Medien sind heute allgegenwärtig. Wir kommunizieren, shoppen, buchen Urlaub, informieren uns im Internet und arbeiten mit dem Computer. Neben den vielen Chancen, die uns das Informationszeitalter bietet, müssen wir uns auch über die Gefahren bewusst sein und uns schützen.

Wie sieht mein eigenes Nutzungsverhalten von Medien aus?

Wie kann ich vom Internet profitieren?

Welche Risiken birgt die digitale Welt?

Wie gehe ich kritisch und verantwortungsvoll mit digitalen Medien um?

Wie kann ich mich vor Gefahren im Internet schützen?

1.1 Ein neuer Lebensabschnitt

Soziale Rolle

Jedes Individuum befindet sich in einem privaten, beruflichen und gesellschaftlichen Beziehungsgeflecht. In jeder Position nimmt man eine Rolle ein, in der man bestimmte Aufgaben und Funktionen innehat. Beispiel: Man kann gleichzeitig Mutter, Tochter, Ehefrau, Freundin, Kollegin und Chefin sein.

Welche Rolle habe ich?

Sie haben die Schule beendet, vielleicht ein freiwilliges soziales Jahr absolviert, und nun beginnt ein neuer Lebensabschnitt – der Eintritt in das Berufsleben. Der Beginn einer Ausbildung bringt viele Neuerungen mit sich. Als Jugendlicher ist man mit vielfältigen Erwartungen konfrontiert – mit eigenen, aber auch mit denen im Berufsleben, in der Familie und Gesellschaft. Man befindet sich in verschiedenen sozialen Rollen, also verschiedenen Positionen im privaten und beruflichen Umfeld.

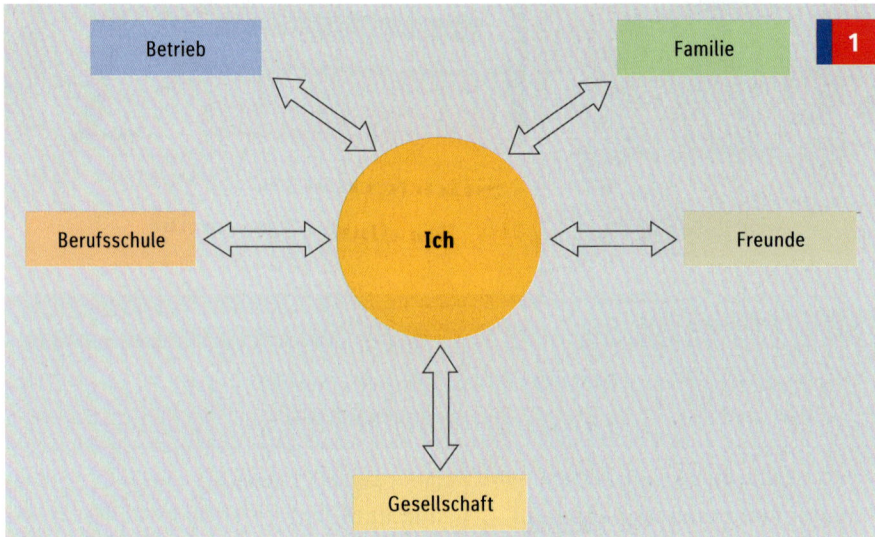

Formen von Erwartungen 2

Kann-Erwartung
Als Kann-Erwartung wird die Erwartung an eine Person bezeichnet, etwas zu tun, was nicht unbedingt notwendig ist. Man muss diese Erwartung nicht erfüllen. Wenn man sie aber erfüllt, dann ist das gut für das eigene Ansehen und man erhält Lob oder andere positive Rückmeldungen.

Soll-Erwartung
Soll-Erwartungen enthalten eine stärkere Anforderung an eine Person. Diese Erwartungen sind zwar nirgends aufgeschrieben, sie gehören aber zu den gesellschaftlichen Normen im sozialen Umfeld. Wenn jemand diese Erwartungen nicht erfüllt, drohen negative soziale Folgen.

Muss-Erwartung
Muss-Erwartungen sind Pflichten. Diese Erwartungen sind in Gesetzen verbindlich festgeschrieben. Erfüllt man sie nicht, wird man bestraft.

Vgl. Dahrendorf, Ralf Homo Sociologicus: Ein Versuch zur Geschichte, Bedeutung und Kritik der Kategorie der sozialen Rolle, VS Verlag für Sozialwissenschaften, Wiesbaden 2010

Wohin soll meine „Lebensreise" gehen?

Manche Jugendliche wissen frühzeitig, welchen (beruflichen) Weg sie einschlagen wollen, andere wiederum tun sich etwas schwer. Daher kann es hilfreich sein, sich zu überlegen, welche Ziele man im Leben anstrebt und wie man diese erreichen kann.

3

Partnerschaft • Kinder • finanzielle Sicherheit • Zufriedenheit • Ehe • Harmonie • Familie • Unabhängigkeit • gute Freundschaften • Spaß am Beruf • Erfolg im Beruf • sicherer Job • eigenes Haus/eigene Wohnung • Abwechslung • viel Freizeit • soziale Anerkennung • soziales Engagement • Selbstverwirklichung • Balance zwischen Berufs- und Privatleben • Gesundheit • Reisen

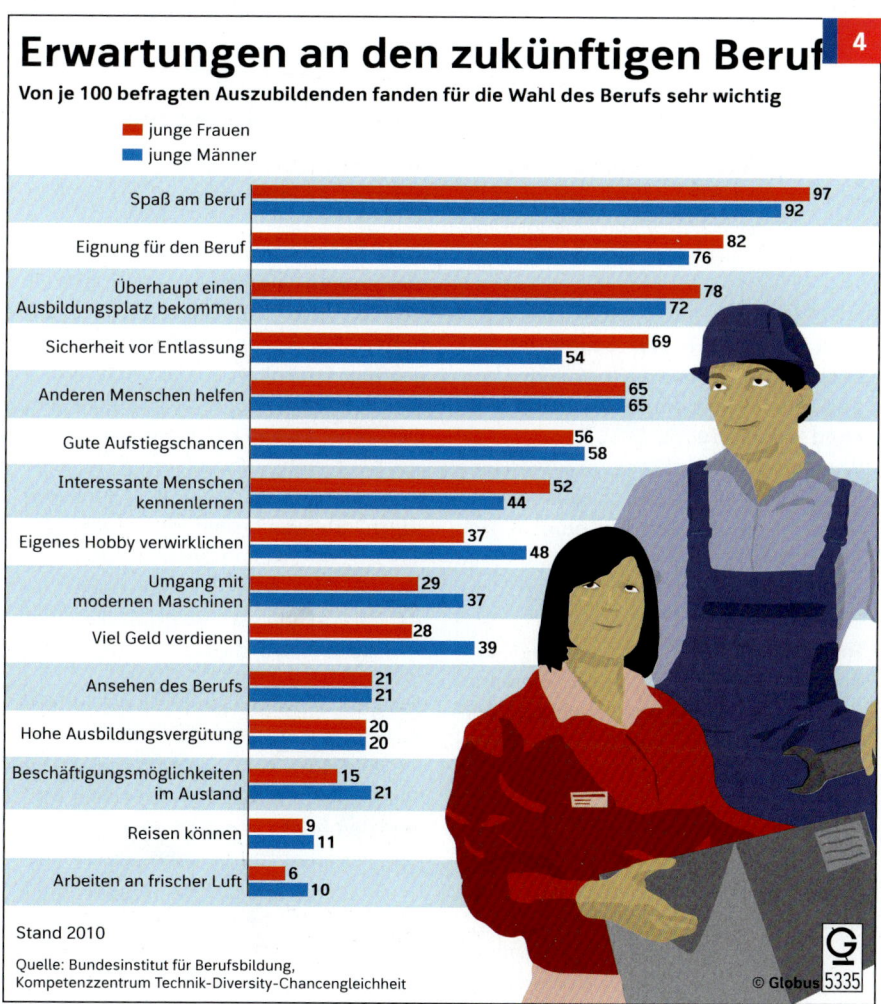

Erwartungen an den zukünftigen Beruf

4

Von je 100 befragten Auszubildenden fanden für die Wahl des Berufs sehr wichtig

■ junge Frauen
■ junge Männer

	junge Frauen	junge Männer
Spaß am Beruf	97	92
Eignung für den Beruf	82	76
Überhaupt einen Ausbildungsplatz bekommen	78	72
Sicherheit vor Entlassung	69	54
Anderen Menschen helfen	65	65
Gute Aufstiegschancen	56	58
Interessante Menschen kennenlernen	52	44
Eigenes Hobby verwirklichen	37	48
Umgang mit modernen Maschinen	29	37
Viel Geld verdienen	28	39
Ansehen des Berufs	21	21
Hohe Ausbildungsvergütung	20	20
Beschäftigungsmöglichkeiten im Ausland	15	21
Reisen können	9	11
Arbeiten an frischer Luft	6	10

Stand 2010

Quelle: Bundesinstitut für Berufsbildung,
Kompetenzzentrum Technik-Diversity-Chancengleichheit

© Globus 5335

ARBEITSVORSCHLÄGE

 1

Beschreiben Sie Ihre ersten Eindrücke zu Beginn Ihrer Ausbildung.

 1, 2

Überlegen Sie sich, welche Erwartungen Sie an sich selbst haben. Welche Erwartungen haben Betrieb, Berufsschule, Familie, Freunde, Gesellschaft? Setzen Sie diese in Beziehung.

 2

Diskutieren Sie in der Klasse, ob die allgemeinbildenden Schulen ausreichend auf die Anforderungen in der Berufsausbildung vorbereiten.

 3

Was sind Ihre Ziele im Leben? Wählen Sie aus den aufgelisteten Begriffen die zehn wichtigsten aus. Erstellen Sie davon Ihre persönliche Rangliste. Schreiben Sie auch auf, wie Ihr Leben in einem Jahr, in drei und in zehn Jahren aussehen soll.

 4

Machen Sie in der Klasse eine Umfrage zu den Gründen für Ihre Berufswahl und stellen Sie die Ergebnisse in Prozentangaben dar.

Die Shell-Jugendstudien

Die Deutsche Shell AG veröffentlicht ca. alle vier Jahre Jugendstudien. Darin werden Zukunftsperspektiven, gesellschaftliches Engagement und politische Orientierung junger Menschen zwischen 12 und 25 Jahren untersucht. Die neueste Studie erschien 2015.

> „Die Jugend liebt heutzutage den Luxus. Sie hat schlechte Manieren, verachtet die Autorität, hat keinen Respekt vor den älteren Leuten und schwatzt, wo sie arbeiten sollte."
> (Das Zitat wird dem griechischen Philosophen Sokrates zugeschrieben.)

1

Was bedeutet Jugend?

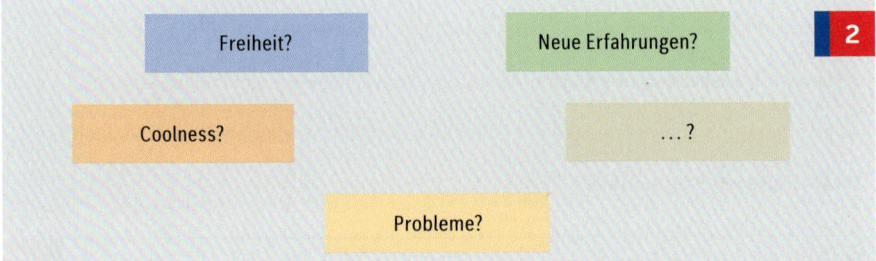

Freiheit?

Neue Erfahrungen?

Coolness?

…?

Probleme?

2

Von wegen Null-Bock – Jugendliche wollen mitgestalten

3

Prof. Dr. Gudrun Quenzel, Kulturwissenschaftlerin an der TU Dortmund und Mitautorin der 17. Shell-Jugendstudie, spricht in einem SWR-Interview über die Jugend von heute.

Frau Quenzel, in der Studie ist tatsächlich von einem Aufbruch der jungen Generation die Rede, woran machen Sie den fest?
Wir sehen, dass diese pragmatische Generation sich bewegt, dass dieser enge Fokus auf den Nahbereich sich öffnet und dass politisches Interesse steigt, dass der Idealismus steigt, dass Toleranz ein wichtiger Wert wird, dass Interesse an Umweltschutz steigt. Und an dem Anstieg all dieser Elemente sehen wir, dass die Jugend sich aus diesem engen Fokus auf den Nahbereich öffnet, auf die Gesellschaft hin.

Wie zeigt sich denn konkret das steigende Interesse an der Politik? Wie sind Jugendliche heute politisch vor allem aktiv?
Sie sind vor allem aktiv über Online-Petitionen, Teilnahme an Demonstrationen, im Warenboykott. Was aber vor allem steigt, ist gar nicht so sehr die politische Aktivität, sondern das Interesse an Politik, das Interesse am Weltgeschehen, am Ukraine-Konflikt, an den Flüchtlingen, an Innenpolitik, an

Bildungspolitik, da sehen wir ein zunehmendes Interesse. […]

Das Thema Zuwanderung beschäftigt die jungen Menschen auch hier in Deutschland. Und auch da, Toleranz haben Sie schon erwähnt, ist eine größere Offenheit zu verzeichnen.
Ja, seit 2002 steigt der Anteil derjenigen, die sagen: Eigentlich können wir durchaus noch mehr Zuwanderer in Deutschland aufnehmen. Der Anteil derer, die sagen: So wie bisher ist es sehr gut, bleibt gleich. Also insgesamt haben wir eine größere Offenheit gegenüber Zuwanderern, und was steigt, ist die Angst vor Ausländerfeindlichkeit.

Da gibt es aber auch Unterschiede zwischen Ost und West, oder?
Ja, im Osten von Deutschland ist die Skepsis gegenüber Zuwanderung größer. Das liegt sicherlich an vielen Dingen, vor allem aber an den anderen Lebensbedingungen in Ostdeutschland. Die ostdeutschen Jugendlichen sind noch nicht so sehr in den Genuss dieser Entspannung auf dem Arbeitsmarkt, dieser größeren Ausbildungsplatzvielfalt gekommen. Das heißt, sie haben noch mehr damit zu tun, ihren Platz in der Gesellschaft zu finden, und deswegen haben sie auch noch größere Ressentiments. […]

Das Smartphone, auch das ein Ergebnis der Studie, ist zum wichtigsten Lebensbegleiter geworden, und 99 Prozent sind inzwischen online. Was bedeutet das für die junge Generation?

Das bedeutet, dass das Smartphone einfach dabei ist, es gehört zum Leben dazu. Jugendliche sind online, nicht nur mit dem Smartphone, sondern auch mit anderen Geräten. Sie sind fast täglich online, im Schnitt 18 Stunden in der Woche. Es gehört zum Leben, aber sie wissen auch, dass sie mit ihren Daten vorsichtig sein müssen, da haben sie durchaus eine große Skepsis gegenüber größeren Anbietern.

Und sie wissen auch, dass Facebook-Freunde keine echten Freunde sind.

Das heißt, es gehört zum Leben dazu, nimmt aber keine extrem dominante Stellung ein.

Aber zwischen on- und offline wird bei den Tätigkeiten gar nicht mehr so sehr unterschieden, oder?

Es gibt natürlich Freizeitaktivitäten, die macht man eher offline, wie zum Beispiel Sport, und es gibt Freizeitaktivitäten, die sind stärker mit Online-Aktivitäten verbunden. Das kann man noch ganz klar unterscheiden, aber es mischt sich natürlich stärker: Man ist beim Sport und telefoniert dabei oder guckt sich noch irgendwelche Daten an. Und das vermischt sich zunehmend, weil man einfach permanent online ist. [...]

Höfer, Anja: Von wegen Null-Bock – Jugendliche wollen mitgestalten, 14.10.2015, abgerufen unter: www.swr.de/swr2/kultur-info/ergebnisse-der-shell-jugendstudie/-/id=9597116/did=16308066/ nid=9597116/12d3cfi/index.html [24.06.2016]

Die **Jugend** gibt es genauso wenig wie *die* Deutschen. Im Allgemeinen bezeichnet man den Lebensabschnitt zwischen Kindheit und Erwachsenenalter als Jugend. Die Grenzen sind allerdings fließend. Rechtlich ist das Jugendalter klar definiert – es dauert vom vollendeten 14. bis zum vollendeten 18. Lebensjahr. Das Verhältnis zwischen der Jugend und der älteren Generation ist häufig sehr gespannt – Fachleute sprechen vom **Generationenkonflikt** oder sogar vom „Krieg der Generationen".

Was macht Jugendlichen Angst? **4**
Angaben in % (in Klammern Jugendstudie 2010)
1. Terroranschläge 73 (61)
2. Krieg in Europa 62 (44)
3. Umweltverschmutzung 60 (60)
4. Wirtschaftliche Lage/ steigende Armut 51 (70)
5. Arbeitslosigkeit 48 (62)
6. Ausländerfeindlichkeit 48 (40)
7. Gewalt 39 (40)
8. Diebstahl 31 (31)
9. Zuwanderung 29 (27)

Was ist für meine Lebensgestaltung besonders wichtig? **5**
Angaben in % (in Klammern Jugendstudie 2010)
1. Freunde 89 (94)
2. Partnerschaft 85 (89)
3. Familienleben 72 (77)
4. Eigenverantwortung 69 (71)
5. Unabhängigkeit 64 (63)
6. Gesetz u. Ordnung 64 (61)
7. Lebensgenuss 58 (57)
8. Fleiß und Ehrgeiz 57 (60)
9. Gesundheit 57 (53)
10. Kreativität 55 (56)
11. Viele Kontakte 53 (64)
12. Sicherheit 51 (55)

Dr. Albert, Mathias/Dr. Hurrelmann, Klaus/Dr. Quenzel, Gudrun: Jugend 2015, Hamburg, 2015, hrsg. von Shell Deutschland Holding GmbH, Fischer Taschenbuch Verlag, S. 97/239

ARBEITSVORSCHLÄGE

 1, 2

Was bedeutet Jugend für Sie? Finden Sie eine Definition von „Jugend".

 3

Arbeiten Sie die wichtigsten Aussagen über die Jugend von heute aus dem Interview heraus. Vergleichen Sie die Ergebnisse mit ihren eigenen Erfahrungen.

 4, 5

Zu den Ergebnissen der Jugendstudie: Erstellen Sie in Ihrer Klasse Vergleichserhebungen und diskutieren Sie Ihre Ergebnisse.

WEITERFÜHRENDE HINWEISE

Informieren Sie sich unter **www.shell.de/jugendstudie**

Grundgesetz Artikel 12

(1) Alle Deutschen haben das Recht, Beruf, Arbeitsplatz und Ausbildungsstätte frei zu wählen [...]

Die Top Ten der Ausbildungsberufe 2015

Männliche Auszubildende

1. Kraftfahrzeugmechatroniker
2. Elektroniker
3. Kaufmann im Einzelhandel
4. Industriemechaniker
5. Anlagenmechaniker für Sanitär-, Heizungs- und Klimatechnik
6. Verkäufer
7. Fachinformatiker
8. Fachkraft für Lagerlogistik
9. Kaufmann im Groß- und Außenhandel
10. Kaufmann für Büromanagement

Weibliche Auszubildende

1. Kauffrau für Büromanagement
2. Medizinische Fachangestellte
3. Verkäuferin
4. Kauffrau im Einzelhandel
5. Zahnmedizinische Fachangestellte
6. Industriekauffrau
7. Friseurin
8. Hotelfachfrau
9. Fachverkäuferin im Lebensmittelhandwerk
10. Bankkauffrau

Bundesministerium für Bildung und Forschung (Hrsg.): Berufsbildungsbericht 2016, Bonn/Berlin, 2016, S. 33 f.

Interview zu Berufswahl und Ausbildung 1

Michelle, du bist 20 Jahre alt und lernst Hotelfachfrau im ersten Ausbildungsjahr. Ist das dein Traumberuf oder hast du dich auch für andere Berufe beworben?

Der Beruf ist zu meinem Traumberuf geworden. Nach dem Berufskolleg habe ich erst einmal im (mexikanischen) Restaurant meiner Eltern gearbeitet. Das hat mich dann animiert, in diese Richtung zu gehen. Somit wurde mir die Gastronomie sozusagen in die Wiege gelegt. Allerdings wollte ich nicht Restaurantfachfrau lernen, sondern lieber Hotelfachfrau, weil ich damit mehr Möglichkeiten habe. Das Ausbildungsspektrum ist einfach vielfältiger.

Es wird immer wieder berichtet, dass sich die Situation auf dem Lehrstellenmarkt entspannt hat und die Betriebe händeringend Azubis suchen. Stimmt dies mit deiner Erfahrung überein, oder musstest du viele Bewerbungen schreiben?

Ich habe sechs Bewerbungen geschrieben, war bei jedem Vorstellungsgespräch und hatte fünf Zusagen. Ich habe mich auch in weiter entfernten Städten beworben, aber da ich nicht umziehen wollte, habe ich schließlich eine Stelle in der Nähe angenommen. Vielleicht war ein Grund für die Zusagen auch der, dass ich bereits Erfahrung hatte. Viele Leute wissen nicht, was auf sie zukommt, und werden dann erst in der Ausbildung mit der Realität konfrontiert. Daher denke ich, dass ich durch meine mehrjährige Erfahrung durch das Arbeiten im elterlichen Betrieb bei der Ausbildungsplatzvergabe bevorzugt wurde.

Bist du in der Schule gut genug bei der Berufswahl unterstützt worden?

Insgesamt ja. Ich wusste schon in der 9. Klasse der Realschule, dass ich mich schulisch weiterbilden möchte. Aber natürlich machte ich einige Praktika und erhielt Unterstützung von Lehrern und Berufsberatern der Agentur für Arbeit. Gut fand ich die Einzelgespräche, bei denen auch die Eltern mit dabei sein konnten. So haben wir gemeinsam über meine Fähigkeiten gesprochen.

Auf der einen Seite wird in Deutschland viel über den drohenden Fachkräftemangel gesprochen, andererseits finden viele Schulabgänger nur schwer einen Ausbildungsplatz. Woran liegt das deiner Meinung nach?

Ich denke einfach, dass der Gastro-Bereich nicht sehr gefragt ist wegen der wechselnden Arbeitszeiten, Arbeit an Feiertagen sowie nachts und an Wochenenden. Das Gehalt ist auch nicht so hoch, dass es sich dafür lohnen würde. Es gibt allerdings auch Betriebe, die gezielt Volljährige nehmen, da bei ihnen die Arbeitszeiten flexibler sind.

Ich glaube auch, dass manche Berufe beliebter sind als andere. Gastronomie ist eher weniger gefragt, Jobs im Büro umso mehr. Man müsste manche Ausbildungsberufe attraktiver gestalten, z. B. durch höhere Vergütung. Manche Berufsschulen sind vom Betrieb weit weg, man hat also hohe Fahrtkosten. Es gibt auch Azubis, die während der Schulzeit für die Unterbringung im Internat bezahlen. Ich kenne Leute, die neben der Ausbildung auch noch auf 450-Euro-Basis jobben, um sich die Ausbildung leisten zu können. Für 16-Jährige, die gerade eine Ausbildung suchen, ist das schon abschreckend.

Du bist nun seit einem Dreivierteljahr in Ausbildung. Bist du zufrieden, wie es im Betrieb und in der Schule läuft?

In der Schule läuft es an sich gut. Naja, manchmal ist es etwas stressig durch den Blockunterricht. Bei der Arbeit sind die Ausbilder und die meisten Mitarbeiter nett. Bei manchen passt man sich an, damit man auskommt. Insgesamt finde ich beides gut.

... oder die Qual der Wahl?

Berufswahl und **Berufseinstieg** sind heute sehr viel schwieriger als früher. Der schnelle technische Wandel, die Globalisierung und wirtschaftliche Krisen führen zu großer Unsicherheit bei jungen Menschen, für welchen Beruf sie sich entscheiden sollen. Trotzdem ist die Berufswahl eine wichtige Weichenstellung im Leben.

Das Grundgesetz garantiert allen Menschen – unabhängig von Herkunft, Geschlecht, Hautfarbe und Religion – die freie Wahl des Ausbildungsplatzes. Ob man jedoch seinen „Traumberuf" ergreifen kann, hängt stark vom Angebot an Lehrstellen, von der wirtschaftlichen Lage und den persönlichen Leistungen ab.

Auch die Zahl der Schulabgänger/-innen schwankt stark. Besonders Jugendliche ohne Schulabschluss und mit Migrationshintergrund finden oft nur schwer einen Ausbildungsplatz.

In vielen Regionen gibt es Bildungsmessen und Ausbildungsbörsen, um die Jugendlichen bei der Ausbildungsplatzsuche zu unterstützen und zu beraten.

Schulabgänger/-innen und Schulabschlüsse

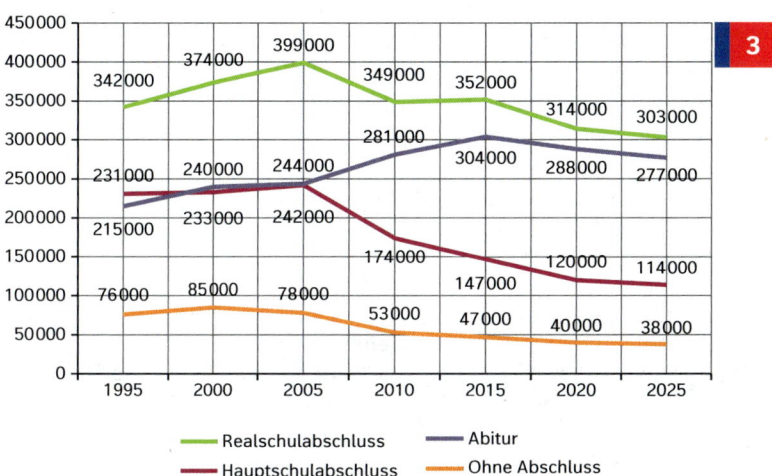

Vgl. Kultusministerkonferenz (Hrsg.): Vorausberechnung der Schüler- und Absolventenzahlen 2012 bis 2020, Statistische Veröffentlichungen der Kultusministerkonferenz Nr. 200, Berlin, 2013, S. 70–77

Ausbildungsplätze

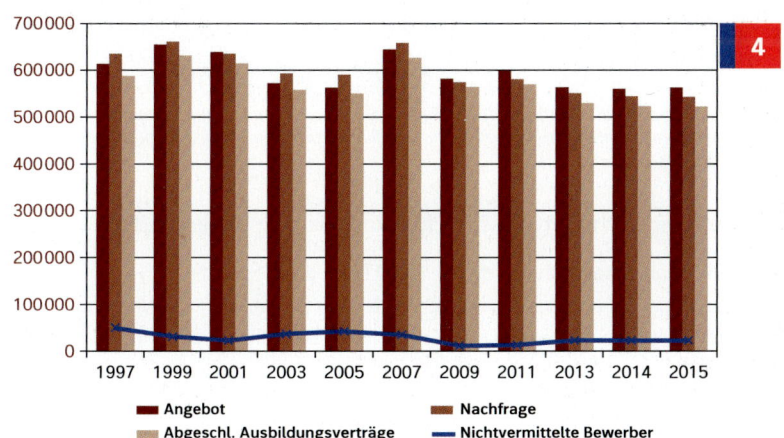

Vgl. Bundesministerium für Bildung und Forschung (Hrsg.): Berufsbildungsbericht 2016, Bonn/Berlin, 2016, S. 19

ARBEITSVORSCHLÄGE

 1

Ging es Ihnen beim Beginn Ihrer Ausbildung ähnlich wie Michelle oder haben Sie andere Erfahrungen gemacht?

Welche Voraussetzungen müssen Jugendliche heute besonders erfüllen, um einen Ausbildungsplatz zu bekommen?

2

Vergleichen Sie die Top Ten der gewählten Berufe junger Frauen und Männer. Welche Unterschiede können Sie feststellen?

3, 4

Erläutern Sie, welche Auswirkungen der Rückgang der Zahl der Schulabgänger/-innen
- bei der Suche nach einem Ausbildungsplatz,
- für die wirtschaftliche Entwicklung insgesamt hat.

WEITERFÜHRENDE HINWEISE

Das Bundesministerium für Bildung und Forschung veröffentlicht jedes Jahr einen Berufsbildungsbericht, der einen ausführlichen Überblick über alle Aspekte der Berufsbildung ermöglicht (www.bmbf.de).

Weitere Informationen über aktuelle Entwicklungen in der Berufsausbildung gibt es bei der Bundesagentur für Arbeit (www.arbeitsagentur.de) und dem Bundesinstitut für Berufsbildung (www.bibb.de).

Konflikt

Eine schwierige Situation, die durch unterschiedliche Auffassungen, Ansichten, Interessen etc. entsteht und zum Abbruch der Beziehung führen kann.

Mobbing

Beim Mobbing werden Personen systematisch und über einen längeren Zeitraum Opfer von Angriffen. Sie werden gedemütigt, seelisch verletzt und ausgegrenzt.

Pflichten des Auszubildenden

- Lernpflicht
- Sorgfaltspflicht
- Teilnahmepflicht
- Weisungen Folge leisten
- Einhalten der Betriebsordnung
- Bewahrungspflichten
- Krankheitsmeldung
- Pflicht zur Verschwiegenheit

Rechte des Auszubildenden

1. Angemessene Vergütung
2. Kostenlose Ausbildungsmittel
3. Freistellung für Ausbildungsmaß-nahmen
4. Arbeiten nur für das Ausbildungsziel
5. Besondere Kündigungsmöglichkeit
6. Möglichkeit, einen Teil der Ausbildung im Ausland zu absolvieren
7. Anspruch auf ein Zeugnis
8. Bildung einer Jugend- und Auszubildendenvertretung

Vgl. Bundesagentur für Arbeit (Hrsg.): Rechte und Pflichten der Auszubilden-den, 01.08.2013, abgerufen unter: www.arbeitsagentur.de/web/content/ DE/Unternehmen/Detail/index.htm?df ContentId=L6019022DSTBAI516774 [24.06.2016]

Konfliktsituation am Arbeitsplatz: Unangemessene Arbeitskleidung　　1

Fabian ist im zweiten Lehrjahr und hat viel Spaß bei seiner Ausbildung als Er-zieher im Städtischen Kindergarten. Als einziger Mann der ganzen Einrichtung lieben die Kinder ihn besonders. Auch die Eltern mögen seinen feinfühligen Umgang. Die Kindergartenleiterin Frau Krauss schätzt ihn als Mitarbeiter sehr. Was ihr allerdings missfällt, ist sein Outfit. Häufig erscheint er in ausgefal-lener Kleidung und neuerdings auch mit bunt gefärbten Haaren.

Als Frau Krauss Fabian eines Vormit-tags auf dem Flur begegnet, erblickt sie ein neues Augenbrauen-Piercing. Wü-tend zitiert sie ihn zu sich ins Büro. Er müsse sich als Vorbild für die Kinder angemessen kleiden und die Piercings bei der Arbeit entfernen! Fabian ver-steht nicht, warum sie plötzlich so strenge Kleidervorschriften macht. Bis-her habe sie doch nichts dagegen ge-habt, wie er sich kleide.

Wenn Menschen aufeinandertreffen, sind **Konflikte** manchmal unvermeidlich. Un-terschiedliche Erwartungen, Interessen und Vorstellungen begünstigen die Entste-hung von Konflikten. Besonders unangenehm sind Konflikte am Arbeitsplatz. In ex-tremen Fällen führen sie sogar zum Ausbildungsabbruch oder zur Kündigung einer Arbeitsstelle. Doch wie kann man Konflikte lösen?

Es gibt verschiedene lösungsorientierte Herangehensweisen, wie man Konflikte be-wältigen kann. Grundsätzlich sollten bei einem Konfliktgespräch Gesprächsregeln eingehalten werden.

Gesprächsregeln bei Konfliktgesprächen　　2

☺	☹
✓ aufmerksam zuhören	✗ Konfliktpartner beschuldigen
✓ bei Unklarheiten nachfragen	✗ sich rechthaberisch zeigen
✓ Anliegen klar und sachlich darlegen	✗ Vorwürfe machen
✓ Problem in Kürze darstellen	✗ jemanden angreifen
✓ höflich bleiben	✗ Person bewerten und beurteilen
✓ Blickkontakt halten	✗ beleidigen
✓ um Lösungsvorschlag bitten	✗ keine allgemeine Kritik äußern
✓ „Ich-Botschaften" verwenden	✗ „Du-Botschaften" verwenden

Vgl. Institut zur Fortbildung von Betriebsräten KG: Konfliktgespräche meistern, abgerufen unter: www.betriebsrat.de/mobbing-konflikt/grundsaetze-fuer-konfliktgespraeche/konfliktgespraeche-meis-tern.html [24.06.2016]

„Du-Botschaft" und „Ich-Botschaft" – Merken Sie den Unterschied?

„Du drückst dich doch jedes Mal davor, die Werkstatt zu kehren!"
„Mich ärgert es, dass ich jedes Mal länger dableiben muss, um die Werkstatt zu kehren. Ich lege Wert darauf, dass wir uns dabei abwechseln. Wie siehst du das?"

Umgang mit Konflikten: Konfliktlösungsstrategien

Um einen Konflikt konstruktiv zu bearbeiten und letztlich aufzulösen, ist es sinnvoll, einen „roten Gesprächsleitfaden" an der Hand zu haben. Es gibt verschiedene Konfliktlösungsmodelle, die manchmal auch die Hilfe Dritter erfordern, beispielsweise von Mediatoren.

Konfliktlösungsmodell „Gesprächsführung" in sechs Phasen

Das folgende Modell zur Konfliktlösung ist eine von vielen wirksamen Möglichkeiten, Konflikten zu begegnen und sie aus der Welt zu schaffen.

3

1. Phase: Gesprächseröffnung	Der Konfliktpartner mit dem größeren Gesprächsbedarf eröffnet das Gespräch. Benennen Sie das Anliegen und auch das Ziel des Gesprächs. Schaffen Sie eine Vertrauensbasis, auf der ein konstruktives Gespräch möglich ist.
2. Phase: Die eigene Betroffenheit beschreiben	Der Gesprächseröffner beschreibt sachlich den Konflikt in Ich-Botschaften und teilt auch seine Gefühle mit.
3. Phase: Die Sicht des anderen	Nun stellt der andere Konfliktpartner seine Sicht des Problems dar.
4. Phase: Lösungen vorschlagen	Die beteiligten Konfliktparteien suchen nach zufriedenstellenden Lösungen. Die Vorschläge werden bewertet.
5. Phase: Vereinbarung treffen	Es werden nun konkrete Vereinbarungen mit überprüfbaren Zielen getroffen: Z. B. Wer macht was? In welcher Zeit muss was erledigt werden? Wer spricht/ arbeitet/ tauscht mit wem?
6. Phase: Kontrolle der Vereinbarung	Nach der vereinbarten Zeit findet ein erneutes Treffen der Konfliktparteien statt. Es wird nun überprüft, ob die Absprachen eingehalten wurden.

Vgl. Institut zur Fortbildung von Betriebsräten KG: Verschiedene Modelle der Konfliktlösung, abgerufen unter: www.betriebsrat.de/mobbing-konflikt/konfliktloesungsmodelle/verschiedene-modelle-der-konfliktloesung.html [24.06.2016]

ARBEITSVORSCHLÄGE

 1

Lesen Sie das Fallbeispiel und klären Sie, welches Problem vorliegt. Beziehen Sie auch die Rechte und Pflichten des Auszubildenden ein.

Wie würden Sie den Konflikt im Fallbeispiel lösen?

 2, 3

Nennen Sie drei existierende Konflikte in Ihrem Betrieb. Suchen Sie zusammen mit Ihrem Lernpartner nach Lösungen. Führen Sie dazu ein Rollenspiel durch.

 3

Bilden Sie eine Beobachtergruppe in der Klasse und beurteilen Sie das Rollenspiel nach folgenden Kriterien:
- War die Argumentation sachlich?
- Wurden Gesprächsregeln eingehalten?
- Wurde für die Konfliktparteien eine akzeptable Lösung gefunden?

Entwickeln Sie weitere Strategien zur Konfliktvermeidung bzw. -lösung.

WEITERFÜHRENDE HINWEISE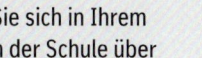

Informieren Sie sich in Ihrem Betrieb und in der Schule über konkrete Ansprechpartner bei Problemen (z. B. Personalrat, Betriebsrat, Beratungslehrer).

ABC-Methode

Bei der ABC-Methode schreiben Sie alle Buchstaben des Alphabets untereinander. Suchen Sie zu jedem Buchstaben mindestens einen Begriff, der mit dem Thema zu tun hat. Natürlich dürfen Sie auch Verben oder Adjektive aufschreiben. Auf diese Weise erhalten Sie ein weites Begriffsfeld, das Ihnen einen Überblick über ein Thema ermöglicht. Außerdem kann Ihnen die Methode auch dabei helfen, sich die wichtigsten Gesichtspunkte eines Themas zu merken.

Wenn alle ihre Liste ausgefüllt haben, erklärt jede Person, welche Bedeutung der jeweilige Begriff im Zusammenhang mit dem Thema hat.

Aufgabe

Sammeln Sie mithilfe der ABC-Methode alle Begriffe, die Ihnen zum Thema „Familie" einfallen. Begründen Sie anschließend mithilfe Ihrer Liste, was Familie für Sie bedeutet.

1. Einzelarbeit

Nehmen Sie ein Blatt Papier und notieren Sie das Thema „Familie" als Überschrift (s. Skizze rechts).

Schreiben Sie nun alle Buchstaben des Alphabets untereinander. Finden Sie anschließend mindestens einen Begriff zum Thema für jeden Buchstaben.

ABC-Methode

ABC-Methode	
THEMA: FAMILIE	
A	Achtung
B	Bündnis
C	Charakter
D	…

usw.

FÜR MICH BEDEUTET „FAMILIE": _____

_____

_____

2. Zweiergruppe

Vergleichen Sie Ihre Begriffe mit Ihrer Nachbarin/Ihrem Nachbarn. Ergänzen Sie Begriffe, die Sie selbst nicht gefunden haben.

3. Vierergruppe

Finden Sie gemeinsam geeignete Oberbegriffe zum Thema Familie und sortieren Sie Ihre ABC-Begriffe jeweils passend dazu ein. Wählen Sie eine geeignete Skizze dafür. Sie können auch eine Mindmap gestalten (s. S. 222).

4. Besprechung in der Klasse

Sprechen Sie anschließend in der Klasse darüber, was Familie für Sie bedeutet.

Diskutieren Sie über Gemeinsamkeiten und Unterschiede.

Grundgesetz Artikel 6

(1) Ehe und Familie stehen unter dem besonderen Schutze der staatlichen Ordnung.

(2) Pflege und Erziehung der Kinder sind das natürliche Recht der Eltern und die zuvörderst ihnen obliegende Pflicht. Über ihre Betätigung wacht die staatliche Gemeinschaft.

Familie 1964

Familie heute?

Familie 1900

Die **Familie** ist einem ständigen Wandel unterworfen. Dennoch ist sie seit mehreren hundert Jahren die dauerhafteste Form menschlichen Zusammenlebens. Die **Kleinfamilie** gibt es erst seit der Industrialisierung im 19. Jahrhundert. Sie löst die **Großfamilie** ab und besteht aus Vater, Mutter und den Kindern. Allerdings haben sich in den letzten Jahrzehnten neue Familienformen entwickelt. Die Familie übernimmt in unserer Gesellschaft wichtige Aufgaben. Sie ist Lebens- und Wirtschaftsgemeinschaft, sorgt für die Nachkommen und ist für die Erziehung der Kinder und deren gesellschaftliche Zukunft mit verantwortlich.

Das Grundgesetz verpflichtet den Staat, Ehe und Familie besonders zu schützen, zu fördern, bei der Erfüllung ihrer Aufgaben zu unterstützen und ihr bestimmte Aufgaben abzunehmen. Deshalb hat die staatliche **Familien- und Bildungspolitik** eine große Bedeutung.

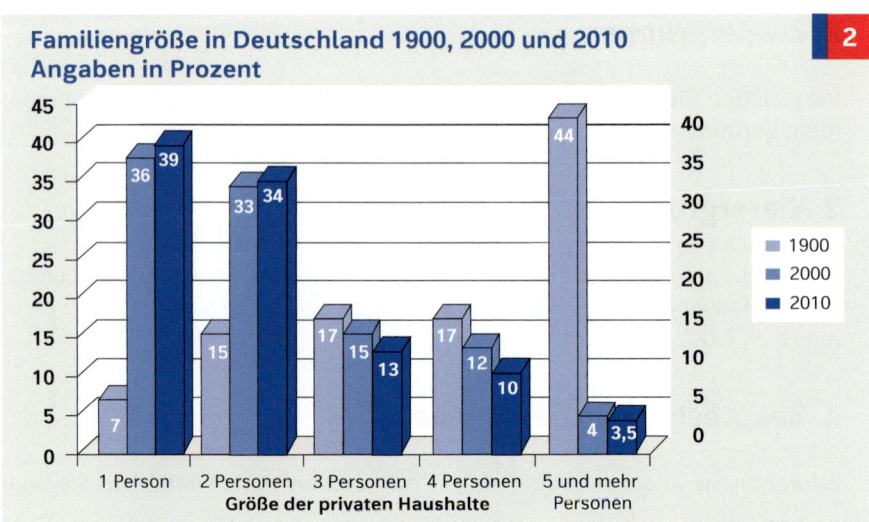

Familiengröße in Deutschland 1900, 2000 und 2010
Angaben in Prozent

Größe der privaten Haushalte

1 Person: 7 (1900), 36 (2000), 39 (2010)
2 Personen: 15 (1900), 33 (2000), 34 (2010)
3 Personen: 17 (1900), 15 (2000), 13 (2010)
4 Personen: 17 (1900), 12 (2000), 10 (2010)
5 und mehr Personen: 44 (1900), 4 (2000), 3,5 (2010)

Eigene Darstellung nach Zahlen des Statistischen Bundesamts: Bevölkerung und Erwerbstätigkeit – Haushalte und Familien – Ergebnisse des Mikrozensus 2014, Fachserie 1, Reihe 3, Wiesbaden, 2015, S. 24

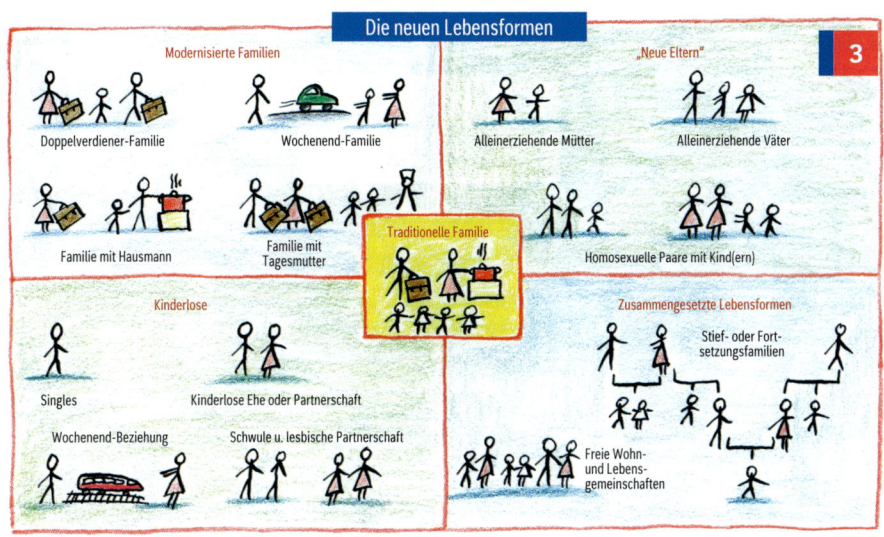

Die neuen Lebensformen

Modernisierte Familien — Doppelverdiener-Familie — Wochenend-Familie — Familie mit Hausmann — Familie mit Tagesmutter — Traditionelle Familie — Kinderlose — Singles — Kinderlose Ehe oder Partnerschaft — Wochenend-Beziehung — Schwule u. lesbische Partnerschaft — „Neue Eltern" — Alleinerziehende Mütter — Alleinerziehende Väter — Homosexuelle Paare mit Kind(ern) — Zusammengesetzte Lebensformen — Stief- oder Fortsetzungsfamilien — Freie Wohn- und Lebensgemeinschaften

Mutter kocht für die vier Kinder, Vater geht zur Arbeit – die traditionelle Familie weicht einer neuen Vielfalt des Privatlebens

Regenbogenfamilie mit zwei Müttern

Regenbogenfamilie nennt man eine Familienkonstellation, in der ein homosexuelles Paar mit Kindern lebt: so wie im Fall von Judith, Vera, Kim und Nils. Judith und Vera sind schon seit 20 Jahren ein Paar. Der erste Schritt zur Familie war die Adoption der kleinen Kim aus Vietnam vor neun Jahren. 2001 ermöglichte es das neue Partnerschaftsgesetz, dass Judith und Vera heirateten. Weil eine weitere Adoption aus Vietnam nicht möglich war, entschloss sich Vera Steinbeck mithilfe einer Samenbank selbst ein zweites Kind zur Welt zu bringen, den mittlerweile dreieinhalbjährigen Nils. Heute leben die vier einen ganz normalen Familienalltag.

Ich bleib zu Hause! Die neuen Väter

Der 39-jährige Michael [...] hat sich für sieben Monate eine Auszeit von seiner Arbeit als Radioredakteur genommen, um sich ganz seiner Tochter Lilli widmen zu können.

Für Michael und seine Frau war von Anfang an klar, dass sie sich beide um ihr Kind kümmern wollen. Lilli ist jetzt knapp sechs Monate alt und für ihren Vater hat sich der Tagesablauf komplett geändert. Als Redakteur beim Hessischen Rundfunk muss er unter Druck arbeiten und exakte Zeitpläne einhalten. Seit Lilli da ist, ist alles anders. Die Langsamkeit hat in Michael Metzgers Leben Einzug gehalten. Er hat neue Zeit gewonnen.

Michael: „Das Schönste ist einfach, dass man Zeit gewinnt. Ich kann vormittags einfach mal ins Café gehen und da Leute treffen, die vielleicht dasselbe machen. Das Kind ist ein echter Kommunikator."

Beide Auszüge aus 3sat-Magazin vivo, Erstsendung 09.05.2009, unter: www.3sat.de/page/?source=/vivo/133431/index.html (Zugriff am 17.09.2010)

ARBEITSVORSCHLÄGE

 1

Vergleichen Sie die Familienbilder von 1900 und 1964. Welches Musterfamilienfoto würden Sie heute schießen?

 2

Wie hat sich die Familiengröße in Deutschland in den letzten 100 Jahren verändert? Begründen Sie.

 3, 4

Erstellen Sie eine Tabelle mit den verschiedenen Familienformen. Erarbeiten Sie Vor- und Nachteile.

In der Shell-Jugendstudie 2015 gaben 63 % der Jugendlichen an, dass man eine Familie braucht, um wirklich glücklich leben zu können. Diskutieren Sie diese Aussage unter Berücksichtigung der statistischen Angaben in 2.

WEITERFÜHRENDE HINWEISE

Die wichtigsten Ergebnisse der Shell-Jugendstudie 2015 finden Sie online unter:
www.shell.de/aboutshell/our-commitment/shell-youth-study-2015.html

Grundgesetz Artikel 6

(4) Jede Mutter hat Anspruch auf den Schutz und die Fürsorge der Gemeinschaft.
(5) Den unehelichen Kindern sind durch die Gesetzgebung die gleichen Bedingungen für ihre leibliche und seelische Entwicklung und ihre Stellung in der Gesellschaft zu schaffen wie den ehelichen Kindern.

Kinder in Deutschland

2013 lebten in Deutschland 13 Mio. minderjährige Kinder und Jugendliche.

Davon lebten

• 74 % bei den verheirateten Eltern,
• 18 % bei Alleinerziehenden,
• 9 % in Lebensgemeinschaften.

Bundesministerium für Familie, Senioren, Frauen und Jugend (Hrsg.): Familienreport 2014, Berlin, 2015, S. 17/18

Sind Kinder ein Kostenfaktor?

In den Medien sind immer wieder Veröffentlichungen zu lesen, in denen über die hohen Kosten, die für Familien mit Kindern entstehen, geklagt wird.

Derartige Berechnungen sind jedoch sehr problematisch, denn die Frage, ob ein junges Paar sich für Kinder entscheidet, hängt von vielen verschiedenen Faktoren und nicht nur von der Frage ab, wie viel Geld Kinder kosten.

Andererseits stimmt es natürlich, dass Paare und Alleinstehende mit Kindern weniger Möglichkeiten zur beruflichen Entfaltung und zur individuellen Lebensgestaltung haben als Kinderlose.

Kein Geld und keine Karriere
Warum die Bürger keine Kinder bekommen

Von 100 Befragten nennen als Gründe, warum viele Bürger keine Familie gründen:

Kinder kosten (zu viel) Geld	67
Wollen lieber frei und unabhängig sein	60
Karriere wichtiger als Familiengründung	57
Karriere nur schlecht mit Familie vereinbar	54
Staatliche Voraussetz. (z.B. Kita-Plätze) fehlen	45
Unsichere Zukunft für die eigenen Kinder	39
Der richtige Partner fehlt	39
Es ist nie der richtige Zeitpunkt für Nachwuchs	25
Kinder sind kein erfüllender Lebensinhalt	20
Angst vor Scheidung und Alleinerziehung	18

2.000 Befragte ab 14 Jahren in persönlichen Face-to-Face-Interviews, Juni/Juli 2013
www.stiftungfuerzukunftsfragen.de

Stiftung für Zukunftsfragen: Kein Geld und keine Karriere: Weshalb die Deutschen keine Kinder bekommen, 01.08.2013, abgerufen unter www.stiftungfuerzukunftsfragen.de/newsletter-forschung-aktuell/248. html#c2635 [24.06.2016]

Konsumausgaben privater Haushalte 2013 (Durchschnitt je Haushalt und Monat in Euro)	2
Haushaltstyp	
Paare mit 1 Kind	3 065,00
Paare mit 2 Kindern	3 559,00
Paare mit 3 und mehr Kindern	4 081,00
Alleinerziehende mit 1 Kind	1 746,00
Alleinerziehende mit 2 und mehr Kindern	2 312,00

Statistisches Bundesamt: Wirtschaftsrechnungen - Einkommens- und Verbrauchsstichprobe - Aufwendungen privater Haushalte für den privaten Konsum 2013, Fachserie 15, Heft 5, S. 45

Der Deutsche Kinderschutzbund fordert wirksamere Bekämpfung der Kinderarmut

Der Deutsche Kinderschutzbund (DKSB) fordert eine wirksamere Bekämpfung der Kinderarmut. [...] Ca. 2,5 Millionen Kinder leben in Deutschland auf Sozialhilfeniveau. Sie haben schlechtere Bildungschancen und häufiger gesundheitliche Beeinträchtigungen. Arme Kinder sind von ihrer Zukunft abgeschnitten. Kinder von Migranten, Alleinerziehenden und aus kinderreichen Familien sind besonders häufig von Armut betroffen. „Armut ist mehr als das Fehlen von finanziellen Mitteln. Sie wirkt sich auf viele Lebensbereiche aus. Für arme Kinder sind Sportverein, Musik- und Nach- hilfeunterricht oft unerreichbar. Wir brauchen dringend ein wirksames Konzept, um diese Armutsbarrieren zu überwinden", forderte der Präsident des Deutschen Kinderschutzbundes.
Der Deutsche Kinderschutzbund setzt sich seit vielen Jahren in seiner praktischen Arbeit nachhaltig für benachteiligte und in Armut lebende Kinder und deren Familien ein. So fordert der DKSB gemeinsam mit anderen Verbänden neben dem Ausbau von Bildungs- und Betreuungseinrichtungen eine sozial gerechte Kindergrundsicherung von 502 Euro monatlich.

Deutscher Kinderschutzbund: Pressemitteilung, 15.09.2010

... zur Unterstützung von Familien?

Was leistet die Familienpolitik?

Zu den Aufgaben eines Sozialstaats gehört auch die **Familienpolitik**. Unterstützung für Familien gibt es durch finanzielle Leistungen, Zeit für Erziehung sowie eine Infrastruktur. Neben diesen Leistungen gibt es auch Hilfen in Form von Beratungsangeboten, beispielsweise Schwangerschaftsberatung oder Familienberatungsstellen. Die Bedürfnisse von Familien haben sich in den letzten Jahrzehnten stark verändert. Die Vereinbarkeit von Familie und Beruf, die sich viele Eltern wünschen, stellt in vielen Berufen immer noch eine Hürde dar. Eltern fordern mehr Betreuungsmöglichkeiten für ihren Nachwuchs und flexiblere Arbeitszeiten. Verglichen mit anderen Staaten, sind staatliche Familienförderung und Maßnahmen zur Vereinbarkeit von Familien- und Erwerbsarbeit in Deutschland sehr viel schlechter.

familienpolitische Geldleistungen, z.B.	3
Kindergeld – Ehegattensplitting – Elterngeld – Betreuungsgeld (nur in Bayern) – steuerliche Berücksichtigung von Kindern – kostenlose Mitversicherung von Kindern bei der gesetzlichen Krankenkasse – Grundsicherung – Wohnraumförderung – Mutterschaftsgeld – Bafög – Berücksichtigung von Erziehungszeiten bei Rentenansprüchen	

Familien-Zeitpolitik, z.B.	familienbezogene Infrastruktur, z.B.
Teilzeitarbeit – Elternzeit	Kindertagesstätten – Spielplätze - Kindergärten

Staatliche Geldleistungen für Familien und Kinder

Kindergeld

Das Kindergeld wird einkommensunabhängig gezahlt. Es ist nach der Zahl der Kinder gestaffelt. Zum 1. Januar 2018 ist eine Erhöhung des Kindergeldes um je 2 Euro erfolgt. Es beträgt aktuell für das erste und zweite Kind monatlich 194 Euro, für das dritte Kind monatlich 200 Euro, für das vierte und jedes weitere Kind monatlich 255 Euro. [...] Kindergeld gibt es grundsätzlich für alle Kinder bis zum 18. Lebensjahr, für Kinder in Ausbildung bis zum 25. Lebensjahr, für arbeitslose Kinder bis zum 21. Lebensjahr.

Elterngeld

Das Elterngeld fängt fehlendes Einkommen auf, wenn Eltern nach der Geburt für ihr Kind da sein wollen und deshalb ihre berufliche Arbeit unterbrechen oder einschränken. Den Eltern stehen gemeinsam insgesamt 14 Monate zu [...]. Sie können die Monate frei untereinander aufteilen. Ein Elternteil kann dabei mindestens zwei und höchstens zwölf Monate für sich in Anspruch nehmen. Auch getrennt lebenden Elternteilen steht das Elterngeld zur Verfügung. Alleinerziehende, die das Elterngeld zum Ausgleich des wegfallenden Erwerbseinkommens beziehen, können die vollen 14 Monate Elterngeld in Anspruch nehmen. [...] Die Höhe des Elterngeldes orientiert sich am monatlich verfügbaren Nettoeinkommen, das der betreuende Elternteil vor der Geburt des Kindes hatte und das nach der Geburt wegfällt. [...] Das Elterngeld beträgt mindestens 300 Euro [...] und höchstens 1800 Euro [...] monatlich.

Bundesministerium für Familie, Senioren, Frauen und Jugend: Familienleistungen, Stichwort „Kindergeld", 01.01.2018, abgerufen unter www.bmfsfj.de/bmfsfj/themen/familie/familienleistungen/kindergeld/das-kindergeld/73892, Stichwort „Elterngeld", 14.02.2017, abgerufen unter www.bmfsfj.de/bmfsfj/themen/familie/familienleistungen/elterngeld [10.04.2018]

ARBEITSVORSCHLÄGE

1

Analysieren Sie die Grafik. Unterscheiden Sie die Motive und finden Sie passende Oberbegriffe dafür.

Wie ist Ihre eigene Position zum Thema?

Finden Sie Gründe, die dafür sprechen, Kinder zu bekommen.

2, 3

Deutschland gilt – im Gegensatz zu Frankreich – eher als kinderunfreundliches Land. Erstellen Sie einen Katalog von weiteren Maßnahmen, die verwirklicht werden müssten, damit Deutschland kinderfreundlicher wird.

WEITERFÜHRENDE HINWEISE

Diskutieren Sie in der Klasse das Thema „Leistet der Staat genug für Familien?" (s. Methodenkompetenz auf S. 26).

Informationen zum Durchschnittsalter verheirateter Frauen bei der Geburt ihres ersten Kindes finden Sie auf S. 30.

Argumentation und Diskussion

Warum Argumentieren und Diskutieren lernen?

Sie werden immer wieder aufgefordert, ein Thema in Ihrer Klasse zu diskutieren. Das Ziel dabei ist, die anderen von der eigenen Meinung zu überzeugen oder zumindest zu einem Kompromiss zu gelangen.

Politische Themen sind häufig kontrovers geprägt, d.h., es handelt sich um Streitfragen. Um zu einer Lösung bzw. politischen Entscheidung zu kommen, müssen verschiedene Aspekte betrachtet werden. Dazu führt man eine Pro-/Kontra-Diskussion. Wer die überzeugenderen Argumente liefert, steht somit leichter auf der Gewinnerseite, um sein Vorhaben durchsetzen zu können.

Was ist eine überzeugende Argumentation?

Eine Behauptung ist noch keine Argumentation. Wichtig ist beim Argumentieren, dass man seine Aussagen begründet und mit Beispielen, Belegen, Statistiken und Beweisen untermauert. Sagen Sie am Ende auch, welche Schlussfolgerung sich daraus ableiten lässt. Nur so gewinnt man Befürworter für seine Sichtweise. Ein Argument besteht aus folgenden Teilen:

1. **Behauptung**
   „Ich finde es schlecht, wenn ..."
2. **Begründung**
   „Es ist nicht gut, weil ..."
3. **Beispiel**
   „Das kann man daran sehen, dass z. B. ..."
4. **Schlussfolgerung**
   „Deshalb sollte man lieber ..."

Manchmal folgt am Schluss eine Aufforderung, z. B. etwas zu tun oder einfach nur anders zu denken.

Aufgabe

Diskutieren Sie in der Klasse die Frage „Leistet der Staat genug für Familien?".

So geht´s 👆

Argumentation und Diskussion

Vorbereitung:

Bearbeiten Sie die Seiten 24/25 als Grundlage.
Die Klasse wird nun in verschiedene Arbeitsgruppen aufgeteilt. Benötigt werden:

- ein Diskussionsleiter
- eine Pro-Gruppe
- eine Kontra-Gruppe
- Publikum als Beobachtergruppe (notieren sich Pro-/Kontra-Argumente und achten auf das Einhalten von Diskussionsregeln)

Der Diskussionsleiter überlegt sich einleitende Worte für den Beginn der Diskussion. Die Pro- und Kontra-Gruppen bereiten sich inhaltlich auf die Diskussion vor (ca. 15 Min.). Die Beobachtergruppe legt vor der Diskussion Kriterien fest, nach denen die Diskutanten beobachtet werden sollen.

Ablauf:

Der Diskussionsleiter eröffnet unter Nennung des Themas und des Ziels die Diskussion und leitet sie. Er greift ein, wenn die Diskutanten durcheinanderreden, wenn die Argumente aneinander vorbeigehen oder wenn Schweigen eintritt.
Während der Diskussion versuchen Befürworter und Gegner, ihren Standpunkt zu verteidigen sowie aufkommende Gegenargumente zu entkräften. Sollte das Publikum Fragen haben, dürfen diese gestellt werden.
Aufgabe der Beobachtergruppe ist es, der Diskussion aufmerksam zuzuhören und sich zu notieren, welche Argumente genannt werden. Außerdem achtet sie auch darauf, ob Diskussionsregeln, wie z. B. jemanden ausreden lassen, eingehalten werden. Einfacher ist es für die Beobachter, wenn vorher festgelegt wird, wer welche Personen beobachtet.

Schluss:

Nachdem der Diskussionsleiter die Diskussionsrunde beendet hat, findet eine Auswertung statt. Hier kommt nun insbesondere die Beobachtergruppe zu Wort, die den Gesprächsteilnehmern ein faires Feedback über Inhalt und Darstellung der Diskussion gibt.

Vgl. Sächsisches Staatsinstitut für Bildung und Schulentwicklung (Comenius-Institut): Streitgespräch (Pro- und Kontra-Diskussion), abgerufen unter: www.sn.schule.de/~sud/methodenkompendium/module/2/1_2.htm [25.06.2016]

Bürgerliches Gesetzbuch

§ 1619

Das Kind ist, solange es dem elterlichen Hausstand angehört und von den Eltern erzogen oder unterhalten wird, verpflichtet, in einer seinen Kräften und seiner Lebenseinstellung entsprechenden Weise den Eltern in ihrem Hauswesen und Geschäft Dienste zu leisten.

§ 1626

(1) Der Vater und die Mutter haben das Recht und die Pflicht, für das minderjährige Kind zu sorgen. Die elterliche Sorge umfasst die Sorge für die Person des Kindes (Personensorge) und das Vermögen des Kindes (Vermögenssorge).
(2) Bei der Pflege und Erziehung berücksichtigen die Eltern die wachsende Fähigkeit und das wachsende Bedürfnis des Kindes zu selbstständigem, verantwortungsbewusstem Handeln.
(3) Zum Wohl des Kindes gehört in der Regel der Umgang mit beiden Elternteilen. […]

Grundgesetz Artikel 6 **2**

(2) Pflege und Erziehung der Kinder sind das natürliche Recht der Eltern und die zuvörderst ihnen obliegende Pflicht. Über ihre Betätigung wacht die staatliche Gemeinschaft.
(3) Gegen den Willen der Erziehungsberechtigten dürfen Kinder nur aufgrund eines Gesetzes von der Familie getrennt werden, wenn die Erziehungsberechtigten versagen oder wenn die Kinder aus anderen Gründen zu verwahrlosen drohen.

„Nur wer erwachsen wird und Kind bleibt, ist ein Mensch."
(Erich Kästner, deutscher Schriftsteller, 1899–1974)

Kästner, Erich: Liebe Kinder! Eine Begrüßung von Erich Kästner, 27.08.2010, abgerufen unter: www.tagesspiegel.de/berlin/schule/eine-begruessung-von-erich-kaestner-liebe-kinder/1912852.html [26.04.2018]

Ab wann ist man eigentlich erwachsen? Ist man erwachsen, wenn man …

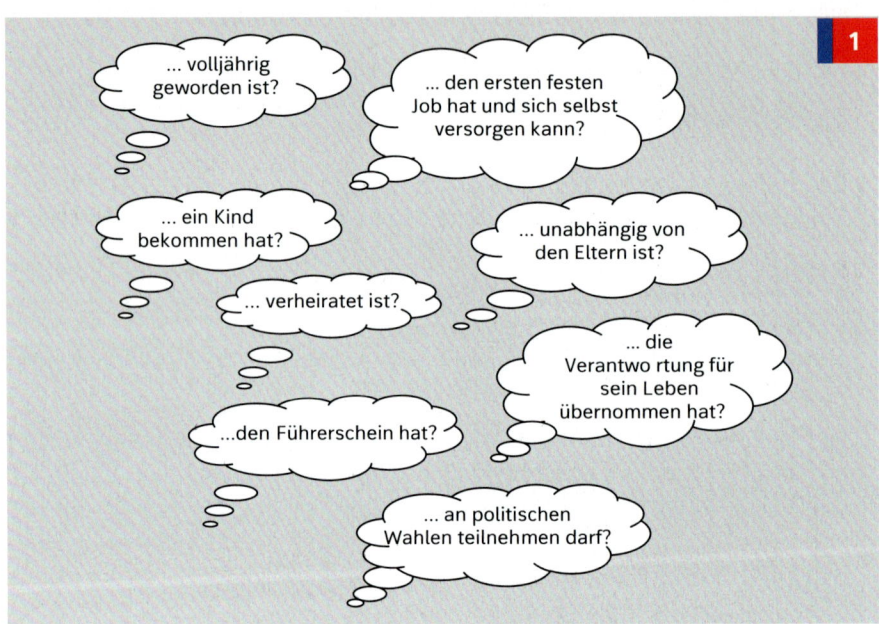

Das **Grundgesetz** überträgt den Eltern mit der **Erziehung** der Kinder eine große Verantwortung. Dazu gehört nicht nur die Befriedigung materieller Bedürfnisse wie Wohnung, Nahrung und Kleidung. Ebenso wichtig ist die geistige und seelische Entwicklung. Wenn Liebe, Zuneigung, Anerkennung und die Vermittlung von Werten fehlen, kann es zu schweren Fehlentwicklungen kommen.

Wie Eltern ihre Kinder erziehen, ist gesetzlich nicht geregelt. Es gibt unterschiedliche **Erziehungsstile**. Am häufigsten wird ein demokratischer Erziehungsstil praktiziert. Der gesamte Erziehungsprozess verläuft allerdings nicht immer ganz reibungslos und konfliktfrei. Je älter und selbstständiger Kinder werden, desto häufiger kommt es zu Konflikten mit den Eltern.

Schritt für Schritt erwachsen werden

6 Jahre	7 Jahre	14 Jahre	16 Jahre	18 Jahre	
• Beginn der Schulpflicht	• beschränkte Geschäftsfähigkeit (Taschengeldparagraf)	• bedingte Strafmündigkeit (Jugendstrafrecht) • Religionsmündigkeit	• Eidesfähigkeit • Besitz eines Personalausweises • Führerschein Klasse M + L • Erlaubnis zum Besuch von Gaststätten und öffentlichen Tanzveranstaltungen • bedingte Heiratsfähigkeit • Erlaubnis zum Konsum von Alkohol (außer Branntwein)	• Volljährigkeit/volle Geschäftsfähigkeit • aktives und passives Wahlrecht • Führerschein (alle Klassen); Modellversuche „begleitetes Fahren" ab 17 Jahren • Ehemündigkeit • Erlaubnis zum Konsum von Tabak und Branntwein	

... oder: Wenn Kinder erwachsen werden

Häufig wird auch kritisiert, dass viele Eltern ihre Erziehungsaufgabe vernachlässigen oder überfordert sind und sich zu wenig um ihre Kinder kümmern. Der Staat allerdings darf in die Erziehung erst dann eingreifen, wenn das Wohl des Kindes auf dem Spiel steht. Das heißt aber meistens, dass der Staat sich erst dann einschaltet, wenn Kinder misshandelt werden oder zu verwahrlosen drohen.

Seit 1989 gibt es die Konvention der Kinderrechte der Vereinten Nationen (UNO). Sie ist inzwischen von fast allen Staaten ratifiziert. Die wichtigsten Kinderrechte sind:

1. Alle Kinder haben die gleichen Rechte. Kein Kind darf wegen seiner Hautfarbe, Sprache, Religion oder weil es Mädchen oder Junge ist benachteiligt werden.
2. Kinder haben das Recht, so gesund wie möglich zu leben.
3. Kinder haben das Recht, zur Schule zu gehen und zu lernen, was wichtig ist.
4. Kinder haben das Recht, zu spielen, sich auszuruhen, ins Museum oder Kino zu gehen oder zum Beispiel selbst Theater zu spielen.
5. Kinder haben das Recht, sich zu informieren, zu sagen, was sie denken, und gehört zu werden.
6. Kinder haben das Recht, ohne Gewalt erzogen zu werden.
7. Kinder haben das Recht, besonders beschützt zu werden, wenn in ihrem Land Krieg ist oder sie auf der Flucht sind.
8. Kinder haben das Recht, vor schädlicher Arbeit, Ausbeutung und Misshandlung geschützt zu werden.
9. Kinder haben das Recht, mit ihren Eltern zu leben und sich regelmäßig mit Mutter oder Vater zu treffen, wenn diese nicht zusammenwohnen.
10. Wenn Kinder behindert sind, haben sie ein Recht auf Hilfe und darauf, gemeinsam mit anderen Kindern zu spielen und zu lernen.

`3`

Kurzbeschreibung von Erziehungsstilen `4`

Autoritär	Demokratisch	Laissez-faire
Das Kind muss einem strengen Gehorsam folgen – wenn nicht, wird es bestraft. Es erlebt Drohungen und körperliche Züchtigung. Ein Lob erhält es selten. Die Bedürfnisse des Kindes sind denen der Eltern untergeordnet.	Die Wünsche und Bedürfnisse des Kindes werden in der Erziehung in Abhängigkeit von Alter und persönlicher Reife berücksichtigt. Das Kind kann sich entfalten, gleichzeitig erfährt es Grenzen.	Die Erziehung erfolgt passiv ohne Aufzeigen von Grenzen. Das Kind darf tun, was es will, und hat durch mangelndes Lob oder fehlenden Tadel keine Orientierung für richtiges oder falsches Handeln.

21 Jahre	24 Jahre	25 Jahre	30 Jahre	35 Jahre	40 Jahre
• volle Strafmündigkeit	• Recht zur Ablegung der Meisterprüfung und Ausbildung von Lehrlingen	• Recht zur Ausübung des Schöffenamts an einem Gericht	• Recht, Richter am Verwaltungs- oder Finanzgericht zu werden	• Recht, Richter an einem obersten Bundesgericht zu werden	• passives Wahlrecht zum Bundespräsidenten

ARBEITSVORSCHLÄGE

 1, 2

Was macht einen (jungen) Menschen erwachsen? Diskutieren Sie in der Klasse die Aussagen zum Erwachsensein.

 2

Arbeiten Sie aus den Gesetzestexten und den Angaben im Zeitstrahl heraus, welche Rechte und Pflichten Kinder und Eltern haben. Legen Sie dazu eine Tabelle an.

 3

Die Kinderrechtskonvention der UNO soll für alle Staaten der Welt gelten.
Überprüfen Sie, welche der zehn genannten Kinderrechte in Deutschland verwirklicht sind und welche noch nicht. Ergänzen Sie die Tabelle

Vergleichen Sie die Situation von Kindern in Deutschland mit der in anderen Staaten.

 4

Sammeln Sie Beispiele von Aussagen/Handlungen Ihrer Eltern. Welchem Erziehungsstil sind sie jeweils zuzuordnen?

So war es früher

Bis 1976 musste das Brautpaar automatisch den Namen des Ehegatten annehmen. Das Namensrecht wurde später vom Bundesverfassungsgericht gelockert, sodass man nun auch den Namen der Frau wählen konnte. Konnten sich beide nicht auf einen Namen einigen, wurde der Name des Mannes zum Familiennamen. 1991 schaffte das BVG auch diese Regelung ab.

Bis 1977 war im BGB die „Hausfrauen-Ehe" geregelt. Die Ehefrau war mit dem Eintritt in die Ehe gesetzlich zur Führung des Haushalts verpflichtet, während der Ehemann die Familie finanziell versorgte. Wenn die Frau berufstätig war und der Ehemann den Eindruck hatte, sie würde ihre „familiären Verpflichtungen" vernachlässigen, konnte er ihre Arbeitsstelle kündigen.

Bis 1998 musste das Brautpaar schon mehrere Wochen vor der Heirat das Aufgebot bestellen, das dann öffentlich ausgehängt werden musste.

Außerdem mussten bei der Trauung zwei Trauzeugen anwesend sein.

Sehr geehrtes Brautpaar! 1

Sie treten heute vor den Standesbeamten, um vor dem Gesetz den Ehebund zu schließen. Damit vollendet sich nach außen hin, was Sie einander wohl schon längst im Herzen gelobt haben; ein neuer Abschnitt in Ihrem Leben, tief einschneidend in Ihre gesamten Rechtsverhältnisse, beginnt.

Doch so bedeutungsvoll diese Stunde auch für Ihr Leben ist, so vermag sie eben nur diese Rechtsverhältnisse zu regeln, nicht auch Ihr nun gemeinsames Leben. Wenn Ihre Ehe Bestand haben soll, ist gegenseitige Rücksichtnahme, Achtung, Liebe und Treue die unbedingte Voraussetzung.

Die Ehe verpflichtet auch zu gegenseitiger Hilfe im Kampf des Lebens und gegen die Mühen und Sorgen des Alltags, die niemandem erspart bleiben. Aber nicht nur helfend sollen Sie sich zur Seite stehen, fast wichtiger noch ist gegenseitiges Vertrauen und gegenseitiges Verständnis. Schnell ist ein hartes Wort gesprochen. Es verletzt den Stolz und reizt zur Widerrede. Wie ein schleichendes Gift dringt es in die Herzen zweier Menschen.

In solch einer Stunde erweist sich die wahre Stärke nicht durch Trotz und Pochen auf Recht, sondern durch den ersten versöhnlichen Schritt, der den Weg zum anderen wieder findet. Nur so wird Ihre Ehe wirkliche Gemeinschaft.

Der heutige Höhepunkt in Ihrem Leben ist deshalb nicht nur freudiges Erleben, sondern auch ernstes Besinnen.

In diesem Bewusstsein sollen und wollen Sie sich Ihr Ja-Wort geben, das Sie für Ihr ganzes langes Leben aneinander bindet. Ich bitte nun das Brautpaar, sich zu erheben. Reichen Sie sich die rechte Hand.

Ich frage Sie: Herr …, wollen Sie mit Frau … die Ehe eingehen, dann antworten Sie mit Ja. Frau … wollen Sie mit Herrn … die Ehe schließen, dann antworten Sie mit Ja.

Nachdem Sie beide vor mir als dem zuständigen Standesbeamten erklärt haben, die Ehe miteinander eingehen zu wollen, sind Sie nun kraft Gesetz rechtmäßig verbundene Eheleute.

Ansprache eines Standesbeamten bei der Trauung

Durchschnittsalter der Frauen in Deutschland bei der Geburt ihres ehelich lebend geborenen ersten Kindes (bis 1990 frühere BRD, ab 1995 Gesamtdeutschland):

1961	24,9
1970	24,3
1980	25,2
1990	26,9
1995	28,1
2000	29,0
2002	29,3
2004	29,6
2006	29,8
2008	30,1
2010	30,3
2012	30,4
2015	30,6

Statistisches Bundesamt: Fachserie 1, Reihe 1.1, Wiesbaden, 2016, S. 57

Zahl der Eheschließungen/ -scheidungen in Deutschland 2

	Eheschließungen	Scheidungen
1950	750 452	134 600
1955	617 228	74 013
1960	689 028	73 418
1965	621 130	85 304
1970	575 233	103 927
1975	528 811	148 461
1980	496 603	141 016
1985	496 175	179 364
1990	516 388	154 786
1995	430 534	169 425
2000	418 550	194 408
2005	388 451	201 693
2010	382 047	187 027
2015	400 115	163 335

Anmerkung: Die Zahl der Eheschließungen hängt natürlich auch von der Zahl der Menschen im heiratsfähigen Alter ab.

Statistisches Bundesamt: Fachserie 1, Reihe 1.1, Wiesbaden, 2016, S. 30

Heiratsalter von ledigen Frauen und Männern 3

	Männer	Frauen
Früheres Bundesgebiet		
1950	28,1	25,4
1960	25,9	23,7
1970	25,6	23,0
1980	26,1	23,4
Neue Länder und Berlin-Ost		
1955	24,6	23,2
1960	23,9	22,5
1970	24,0	21,9
1980	23,9	21,8
Gesamtdeutschland		
1991	28,5	26,1
2000	31,2	28,4
2005	32,6	29,6
2010	33,2	30,3
2015	33,8	31,2

Statistisches Bundesamt: 1, Reihe 1.1, Wiesbaden, 2016, S. 124

§ **Bürgerliches Gesetzbuch** 4
§1353
Die Ehe wird auf Lebenszeit geschlossen. Die Ehegatten sind einander zur ehelichen Lebensgemeinschaft verpflichtet.

§1355
1. Die Ehegatten sollen einen gemeinsamen Familiennamen (Ehenamen) bestimmen. [...] Bestimmen die Ehegatten keinen Ehenamen, so führen sie ihren zurzeit der Eheschließung geführten Namen auch nach der Eheschließung.
2. Zum Ehenamen können die Ehegatten durch Erklärung [...] den Geburtsnamen des Mannes oder den Geburtsnamen der Frau bestimmen [...].
3. Ein Ehegatte, dessen Geburtsname nicht Ehename wird, kann [...] dem Ehenamen seinen Geburtsnamen [...] voraussetzen oder anfügen. [...] Besteht der Name eines Ehegatten aus mehreren Namen, so kann nur einer dieser Namen hinzugefügt werden.

§1356
1. Die Ehegatten regeln die Haushaltsführung im gegenseitigen Einvernehmen. Ist die Haushaltsführung einem der Ehegatten überlassen, so leitet dieser den Haushalt in eigener Verantwortung.
2. Beide Ehegatten sind berechtigt, erwerbstätig zu sein. Bei der Wahl und Ausübung einer Erwerbstätigkeit haben sie auf die Belange des anderen Ehegatten und der Familie die gebotene Rücksicht zu nehmen.

§1357
Jeder Ehegatte ist berechtigt, Geschäfte zur angemessenen Deckung des Lebensbedarfs der Familie mit Wirkung auch für den anderen Ehegatten zu besorgen.

§1363
Die Ehegatten leben im Güterstand der Zugewinngemeinschaft, wenn sie nicht durch Ehevertrag etwas anderes vereinbaren.

Auch wenn die Zahl der **Eheschließungen** immer wieder leicht ansteigt, heiraten dennoch viel weniger Menschen als früher. Und obwohl die Zahl der Scheidungen rückläufig ist, lassen sich insgesamt mehr Leute scheiden als früher (s. S. 32). Mit der Eheschließung übernehmen die Ehepartner weitreichende Verpflichtungen, die im Bürgerlichen Gesetzbuch (BGB) stehen. Es gilt seit dem Jahr 1900, wurde jedoch bereits mehrfach geändert und den gesellschaftlichen Verhältnissen angepasst.

Heute besteht in der Ehe vollständige **Gleichberechtigung** zwischen Mann und Frau, was sich zum Beispiel auf das **Namensrecht** und das **Güterrecht** auswirkt. Das Güterrecht regelt die Vermögensverhältnisse von Verheirateten. Unterschieden wird hier zwischen Gütertrennung, Gütergemeinschaft und **Zugewinngemeinschaft**. Wenn die Ehepartner keine Regelung treffen, leben sie im gesetzlichen Güterstand der Zugewinngemeinschaft. „Zugewinngemeinschaft" bedeutet Gütertrennung und nur im Falle des Todes eines Ehegatten oder aber der Scheidung einen (geringen) Ausgleich des Vermögens. Darüber hinaus gibt es die Möglichkeit, einen Ehevertrag abzuschließen. Darin können individuelle Vereinbarungen getroffen werden.

Die Zugewinngemeinschaft 5

	Mann	Frau
Vermögen am Anfang der Ehe	20000 €	20000 €
Vermögen am Ende der Ehe	70000 €	90000 €
Zugewinn	50000 €	70000 €
Ausgleichsforderung des Ehemanns gegen die Ehefrau	$\dfrac{70000\ € - 50000\ €}{2} = 10000\ €$	

Ergebnisse aus einer Untersuchung der Universität München **2**

Das „Ehe-Rezept": Auf die Frage „Was hält Ehen zusammen?" antworteten die teilnehmenden Ehepaare wie folgt (der Wichtigkeit nach geordnet):

1. Toleranz/Verständnis
2. Vertrauen/Offenheit
3. Liebe
4. Konfliktlösung/Kommunikation
5. gemeinsame Lebensbereiche
6. Solidarität/Unterstützung
7. Kinder/Enkel
8. persönliche Entwicklung in Partnerschaft
9. Treue
10. Finanzen/Besitz
11. übereinstimmende Werte
12. Sexualität

Schneewind, Klaus A./Wunderer, Eva/ Erkelenz, Mirjam: Beziehungskompetenzen und Beziehungsmuster in stabilen (Langzeit-) Ehen: Ausgewählte Ergebnisse des Münchner DFG-Projekts „Was hält Ehen zusammen?", in: Zeitschrift für Familienforschung, 15. Jahrg., Heft 3/2004, S. 225 ff.

Scheidungskinder

Oft leiden die Kinder besonders stark unter der Trennung ihrer Eltern. Bundesweit sind etwa 1,7 Millionen Kinder unter 18 Jahren von der Scheidung ihrer Eltern betroffen.

Bezogen auf die letzten Jahre ergibt sich folgendes Bild:

	Zahl der Scheidungen	Betroffene Kinder
1994	166 052	135 318
1996	175 550	148 782
1998	192 416	156 735
2000	194 408	148 192
2002	204 214	170 300
2004	213 691	166 212
2006	190 928	148 624
2008	191 948	150 187
2010	187 027	145 146
2012	179 147	143 022
2014	166 199	134 803
2016	162 397	131 955

Statistisches Bundesamt: Fachserie 1, Reihe 1.4, S. 12

Warum immer mehr Ehen in Scheidung enden **1**

Ehe ist „der Versuch, zu zweit wenigstens halb so glücklich zu werden, wie man allein gewesen ist". So die ernüchternde Beschreibung des irischen Schriftstellers Oscar Wilde – und die Statistik scheint ihm recht zu geben. Die Zahl der Eheschließungen fällt seit Jahrzehnten, die der Scheidungen steigt.

Dieses Paar feierte 2016 „Eiserne Hochzeit": 65 Jahre Ehe

Rund ein Drittel der heute in Deutschland geschlossenen Ehen wird voraussichtlich in Trennung und Scheidung enden. Fachleute gehen davon aus, dass der Anteil der Bundesbürger, die niemals in ihrem Leben heiraten, in Zukunft 40 Prozent und mehr erreichen wird. Als Grund wird der soziale Wandel angeführt: Frauen sind stärker am Erwerbsleben beteiligt und damit unabhängiger von ihren Männern, nicht eheliche Kinder sind kein Makel mehr, zusammenleben können Mann und Frau problemlos auch ohne Trauschein. […] Und: Es gibt immer weniger Kinder, was sich unmittelbar auf die Eheschließung auswirkt, denn diese ist kindorientiert. Geheiratet wird demnach, wenn ein Kinderwunsch vorhanden, das Kind bereits unterwegs oder gar schon vorhanden ist.

Freilich gibt es noch andere Gründe für eine Heirat: den Wunsch nach Sicherheit und Geborgenheit, das Gefühl, erst dann ein richtiges Familienleben zu führen und Steuervorteile. Für mehr als 90 % junger Ehepaare ist schlicht und ergreifend ihre gegenseitige Liebe der Grund, die Ringe zu tauschen. Die steigenden Scheidungszahlen führen Fachleute auch auf die zunehmende Erwerbstätigkeit der Frauen zurück, die es ihnen ermöglicht, nach einer Trennung ihren Lebensunterhalt zu sichern.

Scheidungen gehören in Großstädten fast schon zum normalen Beziehungsalltag. Die Chancen, danach wieder einen Partner zu finden, stehen nicht schlecht – schließlich gibt es genügend Geschiedene. Diskutiert wird auch eine Art „Vererbung" des Scheidungsrisikos. So haben junge Menschen, die aus Scheidungsfamilien stammen, beispielsweise weniger Vertrauen in die Zukunft ihrer eigenen Ehe.

Die Bereitschaft eine langjährige Beziehung aufzulösen steigt – nicht umsonst spricht man vorsorglich nur noch vom „Lebensabschnittbegleiter".

Ausschlaggebend dafür, ob eine Ehe hält oder nicht, ist vor allem das Verhalten der Ehepartner. Dass konstruktive Konfliktlösefertigkeiten sowie gegenseitige Unterstützung in Stresssituationen eine wichtige Rolle spielen, ist inzwischen belegt.

Die hohe Zufriedenheit vieler langjährig verheirateter Paare zeigt, dass die Ehe kein Auslaufmodell sein muss. Mit Wertschätzung, Komplimenten und aufmerksamen Gesten, mit konstruktiver Konfliktlösung, gegenseitiger Unterstützung, dem Glauben an das Wachstum der Beziehung und einer gehörigen Portion Toleranz im Gepäck können sich Paare also auch heutzutage noch aufmachen in die Ehe.

Eva Wunderer: Warum immer mehr Ehen in Scheidung enden, in: Das Parlament Nr. 33–34/2004, S. 3

Gerecht oder ungerecht?

Michael und Anke sind beide 30 Jahre alt, als sie heiraten. Michael hat eine Stellung als leitender Angestellter in einem großen Metallbetrieb, Anke arbeitet in einem Friseursalon. Für die Zeit der Erziehung der beiden Kinder einigen sich beide darauf, dass Anke nur noch halbtags in ihrem Frisiersalon arbeitet, um sich auch der Haushaltsführung und Kindererziehung widmen zu können.

Nach 12 Jahren wird die Ehe geschieden, weil Anke einen neuen Partner kennengelernt hat. Da während der Ehezeit Michael mehr Beiträge in die Rentenversicherung einbezahlt hat, muss er beim Versorgungsausgleich die Hälfte der in den zwölf Ehejahren erworbenen Rentenansprüche an Anke abtreten. Außerdem muss Michael Unterhalt sowohl für seine Frau als auch für die beiden Kinder Marvin und Samira bezahlen.

§

Bürgerliches Gesetzbuch

§ 1564

Eine Ehe kann nur durch gerichtliches Urteil auf Antrag eines oder beider Ehegatten geschieden werden. [...]

§ 1565

(1) Eine Ehe kann geschieden werden, wenn sie gescheitert ist. Die Ehe ist gescheitert, wenn die Lebensgemeinschaft der Ehegatten nicht mehr besteht. [...]
(2) Leben die Ehegatten noch nicht ein Jahr getrennt, so kann die Ehe nur geschieden werden, wenn die Fortsetzung der Ehe für den Antragsteller [...] eine unzumutbare Härte darstellen würde.

§ 1566

(1) Es wird unwiderlegbar vermutet, dass die Ehe gescheitert ist, wenn die Ehegatten seit einem Jahr getrennt leben und beide Ehegatten die Scheidung beantragen oder der Antragsgegner der Scheidung zustimmt.
(2) Es wird unwiderlegbar vermutet, dass die Ehe gescheitert ist, wenn die Ehegatten seit drei Jahren getrennt leben.

§ 1567

(1) Die Ehegatten leben getrennt, wenn zwischen ihnen keine häusliche Gemeinschaft besteht [...]. Die häusliche Gemeinschaft besteht auch dann nicht mehr, wenn die Ehegatten innerhalb der ehelichen Wohnung getrennt leben. [...]

§ 1569

Kann ein Ehegatte nach der Scheidung nicht selbst für seinen Unterhalt sorgen, so hat er gegen den anderen Ehegatten einen Anspruch auf Unterhalt nach den folgenden Vorschriften.

§ 1587

(1) Zwischen den geschiedenen Ehegatten findet ein Versorgungsausgleich statt, [...].

Sicherlich heiraten Paare in guter Absicht und gehen von einer lebenslangen ehelichen Bindung aus. Kommt es dennoch zu einer **Ehescheidung**, gelten die Bestimmungen des **Bürgerlichen Gesetzbuchs** (BGB). Zuständig sind die **Familiengerichte**. Das Gericht stellt fest, ob die Ehe zerrüttet ist. Eine Ehe kann erst geschieden werden, wenn alle Scheidungsfolgen (Sorgerecht, Unterhalt usw.) geregelt sind. Leidtragende sind oft die Kinder.

Da in vielen Ehen nach wie vor die **traditionelle Rollenverteilung** gilt und der Mann in der Regel mehr verdient als die Frau, empfinden viele Männer das Scheidungsrecht als ungerecht, besonders in Fragen des Unterhalts und des **Versorgungsausgleichs**.

ARBEITSVORSCHLÄGE

 1

Analysieren Sie, welche wichtigen Gründe für das Scheitern vieler Ehen in dem Artikel genannt werden.

 2

Entwerfen Sie einen Ratgeber für Heiratswillige. Geben Sie darin Empfehlungen, um ein Scheitern der Ehe zu verhindern.

 3

Beurteilen Sie den Fall von Anke und Michael.

 4

Arbeiten Sie die wichtigsten rechtlichen Bestimmungen für die Ehescheidung heraus.

Wieso sind Kinder oft die Leidtragenden einer Ehescheidung?

WEITERFÜHRENDE HINWEISE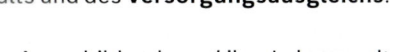

In den beiden Kapiteln über Ehe und Ehescheidung gibt es mehrere Statistiken. Ergänzen Sie diese mit den neuesten Zahlen und stellen Sie sie grafisch dar, um sie in einem Kurzreferat zu präsentieren.

Geburten in Deutschland

	Geburten gesamt	Davon nicht ehelich
1946	921 677	156 407
1950	1 116 701	117 934
1955	1 113 408	102 555
1960	1 261 614	95 321
1965	1 325 386	76 543
1970	1 047 737	75 802
1975	782 310	66 114
1980	865 789	102 921
1985	813 803	132 032
1990	905 675	138 755
1995	765 221	122 876
2000	766 999	179 574
2005	685 795	200 122
2006	672 724	201 519
2008	682 514	218 887
2010	677 947	225 472
2012	673 570	232 383
2014	714 927	250 074

Statistisches Bundesamt

Kinderwunsch ist nicht auf Mann-Frau-Beziehungen beschränkt.

„Homo-Ehe"

Seit 2001 konnten gleichgeschlechtliche Paare ihre Lebensgemeinschaft eintragen lassen. 2004 beschloss der Bundestag ein neues Lebenspartnerschaftsgesetz.

In Deutschland gibt es mittlerweile über 150 000 eingetragene Lebenspartnerschaften, in denen etwas über 10 000 Kinder leben.

Adoptionsrecht für Homosexuelle

Das Bundesverfassungsgericht hat im Februar 2013 entschieden, dass Homosexuelle, die in einer eingetragenen Lebenspartnerschaft leben, das Adoptivkind des Partners ebenfalls adoptieren dürfen. Bei leiblichen Kindern war dies bereits möglich.

Kerstin, 34, und **Manuel, 34**, leben seit vier Jahren zusammen und sind nicht verheiratet. Ihr gemeinsames Kind Jannik, 3, bekommt bald ein kleines Schwesterchen. Kerstin ist Lehrerin und hat eine halbe Stelle an einer Berufsschule, Manuel arbeitet als Architekt. Im gleichen Haus wohnt noch ein weiteres unverheiratetes Paar, Christiane, 32, und Bernhard, 33. Auch sie sind beide berufstätig und haben ein Kind. Die beiden Familien benutzen eine gemeinsame Küche und jeder verfügt über einen getrennten Wohnbereich. Bei der Kinderbetreuung helfen sich die beiden Frauen gegenseitig, dreimal in der Woche kommt eine Kinderfrau.
Kerstin über die Form ihres Zusammenlebens: „Am Anfang war ich mir lange nicht sicher, ob Manuel tatsächlich der richtige Partner für mich ist. Ich wollte einfach keine so enge Bindung wie die Ehe eingehen, weil ich glaubte, auch ohne Trauschein zusammenleben zu können. Ich finde es auch erschreckend, wie viele Ehen schiefgehen und geschieden werden oder die Paare nur zusammenbleiben, um nach außen den Schein zu wahren. Eine Heirat bringt doch eine Menge rechtlicher Konsequenzen mit sich, und davor hatte ich Angst. Das Kind wollte ich aber auf jeden Fall haben. Beim zweiten Kind überlegen wir uns jetzt schon, ob wir heiraten sollen, schon wegen der finanziellen Vorteile.
Was wir auf jeden Fall beibehalten möchten, ist das Zusammenleben mit unseren Freunden, damit wir uns gegenseitig helfen und unterstützen können."

1

Aus einem Interview mit einer Betroffenen

Zusammenleben ohne Trauschein **2**

Rechtslage bei unverheirateten Paaren:

1. keine Unterhaltspflicht bei einer Trennung (Ausnahme: gemeinsame Kinder); bis zum dritten Lebensjahr des Kindes hat die Mutter Anspruch auf Unterhalt
2. bei Krankenhausaufenthalten erhalten Partner keine Auskunft (rechtliche Möglichkeit: Vorsorgevollmacht beidseitig erteilen, so dass eine Entbindung von der ärztlichen Schweigepflicht möglich ist)
3. keine beitragsfreie Mitversicherung eines Partners bei der Krankenkasse
4. Versicherungen (z. B. Haftpflichtversicherung) können gemeinschaftlich abgeschlossen werden
5. gemeinsame Vermögenswerte (größere Anschaffungen) in einem Partnerschaftsvertrag auflisten (muss nicht notariell erfolgen); Zugewinnausgleich wie bei Verheirateten gibt es nicht
6. bei Haus- oder Wohnungskauf sich einen rechtlichen Berater zu Hilfe nehmen
7. Erbe nur durch ein Testament möglich (Ausnahme: gemeinsame Kinder)
8. bei Einzug eines Partners in der Wohnung des anderen muss der Vermieter davon in Kenntnis gesetzt werden
9. bei gemeinsam aufgenommenem Kredit sind beide Partner haftbar
10. keine Rentenansprüche beim Todesfall des Partners
11. keine Adoption möglich
12. der leibliche Vater wird nicht automatisch als Vater anerkannt, sondern er muss sich schriftlich dazu bekennen
13. vor Gericht gibt es kein Zeugnisverweigerungsrecht wie in einer Ehe
14. eine gemeinsame Steuererklärung ist nicht möglich
15. Steuervorteile (beispielsweise durch Ehegattensplitting) gibt es nicht

Vgl. Das Erste, abgerufen unter: www.swr.de/buffet/leben/partnerschaft-welche-rechte-und-pflichten-haben-paare/-/id=257304/did=19097074/nid=257304/1kgxm1w/index.html [30.08.2017]

Eine Alternative zur Ehe?

Unsere Gesellschaft ist geprägt von unterschiedlichsten Lebensstilen. Niemandem wird vorgeschrieben, wie und mit wem er oder sie leben soll. Das war nicht immer so. Noch vor 50 Jahren war es nicht erlaubt, dass Nichtverheiratete gemeinsam in einer Wohnung lebten. **Homosexualität** war strafbar. Heute ist unsere Gesellschaft weit offener, was individuelle Lebensentwürfe angeht. 2017 beschloss der Bundestag mehrheitlich, dass die Ehe nun für alle geöffnet wird. Die bisher mögliche eingetragene Lebenspartnerschaft, die sog. „Homo-Ehe", erlaubte es gleichgeschlechtlichen Partnern, eine rechtlich verbindliche Lebensgemeinschaft einzugehen. Wer heute in einer eingetragenen Lebenspartnerschaft lebt, ist mit der „Ehe für alle" nicht automatisch verheiratet. Die Ehe muss in beidseitigem Einverständnis vor dem Standesamt geschlossen werden.

Rechtliche Konsequenzen unverheirateter Paare: `3`

1. Ute und Hans leben seit 42 Jahren glücklich zusammen. Kinder haben sie nicht, aber beide sind berufstätig und haben sich viel Geld sparen können. Hans hat sich vor Jahren ein kleines Haus gekauft, während Ute ihm dafür „Miete" gezahlt hat. Plötzlich erkrankt Hans schwer und stirbt schließlich. Einen Partnerschaftsvertrag haben sie nicht abgeschlossen. Mit welchen finanziellen und persönlichen Folgen muss Ute rechnen?

2. Anna und Ben leben seit fünf Jahren zusammen und haben eine zweijährige Tochter. Sie trennen sich schließlich. Wie sind das Sorgerecht und der Unterhalt geregelt?

3. Zwei Jahre lang haben Tina und Martin auf ihre Weltreise gespart. Sie freuen sich riesig, als es endlich losgeht. Bereits nach sechs Wochen passiert ein schreckliches Unglück: Martin stürzt einen Berghang hinunter und liegt schwerverletzt in einer Klinik. Tina möchte gerne zu ihm.

4. Auf einer Automesse lernen sich Maja und Tommy kennen. Sie verlieben sich und werden ein Paar. Ihre Liebe zu Autos ist groß. Sie kaufen sich schließlich gemeinsam einen Porsche. Dafür nehmen sie einen Kredit auf. Nach vier Jahren trennen sich die beiden, während das Auto noch längst nicht bezahlt ist. Tommy verkauft das Auto, aber das Geld reicht nicht, um den Kredit vollständig abzulösen.

5. Stefan und Birgit haben zwei Kinder, den zehnjährigen Tim und die siebenjährige Luisa. Stefan war die letzten Jahre nicht berufstätig und hat sich um den Haushalt und die Kinder gekümmert. Birgits Einkommen als Firmenchefin reichte der Familie gut. Nun ist die Beziehung der beiden gescheitert und Stefan zieht aus dem Haus, das sie gemeinsam erworben haben, aus. Wie wirkt sich die Situation auf die beiden ehemaligen Partner finanziell aus?

ARBEITSVORSCHLÄGE

 1

Analysieren Sie anhand des Fallbeispiels und der Übersicht die Gründe für und gegen eine Ehe. Beschreiben Sie die möglichen Probleme, die bei einer nicht ehelichen Lebensgemeinschaft auftreten können.

 1, 2

Welche weiteren Gründe sprechen für oder gegen eine Ehe? Welche Lebensform bevorzugen Sie? Begründen Sie.

 2, 3

Lesen Sie die Fallbeispiele. Ordnen Sie diese den Nummern in 2 zu. Beurteilen Sie die Situation danach, wie man solchen Problemen vorbeugen könnte.

WEITERFÜHRENDE HINWEISE

Die Zahl der Paare ohne Trauschein nimmt zu. Nicht verheirateten Paaren wird von Fachleuten geraten, einen Partnerschaftsvertrag abzuschließen. Recherchieren Sie, ob es dafür Mustervordrucke gibt und was in einem solchen Vertrag unbedingt geregelt werden sollte.

Grundgesetz Artikel 3

(2) Männer und Frauen sind gleichberechtigt. Der Staat fördert die tatsächliche Durchsetzung der Gleichberechtigung von Frauen und Männern und wirkt auf die Beseitigung bestehender Nachteile hin.

§

Rollenverteilung gestern und heute
§ 1356 in der Fassung von 1896

3

Die Frau ist [...] berechtigt und verpflichtet, das gemeinsame Hauswesen zu leiten [...].

§ 1356 in der Fassung von 1957

Die Frau führt den Haushalt in eigener Verantwortung. Sie ist berechtigt, erwerbstätig zu sein, soweit dies mit ihren Pflichten in Ehe und Familie vereinbar ist [...].

§ 1356 in der Fassung von 1977

1. Die Ehegatten regeln die Haushaltsführung in gegenseitigem Einvernehmen [...].
2. Beide Ehegatten sind berechtigt, erwerbstätig zu sein. Bei der Wahl und Ausübung einer Erwerbstätigkeit haben sie auf die Belange des anderen Ehegatten und der Familie die gebotene Rücksicht zu nehmen.

Die über die Jahrhunderte gültige traditionelle **Rollenverteilung** zwischen Mann und Frau hat zu einer starken Abhängigkeit und Unterordnung der Frauen in der Gesellschaft geführt. Erst im 19. Jahrhundert entsteht eine **Frauenbewegung** mit dem Ziel, die Frauen aus ihrer gesellschaftlichen Stellung zu befreien. Dieses Streben der Frauen nach Freiheit und Unabhängigkeit nennt man **Emanzipation**.

Im Grundgesetz wird die Gleichstellung von Mann und Frau 1949 verfassungsrechtlich verankert. Doch zwischen Verfassungsanspruch und Verfassungswirklichkeit besteht nach wie vor eine große Kluft. Deshalb gibt es eine Reihe von Gesetzen und Maßnahmen zur **Frauenförderung**, um das Ziel der tatsächlichen Gleichstellung zu erreichen.

Frauen verdienen ein Fünftel weniger als Männer **4**

Die Hälfte aller Hochschulabsolventen sind heute Frauen. Dennoch verdienen sie immer noch weniger als Männer und werden seltener Führungskräfte. Die Folgen bekommen sie besonders im Alter zu spüren.

[...] Der Alltag von Männern und Frauen in Deutschland unterscheidet sich stark – trotz gleicher Rechte.

Zum Beispiel im Bereich Bildung: Zwar erreichen Mädchen häufiger die allgemeine Hochschulreife als Jungen dies tun. Die bilden nämlich in den Haupt- und Förderschulen die Mehrheit. So überrascht es nicht, dass im Jahr 2012 mehr als die Hälfte aller Studienberechtigten weiblich war. Allerdings nimmt der Frauenanteil an den Hochschulen mit steigendem Qualifikationsniveau stetig ab: Bei Promotionen betrug er noch 45 Prozent, bei Habilitationen 27 Prozent, bei den Professuren schließlich nur noch 20 Prozent. In Führungspositionen sind Frauen an Universitäten demnach deutlich unterrepräsentiert. [...]

Nur jede dritte Führungskraft in Unternehmen weiblich

Nicht nur an Hochschulen sind höhere Positionen im Allgemeinen selten mit Frauen besetzt. Auch in Unternehmen und in der öffentlichen Verwaltung sitzen Frauen seltener in den Chefsesseln; nur jede dritte Führungskraft war im Jahr 2012 weiblich. Diese Situation ändert sich nur sehr langsam. So hatte der Wert 1992 bei 26 Prozent gelegen, im Jahr 2002 bei 27 Prozent.

[...] Der Verdienstunterschied zwischen Männern und Frauen in Deutschland ist dementsprechend hoch. Seit Beginn der Berechnung im Jahr 1995 liegt das Gehaltsgefälle beinahe unverändert bei 20 Prozent. Nur in Österreich und in Estland ist der sogenannte Gender Pay Gap größer als in Deutschland. Dass es auch anders geht, zeigt das Beispiel Slowenien: Hier verdienen Frauen nur drei Prozent weniger als Männer. Ähnliches gilt für Polen und Malta (beide sechs Prozent). [...]

Ob Frauen überhaupt arbeiten oder nicht, das hängt vor allem davon ab, ob sie Kinder haben. So waren nur ein Drittel der Mütter mit einem Kind unter drei Jahren im Jahr 2012 erwerbstätig. Väter hingegen sind nicht so sehr an die Kinderbetreuung gebunden: Von ihnen arbeiteten mehr als 80 Prozent. Das liegt daran, dass die Kindererziehung immer noch mehrheitlich von den Frauen getragen wird. So beziehen 95 Prozent der Mütter Elterngeld, aber nur 29 Prozent der Väter. [...]

Knapp 70 Prozent der erwerbstätigen Mütter mit minderjährigen Kindern arbeiteten 2012 auf Teilzeitbasis. Bei den Vätern waren es nur sechs Prozent.

Kogel, Eva Marie: Frauen verdienen ein Fünftel weniger als Männer, 30.07.2014, abgerufen unter: www.welt.de/politik/deutschland/article130719197/Frauen-verdienen-ein-Fuenftel-weniger-als-Maenner.html [25.06.2016]

5

Seit dem Jahr 2016 müssen bestimmte Großunternehmen die vom Bundestag beschlossene Frauenquote bezüglich Spitzenpositionen in Unternehmen einhalten. Bei Aufsichtsratswahlen müssen die weiblichen Kandidaten einen Anteil von mindestens 30 Prozent ausmachen. Kann diese Zahl nicht erreicht werden, darf die Aufsichtsratsstelle nicht automatisch an einen Mann vergeben werden, sondern bleibt unbesetzt.

Jugend	Die Jugend ist die Lebensphase zwischen Kindes- und Erwachsenenalter. Sie beginnt rechtlich mit dem vollendeten 14. und endet mit dem vollendeten 18. Lebensjahr. Das Ende der Jugendzeit hängt beim Einzelnen sehr stark von der persönlichen Entwicklung ab. Die Abgrenzung der Jugendlichen- von der Erwachsenenwelt führt oft zu Konflikten mit der älteren Generation (Generationenkonflikt).
Berufsausbildung	Berufswahl und Berufsausbildung hängen ab von den persönlichen Interessen und Wünschen, aber auch von den eigenen Fähigkeiten und Kenntnissen. Der Schulabschluss spielt dabei eine große Rolle. Sowohl die Zahl der Schulabgänger/-innen als auch die Zahl der Ausbildungsplätze sind starken Schwankungen unterworfen. Zurzeit sinken die Schulabgängerzahlen. Trotzdem finden nicht alle Bewerber/-innen eine Lehrstelle. Ziel muss es deshalb sein, allen Jugendlichen den Einstieg in das Berufsleben zu ermöglichen.
Lebens- und Familienformen Traditionelle Familie Patchworkfamilie Single-Haushalte Eingetragene Lebenspartnerschaften	Die Familie ist die beständigste Form menschlichen Zusammenlebens. Sie steht unter dem Schutz des Grundgesetzes (Artikel 6). In unserer freien Gesellschaft sind unterschiedliche Lebens- und Familienformen akzeptiert. Die Familie besteht in ihrer traditionellen Form aus den Eltern und ihren Kindern. Es gibt aber auch andere Familienformen: alleinerziehende Mütter und Väter, gleichgeschlechtliche Partnerschaften mit Kindern oder sogenannte Patchworkfamilien. Daneben leben auch viele Menschen in Single-Haushalten. Zur Aufgabe der Familie gehört neben dem sozialen Rückhalt vor allem die Kindererziehung mit der Vorbereitung auf das zukünftige Leben. Nicht eheliche Lebensgemeinschaften haben in den letzten Jahren deutlich zugenommen. Ihr Zusammenleben wird rechtlich anders behandelt als das von Verheirateten. Für gleichgeschlechtliche Partnerschaften hat sich die rechtliche Situation wesentlich verbessert, denn durch die „Ehe für alle" sind sie vor dem Gesetz heterosexuellen Ehepaaren gleichgestellt.
Familienpolitik	Die Familienpolitik unterstützt das Zusammenleben von Paaren und Familien mit Kindern durch finanzielle, zeitliche und infrastrukturelle Maßnahmen, z. B. durch Kindergeld, Elterngeld, Steuererleichterungen, Ausbau von Kinderbetreuung und Ganztagsschulen, Elternzeit etc.
Umgang mit Konflikten	Konflikte sind ein natürlicher Bestandteil menschlichen Zusammenlebens. Konflikte am Arbeitsplatz können sehr belastend sein. Gesprächsregeln und Ich-Botschaften helfen bei der Konfliktvermeidung und -bewältigung.

Kompetenz-Check

Ich kann ...

... erklären, wovon es abhängt, ob man seinen Traumberuf erlernen kann.

... die Auswirkungen erläutern, die die rückläufigen Schulabgängerzahlen auf den Arbeitsmarkt haben.

Ich kann ...

... meine Rolle im Ausbildungsbetrieb, in der Familie und in der Gesellschaft beschreiben.

... beschreiben, was mir in meinem Leben wichtig ist.

... Konfliktlösungsstrategien aufzeigen und mit Konflikten im Privat- und Berufsleben lösungsorientiert umgehen.

Ich kann ...

... die wichtigsten rechtlichen Bestimmungen zu Ehe und Scheidung darstellen.

... begründen, warum Paare heutzutage immer später oder gar nicht heiraten.

... Vor- und Nachteile einer Ehe bzw. nicht ehelichen Lebensgemeinschaft benennen.

... die rechtlichen Konsequenzen einer Trennung benennen.

... analysieren, in welchen Bereichen die Gleichstellung faktisch noch nicht vollständig erfolgt ist, und Gründe dafür finden.

... beurteilen, ob eine Quotenregelung für Frauen und Männer sinnvoll ist.

Ich kann ...

... beschreiben, welchen Wandel die Familie in den letzten hundert Jahren durchlaufen hat, und die Veränderungen begründen.

... die verschiedenen Familienformen benennen und sie vergleichen.

... politische Maßnahmen zur Unterstützung von Familien benennen.

... begründet zu den familienpolitischen Maßnahmen Stellung beziehen.

... einen Maßnahmenkatalog für ein kinderfreundliches Deutschland entwickeln.

2.1 Ohne Jugend keine Zukunft …

Demografischer Wandel

Darunter versteht man die sich verändernde Zusammensetzung der Gesamtbevölkerung. Grafisch darstellen lässt sich diese Zusammensetzung mit der sogenannten Alterspyramide, die in den letzten hundert Jahren ihre Form dramatisch verändert hat.

Ursachen des demografischen Wandels

Die Veränderung der Bevölkerungsstruktur hat verschiedene Ursachen. Die Geburtenzahlen spielen ebenso eine Rolle wie die Entwicklung der Lebenserwartung. Aber auch die Zahl der Zuwanderer hat darauf Einfluss.

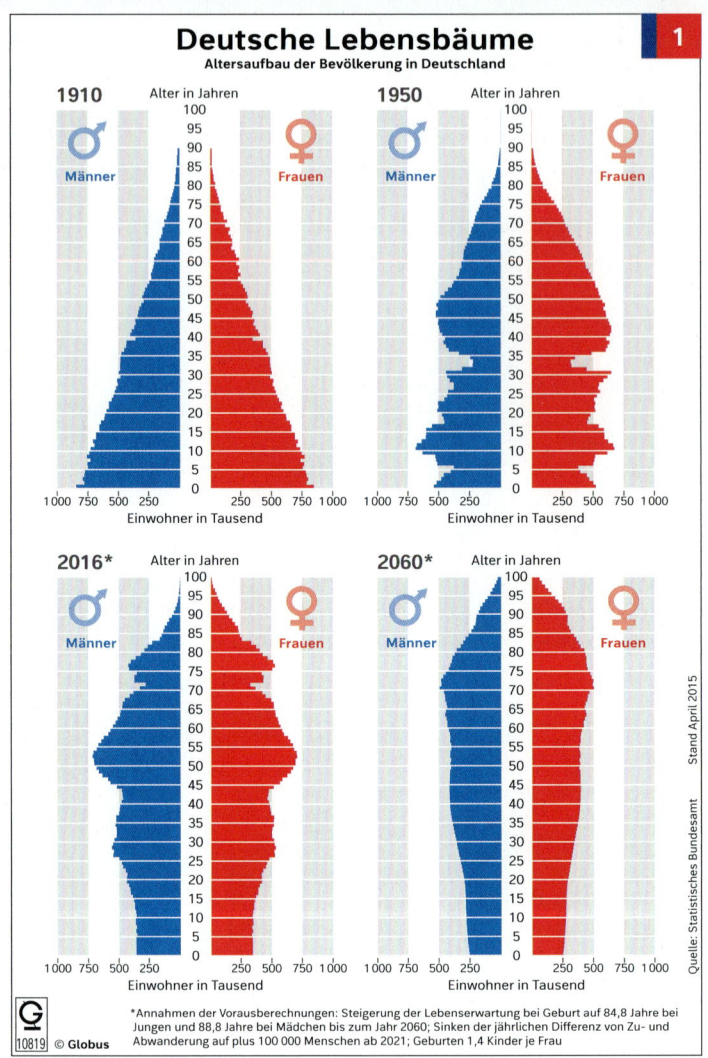

Quelle: Statistisches Bundesamt

Stand April 2015

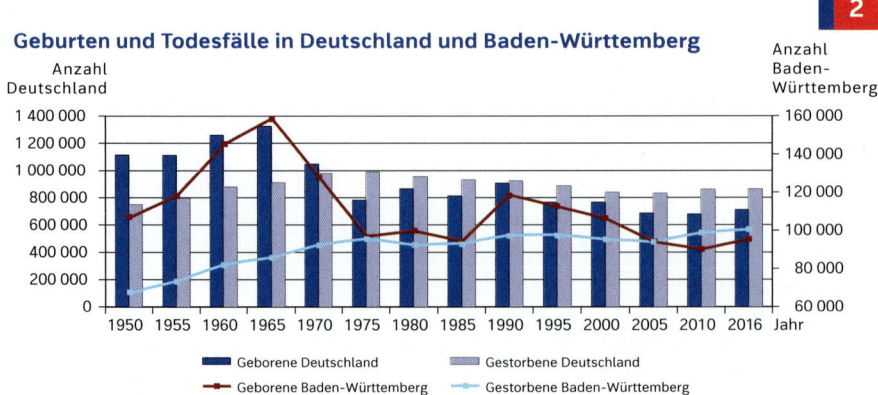

Eigene Zusammenstellung nach Zahlen des Statistischen Bundesamts und des Statistischen Landesamts Baden-Württemberg

... oder Jugend ohne Zukunft?

Im Zusammenhang mit dem demografischen Wandel hört man oft auch Schlagworte wie „Vergreisung der Gesellschaft" oder „demografische Zeitbombe". Damit soll zum Ausdruck gebracht werden, dass die veränderte und sich weiter verändernde Bevölkerungszusammensetzung eine Reihe von Problemen aufwirft, die gelöst werden müssen. Junge Menschen sind davon besonders betroffen. Ein sicherer Arbeitsplatz mit entsprechendem tariflichem Schutz und funktionierende Renten- und Gesundheitssysteme sind keine Selbstverständlichkeit mehr (vgl. S. 64).

Diese veränderte Situation stellt für junge Menschen eine besondere Herausforderung dar. Deshalb ist in den letzten Jahren ein deutlicher Wertewandel erkennbar. Beruflicher Erfolg und Leistung erhalten wieder einen höheren Stellenwert.

Offener Brief an Bundeskanzlerin Angela Merkel [3]

Sehr geehrte Frau Bundeskanzlerin!

Ich bin 24 Jahre alt und gehöre damit zu einer Generation, die Sie in Ihrer Politik zu oft übersehen. [...] Nachhaltigkeit bedeutet, dass jede Generation genauso gute Chancen haben soll wie die vorherige. So, wie es derzeit aussieht, hinterlassen Sie uns aber ein schweres Erbe.

Warum sparen Sie an unserer Zukunft? Schuldenmachen ist dann gerechtfertigt, wenn so Investitionen finanziert werden, die auch unserer Generation zugutekommen. [...] Verschwenden Sie keine Steuergelder für umweltschädliche Subventionen wie die Abwrackprämie [...]! Setzen Sie das Geld stattdessen nachhaltig ein: für Bildung, Forschung und erneuerbare Energien.

Wann entzerren Sie endlich die Rushhour des Lebens? Unsere Gesellschaft macht es jungen Paaren schwer, eine Familie zu gründen. Auch für viele von uns Jungen gehören Kinder zum Lebensglück. Die Zeit, in der sich Kinderwünsche verwirklichen lassen, ist aber zur Rushhour des Lebens geworden – viele von uns sind während Ausbildung und Studium von den Eltern abhängig; danach müssen wir uns erst mal eine berufliche Existenz aufbauen, was mit Kindern immer noch schwer möglich ist. [...][S]tärken Sie die soziale Absicherung junger Eltern, investieren Sie noch mehr in öffentliche Kinderbetreuung [...]!

Wann beenden Sie unsere Diskriminierung in der Arbeitswelt? Auf dem Arbeitsmarkt droht die junge Generation in prekäre Verhältnisse abzurutschen. Durch un- oder unterbezahlte Praktika werden reguläre Jobs wegrationalisiert. Ältere Arbeitnehmer haben zu viele Privilegien; junge Leute dagegen werden mit miesen Löhnen und schlechterer sozialer Sicherung abgespeist.

Warum haben Sie den Generationenvertrag aufgegeben? Weil wir uns immer stärker privat absichern müssen, wird der Generationenvertrag aber mehr und mehr demontiert. Darunter leiden wir Jungen in mehrfacher Hinsicht: Wir müssen gleichzeitig die Renten unserer Eltern zahlen und höhere Beiträge für unsere eigene Absicherung aufbringen – und trotzdem werden wir später mit Altersarmut zu kämpfen haben. Führen Sie eine Bürgerversicherung ein, die die Beitragslasten gerechter verteilt!

Frau Merkel, ich schreibe Ihnen diesen Brief, weil die Interessen von uns Jungen in der Politik zu selten zur Sprache kommen. [...] Wie kann es sein, dass die Generation, die die nachhaltige Entwicklung wirklich betrifft, bei deren Umsetzung nicht mitreden darf? Wir haben ein Recht auf Zukunft!
Herzlichst, Ihr Wolfgang

Wolfgang Gründinger: Frau Merkel, warum geben Sie den Generationenvertrag auf?, in: ZEIT Campus Nr. 3/2009, 15.04.2009 (gekürzt), abgerufen unter: www.zeit.de/campus/2009/03/brief-gruendinger [04.04.2013]

ARBEITSVORSCHLÄGE

 1

Geben Sie mithilfe der dargestellten Alterspyramiden die wichtigsten Veränderungen wieder.

 2

Vergleichen Sie die Entwicklung von Geburten- und Sterberate in Deutschland mit der Entwicklung in Baden-Württemberg.

 3

Stellen Sie die Kritikpunkte, die in dem offenen Brief genannt werden, zusammen und diskutieren Sie diese in der Klasse.

Wie stehen die älteren Generationen zu den genannten Kritikpunkten? Befragen Sie Ihre Eltern oder Großeltern.

WEITERFÜHRENDE HINWEISE

Statistische Angaben über die Bevölkerungsstruktur und den demografischen Wandel werden vom Statistischen Bundesamt in Wiesbaden und den Statistischen Landesämtern sowie den zuständigen Ministerien veröffentlicht:
www.destatis.de
www.statistik-bw.de
www.bundesregierung.de

Gruppenpuzzle

Beim Gruppenpuzzle erarbeitet man in der Gruppe gemeinsam ein Thema und wird Experte für ein Themengebiet.

Aufgabe für die Stammgruppe:

Schauen Sie sich auf Seite 40 die verschiedenen Alterspyramiden an und bearbeiten Sie dazu Aufgabe 1. Überlegen Sie sich gemeinsam, welche Fragen das Thema aufwirft. Teilen Sie die Gruppe anschließend in die einzelnen Experten auf.

Aufgaben für die Expertengruppen:

Gruppe A: Wie veränderte sich die Alterspyramide im Laufe der letzten 100 Jahre? Welche Ursachen sind für diese Entwicklung verantwortlich?

Lesen Sie den Text des Kapitels „Ursachen des demografischen Wandels" (2.2) und werten Sie gemeinsam die dazugehörigen Materialien aus.

Beantworten Sie dann die Fragen 1–2.

Gruppe B: Welche Auswirkungen hat der demografische Wandel? Welche Lebensbereiche sind betroffen (Arbeitsmarkt, Bildungssystem, soziales Sicherungssystem)?

Lesen die den Text des Kapitels „Auswirkungen des demografischen Wandels" (2.3) und werten Sie gemeinsam die dazugehörigen Materialien aus.

Beantworten Sie dann die Fragen 1–2.

Gruppe C: Wie könnte dem demografischen Wandel entgegengewirkt werden? Welche Chancen können sich durch Zuwanderung ergeben?

Lesen Sie den Text des Kapitels „Dem demografischen Wandel entgegenwirken" (2.4) und werten Sie gemeinsam die dazugehörigen Materialien aus.

Beantworten Sie dann die Fragen 1–2.

Aufgabe für die Stammgruppe:

Stellen Sie sich gegenseitig die Ergebnisse aus den Expertengruppen vor. Fassen Sie gemeinsam eine Übersicht dieser Ergebnisse z. B. in einer Tabelle oder einer Mindmap (s. S. 222) zusammen.

So geht's 👆

Gruppenpuzzle

Aufteilung in Stammgruppen

Beim Gruppenpuzzle wird die Klasse in Gruppen aufgeteilt, in die sogenannten Stammgruppen. In dieser Arbeitsgruppe verschaffen Sie sich einen Überblick über das Thema. Jedes Mitglied der Stammgruppe wählt einen Aspekt des Gesamtthemas aus, welchen er als „Experte" bearbeitet und später der Stammgruppe vermittelt.

Aufteilung in Expertengruppen

Diejenigen mit dem gleichen Themengebiet treffen sich in ihren Expertengruppen und erarbeiten sich gemeinsam den jeweiligen Inhalt. Dazu werden die Texte gelesen und die Materialien ausgewertet. Dabei werden aufkommende Fragen geklärt und man einigt sich auf die wesentlichen Informationen, die man den Stammgruppen weitergeben möchte. Dazu wird eine übersichtliche Darstellung der Ergebnisse erarbeitet.

Vorstellen der Ergebnisse in den Stammgruppen

Alle Experten kehren in ihre Stammgruppen zurück. Dort stellen sie ihre erarbeiteten Ergebnisse den anderen Gruppenmitgliedern vor. Wenn alle ihre Ergebnisse vorgestellt haben und keine Fragen mehr offen sind, wird das erworbene Wissen zusammengefasst. Dies kann z. B. in einer Tabelle, einem Strukturbild oder einer Mindmap geschehen.

Aufgaben:

1. Führen Sie das Gruppenpuzzle durch. Achten Sie darauf, dass sich alle Experten gut in ihren Themenbereichen auskennen und sich geeignete Notizen machen.

2. Beurteilen Sie im Anschluss innerhalb ihrer Stammgruppe das Ergebnis des Gruppenpuzzles. Haben sich alle Gruppenmitglieder gut vorbereitet? Konnten sie ihr Wissen gut weitergeben? Welche Tipps können Sie den einzelnen Gruppenmitgliedern noch geben?

3. Schauen Sie sich gemeinsam noch einmal die Alterspyramiden auf S. 40 an und erklären Sie die wichtigsten Veränderungen. Welche Auswirkung haben diese auf unsere Gesellschaft?

Historische Ereignisse

Erster Weltkrieg
(1914–1918)

Weltwirtschaftskrise
(1929–1932)

Zweiter Weltkrieg
(1939–1945)

Um 1900 sieht die **Alterspyramide** von der Form her tatsächlich einer Pyramide ähnlich. Die Zahl der Geburten nimmt damals deutlich zu, da schon ab 1848 der Staat versucht, die Säuglingssterblichkeit durch eine umfangreiche Gesundheitsprophylaxe einzugrenzen. Es entstehen u. a. Hebammenschulen und erste Impfungen werden durchgeführt.

Gleichzeitig ist die Lebenserwartung der Menschen damals deutlich geringer. Ein im Jahr 1900 geborener Junge hat durchschnittlich 45, ein Mädchen 49 Jahre vor sich. Missernten, auf die schwere Hungerjahre folgen, schwere körperliche Arbeit und eine noch nicht weit entwickelte Medizin bedeuten für viele Menschen einen frühen **Tod**. Was aber soll eine Familie tun, wenn der Familienvater oder die Mutter ausfallen? Bei Arbeitsunfällen ist man nicht abgesichert und es folgen oft Armut und Hunger.

Krisen und Missernten erklären die Einkerbungen in der Pyramide. Ein größerer Einschnitt erklärt sich durch die Migration der Deutschen in die USA. Aufgrund schlechter Verhältnisse während dem Übergang von der Agrar- zur Industriegesellschaft, entschließen sich viele Familien auszuwandern und in den USA ein neues Leben zu beginnen.

Lebendgeborene und Gestorbene 1900 bis 2014

je 1 000 Einwohner

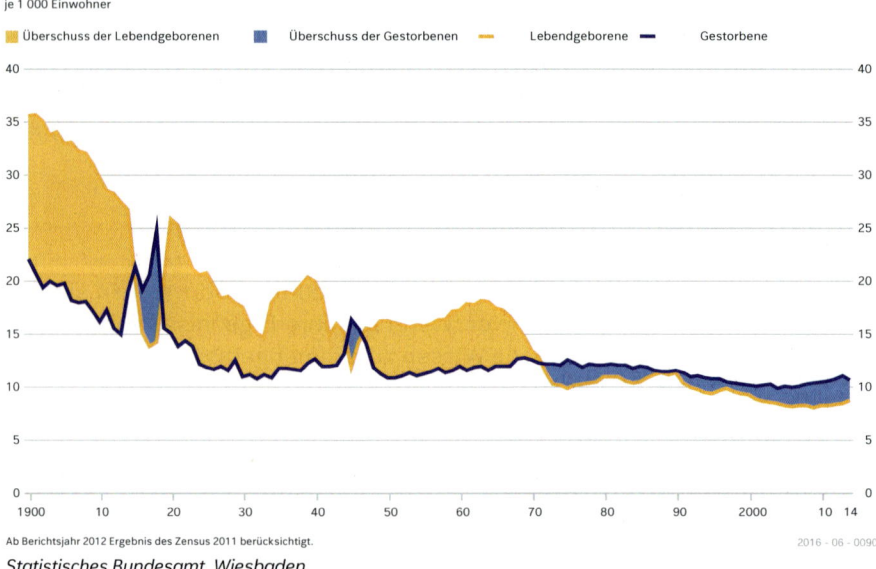

Ab Berichtsjahr 2012 Ergebnis des Zensus 2011 berücksichtigt.

2016 - 06 - 0090

Statistisches Bundesamt, Wiesbaden

Um 1950 ändert sich die Form der Pyramide. Man erkennt viele Einkerbungen, die sich durch historische Ereignisse erklären lassen. Eine große Einkerbung auf beiden Seiten erklärt sich durch die **Geburtenausfälle** während des Ersten Weltkriegs. Männer, die in den Krieg ziehen und nicht mehr zurückkommen, der Tod vieler Erwachsener und die Unsicherheit vor der Zukunft führen zu einem starken Geburtenrückgang. Auch die Weltwirtschaftskrise, die zur Verarmung breiter Bevölkerungsschichten führt, hat einen deutlichen Geburtenrückgang zur Folge. Danach steigen die Geburtenzahlen unter dem Einfluss des NS-Regimes und dem Rausdrängen der Frauen aus dem Erwerbsleben wieder kräftig an, ehe sie mit Beginn des Zweiten Weltkriegs wieder einbrechen. Der tiefste Einschnitt liegt im Kapitulationsjahr 1945. Auch in den ersten Nachkriegsjahren nehmen die Geburten nur allmählich wieder zu.

Nach dem Zweiten Weltkrieg folgt in einem wirtschaftlich günstigen Umfeld der „**Babyboom**" der 1960er-Jahre. Beide Teile Deutschlands erleben einen Anstieg der Geburtenzahl mit den höchsten zusammengefassten Geburtenziffern der Nachkriegszeit von 2,5 Kindern je Frau. Noch im gleichen Jahrzehnt setzt aber ein tiefgehender und nachhaltiger Wandel ein: Die Fruchtbarkeit sinkt aufgrund der Einführung der „Pille" („**Pillenknick**") weit unter das Niveau, das notwendig ist, um die Elterngeneration zu ersetzen.

Seitdem nimmt die Bevölkerung weiter ab und das durchschnittliche Alter der Bevölkerung steigt. Die Gründe sind vielfältig: Frauen schieben ihre Familiengründung in ein höheres Alter auf. Zudem kommt der Wandel des Rollenverhaltens und der Einstellung zur Familie. Frauen identifizieren sich heute nicht mehr nur als Ehefrau und Mutter. Beruflich möchten sie ebenso wie Männer die Karriereleiter aufsteigen können. Außerdem spielen Faktoren wie Zeit und Geld eine wichtige Rolle: Wer kann sich heutzutage noch Kinder leisten? Wer bringt die nötige Zeit für die Betreuung und Erziehung auf?

Die ehemalige DDR wirkt dem **Geburtenrückgang** ab Mitte der 1970er-Jahre mit staatlichen Fördermaßnahmen (z. B. finanzielle Unterstützung, Einrichtung von Kindertagesstätten) entgegen. Diese Politik führt sogar zu einem kurzfristigen Anstieg im Jahr 1980 auf 1,9 Kinder je Frau. Dann geht aber auch hier die Geburtenhäufigkeit allmählich wieder zurück. Auf den wirtschaftlichen und sozialen Umbruch nach der „Wende" 1989/90 folgt in Ostdeutschland ein so starker Rückgang der Geburtenrate, dass die Basis des gesamtdeutschen Altersaufbaus noch einmal deutlich schrumpft.

Durchschnittliches Alter der Mutter bei der Geburt ihrer lebend geborenen Kinder in Deutschland

Alter der Mütter	2009	2010	2011	2012	2013
Insgesamt	30,4	30,5	30,7	30,7	30,9
Mütter verheiratet[1]					
Zusammen	31,4	31,5	31,6	31,6	31,7
bei der Geburt des 1. Kindes	30,2	30,3	30,3	30,4	30,5
bei der Geburt des 2. Kindes	31,9	32,0	32,1	32,2	32,3
bei der Geburt des 3. Kindes	33,3	33,3	33,4	33,5	33,5
Mütter nicht verheiratet	28,5	28,6	28,8	29,0	29,2

[1] Bezogen auf die Kinder der bestehenden Ehe.

Statistisches Bundesamt, Wiesbaden 2015

ARBEITSVORSCHLÄGE

1

Welche Ursachen sind für den demografischen Wandel verantwortlich?

Vergleichen Sie die Alterspyramiden auf S. 40. Erläutern Sie, wie es zu den Unregelmäßigkeiten kommt.

Dargestellt wird auch die vorausberechnete Alterspyramide des Jahres 2050 (s. S. 40). Überlegen Sie, welche Ursachen zu dieser Prognose führen.

2

Welche wesentlichen Informationen lassen sich anhand der Zahlen in der Tabelle belegen?

Zusammensetzung der deutschen Bevölkerung (in Mio.)

Altersgruppe	1950	2000	2050
Unter 20 Jahre	21,1	16,8	12,1
20–59 Jahre	38,1	44,3	35,5
Über 60 Jahre	10,1	20,6	27,6
Insgesamt	**69,3**	**82,2**	**75,1**

Statistisches Bundesamt

Agglomeration

Dieser Begriff wird im deutschen synonym für „Ballungsraum" verwendet. Das heißt, dass sich die Gegend durch eine höhere Siedlungsdichte auszeichnet.

Der demografische Wandel ist eine der größten Herausforderungen für die Zukunft unseres Landes: Die Bevölkerung nimmt ab und das durchschnittliche Alter der Bevölkerung steigt.

1

Bevölkerungsrückgang

Das kommende riesige Geburtendefizit wird trotz Wanderungsgewinnen und steigender Lebenserwartung die Bevölkerung Deutschlands schrumpfen lassen. Das Statistische Bundesamt rechnet damit, dass die Bevölkerungszahl von derzeit etwa 82 Millionen Menschen bis zum Jahre 2060 auf 65 bis 70 Millionen zurückgegangen sein wird. [...]

Der Bevölkerungsrückgang wird möglicherweise ökonomische und sozialpolitische Probleme erzeugen. Dann nämlich, wenn eine sinkende Nachfrage nach Konsumgütern oder sinkende Zahlen von Arbeitskräften die Wirtschaftsleistung zurückgehen lassen, sodass die gleichzeitig steigende Nachfrage nach staatlichen Dienstleistungen für ältere Menschen nicht mehr finanziert und befriedigt werden kann. [...]

Der Schrumpfungsprozess wird sich regional sehr ungleichmäßig vollziehen. Für die meisten Ballungsräume Westdeutschlands werden keine Rückgänge, sondern steigende Bevölkerungszahlen vorausgesagt. Denn Agglomerationen werden Zuwanderer anziehen, und ältere Menschen werden vermehrt vom Land in die Städte ziehen, um Geschäfte, Ärzte etc. besser erreichen zu können. In den ländlichen Räumen Westdeutschlands und im größten Teil Ostdeutschlands werden jedoch erheblich weniger Menschen als heute wohnen. Deshalb werden dort viele Gemeinden mit drohenden Abwärtsspiralen zu kämpfen haben: Wenn Schulen und Geschäfte mangels Nachfrage schließen, wenn Verkehrsverbindungen und Arztpraxen mangels Kunden eingestellt werden, dann werden sich auch immer weniger Menschen – insbesondere Familien – dort ansiedeln. Betriebe verlagern daraufhin ihren Standort, Arbeitsplätze gehen verloren, Entsorgungsdienste, Energie- und Wasserversorgung werden teurer und problematisch. In der Folge werden immer mehr Menschen wegziehen. Viele kreative Maßnahmen werden erforderlich sein, um diese sich selbst verstärkenden Entleerungsprozesse zu stoppen. [...]

Prof. Dr. Stefan Hradil: Die Alterung der Bevölkerung – Bevölkerungsrückgang, in: Der Bürger im Staat, Heft 2/3–2015, S. 80

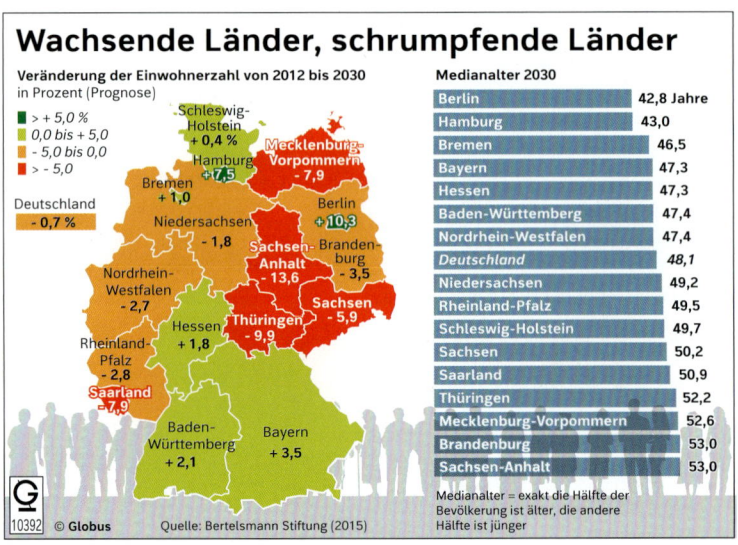

Die Hochbetagten

So viele Menschen in Deutschland sind 80 Jahre und älter

2013 · 2020 · 2030 · 2040 · 2050 · 2060

ab 2020 Prognose
(Annahme: langfristiger
Wanderungssaldo von
+ 200 000 Menschen
pro Jahr)

4,4 Mio. · 5,9 · 6,2 · 7,8 · 9,9 · 9,0

5,4 % — in Prozent der Bevölkerung — 12,3 %

Quelle: Statistisches Bundesamt (2015) © Globus 10892

Die Bevölkerungszahl in Deutschland geht zurück, gleichzeitig steigt der **Altersdurchschnitt**, was noch problematischer gesehen wird als der **Bevölkerungsrückgang**. Dies bringt Probleme in verschiedenen Bereichen mit sich.

Der demografische Wandel wird sich vor allem auf dem Arbeitsmarkt auswirken. Zum einen werden die Erwerbstätigen im Durchschnitt immer älter. Zwar bringen diese mehr Erfahrung mit, dafür liegt aber auch ihre Ausbildung weiter in der Vergangenheit und somit kann deren Wissen schon veraltet sein. Um dies zu vermeiden, müssen die Betriebe darauf achten, dass es genügend Weiterbildungsmöglichkeiten gibt, was wiederum Kosten verursacht. Zudem sind ältere meistens weniger mobil und anpassungsfähig als junge Leute, die gerade in das Erwerbsleben einsteigen und oftmals noch nicht gebunden sind, an z. B. eine Familie. Auch wird insgesamt die Zahl der Erwerbstätigen zurückgehen, sodass Arbeitskräfte in vielen Bereichen (z. B. Gesundheitsbereich) knapp werden. Wenige erwerbstätige Menschen bedeuten auch weniger Beiträge für Sozialversicherungen und weniger Steuereinnahmen für den Staat, welcher aber wiederum höhere Sozialausgaben haben wird. Die Folge: Die **soziale Sicherung** ist gefährdet (s. Kapitel 2.10 und 2.11).

Eine alternde Gesellschaft wirkt sich auf den gesamten Charakter eines Landes aus. Die Nachfrage nach Konsumgütern geht zurück, aber die Nachfrage nach bestimmten Dienstleistungen, vor allem im Gesundheitswesen, nimmt zu. Man wird in Zukunft mehr auf altersgerechtes Wohnen achten, z. B. Aufzüge in Wohngebäuden. Außerdem werden mehr Seniorenheime gebaut werden. Dagegen werden Kindergärten und Schulen schließen müssen.

ARBEITSVORSCHLÄGE

 1

Welche Probleme sieht der Autor mit dem Bevölkerungsrückgang auf uns zukommen?

 2

Analysieren Sie, auf welche Bereiche des Lebens sich der demografische Wandel auswirkt.

Ordnen Sie Ihre Ergebnisse in einer Tabelle den Bereichen Politik, Wirtschaft und Gesellschaft zu.

Wie groß die Probleme tatsächlich sein werden ist unklar. Es gibt Einschätzungen von „Katastrophe", über „Herausforderung" bis hin zu „gar nicht so schlimm". Wie beurteilen Sie die demografische Situation?

Aktuelle demografische Situation in Deutschland:

- Konstant niedrige Geburtenrate (1,4 Kinder pro Frau)
- Steigende Lebenserwartung
- Ansteigender Wanderungssaldo (Einwanderungen überwiegen gegenüber Auswanderungen)

Elterngeld

Das Elterngeld unterstützt nach der Geburt des Kindes finanziell, indem es den Wegfall des Einkommens auffängt. Es beträgt 65 % des bisherigen Einkommens, höchstens aber 1 800,00 € und mindestens 300,00 €. Es wird für Väter und Mütter für maximal 14 Monate gezahlt.

Elternzeit

Die Elternzeit dauert maximal drei Jahre. Väter und Mütter werden für diesen Zeitraum ohne Bezahlung von der Arbeit nach der Geburt des Kindes freigestellt.

Ehegattensplitting

Das zu versteuernde Einkommen der Ehe- oder Lebenspartner wird ermittelt und halbiert. Jedem Ehepartner steht dann ein Steuerfreibetrag von ca. 8 000,00 € zu.

Um dem demografischen Wandel entgegenzuwirken und die **Altersstruktur** zu stabilisieren, braucht Deutschland mehr Nachwuchs. Umfragen zufolge wünschen sich Deutschlands Frauen im Mittel zwei Kinder. Bisher liegt der durchschnittliche Wert aber bei 1,4 Kindern pro Frau. Welche Hemmnisse der Erfüllung des Kinderwunsches im Wege stehen, ist bis heute umstritten. Gewiss aber erleichtern Kinderbetreuung und Ganztagsschulen die Vereinbarkeit von Familie und Beruf. Flexible Arbeitszeiten sollten nicht nur älteren Erwerbstätigen, sondern vor allem jungen Müttern ermöglicht werden.

Darüber hinaus versucht der Staat, die Familienplanung zu fördern, z. B. durch die Gewährung von Elternzeit nach der Geburt, durch finanzielle Unterstützung wie dem **Elterngeld**, dem Kindergeld, dem **Ehegattensplitting** sowie der Anrechnung von Erziehungszeiten in der gesetzlichen Rentenversicherung. Kinderlose müssen hingegen Beitragszuschläge in der Pflegeversicherung leisten. Es ist aber nicht damit getan, die Attraktivität durch finanzielle Hilfe zu erhöhen. Was fehlt, ist eine gesellschaftliche Akzeptanz. Denn eine Gesellschaft ohne Kinder ist auf Dauer nicht überlebensfähig.

Familienleben in Deutschland

So lebten Familien mit minderjährigen Kindern
Anteile in Prozent

2013 in den Bundesländern

	Ehepaare	Alleinerziehende	Lebensgemeinschaften
1996	81 %	14	5
2013	70 %	20	10

Baden-Württemb.	78	7	16
Bayern	76	7	17
Hessen	75	8	17
Rheinland-Pfalz	75	6	19
Nordrhein-Westf.	74	7	19
Niedersachsen	73	8	19
Saarland	72	8	20
Schleswig-Holstein	69	10	21
Hamburg	63	11	27
Bremen	61	10	30
Mecklenburg-Vorp.	53	21	27
Brandenburg	52	22	26
Thüringen	52	21	27
Berlin	51	17	32
Sachsen	51	23	26
Sachsen-Anhalt	51	23	26

6730
© Globus

rundungsbedingte Differenzen   Quelle: Statistisches Bundesamt

Die negativen Folgen einer alternden Bevölkerung für die Wirtschaft können durch eine Kombination von Maßnahmen aufgehoben oder zumindest abgemildert werden. Die Verlängerung der Lebensarbeitszeit und eine Erhöhung des Eintrittsalters in den Ruhestand würden die Zahl der Beitragszahler stabilisieren und so die Finanzierung der Sicherungssysteme verbessern.

Durch eine stärkere Beteiligung von Frauen am Erwerbsleben sowie durch Zuwanderung könnte dem demografisch bedingten Schwund an Arbeitskräften entgegengewirkt werden.

 1

Analysieren Sie, mit welchen Maßnahmen dem demografischen Wandel entgegengewirkt werden könnte.

 2

Erklären Sie, welche Chancen sich durch Zuwanderung ergeben könnten.

Sammeln Sie Ideen, welche Bedingungen erfüllt sein müssen, damit Integration funktionieren kann.

Deutschland darf einen großen Teil der Menschen, die in das Land kommen, nicht abweisen:
- Menschen aus der EU genießen Freizügigkeit (siehe Kapitel 7–9)
- Kriegsflüchtlinge und Asylbewerber haben verbriefte Schutzrechte.

Die Verlängerung der **Lebensarbeitszeit** und die Einbeziehung von Frauen in die Erwerbstätigkeit werden nicht ausreichen, um den kommenden Arbeitskräftemangel zu vermeiden. Deshalb bietet sich als weitere Maßnahme an, **Arbeitsmigranten** zur Einwanderung zu bewegen. Seit 2010 kommen immer mehr Menschen nach Deutschland, die wir nicht abweisen können und auch nicht sollten. Auch wenn die Schicksale vieler dieser Menschen tragisch sind, die sie dazu brachten, ihre Heimat zu verlassen, so ist doch klar: Für Deutschland ist das eine große Chance.

Deshalb ist es wichtig, diesen Menschen zu helfen, erfolgreich im Berufsleben Fuß zu fassen. Daher spricht vieles dafür, Migranten in Deutschland aus- und weiterzubilden. Um die so vermittelte Qualifikation auch hierzulande zu nutzen, sollte auf eine dauerhafte **Integration** dieser Zugewanderten hingewirkt werden.

Eine verstärkte Zuwanderung könnte die Zahl der Erwerbstätigen auf lange Sicht konstant halten und dies würde helfen, die Finanzierung der Sicherheitssysteme zu verbessern.

Was ist Migration?

Migration bedeutet Wanderung. Im Allgemeinen kann man sagen, dass mit Migration eine dauerhaft werdende räumliche Veränderung des Lebensmittelpunktes verstanden wird. Wanderungsbewegungen können nach mehreren Kriterien unterschieden werden

1. zeitliche Kriterien: Sie beziehen sich auf die Dauer und den Verlauf von Wanderungen (Bsp. Saisonarbeiter).

2. Räumliche Kriterien: Sie beziehen sich auf die Distanz und Bezugseinheit (Gemeinde, Region, Land) der Wanderungsbewegungen. Es wird unterschieden zwischen internationaler Migration und Binnenmigration.

Binnenmigration

Unter Binnenmigration ist generell eine Wanderung innerhalb eines „Gebiets" gemeint. Dies kann sowohl eine Wanderung innerhalb eines Staates oder innerhalb einer Region sein.

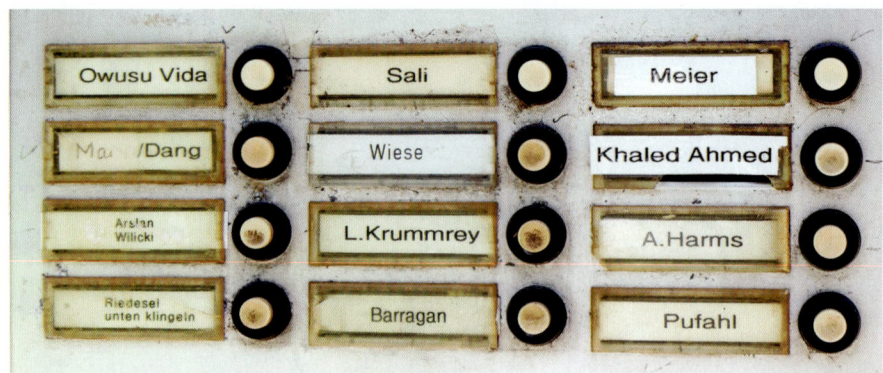

Immer mehr Menschen auf der ganzen Welt verlassen ihre Heimat, um an einem anderen Ort ihr Glück zu finden. Mehr als 150 Millionen Menschen weltweit leben als Migranten in einem Staat, der nicht ihre ursprüngliche Heimat ist.

Einige wollen dort nur für kurze Zeit bleiben, andere für mehrere Jahre, oder sie entscheiden sich dafür, den Rest ihres Lebens an einem anderen Ort zu verbringen.

Definition: Menschen mit Migrationshintergrund   1

Zu den Menschen mit Migrationshintergrund zählen „alle Ausländer und eingebürgerte ehemalige Ausländer, alle nach 1949 als Deutsche auf das heutige Gebiet der Bundesrepublik Deutschland Zugewanderte, sowie alle in Deutschland als Deutsche Geborene mit zumindest einem zugewanderten oder als Ausländer in Deutschland geborenen Elternteil."

Statistisches Bundesamt: Fachserie 1, Reihe 2.2, Wiesbaden, 2015, S. 5

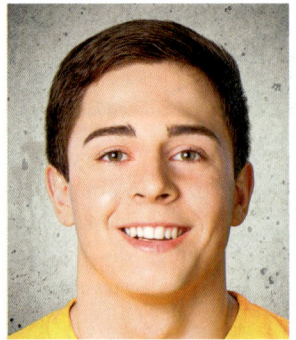

Judy Noruyu ist 23 Jahre alt und in Vietnam geboren. Ihre Mutter ist Vietnamesin und ihr Vater ist Franzose. Mit fünf Jahren kam sie mit ihrer Familie nach Deutschland.

Sercan Yilmaz ist 15 Jahre alt. Seine Eltern und er sind in Deutschland geboren. Sein Großvater kam 1962 aus der Türkei nach Deutschland und ist dort geblieben.

Heinrich Maskowski ist 20 Jahre alt und wurde in Kasachstan geboren. Seine Mutter stammt aus Kasachstan, sein Vater ist Deutscher. Heinrich kam vor 18 Jahren nach Deutschland. Seit sieben Jahren hat er einen deutschen Pass.

MIGRANTEN WELTWEIT

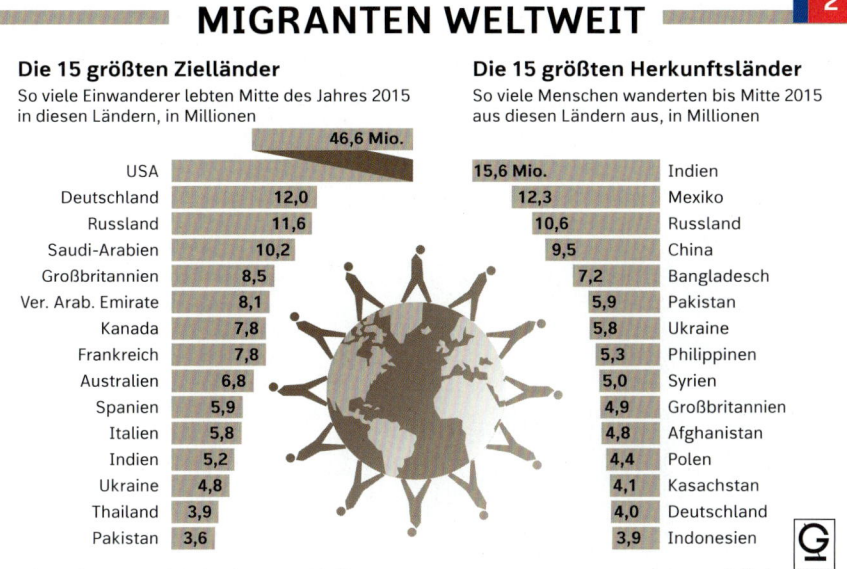

Die 15 größten Zielländer
So viele Einwanderer lebten Mitte des Jahres 2015
in diesen Ländern, in Millionen

USA	46,6 Mio.
Deutschland	12,0
Russland	11,6
Saudi-Arabien	10,2
Großbritannien	8,5
Ver. Arab. Emirate	8,1
Kanada	7,8
Frankreich	7,8
Australien	6,8
Spanien	5,9
Italien	5,8
Indien	5,2
Ukraine	4,8
Thailand	3,9
Pakistan	3,6

Die 15 größten Herkunftsländer
So viele Menschen wanderten bis Mitte 2015
aus diesen Ländern aus, in Millionen

15,6 Mio.	Indien
12,3	Mexiko
10,6	Russland
9,5	China
7,2	Bangladesch
5,9	Pakistan
5,8	Ukraine
5,3	Philippinen
5,0	Syrien
4,9	Großbritannien
4,8	Afghanistan
4,4	Polen
4,1	Kasachstan
4,0	Deutschland
3,9	Indonesien

Quelle: UN (Internationaler Migrationsreport 2015)

© Globus 10786

Ob nun Migranten freiwillig oder gezwungenermaßen ihre Wohnorte verlassen, kann oft nicht genau bestimmt werden. Häufig gibt es eine Vielzahl von Antrieben, die Herkunftsregion zu verlassen.

Bei der Frage nach den Motiven wird allgemein nach **Push- und Pull-Faktoren** unterschieden. Als Push-Faktoren werden Umstände bezeichnet, die im Herkunftsland ihre Ursachen haben und „abstoßend" wirken. Pull-Faktoren hingegen haben eine Sogwirkung und stehen für die Attraktivität des Aufnahmelandes. In der Regel entstehen Migrationsprozesse nicht nur durch einzelne Faktoren, sondern durch eine Kombination verschiedener Push- und Pull-Faktoren.

3

Push- Faktoren	Pull- Faktoren
• Instabile politische Verhältnisse • Armut und Hunger • Menschenrechtsverletzungen, (Diskriminierung, Folter, …) • Krieg • Wirtschaftliche Not und Perspektivlosigkeit • Widrige Lebensbedingungen • Umweltzerstörung und Naturkatastrophen	• Gute Arbeitsmarkt- oder Ausbildungschancen • Hohes Lohnniveau • Stadtkultur • Stabile politische Verhältnisse, Demokratie • Religionsfreiheit • Technischer Fortschritt

ARBEITSVORSCHLÄGE

  1

Prüfen Sie, welche Kriterien der Definition auf die drei Personen zutreffen.

  2

Analysieren Sie das Schaubild.

Spurensuche: Wenn Ihre Eltern oder Großeltern ausländischer Herkunft sind, erkundigen Sie sich, welche Erfahrungen Sie in Deutschland gemacht haben und berichten Sie Ihrer Klasse davon.

  3

Finden Sie zu den genannten Push- und Pull- Faktoren Beispiele für Migrationsmotive aus Gegenwart oder Geschichte.

WEITERFÜHRENDE HINWEISE

„Multikulti ist eine Bereicherung für Deutschland".
Diskutieren Sie diese Aussage in der Klasse.

Auswanderung aus Deutschland

1933–1945:
Während der NS-Herrschaft wird Deutschland zum Auswandererland. Ca. 300 000 jüdische Deutsche verlassen ihre Heimat.

2008
Allein in diesem Jahr verlassen 170 000 Deutsche ihre Heimat. Grund: fehlende oder schlecht bezahlte Arbeitsplätze.

Staatsangehörige aus EU-(Kandidaten-)Ländern in Deutschland

Stand: 2015
Top Ten

Türken	1 527 118
Italiener	574 530
Polen	674 152
Griechen	328 564
Kroaten	263 347
Österreicher	179 772
Rumänen	355 343
Niederländer	144 741
Portugiesen	130 882
Bulgaren	183 263

Statistisches Bundesamt (Hrsg.): Statistisches Jahrbuch 2015, Wiesbaden, 2015

1964: Armado Rodriguez aus Portugal erhält als millionster Gastarbeiter in der Bundesrepublik zur Begrüßung Blumen und ein Moped.

19. Jahrhundert: Nach der Gründung des Deutschen Kaiserreichs 1871 erreicht die Industrialisierung in Deutschland ihren Höhepunkt. Es werden Arbeitskräfte in den Bergwerken des Ruhr- und Saargebiets gebraucht. Da der Bedarf nicht allein von heimischen Bergarbeitern gedeckt werden kann, werben die Betriebe Arbeiter aus Oberschlesien und Polen an. Im nächsten Jahrzehnt des 19. Jahrhunderts werden Menschen aus Österreich-Ungarn, Russland und Polen als Arbeitskräfte in der deutschen Landwirtschaft angeworben.

Flucht und Vertreibung Ende des Zweiten Weltkriegs: Nach dem Ende des Kriegs kommen mehr als 12 Millionen Flüchtlinge nach Deutschland. Sie sind aus ihrer Heimat, z. B. Ostpreußen oder Schlesien, vertrieben worden.

Flüchtlinge aus der DDR: Seit der Gründung und bis zum Ende der DDR flüchten fast vier Millionen Menschen von Ost nach West. Die politischen Verhältnisse in der DDR einerseits und der wirtschaftliche Aufschwung in der BRD andererseits sind Triebkräfte dieser Wanderungswelle. Als die DDR-Regierung alle Grenzen 1961 dichtmacht, gehen die Flüchtlingszahlen stark zurück. Erst 1989 steigt die Zahl der sogenannten Übersiedler wieder stark an. Die Wanderungsbewegung von Ost nach West hält bis heute an.

Gastarbeiter in Deutschland: Mitte der 1950er-Jahre setzt in Deutschland ein wirtschaftlicher Aufschwung ein, welcher die Nachfrage nach Beschäftigten steigen lässt. Deshalb schließt die Bundesregierung von 1955 bis 1973 **Anwerbeverträge** mit Italien, Spanien, Griechenland, der Türkei, Marokko, Portugal, Tunesien und Jugoslawien. 1973 kommt es dann in Folge der Ölkrise zu einem Anwerbestopp. Doch der Nachzug der Familienangehörigen führt noch einmal zu einem Anstieg der in Deutschland lebenden ausländischen Bevölkerung.

Spätaussiedler: Mit der Öffnung Osteuropas und den damit leichteren Ausreisemöglichkeiten kommt es seit Mitte der 1980er-Jahre zu einer neuen Einwanderungswelle. Die sogenannten Spätaussiedler aus der ehemaligen Sowjetunion, aus Polen und Rumänien erhalten in Deutschland automatisch die deutsche Staatsangehörigkeit. Die fünf Millionen Spätaussiedler und ihre Nachkommen gelten als „deutsche Volkszugehörige".

Flüchtlinge: Die ersten Flüchtlinge kommen vorwiegend aus Entwicklungsländern nach Deutschland und nehmen hier das Recht auf Asyl in Anspruch. Anfang der 1990er-Jahre steigen die Zahlen der Flüchtlinge vor allem wegen der Balkankriege. Danach gehen zunächst die Zahlen zurück, weil die EU die sogenannte **Drittstaatenregelung** einführt. Flüchtlinge müssen in dem Land der EU bleiben, in dem sie zuerst ankommen. Erst mit dem Krieg in Syrien erreichen die Flüchtlingszahlen 2015 einen neuen Höhepunkt. Hauptherkunftsländer sind neben Syrien Afghanistan, Albanien und Kosovo.

Ankunft in Deutschland

Silvano J. kam 1959 mit weiteren 15 Italienern in Stuttgart an. Dort standen schon Leute von Firmen am Bahnsteig zur Abholung bereit. [...]

Die Unterbringung erfolgte nicht in Holzbaracken, sondern in festen Häusern, zu dritt in einem Zimmer. „Nur das Bett war nicht gut, es bestand aus einem Holzbrett und als Matratze ein bisschen Stroh." Als sie den Chef fragten: „Schlafen Sie auch so?", bekamen sie richtige Betten.

In seiner Abteilung war Silvano J. der erste Ausländer. „Die deutschen Kollegen kannten die Italiener nur vom Hörensagen. Damals hieß es, die Italiener klauen, aber nach ein paar Wochen waren wir die besten Freunde."

Herbert Würth: Ankunft, in: Vertraute Fremde. Italiani a Ludwigsburg, Ludwigsburg, 1998, S. 76

Angezogen vom wirtschaftlichen Aufschwung der 1950er- und 1960er-Jahre kommen Millionen von Menschen aus den Agrargesellschaften des Mittelmeerraums nach (West-)Deutschland. Sie finden Arbeit im Kohlebergbau, in der Stahlindustrie und an den Fließbändern der expandierenden Automobilindustrie.

Viele der „Gastarbeiter" von damals sind geblieben, ihre Familien leben oft schon in der dritten Generation in Deutschland. Wenn sie Staatsangehörige von Mitgliedsländern der EU sind, genießen sie weitgehend die gleichen Rechte wie deutsche Staatsbürger, aber haben sie auch die gleichen Chancen?

Generationen ohne Integration

Die zweite Generation besaß nicht mehr die Einstellung ihrer Eltern: „Ich arbeite und spare viel Geld, damit ich in meine Heimat zurückkehren und mir dort eine Existenz aufbauen kann." Die Mehrheit der Gastarbeiter-Generation verfolgte dieses Ziel. Die zweite Generation dagegen hatte kein einheitliches Lebensmodell mehr.

Zum Teil gelang der zweiten Generation der soziale Aufstieg. Sie versuchte gewissermaßen eine nicht immer glückende Balance zwischen Aldi und Ikea, zwischen dem Sparsamkeitsprinzip der Eltern und der Vorstellung von mehr Lebensqualität und Wohlstand. Viele Menschen aus der zweiten Generation schwanken zwischen ihrem eigenen Lebensentwurf und dem ihrer Eltern hin und her. Sie konnten und können ihren Kindern keine eindeutige Orientierung weitergeben, fühlen sie sich doch häufig selbst wurzellos und zerrissen zwischen dem Versuch, sich von der Elterngeneration abzugrenzen, und der Erfahrung, in Deutschland ausgegrenzt zu werden. [...]

Die Mehrheit kann zwar meist die deutsche Sprache einigermaßen sprechen, hat aber oft nur einen schlechten Schulabschluss und arbeitet in einem Hilfsjob. Diese Menschen waren die Ersten, die infolge der schlechten Wirtschaftslage Deutschlands nach der Wiedervereinigung arbeitslos wurden und schließlich beim Sozialamt landeten.

Die oft ausweglose Sozialhilfekarriere der Eltern hat sicherlich einen großen Teil dazu beigetragen, dass die Deutschländer der dritten Generation heute als die absoluten Verlierer dastehen. Die Kinder wachsen mit der Einstellung auf, dass sie in Deutschland weder erwünscht sind noch gebraucht werden und, egal wie sie sich anstrengen, auf dem Arbeitsmarkt sowieso keine Chancen haben.

Seyran Ates: Der Multikulti-Irrtum, Berlin, Ullstein-Verlag, 2007, S. 31–32

ARBEITSVORSCHLÄGE

 1
Visualisieren Sie Deutschlands Migrationsgeschichte anhand eines Zeitstrahls.

Warum kamen Menschen nach Deutschland? Waren die Motive der Menschen Push- oder Pull- Faktoren? Prüfen Sie mithilfe der Tabelle von S. 51.

 2
Fassen Sie die Äußerungen von Seyran Ates über die drei Generationen von Migranten in Deutschland zusammen.

Stimmen ihre Aussagen mit Ihren eigenen Erfahrungen überein?

WEITERFÜHRENDE HINWEISE

Ein Ausflug in Ihre Familiengeschichte: Stellen Sie dar, wann, woher und warum Sie bzw. Ihre Vorfahren eingewandert sind.

Ein Ausflug in noch frühere Zeiten für Deutsche aus Russland, Rumänien oder Polen: Stellen Sie dar, wann und warum Ihre Vorfahren aus Deutschland ausgewandert sind.

Fakten zur Migration

Mannheim

Von den fast 318 000 Einwohnern haben 138 000, also ca. 43,6 %, einen Migrationshintergrund, davon haben 42,2 % einen deutschen Pass.

Stadt Mannheim, 2015

Einwanderungsland Deutschland

Seit dem 1. Januar 2005 hat Deutschland ein Zuwanderungsgesetz. Mit diesem Gesetz bekennt sich die Bundesrepublik nach vielen Jahren politischer Auseinandersetzungen dazu, dass Deutschland ein Einwanderungsland ist.

Deutsche Staatsbürgerschaft für „Nichtdeutsche"

Seit 2000 erhält ein in Deutschland geborenes Kind automatisch die deutsche Staatsangehörigkeit, wenn ein Elternteil seit mindestens acht Jahren in Deutschland lebt und eine unbefristete Aufenthaltsgenehmigung hat.

Antrag auf Staatsbürgerschaft:

- Seit mindestens acht Jahren in Deutschland
- Wirtschaftlich in der Lage, sich und seine Familie zu ernähren
- ausreichende Deutschkenntnisse
- Nicht vorbestraft
- Anerkennung des Grundgesetzes
- Aufgabe der „alten" Staatsbürgerschaft

Doppelte Staatsbürgerschaft nur für EU-Bürger

Die Menschen, die in der Bundesrepublik leben, sind geprägt von verschiedenen kulturellen Traditionen mit ihren eigenen Wert- und Rollenvorstellungen. Alte und Junge, Männer und Frauen, Deutsche und Nichtdeutsche, Christen und Moslems, Reiche und Arme, Familien und Singles. Sie alle haben ganz verschiedene Vorstellungen davon, wie sie ihr Leben gestalten. Diese Unterschiede geben oft Anlass zu Konflikten. Gegenseitige Toleranz und **Integration** können helfen, diese Konflikte zu entschärfen oder gar nicht erst aufkommen zu lassen.

Integration war bisher nicht gewollt

Es gibt sehr viele Deutschländer (= Menschen, die in Deutschland ihren Lebensmittelpunkt haben, ohne auf eine lange Familiengeschichte in Deutschland zurückzublicken), die die deutsche Sprache überdurchschnittlich gut beherrschen. Sie verfügen oft auch über eine beeindruckende Allgemeinbildung, die sowohl Kenntnisse des deutschen Kulturraums als auch solche ihres Herkunftslandes beziehungsweise des Landes ihrer Vorfahren umfasst. Dennoch sind diese Menschen in Deutschland nicht integriert, weil sie sich in Deutschland nicht akzeptiert fühlen und tatsächlich auch nicht akzeptiert sind. Sie werden weiterhin nach ihrem äußeren Erscheinungsbild bewertet oder aufgrund ihres nicht deutsch klingenden Namens nicht als deutsch wahrgenommen. Diese Menschen werden ein wenig wie Außerirdische angesehen, die Besonderes geleistet haben, obwohl sie doch genau das getan haben, was die Mehrheit der Deutschen von ihnen verlangt – sie haben sich nach deren Verständnis integriert. […] Was also sollen diese Menschen noch tun, um voll- und gleichwertige Mitglieder der deutschen Gesellschaft zu werden? Im Grunde bleibt nur die Assimilation: Aus Ayse wird Anja, aus Mustafa wird Manfred. […]

Ayse, in Deutschland lebend, will aber nicht Anja werden, denn zu ihrer Persönlichkeit und Identität gehören beide Kulturen. Das macht sie doch gerade so interessant und vielseitig. Sie verfügt über eine interkulturelle Kompetenz, die dieser Gesellschaft nur Vorteile bringen kann.

Seyran Ates: Der Multikulti-Irrtum, Berlin, Ullstein Buchverlage, 2007, S. 36 f.

... und doch zusammenleben

Damit die eingewanderten Menschen hier Fuß fassen können, sollte auf eine dauerhafte Integration zugearbeitet werden. Migrantinnen und Migranten sollen von Anfang an die Möglichkeit haben, sich in Deutschland als willkommene Neubürger zu fühlen.

Fußball und Politik: Generation M

Beim Fußball steht „M" für „Multikulti". Spieler wie Mesut Özil, Mario Gómez oder Jérôme Boateng geben der deutschen Nationalmannschaft ein internationales Gesicht und spiegeln die Entwicklung der deutschen Gesellschaft wider.

Aber auch in der Politik finden sich Politiker mit multikulturellem Hintergrund in vielen Parteien wieder. So war zum Beispiel der türkischstämmige Cem Özdemir Bundesvorsitzender der Grünen. Cemile Giousouf ist Bundestagsabgeordnete für die CDU. Aydan Özoğuz ist die Integrationsbeauftragte der SPD. Und mit John Ehret gibt es in der Stadt Mauer (bei Heidelberg) den ersten schwarzen Bürgermeister Deutschlands.

Integration heißt „eine neue Heimat finden"

Mit diesen vier schlichten Worten ist die zentrale Botschaft des viel diskutierten Begriffs „Integration" auf einen sehr einfachen Nenner zu bringen. [...] Integration, wie ich sie verstehe, ist ein klares Bekenntnis zu den verfassungsmäßigen Grundwerten Deutschlands. Integration heißt zuvorderst, den Menschen, die sich seit Jahrzehnten in Deutschland niedergelassen und alle ihre Bürgerpflichten erfüllt haben, auch ihre vollen Bürgerrechte zu gewähren, allen voran ihnen den Erwerb der deutschen Staatsangehörigkeit zu erleichtern.
[...] Integration ist ein zweiseitiger Prozess, bei dem sich sowohl die Mehrheitsbevölkerung als auch die kulturellen Minderheiten aufeinander zubewegen müssen. Integration ist ein Prozess der Angleichung beider Teile: der kulturellen Minderheiten, die sich integrieren wollen, und der Mehrheitsbevölkerung, die Elemente der Minderheitenkulturen respektiert und womöglich als bereicherndes Element aufnimmt.
Angleichung darf aber nicht als Assimilation verstanden werden. [...] Assimilation will die Unterschiede von Kulturen verschmelzen und schrittweise eliminieren. Sie führt zu Entfremdung, kann zum Bruch der Kontakte [...] und letztlich zur Entwurzelung und dem Verlust an Bodenhaftung führen.

Hakki Keskin: Deutsch-türkische Perspektiven, Schwalbach, Wochenschau-Verlag 2009, S. 19 ff.

ARBEITSVORSCHLÄGE

 1

Beschreiben Sie die Karikatur und erläutern Sie die Kritik des Zeichners.

2

Wie beurteilt die Autorin die Integrationsproblematik in Deutschland?

Stimmt ihre Analyse mit Ihren Erfahrungen überein?

3

Erklären Sie in eigenen Worten, warum Spieler wie Özil, Gómez oder Boateng die Entwicklung der deutschen Gesellschaft widerspiegeln.

Diskutieren Sie, ob die Özils & Co. „Vorbilder für alle anderen mit Migrationshintergrund" sein können.

4

Erklären Sie die Begriffe „Integration" und „Assimilation".

WEITERFÜHRENDE HINWEISE

Wie verändert sich Deutschland mit der Einwanderung?

Bereiten Sie eine Diskussion in Ihrer Klasse vor. Als Methode können Sie z. B. Fishbowl wählen (s. S. 202).

Was man über ALG I und ALG II wissen muss

Im Rahmen der Agenda 2010 wurden auch Arbeitslosen- und Sozialhilfe neu geregelt. Danach gliedern sich die staatlichen Leistungen, die Arbeitslose erhalten, hauptsächlich in zwei Grundpfeiler, das Arbeitslosengeld (ALG) I und das Arbeitslosengeld (ALG) II. Das ALG II wird häufig auch als „Hartz IV" bezeichnet.

Existentielle Armut

Wer von existenzieller Armut betroffen ist, kämpft um sein physisches Überleben, da er sich die wichtigsten Grundbedürfnisse wie Nahrung nicht leisten kann. Eigentlich sollte diese Art der Armut in Deutschland durch staatliche Leistungen nicht auftreten. Sie tritt aber trotzdem auf, wenn Menschen staatliche Hilfe nicht beanspruchen.

Vgl. Bundeszentrale für politische Bildung: Jeder sechste Deutsche von Armut bedroht, abgerufen unter: www.bpb.de/politik/hintergrund-aktuell/125771/jeder-sechste-von-armut-bedroht [11.04.2013]

Einkommensarmut

Sie misst sich am Lebensstandard der jeweiligen Gesellschaft. Als arm gilt, wer über so geringe Mittel verfügt, dass er von der Lebensweise ausgeschlossen ist, die in der Gesellschaft als Minimum gilt.

Die Tafeln

In Deutschland werden täglich viele Lebensmittel vernichtet, obwohl sie noch verzehrfähig sind. Gleichzeitig gibt es Millionen Menschen, die nicht ausreichend zu essen haben. Die Tafeln schaffen eine Brücke zwischen Überfluss und Mangel: Sie sammeln Lebensmittel, die sonst im Müll landen würden, und verteilen diese an sozial und wirtschaftlich Benachteiligte.

Armut in Deutschland

In Deutschland, einem der reichsten Länder der Welt, leben Millionen Menschen in (Einkommens-)Armut oder sind unmittelbar von ihr bedroht. Hier geht es nicht um die existenzielle Armut, unter der die Menschen in Entwicklungsländern leiden: Niemand muss in Deutschland Hunger leiden, der sein Leben bedroht. Dennoch leben die von Armut Betroffenen in Deutschland im Vergleich zum Rest der Bevölkerung mit erheblichen Einschränkungen.

Der Großteil ihres Einkommens dient der Absicherung elementarer Lebensbedürfnisse. Für den Kauf von Lebensmitteln bleiben den Betroffenen nur wenige Euro pro Tag, die für die Zubereitung von Frühstück, Mittag- und Abendessen ausreichen müssen. Frisches Fleisch, Milch, Obst und Gemüse werden zu Luxusgütern, die sich die Betroffenen nur selten leisten können.

Die möglichen Folgen: Mangelernährung, hohe Krankheitsanfälligkeit, soziale Isolation, Suchtprobleme. Die Tafeln treten dafür ein, die negativen Folgen der Armut in einem Land des Überflusses etwas zu lindern – und den Betroffenen damit ein Stück Lebensmut und Kraft zu verleihen, um ihre Lebenssituation zum Positiven zu verändern.

Bundesverband Deutsche Tafel e. V.: Armut in Deutschland, abgerufen unter: www.tafel.de/die-tafeln/zahlen-fakten/armut-in-deutschland.html [25.06.2016]

In Deutschland gilt als arm, wer in einem Haushalt lebt, dem weniger als 60 % des mittleren Nettoeinkommens zur Verfügung stehen. Von Einkommensarmut betroffen sind besonders Arbeitslose, Ungelernte und Alleinerziehende.

Im Jahr 2016 liegt die Armutsquote in Deutschland bei 15,7 % (vgl. Armutsbericht 2017 des Paritätischen Wohlfahrtsverbands).

Besonders von Armut bedroht sind Kinder. Der Deutsche Kinderschutzbund geht davon aus, dass in Deutschland über 2,5 Mio. Kinder in Einkommensarmut leben. Dies entspricht etwa jeder fünften Person unter 18 Jahren. Da die Bildungschancen in Deutschland nach wie vor vom Elternhaus abhängen, stehen diese Kinder vor einer ungewissen Zukunft. Wird Armut vererbt? Vieles spricht dafür.

Unter den Armen sind auch viele Erwerbstätige. Trotz Vollzeitarbeit und Tarifabsicherung erreichen sie mit ihrem Verdienst nicht einmal das Existenzminimum.

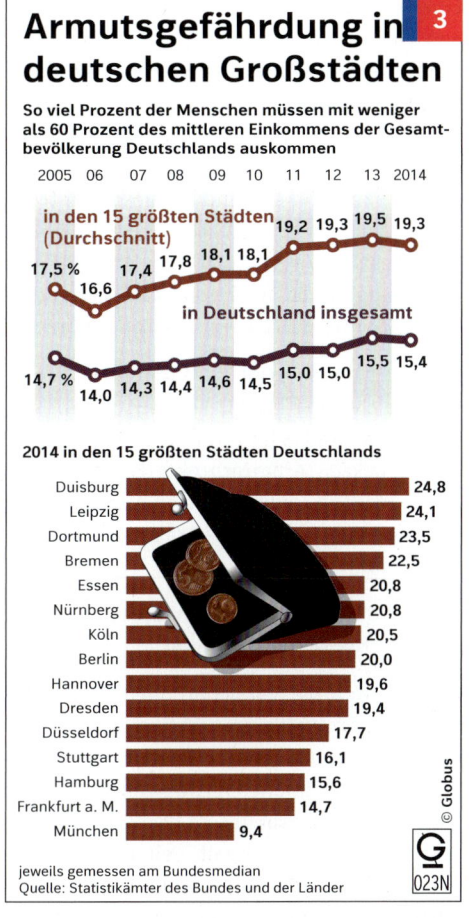

Armutsgefährdung in deutschen Großstädten 3

So viel Prozent der Menschen müssen mit weniger als 60 Prozent des mittleren Einkommens der Gesamtbevölkerung Deutschlands auskommen

2005 06 07 08 09 10 11 12 13 2014

in den 15 größten Städten (Durchschnitt)
17,5 % 16,6 17,4 17,8 18,1 18,1 19,2 19,3 19,5 19,3

in Deutschland insgesamt
14,7 % 14,0 14,3 14,4 14,6 14,5 15,0 15,0 15,5 15,4

2014 in den 15 größten Städten Deutschlands

Stadt	%
Duisburg	24,8
Leipzig	24,1
Dortmund	23,5
Bremen	22,5
Essen	20,8
Nürnberg	20,8
Köln	20,5
Berlin	20,0
Hannover	19,6
Dresden	19,4
Düsseldorf	17,7
Stuttgart	16,1
Hamburg	15,6
Frankfurt a. M.	14,7
München	9,4

© Globus

jeweils gemessen am Bundesmedian
Quelle: Statistikämter des Bundes und der Länder

023N

Armut – was heißt das?

Ein niedriges Einkommen kann Armut bedeuten. Arm ist aber auch, wer wichtige Dinge des allgemeinen Lebensstandards entbehren muss.

davon betroffen: ... % der Armutsgefährdeten*	Beispiele erzwungener Einschränkungen	davon betroffen: ... % der übrigen Bevölkerung
17	Wohnung nicht warm genug	3
59	keine Urlaubsreise von 1 Woche	16
25	nicht jeden 2. Tag Fleisch/Fisch	5
13	kein Computer	2
27	kein Auto	4
12	Zahlungsrückstände	4
19	undichtes Dach, feuchte Wände	12
32	Lärm im Wohnumfeld	25
20	Kriminalität, Gewalt, Vandalismus	12

* mit einem Einkommen von weniger als 60 % des bedarfsgewichteten mittleren Einkommens
Quelle: Eurostat, EU-SILC 2013 (Ergebnisse für Deutschland)

ZAHLENBILDER

© Bergmoser + Höller Verlag AG

286 340

Otto von Bismarck (1815–1898)

Er war erster Reichskanzler des 1871 gegründeten Deutschen Reiches.

Sozialistengesetz

Damit wurden sozialistische Parteien, Organisationen und Druckschriften sowie politische Versammlungen verboten. Bismarcks Intention war es, den zunehmenden Einfluss der Arbeiterbewegung in Politik und Gesellschaft mit polizeistaatlichen Mitteln auszuschalten und die sozialdemokratischen Strukturen zu zerschlagen.

Dynamische Rente

Die dynamische Rente besagt, dass eine Rente nicht ein für alle Mal in einem bestimmten Betrag festgelegt wird, sondern der Lohnentwicklung angepasst sein soll.

Eine tragende Säule des sozialen Rechtsstaats sind die Sozialversicherungen. Am 17. November 1881 verliest Kanzler **Bismarck** die „Kaiserliche Botschaft", eine Regierungserklärung, welche den Aufbruch in den Sozialstaat einläutet. Die Not der Menschen zur damaligen Zeit ist groß. Deutschland entwickelt sich von einer landwirtschaftlich-handwerklich geprägten Gesellschaft zur Industriegesellschaft. Die Leidtragenden sind die Arbeiter. Überfüllte Wohnungen, hohe Säuglingssterblichkeit und sinkende Löhne führen zu großer Unzufriedenheit bei der Bevölkerung. Um einer Revolution entgegenzuwirken, stimmt der Reichstag drei Gesetzeswerken zu, welche die Arbeiter versöhnlich stimmen sollen und bewusst als Ergänzung zu der gleichzeitig betriebenen politischen Verfolgung der organisierten Arbeiter unter den **Sozialistengesetzen** gedacht sind.

Doch das „Zuckerbrot", das den Arbeitern angeboten wird, fällt mager aus: Die Krankenversicherung (1883) schließt anfangs keine Familienangehörigen ein und zahlt keine Heil- und Hilfsmittel. Die Unfallversicherung (1884) verspricht nun im Betrieb verunglückten Arbeitern eine Entschädigung, bei Erwerbsunfähigkeit 2/3 des Einkommens. Die Invaliden- und Altersversicherung (1889) gibt es erst ab dem 70. Lebensjahr und nach 30 Beitragsjahren. Diese erreicht aber kaum 20 % des knappen Monatslohns.

1911 wird das Gesetz reformiert und man erreicht zumindest die unterste Stufe sozialstaatlicher Mindestnormen.

1927 werden die Versicherungen durch die Arbeitslosenversicherung ergänzt. Nach dem Zweiten Weltkrieg funktioniert das System der Sozialversicherungen erst wieder Mitte der 1950er-Jahre. Mit dem darauffolgenden wirtschaftlichen Aufschwung wird 1957 der Generationenvertrag geschlossen und die **dynamische Rente** eingeführt. Seit 1961 erhält der Arbeiter im Krankheitsfall vollen Lohnausgleich, 1963 wird die Unfallversicherung neu geregelt. Seit 1969 wird die Arbeitslosenversicherung ergänzt durch einen gesetzlichen Komplex der Arbeitsmarktplanung, z. B. Berufsbildung oder Arbeitsbeschaffungsmaßnahmen. 1995 wird die Krankenversicherung durch die gesetzliche Pflegeversicherung ergänzt.

„Das Eisenwalzwerk" von Adolph Menzel, 1875

§

Grundgesetz Artikel 20

(1) Die Bundesrepublik Deutschland ist ein demokratischer und sozialer Bundesstaat.

 1

Gestalten Sie einen Zeitstrahl zur Entwicklung der Sozialversicherung in Deutschland seit 1883.

Was ist soziale Gerechtigkeit? **2**

Ist es sozial gerecht, wenn …

- … es allen gleich gut geht?
- … diejenigen mehr bekommen, die mehr leisten?
- … auch die Schwächeren noch ein menschenwürdiges Leben führen können?
- … jeder die gleichen Chancen auf Bildung, Arbeit, Teilhabe an der Gesellschaft hat?

- … auf diejenigen Rücksicht genommen wird, denen es schlechter geht?
- … die heutige Generation nicht auf Kosten der zukünftigen Generation lebt?
- … niemand Angst vor Krankheit und Alter haben muss?

Wieso kann man bei Bismarcks Vorgehen von einer Politik von „Zuckerbrot und Peitsche" sprechen?

 2

Was ist soziale Gerechtigkeit? Stellen Sie Aspekte sozialer Gerechtigkeit in einer Mindmap (s. S. 222) zusammen.

soziale Sicherheit	Sicherung des Existenzminimums	sozialer Schutz/ soziale Teilhabe	sozialer Ausgleich **3**
Krankenversicherung, Unfallversicherung, Rentenversicherung, Arbeitslosenversicherung, Pflegeversicherung	Existenzsicherung durch finanzielle Hilfe für den Bedürftigen und seine Familie sowie Sachleistungen, z. B. für Kleidung und Wohnung	Arbeitsschutz, Kündigungsschutz, Mutterschutz, Mieterschutz, innerbetriebliche Mitbestimmung …	progressive Einkommensteuer, Familienförderung (Ehegattensplitting, Kindergeld), Ausbildungsförderung
Leistungen erhält, wer Beiträge an die Versicherung gezahlt hat.	Leistungen erhält, wer seine Bedürftigkeit nachweisen kann.	Der Gesetzgeber stärkt die rechtliche Lage des Schwächeren.	Der Gesetzgeber stärkt die wirtschaftliche Lage des Schwächeren.

 1, 3

Ordnen Sie die Etappen der Entwicklung aus Ihrem Zeitstrahl den verschiedenen Zielen des Sozialstaats zu und ergänzen Sie weitere Beispiele.

Dem Sozialstaatsgebot in Artikel 20 GG liegt die Überzeugung zugrunde, dass die Gesellschaft eine Solidargemeinschaft ist, in der die Stärkeren für die Schwächeren einstehen. Damit sind der Staat und seine Organe dazu verpflichtet, durch einen Ausgleich zwischen den stärkeren und schwächeren Gruppen der Gesellschaft für **soziale Gerechtigkeit** zu sorgen. Orientierung bieten dabei die folgenden Leitlinien:

- Wer aufgrund von Krankheit, Arbeitslosigkeit und Alter unverschuldet aus dem Erwerbsleben ausscheidet, soll vor sozialem Abstieg gesichert sein.
- Wer nicht in der Lage ist, seinen Lebensunterhalt selbst zu verdienen, soll vor einem Leben in Armut bewahrt werden.
- Jeder soll, unabhängig von seiner sozialen Herkunft, die Chance haben, seine Fähigkeiten zu entwickeln und seine Persönlichkeit zu entfalten.

Zur Verwirklichung des Sozialstaatsgebots ist im Laufe der Jahre ein dicht geknüpftes soziales Netz entstanden.

Solidaritätsprinzip

Mit den Beiträgen aller Versicherten werden die erforderlichen Leistungen für Bedürftige finanziert.

Beiträge zu Sozialversicherungen 2017

	% vom Brutto lohn	Beitrags-bemessungs-grenze
Kranken-versi-cherung	14,6	4 350 €/ Monat
Pflege-versi-cherung	2,55	4 350 €/ Monat
Renten-versi-cherung	18,7	6 350 €/ Monat
Arbeits-losenver-sicherung	3,0	6 350 €/ Monat

Die Beiträge werden je zur Hälfte vom Arbeitgeber und vom Arbeitnehmer gezahlt, mit Ausnahme der Kranken-versicherung. Hier zahlt der Arbeitnehmer 1,1 Prozent mehr als der Arbeitgeber.

Durch die gesetzliche Sozialversicherung sind fast alle Arbeitnehmerinnen und Arbeitnehmer im Alter, bei Krankheit und bei Arbeitslosigkeit abgesichert. Die Sozialversicherung ist eine Pflichtversicherung und besteht aus fünf Säulen:

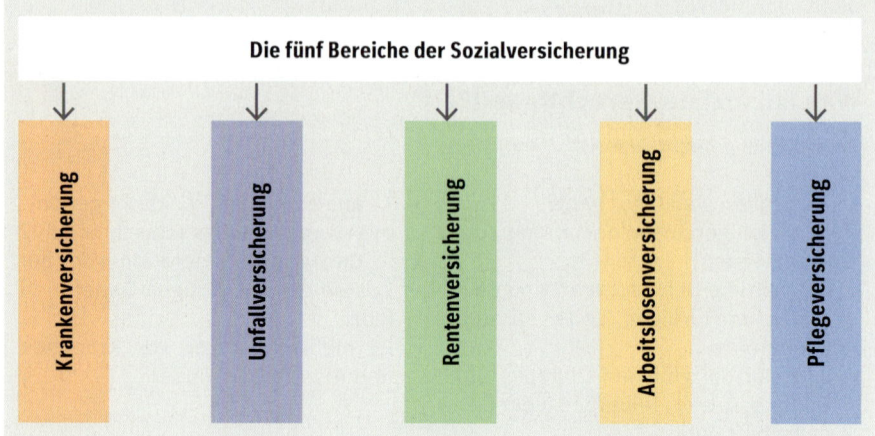

Sozialversicherungen greifen den Solidargedanken auf, weil bei ihnen die Beitragshöhe nicht vom Risiko, sondern vom Einkommen abhängig ist. Dadurch erfolgt ein sozialer Ausgleich: Bei gleicher Versicherungsleistung zahlen die Versicherten mit höherem Einkommen auch höhere Beiträge.

Die Beiträge betragen zusammen etwa 40 % des Bruttolohns. Sie werden je zur Hälfte vom Arbeitgeber und vom Arbeitnehmer gezahlt, mit Ausnahme der Krankenversicherung (Arbeitnehmer zahlt hier1,1 % mehr als Arbeitgeber) und der Unfallversicherung (Arbeitgeber zahlt 100 %). Die Beiträge werden dann wie die Steuer direkt vom Lohn abgezogen.

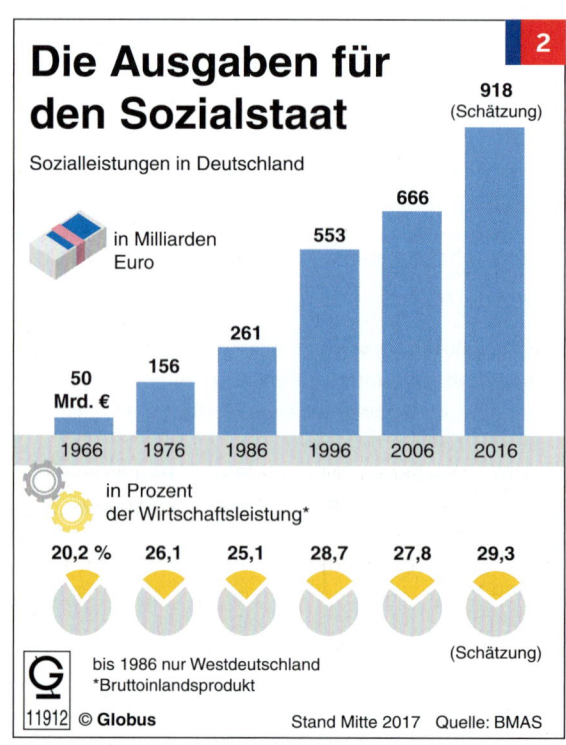

Finanziert werden die Leistungen des Sozialstaats durch Beiträge zu den Sozialversicherungen, die von Arbeitgebern und Arbeitnehmern gezahlt werden. Dabei ist nicht zu übersehen, dass die Sozialabgaben über die Jahre hinweg deutlich angestiegen sind. Weil den wachsenden Ausgaben entsprechende Einnahmen gegenüberstehen müssen, steigen auch die Sozialabgaben und damit die Belastung von Arbeitgebern und Arbeitnehmern. Um zu verhindern, dass die Abgabenbelastung ins Unerträgliche steigt, erscheint vielen eine Reform des Sozialstaats, und das heißt in vielen Fällen ein Rückbau, unumgänglich. Für diese bedrohlich erscheinende Lage werden vor allem die folgenden Ursachen angeführt:

- Die demografische Entwicklung, d. h., der Anstieg der Lebenserwartung bei gleichzeitigem Rückgang der Geburten, wird zu einer zunehmenden Belastung der jungen Generation führen.
- Die Globalisierung ermöglicht es den Unternehmen, in Ländern zu investieren, in denen die Lohn- und Lohnnebenkosten niedrig sind. Damit gehen nicht nur Arbeitsplätze verloren, sondern auch die Beiträge der Unternehmen zu den Sozialversicherungen.
- Arbeitslosigkeit verschärft die Finanzierungsprobleme des Sozialstaats: Mehr Arbeitslose bedeuten weniger Beitragszahler und mehr Leistungsempfänger, also geringere Einnahmen und höhere Ausgaben für die Sozialversicherungen.

Wie die Lasten neu zu verteilen sind, ohne in eine soziale Schieflage zu geraten, wird noch für einige Zeit Gegenstand kontroverser Diskussionen zwischen Politikern und Interessengruppen sein.

Doch, es gibt das Positive `3`

Die „Zivilgesellschaft" ist so eine Art Heilsarmee der Demokratie. Sie besteht aus Wohlfahrtsverbänden, aus Stiftungen und vor allem aus vielen großen und kleinen Bürgerinitiativen. Die Zivilgesellschaft beantwortet eine Frage, die in Zeiten von anhaltend schlechten Nachrichten besonders beliebt ist: Wo bleibt eigentlich das Positive? Es gibt dieses Positive – nämlich Zehntausende sozialer und gesellschaftspolitischer Projekte im Land, die dort ansetzen, wo der Staat es nicht oder nicht mehr tut.

Die Suppenküchen verhelfen vielen Menschen zu einer warmen Mahlzeit. Sie machen Kultur; sie finanzieren, was der Staat nicht mehr finanziert. Sie kümmern sich, viel persönlicher als dies die beste staatliche Jobagentur kann, um Ausbildungsplätze für Jugendliche; sie leisten Hausaufgabenhilfe für ausländische Kinder; sie begleiten türkische Eltern zur Klassenversammlung; sie kriechen unter den Teppich, unter den Hartz IV die neuen Armen der Gesellschaft gekehrt hat; und sie tischen ihnen etwas zum Essen auf:
[...]
Es gibt eine [...] Renaissance dessen, was man früher „Ehrenamt" nannte. Es gibt aber auch eine zunehmende Tendenz des Staates, sich darauf zu verlassen, dass das, was er als Sozialstaat leisten müsste, von privaten Initiativen geleistet wird.
Bürgerschaftliches Engagement ist aber kein Ersatz für den Sozialstaat. Die Arbeit von Stiftungen, Bürgervereinen und Tafeln kann nur eine Ergänzung des Sozialstaats sein. Der Staat hat seine Pflicht zu erfüllen, privates Engagement ist die Kür. Die Gesellschaft braucht dafür Kümmerer [...]. Es gibt viele dieser Kümmerer, aber der Staat behandelt sie zu oft als nützliche Idioten.

Heribert Prantl, in: Süddeutsche Zeitung, 30.4.2009, S. 8

ARBEITSVORSCHLÄGE

 1

Erläutern Sie, warum die Sozialversicherung eine Pflichtversicherung ist.

Die Partei „XY" stellt in ihrem Wahlprogramm die Forderung auf, den Zwang zu einer gesetzlichen Versicherung abzuschaffen. Nehmen Sie dazu Stellung.

 2

Beschreiben Sie die Entwicklung der Sozialausgaben.

Sie haben den Auftrag, die Sozialausgaben um zehn Prozent zu kürzen. Wie gehen Sie vor?

 3

Bürgerliches Engagement: Warum ist es nötig? Welche Rolle kann es spielen?

Karikaturenanalyse

Absicht einer Karikatur ist es, politische, wirtschaftliche oder gesellschaftliche Missstände durch Überzeichnung der Lächerlichkeit preiszugeben und damit Denkanstöße zu liefern. Häufige Stilmittel von Karikaturen sind Charakterkomik (überdeutliches Herausstellen von bestimmten Eigenschaften einer Person), Situationskomik (Darstellung von Menschen in einer lächerlich wirkenden Lage), Ironie (Darstellung des Gegenteils von dem, was gemeint ist).

Wichtig ist, dass Sie zuerst die Karikatur beschreiben. Das heißt, Sie erzählen zunächst, was Sie auf der Zeichnung sehen.
Erst danach geht man auf die Stilmittel ein, also auf die Frage, wie die Inhalte vom Zeichner dargestellt werden.
Danach gehen Sie auf die Intention des Zeichners ein. Das bedeutet, Sie analysieren, welche Ziele der Karikaturist mit seiner Zeichnung erreichen will und welche Wirkung sie auf uns hat. Achten Sie auch auf Bildunterschriften oder Texte innerhalb der Karikatur. Sie enthalten oft wichtige Informationen für die Deutung der Ausage.

Leitfragen zur Analyse von Karikaturen:

1. Inhalt
- Welches Problem/Ereignis ist dargestellt?
- Welche Personen sind zu erkennen?
- Welcher Widerspruch wird aufgedeckt?

2. Gestaltungsmittel
- Welche Mittel verwendet die Karikatur?
- Wie werden Personen dargestellt?
- Welche Typisierungen werden verwendet?

3. Intention und Wirkung
- Wer/was wird angegriffen?
- Welche Ziele verfolgt der Karikaturist?
- Wie wirkt die Karikatur auf uns? Entspricht die Darstellung unserer eigenen Sichtweise?

Beschreiben Sie immer zuerst, was Sie sehen.
Vergessen Sie nicht die Bildunterschrift oder Texte innerhalb der Karikatur. Sie können Ihnen wichtige Informationen für die Deutung der Aussage geben.

Aufgabe:

Beschreiben Sie die Karikaturen zum Thema Sozialversicherungen auf den Seiten 64–65 und erläutern Sie die Kritik des Zeichners. Folgen Sie dabei dem vorgegebenen Schema aus der nächsten Seite.

Karikaturenanalyse

Aufgabe: Beschreiben Sie die Karikatur auf der linken Seite und erläutern Sie die Kritik des Zeichners.

1. Inhalt (Was wird dargestellt?)

Die Karikatur zeigt im hinteren Teil des Bildes einen Mann, der einen Balken trägt, auf dem links ein kleines Kind sitzt und rechts zwei ältere Herrschaften. Im vorderen Teil des Bildes liegt ein weiterer Balken, vor dem ein kleiner Junge steht, der ein Schild mit der Aufschrift „Geburtenrate" unterm Arm geklemmt hat. Rechts auf dem Balken sitzen fünf Rentner, die zu dem Jungen schauen.

2. Gestaltungsmittel (Wie werden die Inhalte dargestellt?)

Der Mann wird im Blaumann mit Helm als „aktiver" Arbeitnehmer dargestellt. Er trägt auf seinem Rücken einen schweren Balken, welcher den Generationenvertrag darstellen soll. Dieser ist nicht ausgeglichen und kippt wie eine Wippe nach hinten weg, da das Gewicht der Rentner höher ist. Man erkennt, dass der Mann bei der Arbeit fast an seine Grenzen kommt, da die Last von zwei Rentnern schon sehr groß ist. Dass noch „alles o. k." ist, erfährt man durch die Aussage unter der Karikatur, in der er aber den Jungen schon darauf aufmerksam macht, dass er, wenn er groß sei, den anderen Balken tragen müsse.

3. Intention und Wirkung (Wie ist diese Quelle einzuschätzen? Welche Bedeutung hat sie?)

Die Idee des Generationenvertrags kann im Moment noch „getragen" werden. Der Mann sorgt mit seiner Arbeit für den Unterhalt des Kindes und gleichzeitig finanziert er durch seinen Beitrag zur Rentenversicherung den Lebensunterhalt der Rentner. Doch die Karikatur zeigt, dass in Zukunft die Geburtenrate sehr niedrig sein wird und es deutlich mehr Rentner geben wird. Der Junge wird, wenn er einmal groß ist, diese schwere Last nicht auf seinem Rücken tragen können.
Das heißt, die Idee des Generationenvertrags wird zusammenbrechen.

Rentenniveau

Da die Rente eine Art Lohnersatz darstellt, interessiert das Verhältnis zwischen der Rentenhöhe und dem Arbeitnehmereinkommen. Deshalb wird eine Standardrente ermittelt und mit dem durchschnittlichen Einkommen verglichen. Im Ergebnis errechnet sich das Rentenniveau.

Entwicklung des Netto-Rentenniveaus

Jahr	Netto-Rentenniveau (in %)
1985	57,4
1990	54,8
1995	55,0
2000	52,9
2005	52,6
2010	51,6
2015	47,5
2020	47,6
2025	46,0
2029	44,6

Bis 2008: Deutsche Rentenversicherung Bund (Hrsg.): Rentenversicherung in Zeitreihen, DRV-Schriften, Band 22, Oktober 2015, S. 258. Ab 2009: Bundesministerium für Arbeit und Soziales (Hrsg): Rentenversicherungsbericht 2015, Anlage 3, S. 40

Rentenversicherung

Die **Rentenversicherung** basiert auf dem Generationenvertrag. Das heißt, dass die Zahl der Beitragszahler und die Zahl der Rentenempfänger im richtigen Verhältnis zueinanderstehen müssen. Die Politik wird sich in Zukunft auf die demografischen Veränderungen unserer Gesellschaft einstellen müssen.

Kranken- und Pflegeversicherung

Die Kosten im Bereich **Gesundheitswesen** sind in den letzten Jahren enorm gestiegen. Damit aber die Beiträge zur gesetzlichen Krankenversicherung nicht ins Unermessliche steigen, muss an anderen Stellen gespart werden.

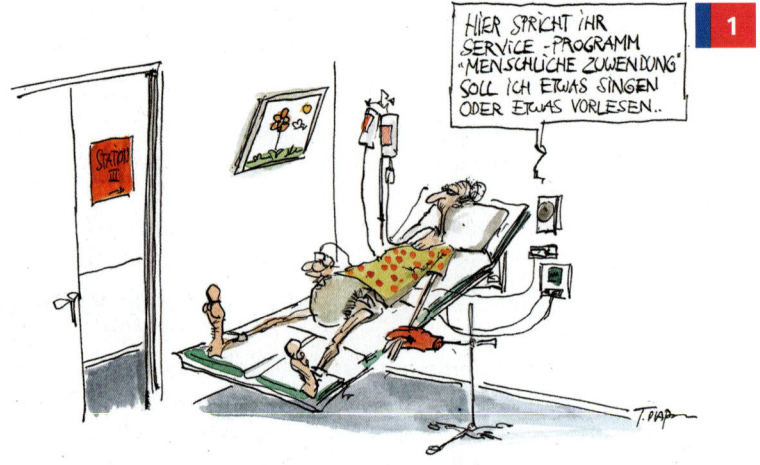

Arbeitslosenversicherung

Die Arbeitslosigkeit ist seit den 1970er-Jahren stark gestiegen und hat zwischenzeitlich Rekordmarken erreicht. Deshalb müssen mithilfe der Beiträge zur **Arbeitslosenversicherung** hohe Summen für die Unterstützung Arbeitsloser aufgebracht werden. Um das Problem zu lösen, wurden Beitragssätze erhöht, Leistungen gekürzt und es wurde eingegrenzt, wer Leistungen beanspruchen kann (Hartz IV).

... und Reformstrategien

Die Sozialpolitik muss sich auf die Veränderungen einstellen. Verschiedene deutsche Regierungen haben bereits reagiert und Reformen eingeleitet, um die Kosten zu verringern. Oft bedeutet dies eine Senkung der Versicherungsleistungen oder ein Anheben der Beiträge. 2005 hat die Regierung mit der Einführung von Hartz IV die Arbeitslosenversicherung entlastet, indem diese Leistung nun gemeinsam mit den Städten bezahlt wird. Die Krankenversicherungen sollen durch höhere Selbstbeteiligung der Patienten entlastet werden.

Viele Versuche und unterschiedliche Maßnahmen gab es zudem, um die Rentenproblematik in den Griff zu bekommen: **2**

- Renten werden nicht angehoben (**Nullrunde**).
- Das Rentenniveau soll von 51 % bis 2030 auf 43 % gesenkt werden.
- Das Renteneintrittsalter wurde von 65 auf 67 Jahre erhöht.
- Die Versicherungsbeiträge werden erhöht.
- Die Renten werden teilprivatisiert (Riesterrente).

Es ist absehbar, dass diese Reformen auch in Zukunft nicht greifen.

Der Anteil der zugewanderten Bevölkerung wird bis zum Jahr 2050 in Deutschland im Durchschnitt rund ein Drittel und in den Großstädten über 50 % erreichen. Durch die Zuwanderung kann z. B. der Bevölkerungsverlust gemildert werden.

ARBEITSVORSCHLÄGE

 Erarbeiten Sie in Partnerarbeit, vor welchen Problemen die gesetzliche Sozialversicherung steht.

 1 Beschreiben Sie die Karikatur und erläutern Sie die Kritik des Zeichners.

An welchen Stellen könnte man im Gesundheitswesen sparen?

 2 Mit welchen Reformen hat die Politik in den letzten Jahren versucht, auf die demografischen Veränderungen zu reagieren?

WEITERFÜHRENDE HINWEISE

 Recherchieren Sie, wie die Sozialversicherung in anderen Ländern gehandhabt wird, und bewerten Sie im Anschluss die verschiedenen Modelle.

Basisinnovationen

Dies sind technische Neuerungen, die die Herstellung neuer Produkte ermöglichen und einen Schub von Folgeinnovationen auslösen.

Technologie

Ursprünglich die Wissenschaft von der Technik. Erweitert steht der Begriff für alle technischen Verfahren, mit deren Hilfe (natur-)wissenschaftliche Erkenntnisse praktisch nutzbar gemacht werden.

Informationstechnologie

Abkürzung IT
Entwicklung und Einführung neuer Erkenntnisse und Methoden der Informationsverarbeitung zur Steigerung der Verfügbarkeit von Information
IT bedeutet digitale Datenverarbeitung in jeder Form.

Kommunikationstechnologie

Bezeichnung für die moderne Entwicklung der Nachrichten- und Übertragungstechnik, insbesondere der Telekommunikation
Dazu gehört z. B. schnellere Übertragung in flächendeckenden breitbandigen Netzen.

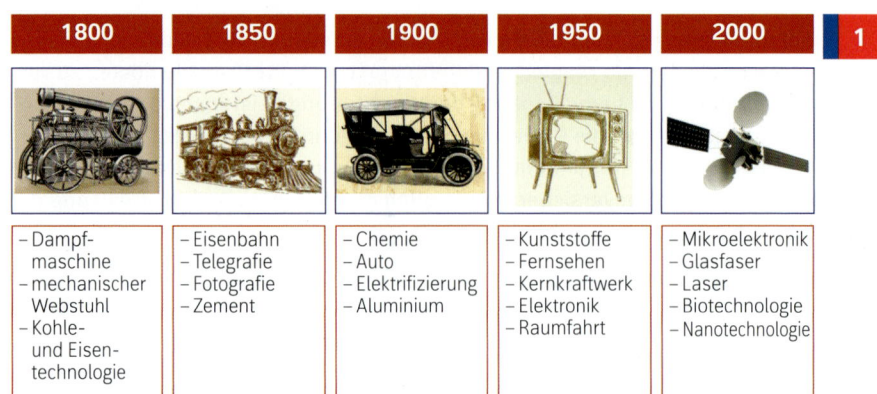

1800	1850	1900	1950	2000	**1**

– Dampf-maschine – mechanischer Webstuhl – Kohle- und Eisentechnologie	– Eisenbahn – Telegrafie – Fotografie – Zement	– Chemie – Auto – Elektrifizierung – Aluminium	– Kunststoffe – Fernsehen – Kernkraftwerk – Elektronik – Raumfahrt	– Mikroelektronik – Glasfaser – Laser – Biotechnologie – Nanotechnologie

Der technologische Wandel erhält immer wieder maßgebliche Impulse von sogenannten **Basisinnovationen**. Durch viele solche technischen Erfindungen kommen innerhalb kurzer Zeit überall mehr und mehr Maschinen zum Einsatz, z. B. im Transportwesen, im Bergbau und in der Industrie.

Basisinnovationen sind Motor des wirtschaftlichen Wachstums und **Strukturwandels**. Sie begünstigen die Entstehung neuer Industriezweige mit zukunftsorientierten Arbeitsplätzen. Andererseits gilt: Wer den Anschluss bei den technologischen Entwicklungen verpasst, läuft Gefahr, bald auch wirtschaftlich zurückzufallen.

Heute werden Wirtschaftswachstum und Strukturwandel maßgeblich von der **Informations- und Kommunikationstechnologie** beeinflusst.

2

Informationsgesellschaft und Arbeitswelt

Ob in Produktentwicklung oder Herstellung, Vertrieb oder Service – Informationen sind der neue Treibstoff in der Industrie. Spätestens mit der explosionsartigen Verbreitung des Internets sind wir in der Informationsgesellschaft angekommen. [...]
Computer, Internet und Multimedia sind in ihrer Bedeutung und Auswirkung vergleichbar mit den Erfindungen wie Dampfmaschine, Eisenbahn, der Entdeckung der Elektrizität bis hin zur Entwicklung und allgemeinen Nutzung des Automobils. Informationen, Informationsbeschaffung und Informationsverarbeitung sind zu einem Produktionsfaktor geworden.

Dr. Horst Udo Niedenhoff, in: Digitale Fachbibliothek Human Resource Management, hrsg. v. Peter Knauth/ Artur Wollert, abgerufen unter: www.symposion.de/?cmslesen/q7001006_22890101 [11.04.2013]

Die Wirtschaftswelt entwickelt sich ständig weiter und mit ihr die Anforderungen in den Berufen. Neue Technologien, modernere Fertigungsmethoden, computergesteuerte Maschinen und die veränderten Bedürfnisse und Wünsche der Kunden erfordern ein Umdenken. Die Anforderungen und Tätigkeiten in den Berufen haben sich grundlegend verändert.

Information und Wissen erhalten für die wirtschaftliche Entwicklung eine ähnlich herausragende Bedeutung wie zuvor Rohstoffe, Kapital und Arbeit. Effektiv wirtschaften kann dann nur noch, wer die notwenige Information für den jeweils passenden speziellen Zweck richtig aufgearbeitet, in kürzester Zeit und am entsprechenden Ort zur Verfügung hat.

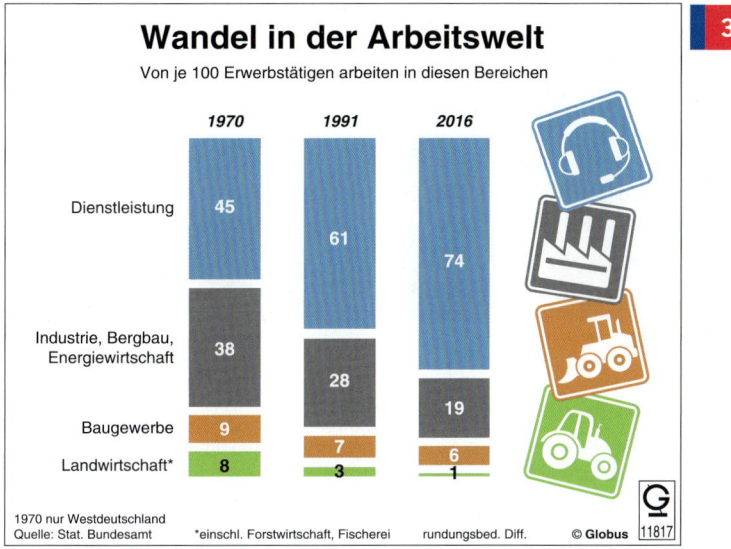

Wandel in der Arbeitswelt

Von je 100 Erwerbstätigen arbeiten in diesen Bereichen

	1970	1991	2016
Dienstleistung	45	61	74
Industrie, Bergbau, Energiewirtschaft	38	28	19
Baugewerbe	9	7	6
Landwirtschaft*	8	3	1

1970 nur Westdeutschland
Quelle: Stat. Bundesamt *einschl. Forstwirtschaft, Fischerei rundungsbed. Diff. © Globus 11817

Berufs- und Arbeitswelt verändern sich. Traditionsberufe verschwinden, bestehende Berufsbilder werden modernisiert und neue Berufe entstehen. War früher die Berufsentscheidung meist eine Entscheidung fürs ganze Leben, so muss man heute damit rechnen, sich mehrmals im Leben beruflich neu zu orientieren.

Dabei sind folgende Trends zu beobachten:

- In der Produktion gehen Arbeitsplätze verloren, im **Dienstleistungsbereich** entstehen neue Arbeitsplätze.
- Berufe mit geringer Qualifikation werden weniger; die Anforderungen steigen beständig. Gefragt sind vor allem auch sogenannte **Schlüsselqualifikationen**.
- Während der Erstausbildung erworbene Kenntnisse und Fertigkeiten reichen nicht mehr aus. Arbeitnehmer/-innen müssen sich ständig weiterbilden.

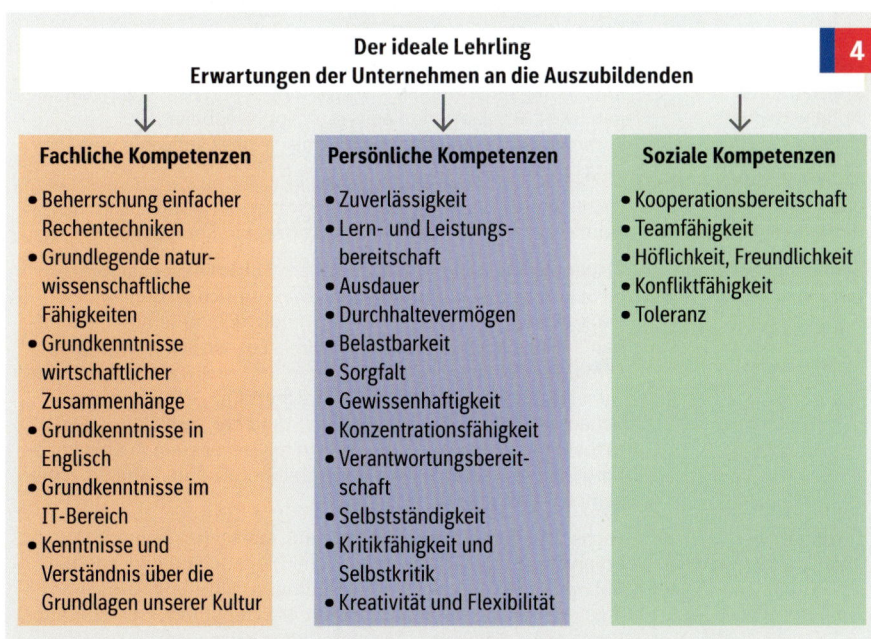

Der ideale Lehrling
Erwartungen der Unternehmen an die Auszubildenden

Fachliche Kompetenzen	Persönliche Kompetenzen	Soziale Kompetenzen
• Beherrschung einfacher Rechentechniken • Grundlegende naturwissenschaftliche Fähigkeiten • Grundkenntnisse wirtschaftlicher Zusammenhänge • Grundkenntnisse in Englisch • Grundkenntnisse im IT-Bereich • Kenntnisse und Verständnis über die Grundlagen unserer Kultur	• Zuverlässigkeit • Lern- und Leistungsbereitschaft • Ausdauer • Durchhaltevermögen • Belastbarkeit • Sorgfalt • Gewissenhaftigkeit • Konzentrationsfähigkeit • Verantwortungsbereitschaft • Selbstständigkeit • Kritikfähigkeit und Selbstkritik • Kreativität und Flexibilität	• Kooperationsbereitschaft • Teamfähigkeit • Höflichkeit, Freundlichkeit • Konfliktfähigkeit • Toleranz

Industrie- und Handelskammer Nord Westfalen: Was erwartet die Wirtschaft?, abgerufen unter: www.ihk-nordwestfalen.de/wirtschaft/aus-und-weiterbildung/ausbildung/zielgruppen/schueler/ was-erwartet-die-wirtschaft/ [26.06.2016]

ARBEITSVORSCHLÄGE

 1

Welche Basisinnovationen haben seit der Industrialisierung im 19. Jahrhundert einschneidende gesellschaftliche Veränderungen bewirkt?

 2

Wie erklärt der Autor die Auswirkungen der Informationsgesellschaft auf die Arbeitswelt?

Welche Beispiele können Sie aus Ihrem Berufsfeld ergänzen?

 3

Beschreiben Sie das Schaubild und geben Sie die wesentlichen Informationen in ganzen Sätzen wieder (s. Methode S. 176).

 4

Diskutieren Sie in der Klasse, ob die allgemeinbildenden Schulen ausreichend auf die Anforderungen in der Berufsausbildung vorbereiten.

WEITERFÜHRENDE HINWEISE

Versuchen Sie herauszufinden, welche Weiterbildungsangebote in Ihrer Region gemacht werden, und überlegen Sie, welche Angebote für Ihre berufliche Weiterentwicklung sinnvoll wären.

Beobachten Sie die Entwicklung der Arbeitsplätze in Ihrer Region. In welchen Bereichen gehen Arbeitsplätze verloren, wo entstehen neue?

So entsteht ein neuer Beruf

Die Initiative für einen neuen Beruf kann sowohl von den Unternehmen als auch von den Gewerkschaften, Arbeitgeberverbänden oder staatlichen Stellen ausgehen:

Arbeitgeberverband und Gewerkschaft verhandeln über die Entwicklung eines neuen Berufsbildes.

In gemeinsamen Kommissionen wird der Ausbildungsrahmenplan erarbeitet.

Das Bundesministerium für Wirtschaft erlässt das neue Berufsbild.

Die Verordnung tritt in Kraft – es gibt einen neuen, staatlich anerkannten Ausbildungsberuf.

Arbeitsplatz gestern

Arbeitsplatz heute

Bestehende Berufe werden modernisiert `1`

alte Berufsbezeichnung	neue Berufsbezeichnung
Kraftfahrzeugmechaniker/-in	Kraftfahrzeug-Mechatroniker/-in
Fachkraft für Lagerwirtschaft	Fachkraft für Lagerlogistik
Schauwerbegestalter/-in	Gestalter/-in für visuelles Marketing
Rollladen- und Jalousiebauer/-in	Rollladen- und Sonnenschutzmechatroniker/-in
Bürogehilfe/Bürogehilfin	Kaufmann/Kauffrau für Bürokommunikation
Elektroinstallateur/-in	Elektroniker/-in
Kellner, Hotel- und Gaststättengehilfin, Fachgehilfe	Fachkraft im Gastgewerbe

Neue Berufe entstehen `2`

Berufsbezeichnung	Inhalte
Fahrradmonteur/-in	Für junge Menschen mit eher praktischer Begabung wurde der theoriegeminderte zweijährige Ausbildungsberuf Fahrradmonteur/-in Ende 2003 erarbeitet.
Fachkraft für Kreislauf- und Abfallwirtschaft	Fachkräfte für Kreislauf- und Abfallwirtschaft arbeiten in Entsorgungsunternehmen, Verwertungs- und Beseitigungsanlagen, wie z. B. Glas- und Papierrecycling, Deponien, Kompostierungsanlagen und chemisch-physikalischen Behandlungsanlagen.
Fachmann/Fachfrau für Systemgastronomie	Fachleute für Systemgastronomie setzen ein standardisiertes, zentral gesteuertes Gastronomiekonzept in Betriebsstätten um.
Schädlingsbekämpfer/ -in	Bisher war die Berufsausbildung zum Schädlingsbekämpfer/-in nicht geregelt. Die Lerninhalte orientieren sich an den für den neuen Beruf von Experten für notwendig erachteten Qualifikationen – dies auch mit Blick darauf, dass bei der Schädlingsbekämpfung der Umgang mit Gefahrstoffen eine Rolle spielen kann. Die neue qualifizierte Ausbildung sichert für die Zukunft eine Schädlingsbekämpfung nach dem Stand der Technik und der aktuellen Rechtslage. Zugleich wird mit dem neuen Ausbildungsberuf der weniger qualifizierten nebenberuflichen Schädlingsbekämpfung entgegengewirkt.
Fachkraft für Veranstaltungstechnik	Fachkräfte für Veranstaltungstechnik realisieren technische, organisatorische und gestalterische Dienstleistungen, z. B. bei Bühnen- und Open-Air-Veranstaltungen, Film- und Fernsehproduktionen, Kongressen, Konzerten, Messen, Produktpräsentationen, Shows, Tagungen, Theateraufführungen.

Ohne Computer geht nichts mehr

Mikroelektronik im Beruf

Mikroelektronik spielt heute in den meisten Berufen eine wichtige Rolle. In den letzten Jahren sind viele Ausbildungsgänge modernisiert und neue Berufe geschaffen worden.

Beispiele für diese neuen Ausbildungsberufe sind Informatikkaufmann/-kauffrau und Kraftfahrzeugmechatroniker/-in. Wie man sich diese Berufe vorzustellen hat, zeigen die folgenden Tätigkeitsbeschreibungen:

Informatikkaufmann/-kauffrau

Sie analysieren die Problem- und Aufgabenstellungen, die innerhalb eines Unternehmens durch den Einsatz von informations- und telekommunikationstechnischen Systemen (IT-Systemen) gelöst werden sollen. Hierfür ermitteln Informatikkaufleute den Bedarf an IT-Systemen, beschaffen die benötigte Hard- und Software und sorgen für deren Einführung im Unternehmen. Hierbei berücksichtigen sie Aspekte wie Personalplanung und Wirtschaftlichkeit und wirken ggf. auch an der Ausarbeitung von Verträgen mit. Sie beraten und unterstützen die einzelnen Fachabteilungen beim Einsatz von Anwendungssystemen und sind Ansprechpartner gegenüber Herstellern und Anbietern von Systemen der Informations- und Telekommunikationstechnik. Gibt es keine geeigneten Standardanwendungen auf dem Markt, beteiligen sie sich an Entwurf und Realisation individueller Lösungen. Anwendungssysteme implementieren, prüfen und verwalten sie. Zudem stellen sie die Nutzerfreundlichkeit sicher und beschaffen oder erstellen z. B. Schulungsunterlagen oder Hilfe-Programme für die Anwender.

Arbeitsplatz einer IT-Kauffrau

Bundesagentur für Arbeit (Hrsg.), abgerufen unter: https://berufenet.arbeitsagentur.de/berufenet/faces/index?path=null/kurzbeschreibung/taetigkeitsinhalte&dkz=7795&such=Informatikkaufmann%2F-frau

Kraftfahrzeugmechatroniker/-in

Kraftfahrzeugmechatroniker/-innen mit dem Schwerpunkt Fahrzeugkommunikationstechnik warten und reparieren Fahrzeuge. Vor allem bauen sie komplexe fahrzeugtechnische Systeme wie Navigations- und Sicherheitseinrichtungen ein, nehmen sie in Betrieb und setzen sie instand. [...]
Hauptsächlich arbeiten Kraftfahrzeugmechatroniker/-innen mit dem Schwerpunkt Fahrzeugkommunikationstechnik in Kraftfahrzeugreparaturwerkstätten oder bei Pannenhilfsdiensten. Auch bei Kraftfahrzeugherstellern oder deren Zulieferbetrieben sind sie tätig. Darüber hinaus bieten z. B. Logistikunternehmen Beschäftigungsmöglichkeiten. Auch Autohäuser und technische Prüfstellen für Kraftfahrzeuge kommen als Arbeitgeber infrage.

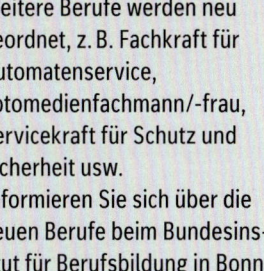

Bundesagentur für Arbeit (Hrsg.), abgerufen unter: https://berufenet.arbeitsagentur.de/berufenet/archiv/27303.pdf [25.04.2018]

ARBEITSVORSCHLÄGE

1 Vergleichen Sie die alten mit den neuen Berufsbezeichnungen und überlegen Sie, warum Berufe neu geordnet werden und eine neue Bezeichnung erhalten.

2 Stellen Sie anhand der Beispiele die Gründe zusammen, warum neue Berufsbilder entwickelt werden.

3, 4 Wie sieht der Berufsalltag von
a) IT-Kaufleuten und
b) Kraftfahrzeugmechatronikern aus?
Was ist neu an diesen Berufen?

In welchen anderen neuen Berufen sind kaufmännische und technische Fähigkeiten gefragt? Finden Sie Beispiele.

WEITERFÜHRENDE HINWEISE

Weitere Berufe werden neu geordnet, z. B. Fachkraft für Automatenservice, Fotomedienfachmann/-frau, Servicekraft für Schutz und Sicherheit usw.
Informieren Sie sich über die neuen Berufe beim Bundesinstitut für Berufsbildung in Bonn (www.bibb.de).

Hier finden Sie auch die Profile aller anderen Ausbildungsberufe.

Bedeutung für die Dienstleistung

Der Markt für Roboter zur Unterstützung von älteren oder behinderten Menschen ist noch sehr klein. Unter Berücksichtigung der demografischen Entwicklung und der immer weiter verbesserten Technik werden in den nächsten zehn Jahren derartige Roboter zu einem Schlüsselbereich der Service-Robotik. Führende Forschungsinstitute konzentrieren sich auf die Entwicklung von Prototypen solcher Roboter.

Claudia Otto: Zahl der Roboter steigt auf 6,5 Mio. weltweit, in: Maschinenmarkt – Das Industrieportal, 2008, abgerufen unter: www.maschinenmarkt.vogel.de/ zahl-der-roboter-steigt-auf-65-mio-weltweit-a-149156/index3.html [26.06.2016]

Werkzeugmaschinen mit Computersteuerung verändern die Arbeitswelt.

Die Einführung der neuen Technologien ist auch mit einer Umgestaltung von Produktion und Unternehmensführung verbunden. Im Maschinenbau und der Metallindustrie entwickelt sich die Arbeit immer mehr weg von der handwerklichen Produktion hin zur produktionsbezogenen Dienstleistung. Roboter und automatisierte Fertigungsstraßen verdrängen viele Arbeiter aus den Fabrikhallen. Im „elektronischen Zeitalter" sind nur noch wenige Arbeitskräfte in den Produktionshallen erforderlich – die Aufgabe dieser Arbeitskräfte besteht hauptsächlich im Überwachen, Warten und Programmieren der Maschinen. Bisher ungelernte Fließbandarbeitskräfte können diese hoch qualifizierten Arbeiten nicht übernehmen, was einen Wandel der Anforderungen an Facharbeiter zur Folge hat.

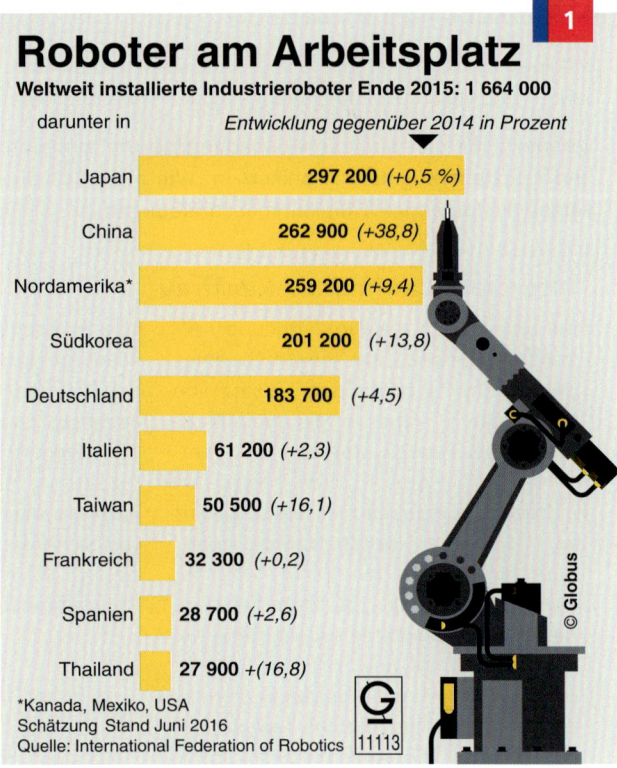

1

Roboter am Arbeitsplatz
Weltweit installierte Industrieroboter Ende 2015: 1 664 000

darunter in		Entwicklung gegenüber 2014 in Prozent
Japan	297 200	(+0,5 %)
China	262 900	(+38,8)
Nordamerika*	259 200	(+9,4)
Südkorea	201 200	(+13,8)
Deutschland	183 700	(+4,5)
Italien	61 200	(+2,3)
Taiwan	50 500	(+16,1)
Frankreich	32 300	(+0,2)
Spanien	28 700	(+2,6)
Thailand	27 900	+(16,8)

*Kanada, Mexiko, USA
Schätzung Stand Juni 2016
Quelle: International Federation of Robotics

© Globus
11113

Neben der Schwerindustrie (Kohle und Stahl) sind in Deutschland insbesondere die arbeitsintensiv produzierenden Branchen wie z. B. die Textil- und Schuhindustrie vom Strukturwandel betroffen. Die Unternehmen versuchen sich durch Rationalisierung, Personalabbau und Produktionsverlagerung an die veränderte Situation anzupassen. Damit wird wirtschaftlicher Strukturwandel auch eine Herausforderung für ein Land wie Baden-Württemberg, das von diesen Industriezweigen maßgeblich geprägt wird.

Die Finanz- und Wirtschaftskrise verschärft diesen Strukturwandel und erfasst auch verstärkt die Automobil- und Chemieindustrie sowie den Maschinenbau. Diese Branchen sind stark vom Export ihrer Produkte abhängig und haben besonders dann Einbußen zu verzeichnen, wenn die Aufträge aus dem Ausland ausbleiben. Betroffen sind auch alle Zulieferunternehmen, die diese Branchen versorgen.

Stahlerzeugung

Textilproduktion

Großbaustelle

2

Maschinenbau

Wie arbeiten die Menschen?

Die Zahl der Erwerbstätigen liegt auf einem so hohen Niveau wie schon seit Jahrzehnten nicht mehr. Zugleich aber erleben die Beschäftigten in Deutschland in den letzten Jahren tief greifende Einschnitte in ihre **Arbeitsverhältnisse**. Noch nie waren so viele Menschen unter Bedingungen beschäftigt, die als „atypisch" bezeichnet werden müssen. Damit gemeint sind alle Erwerbsformen, die nicht einen unbefristeten Arbeitsvertrag in einer Vollzeitstelle bedeuten, also keine sogenannten Normalarbeitsverhältnisse sind.

Fast vier von zehn Erwerbstätigen arbeiten in **atypischen Beschäftigungsverhältnissen**: Minijob, befristete Stelle, Zeitarbeit, Teilzeitstelle.

Wer so arbeitet, muss sich flexibel zeigen, kann keine feste Anstellung erwarten und muss oft für weniger Gehalt arbeiten als die Stammbelegschaft.

Die Einführung des Mindestlohns hat seit dem 01.01.2015 den Niedriglohnsektor leicht entschärft. Dennoch gibt es immer noch ca. eine Million „Aufstocker", also Menschen, die von ihrer Arbeit nicht leben können und staatliche Hilfen benötigen.

Viele traditionelle Errungenschaften der Gewerkschaften werden in diesem Zusammenhang von den Unternehmen außer Kraft gesetzt oder nach Streiks und Verhandlungen auch von den Gewerkschaften aufgegeben. Zu diesen Einschnitten gehören Lohnkürzungen und Arbeitszeitverlängerung, Nullrunden bei Löhnen und Gehältern oder vertraglich zu leistende unbezahlte Überstunden. Letztlich werden diese Regelungen hingenommen, weil alle hoffen, damit ihre Arbeitsplätze sichern zu können.

Parallel dazu hält sich ein Sockel von immer noch mehr als zwei Millionen Arbeitslosen.

Wo atypisch normal ist
Der Anteil von Teilzeit, Minijobs und Leiharbeit an der Gesamtbeschäftigung beträgt …

unter **35 %**
35 bis **37,9 %**
38 bis **40,9 %**
41 bis **43,9 %**
44 bis **46,9 %**
47 bis **49,9 %**
über **50 %**

Kiel · Rostock · Hamburg · Bremen · Hannover · Berlin · Essen · Köln · Erfurt · Dresden · Frankfurt · Saarbrücken · Stuttgart · München

Quelle: WSI 2017 Grafik zum Download: bit.do/impuls0787 Daten: bit.do/impuls0788

Hans Böckler Stiftung

ARBEITSVORSCHLÄGE

 1

Überlegen Sie, welche Rollen Roboter in der heutigen Industrieproduktion spielen und was das für die Arbeitswelt bedeutet.

 2

Betrachten Sie die Fotos und vergleichen Sie die Entwicklung in den vier Branchen. Welche Faktoren sind für die Veränderungen jeweils verantwortlich?

 3

Beurteilen Sie, wo Vorteile und wo Nachteile der verschiedenen Formen atypischer Arbeitsverhältnisse liegen.

Wie möchten Sie später arbeiten? Diskutieren Sie darüber in Ihrer Klasse.

WEITERFÜHRENDE HINWEISE

Recherchieren Sie, wie Gewerkschaften und Arbeitgeber die Arbeitsmarktreformen bewerten.

Deutscher Gewerkschaftsbund:
www.dgb.de
Institut der Deutschen Wirtschaft:
www.iwkoeln.de

Zahl der Arbeitslosen in 1 000 (gerundet), Stand: Mai 2016

Baden-Württemberg	223
Bayern	242
Berlin	181
Brandenburg	115
Bremen	36
Hamburg	71
Hessen	171
Mecklenburg-Vorpommern	79
Niedersachsen	247
Nordrhein-Westfalen	725
Rheinland-Pfalz	109
Saarland	37
Sachsen	157
Sachsen-Anhalt	111
Schleswig-Holstein	94
Thüringen	77

Arbeitslosenquote in %

Baden-Württemberg	3,7
Bayern	3,4
Berlin	9,7
Brandenburg	8,0
Bremen	10,4
Hamburg	7,0
Hessen	5,2
Mecklenburg-Vorpommern	9,5
Niedersachsen	5,9
Nordrhein-Westfalen	7,7
Rheinland-Pfalz	5,0
Saarland	7,2
Sachsen	7,4
Sachsen-Anhalt	9,6
Schleswig-Holstein	6,2
Thüringen	6,7

Bundesagentur für Arbeit - Statistik: Arbeitslosenquoten im Mai 2016 - Länder, abgerufen unter: www.pub. arbeitsagentur.de/hst/services/ statistik/000000/html/start/karten/ aloq_land.html [26.06.2016]

1. Arbeitslosigkeit wirkt immer wie ein Schock. Auch wenn schon Wochen vorher die Gerüchte über Entlassungen im Betrieb kursieren. Der plötzlich Freigesetzte ist benommen und verunsichert. Ganz allmählich erst kommt er mit der neuen Situation zurecht, entdeckt seine Hobbys, nützt freie Zeit für die Familie.

2. Spätestens nach einem halben Jahr werden die finanziellen Sorgen drückend. Die Ersparnisse sind aufgebraucht, es werden Schulden gemacht, Zahlungsverpflichtungen können nicht eingehalten werden. Dem Sparzwang fällt zunächst die Urlaubsplanung zum Opfer. Dann folgt der Verzicht auf neue Möbel, ein neues Auto, Kleider und Haushaltsgeräte. Viele haben Schwierigkeiten, die Miete aufzubringen, geraten bei Versicherungsbeiträgen in Verzug. Zeitschriftenabos werden als erstes gekündigt.

3. Mit den Geldsorgen beginnt eine Phase der Rebellion. Der Arbeitslose beginnt, stapelweise Bewerbungen zu verschicken, rennt auch der Arbeitsagentur die Türen ein, gibt selbst Annoncen auf, verabredet Vorstellungstermine. Kontakte zu Kollegen und Freunden beginnen abzureißen. Auch wenn alle anfangs beteuern, man wolle sich nicht aus den Augen verlieren. Da ist das Gefühl, nicht mehr richtig mithalten zu können mit den Kollegen, die am Monatsanfang mehr auf dem Konto haben.

4. Selbstvorwürfe, ständig neue Niederlagen, das Gefühl mit sich nichts anfangen zu können, lassen das Vertrauen in die eigene Kraft schwinden. Langeweile, Nichtstun, die Isoliertheit - jeder Zweite kommt sich überflüssig vor. Ein psychisches Dauertief - der Körper reagiert mit Schlafstörungen, Herzbeschwerden, Magengeschwüren. Psychologen sprechen von einer „Flucht" in die Krankheit. Nach einem Jahr Arbeitslosigkeit kann ein Betroffener körperlich weniger fit sein als zu der Zeit, als er noch täglich acht Stunden malochen musste.

5. Durch das Umsteigen von Arbeitslosengeld auf Arbeitslosengeld II verschärfen sich die finanziellen Sorgen. In der Regel ist nach einem Jahr der Anspruch auf Arbeitslosengeld ausgelaufen. Erneut fühlen sich die Betroffenen auf der Skala der öffentlichen Wertschätzung eine Stufe tiefer rutschen. Endstation ist die Resignation - „es hat ja doch alles keinen Zweck mehr".

Bundeszentrale für politische Bildung (Hrsg.), PZ, Nr. 41, 1985, S. 11

Bedürfnisse des Menschen – Bedeutung der Arbeit 3

Selbstverwirklichung	→	sinnvolle Arbeiten ausführen Anerkennung der eigenen Leistung Verantwortung tragen, Selbstachtung stärken
Grundbedürfnis	→	Lebensunterhalt verdienen
soziales Bedürfnis	→	Kontakt zu anderen Menschen, z. B. Arbeitskollegen
Sicherheitsbedürfnis	→	sicherer Arbeitsplatz, Sicherheit bei Unfall, Krankheit, Arbeitslosigkeit, im Alter

Besonders schwerwiegend wirkt sich die Langzeitarbeitslosigkeit aus. Betroffen sind mehr als eine Million Menschen. Langzeitarbeitslos zu sein heißt, dass man länger als ein Jahr ohne Beschäftigung ist. Die Familie und vor allem die Kinder von Langzeitarbeitslosen geraten nach Untersuchungen von Wissenschaftlern ebenfalls ins soziale Abseits, weil sie mit den Gleichaltrigen nicht mehr mithalten können. Darüber hinaus stellen sich oft auch gesundheitliche Probleme ein.

Arbeitslosigkeit und kein Ende

Die Arbeitslosigkeit in Deutschland bleibt ein großes gesellschaftspolitisches Problem. Hauptursache sind konjunkturelle und strukturelle Herausforderungen, die Unternehmen dazu veranlassen, Kosten zu sparen, Produktionsabläufe zu rationalisieren und Arbeitskräfte zu entlassen. Dazu kommt der internationale Wettbewerb im Zusammenhang mit der Globalisierung. Andererseits wird in den letzten Jahren immer wieder vor dem **Fachkräftemangel** gewarnt, insbesondere vonseiten der Arbeitgeberverbände.

Umstritten ist, ob es diesen Mangel an Fachkräften in Deutschland überhaupt gibt. Bei einem Sockel von immer noch mehr als zwei Millionen Arbeitslosen fragen sich viele, ob diese Befürchtungen berechtigt sind.

Fachkräfte zu Dumpingpreisen 4

Kritiker wie Karl Benke vom Deutschen Institut für Wirtschaftsforschung (DIW) sehen hinter solchen lautstarken Hilferufen der Wirtschaft hingegen ganz andere Interessen. Für die Unternehmen bedeuten mehr Bewerber nämlich nicht nur eine raschere Besetzung von offenen Stellen, sondern auch mehr Auswahl – und mehr Macht in Gehaltsverhandlungen. Indem der Ingenieurberuf zum Mangelberuf erklärt wurde, können Unternehmen es sich leisten, hochqualifizierte Fachkräfte aus dem Ausland anzuwerben, zu einem Mindestlohn von 32 500 Euro im Jahr. Früher lag diese Grenze bei 66 000 Euro. Mit Blue Card und europäischer Freizügigkeit sollen Fachkräfte aus Spanien, Griechenland, Rumänien und Bulgarien auf den deutschen Arbeitsmarkt strömen. Von solchen Arrangements profitieren am Ende nur die Unternehmen.

Provozieren Unternehmer also bewusst ein Überangebot an Fachkräften, um trotz anziehender Konjunktur geringere Löhne zahlen zu können? Die Bewerber von heute sehen sich nicht mehr als Bittsteller. Sie fordern gerechte Gegenleistungen ein, anstatt schlechte Bedingungen zu akzeptieren, nur um einen Job zu bekommen. Am Ende entpuppt sich der behauptete Fachkräftemangel als Strategie, die sich für Politik und Wirtschaft durchaus lohnen kann.

3sat/HR/nic: Der Arbeitsmarktreport – Das Märchen vom Fachkräftemangel, 19.10.2015, abgerufen unter: www.3sat.de/page/?source=/ard/sendung/183732/index.html [26.06.2016]

© ROGER SCHMIDT WWW.KARIKATUR-CARTOON.DE

KLASSE! DIE WIRTSCHAFT WÄCHST WIEDER!

KÜNDIGUNG

5

ARBEITSVORSCHLÄGE

 1

Lesen Sie den Text und verdeutlichen Sie die dargestellte Entwicklung als Skizze.

 2

Vergleichen Sie die beiden Statistiken. Wo ist die niedrigste Arbeitslosigkeit, wo die höchste? Wo sind die meisten Menschen arbeitslos, wo die wenigsten?

Beurteilen Sie die Aussagekraft der beiden Statistiken.

 3

Welche Bedeutung hat Arbeit für Sie? Vergleichen Sie Ihre Angaben mit der Zusammenstellung in der Grafik.

 4

Schauen Sie sich den Film „Das Märchen vom Fachkräftemangel" an und prüfen Sie im Anschluss, ob tatsächlich von einem Fachkräftemangel gesprochen werden kann.

 5

Beschreiben Sie die Karikatur und erläutern Sie die Kritik des Zeichners.

Demografischer Wandel	Die Veränderung der Altersstruktur unserer Bevölkerung in Vergangenheit und Zukunft. Der Anteil der älteren Menschen steigt, der Anteil der jungen Menschen sinkt. Er wird vor allem beeinflusst von der Entwicklung der Geburtenzahlen, der steigenden Lebenserwartung und der Zahl der nach Deutschland kommenden Zuwanderer.
Auswirkungen	Er hat große Auswirkungen auf die Wirtschaft und die sozialen Sicherungssysteme.
Migration	Eine dauerhaft werdende räumliche Veränderung des Lebensmittelpunktes. Es wird unterschieden zwischen internationaler Migration (über die Grenzen) und Binnenmigration (innerhalb der nationalen Grenze).
Ursachen	Push-Faktoren: negative Bedingungen im Heimatland Pull-Faktoren: Attraktivität des Ziellands
Folgen	Die Gesellschaft verändert sich zu einer Einwanderungsgesellschaft.
Entwicklung der Sozialversicherungen	Wegmarken der Sozialversicherung in Deutschland
Erweiterung	• 1881 Beginn der Arbeit an den Sozialgesetzen („Kaiserliche Botschaft") • 1883 Krankenversicherung für Arbeiter • 1884 Unfallversicherung • 1889 Alters- und Invalidenversicherung für Arbeiter • 1911 Rentenversicherung für Angestellte • 1927 Arbeitslosenversicherung • 1957 Rentenreform („Dynamische Rente") • 1970 Lohnfortzahlung bei Arbeit im Krankheitsfall • 1986 Anerkennung der Kindererziehungszeiten bei der Rente • 1995 Pflegeversicherung
Beschränkungen	Beschränkung durch z. B. die Hartz-IV-Gesetze (2003–05)
Gründe für die Einführung	Die Entwicklung zur Industriegesellschaft führt zu viel Leid und Unzufriedenheit bei der Arbeitergesellschaft. Um einer Revolution entgegenzuwirken, werden Sozialgesetze eingeführt, welche die Arbeiter versöhnlich stimmen sollen.
Wandel auf dem Arbeitsmarkt	Berufs- und Arbeitswelt verändern sich schnell. Traditionsberufe verschwinden, bestehende Berufsbilder werden modernisiert und neue Berufe entstehen. Dabei sind folgende Trends zu beobachten: • Weniger Arbeitsplätze in der Produktion, neue im Dienstleistungsbereich • Berufe mit geringer Qualifikation werden weniger; die Anforderungen steigen beständig. • Während der Erstausbildung erworbene Kenntnisse und Fertigkeiten reichen nicht mehr dauerhaft aus. • Vollzeitstellen werden seltener vergeben. Der Trend geht zu atypischen Beschäftigungsverhältnissen (z. B. Minijob, Zeitarbeit, Teilzeitstelle).

Kompetenz-Check

Ich kann ...

... beschreiben, in welchen Bereichen der Strukturwandel die Gesellschaft verändert.

Ich kann ...

... die Ursachen analysieren, die zu einer Veränderung der Bevölkerungsstruktur führen.

... mich mit den Ursachen von Migration auseinandersetzen.

... analysieren, welche Auswirkung der demografische Wandel auf meine persönliche Situation hat.

... den Wandel auf dem Arbeitsmarkt analysieren und erläutern, welche positiven und negativen Auswirkungen der Wandel hat.

Ich kann ...

... die Veränderungen der Bevölkerungsstruktur beschreiben.

... Ursachen und Folgen von Migration benennen und zwischen internationaler und Binnenmigration unterscheiden.

... Gründe für die Einführung der Sozialversicherung in Deutschland benennen.

... wichtige Wegmarken der Sozialversicherung darstellen.

... positive und negative Auswirkungen des Wandels auf dem Arbeitsmarkt benennen.

Ich kann ...

... einen Lösungsweg für ein Problem entwickeln, das sich aus dem strukturellen Wandel ergibt.

Medium

Von lat. *medium* = Mitte/Mittelpunkt, auch: Gemeinwohl: Kommunikationsmittel zur Verbreitung von Wissen, Nachrichten, Meinungen und Unterhaltung durch Schrift, Ton oder Bild. Medien richten sich an einzelne gesellschaftliche Gruppen oder an ein großes Publikum (Massenmedien). Druckerzeugnisse werden auch als Printmedien, Bild- und Tonträger als audiovisuelle Medien bezeichnet.

„Smombie"

Zusammenziehung der Wörter „Smartphone" und „Zombie" – Jugendwort des Jahres 2015

Digital Natives

Von engl. *digital* = digital und *native* = Ureinwohner: Damit werden Personen der Generation bezeichnet, die mit digitalen Technologien (Computer, Internet, Mobiltelefone, MP3-Player) aufgewachsen sind und Übung darin haben, sie zu benutzen.

JIM-Studie

In der JIM-Studie (Jugend, Information, (Multi-)Media) findet eine jährliche Basisuntersuchung zum Medienumgang 12- bis 19-Jähriger in Deutschland statt. Sie wird vom Medienpädagogischen Forschungsverbund Südwest (mpfs) durchgeführt.

„Smombies"?

Medien sind heutzutage in Schule, Beruf und Freizeit allgegenwärtig und werden ganz selbstverständlich genutzt. Dabei kommt dem Internet als Leitmedium des 21. Jahrhunderts eine bedeutende Rolle zu. Die heutigen Jugendlichen gehören bereits zu der Gruppe der **Digital Natives**, d. h., ein Leben ohne Medien ist für Kinder, Jugendliche bzw. junge Erwachsene nur schwer vorstellbar. Über soziale Netzwerke läuft heute ein Großteil der Kommunikation ab. Neben den vielen Möglichkeiten, die sich daraus ergeben, muss man auch über Gefahren Bescheid wissen und entsprechend vorsorgen. Medienkompetenz ist daher unerlässlich.

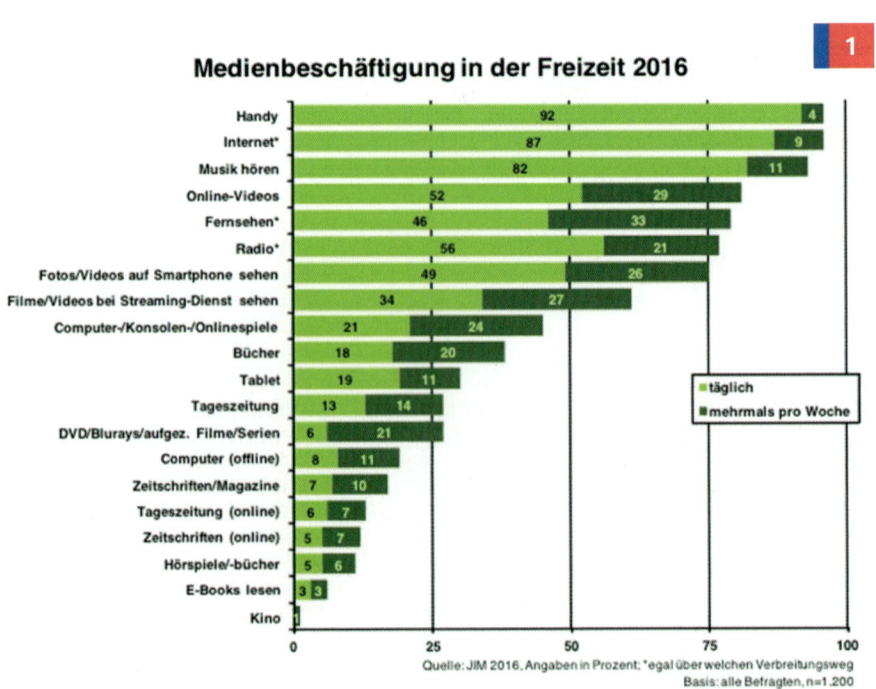

1

Medienbeschäftigung in der Freizeit 2016

Medium	täglich	mehrmals pro Woche
Handy	92	4
Internet*	87	9
Musik hören	82	11
Online-Videos	52	29
Fernsehen*	46	33
Radio*	56	21
Fotos/Videos auf Smartphone sehen	49	26
Filme/Videos bei Streaming-Dienst sehen	34	27
Computer-/Konsolen-/Onlinespiele	21	24
Bücher	18	20
Tablet	19	11
Tageszeitung	13	14
DVD/Blurays/aufgez. Filme/Serien	6	21
Computer (offline)	8	11
Zeitschriften/Magazine	7	10
Tageszeitung (online)	6	7
Zeitschriften (online)	5	7
Hörspiele/-bücher	5	6
E-Books lesen	3	3
Kino	1	

Quelle: JIM 2016, Angaben in Prozent; *egal über welchen Verbreitungsweg
Basis: alle Befragten, n=1.200

Aktivitäten im Internet – Schwerpunkt: Kommunikation 2016
- täglich/mehrmals pro Woche -

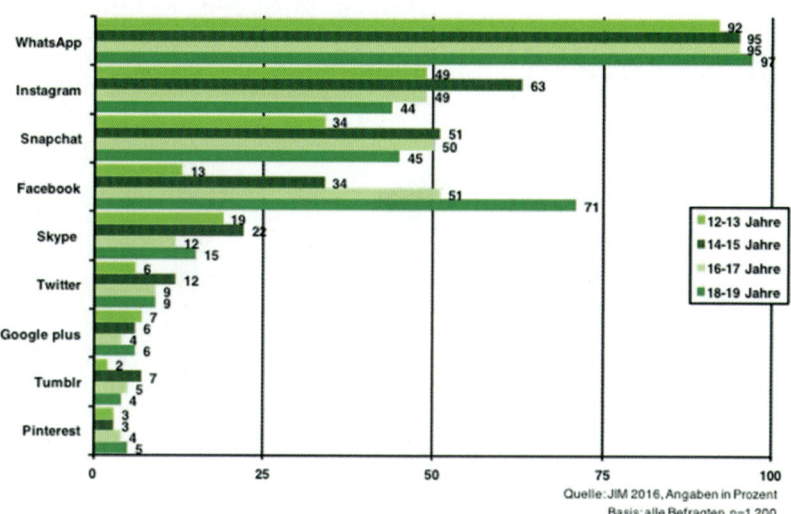

WhatsApp: 92 / 95 / 95 / 97
Instagram: 49 / 63 / 49 / 44
Snapchat: 34 / 51 / 50 / 45
Facebook: 13 / 34 / 51 / 71
Skype: 19 / 22 / 12 / 15
Twitter: 6 / 12 / 9 / 9
Google plus: 7 / 6 / 4 / 6
Tumblr: 2 / 7 / 5 / 4
Pinterest: 3 / 3 / 3 / 5

- 12-13 Jahre
- 14-15 Jahre
- 16-17 Jahre
- 18-19 Jahre

Quelle: JIM 2016, Angaben in Prozent
Basis: alle Befragten, n=1.200

Studie: Jugendliche vertrauen Tageszeitungen am meisten – lesen sie aber trotzdem nicht

Überraschung: Bei einer schwierigen oder widersprüchlichen Berichterstattung vertrauen Jugendliche den Tageszeitungen am meisten – vor dem Internet, dem Fernsehen oder dem Radio. Und trotzdem lesen Jugendliche die Print-Zeitungen nicht, wie eine aktuelle JIM-Studie des Medienpädagogischen Forschungsverbundes Südwest ergab.

40 Prozent der für die JIM-Studie 2014 befragten zwölf- bis 19-jährigen Jugendlichen gaben an, der Tageszeitung im Falle einer widersprüchlichen Berichterstattung am ehesten Glauben zu schenken. Mit 26 Prozent entschied sich in diesem Szenario ein Viertel für das Fernsehen. Radiomeldungen sind für 17 Prozent am vertrauenswürdigsten, dicht gefolgt [vom] Internet mit 14 Prozent.

Nora Burgard-Arp: Studie: Jugendliche vertrauen Tageszeitungen am meisten – lesen sie aber trotzdem nicht, 01.12.2014, abgerufen unter: http://meedia.de/2014/12/01/studie-jugendliche-vertrauen-tageszeitungen-am-meisten-lesen-sie-aber-trotzdem-nicht/ [26.06.2016]

ARBEITSVORSCHLÄGE

 1, 2

Analysieren Sie die beiden Statistiken zum Freizeitverhalten der Jugendlichen. Vergleichen Sie das Verhalten von Mädchen und Jungen sowie das Verhältnis von Print- und digitalen Medien.

1, 2

Welche Gefahren bringt ein übermäßiger Medienkonsum mit sich? Entwickeln Sie Handlungsmöglichkeiten.

Führen Sie eine Woche lang ein Medientagebuch. Notieren Sie darin, wie lange sie welches Medium nutzen.

2, 3

Führen Sie in der Klasse eine Umfrage zu Kommunikation und Information durch. Vergleichen Sie Ihre Ergebnisse mit den Ergebnissen der Studien.

Beurteilen Sie Ihr eigenes Nutzungsverhalten von Print- und digitalen Medien. Auf welches Medium können Sie am wenigsten verzichten? Begründen Sie dies.

WEITERFÜHRENDE HINWEISE

Sie finden die JIM-Studie unter **www.mpfs.de.**

Machen Sie folgendes Experiment: Verzichten Sie eine Woche auf Handy und Internet! Führen Sie ein Tagebuch dazu. Reflektieren Sie Ihre Erfahrungen.

Personenbezogene Daten

Mit ihnen kann unmittelbar auf eine bestimmte Person geschlossen werden. Sie enthalten besondere Arten personenbezogener Daten. Man spricht auch von sensiblen Daten.

Sensible Daten

Dazu gehören rassische und ethnische Herkunft, politische Meinungen, religiöse oder philosophische Überzeugungen, Gewerkschaftszugehörigkeit, Gesundheit und Sexualleben.

Soziale Netzwerke

Ein soziales Netzwerk ist ein Online-Dienst, der auf einer Plattform anbietet, in einer virtuellen Gemeinschaft soziale Beziehungen zu pflegen und mit Menschen auf der ganzen Welt zu kommunizieren. Es können dabei z. B. Textnachrichten und Fotos ausgetauscht werden. Beispiele sind Facebook und Twitter.

Online-Community

(engl. Internet-Gemeinschaft) Eine Gruppe von Menschen, die auf einer Plattform im Internet eine virtuelle Gemeinschaft bildet und diese Plattform nutzt.

Bevor Sie private Daten im Netz veröffentlichen, sollten Sie sich vorher fragen:

- Wäre es mir peinlich, wenn diese Informationen meine Eltern, Lehrer oder mein Ausbilder sehen würden?
- Kann jemand diese Information gegen mich verwenden?
- Schädige ich eine andere Person mit diesen Informationen?
- Ist es mir vielleicht unangenehm, wenn in fünf oder zehn Jahren jemand diese Informationen im Netz über mich liest? Könnten für mich dadurch Nachteile entstehen?

Soziale Netzwerke sind sehr beliebt, denn sie unterhalten uns und sind praktisch, um mit Leuten auf der ganzen Welt zu kommunizieren. Man kann mit Menschen täglich kostengünstig in Kontakt bleiben, neue Leute z. B. durch Chats oder Interessengruppen kennenlernen, Fotos, Videos und all das, was einen bewegt, mit anderen teilen. Wir präsentieren uns damit im Internet. Online-Communitys leben davon, dass man

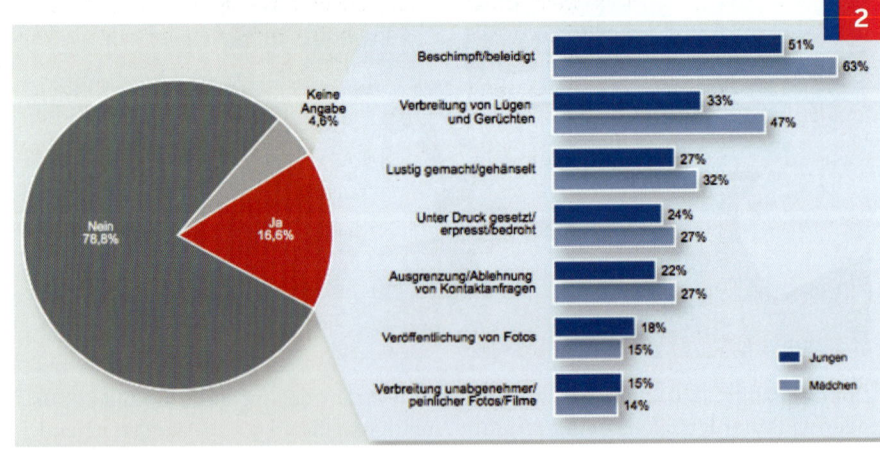

Grafik: DIVSI/Erscheinungsort: DIVSI Magazin, Ausgabe Dezember 2013, S. 22.

sie aktiv nutzt und auch Daten von sich einstellt. Ist man allerdings zu freizügig mit der Preisgabe seiner Daten, kann das schwerwiegende Folgen nach sich ziehen. Denn im Internet bleiben Daten lange Zeit bestehen. Die Nutzung hinterlässt Spuren. Ein vollständiges Löschen ist nur schwer oder gar nicht erreichbar. Daher ist es sinnvoll, bei der Nutzung sozialer Netzwerke immer zu bedenken, welche privaten Daten man von sich veröffentlichen will. Hat man sich bei einem sozialen Netzwerk angemeldet bzw. nutzt man immer den gleichen Namen auf verschiedenen Plattformen, so kann man leicht über (Personen-)Suchmaschinen identifiziert werden.

Ein weitverbreitetes Problem ist das Cybermobbing, also das Mobben im Internet. Die psychischen Folgen sind gravierend. Es hat einige Menschen bereits in den Tod getrieben.

Auf Facebook kannst du nichts löschen

3

Ich habe die Probe aufs Exempel gemacht und wollte wissen, was Mark Zuckerbergs Datenimperium über mich weiß. 1 222 Seiten umfasst meine Akte. Alles, was gestrichen sein sollte, ist noch da. [...]

Täglich wird über Banalstes berichtet und mit Bildern, Markierungen und genauen Ortsangaben versehen. Doch selbst wenn wir dem Geltungsdrang widerstehen und wenig Daten aktiv eingeben, analysiert Facebook unser Verhalten im Internet. Auch wenn wir nie irgendwelche Ortsangaben machen, errechnet Facebook unsere letzte Position. Facebook ruft auch unsere Freunde zum Eingeben unserer Daten auf – natürlich ohne uns zu fragen. Selbst bei persönlichen Nachrichten liest einer immer mit: Facebook. Damit erzeugt Facebook Profile von Nutzern, ebenso wie von Personen, welche noch nie auf Facebook waren. Facebook weiß Dinge, die wir nie preisgeben wollten.

Wenn der beste Freund „Facebook" heißt

So sammelte Facebook in nur drei Jahren 1 222 Seiten an persönlichen Daten über mich. Viele der Informationen sind mit Vermerken wie „Deleted true" als gelöscht gekennzeichnet, doch Facebook vollzieht diese Löschungen nicht. Wer auf Facebook etwas „löscht", versteckt die Daten meist nur vor sich selbst. Viele weitere Daten über mich gibt Facebook nicht heraus, da sie dessen „geistiges Eigentum" oder „Betriebsgeheimnis" sind oder einfach „zu schwer zuzuschicken", obwohl jedermann ein Recht auf eine Kopie der Daten hat. Stutzig macht einen, dass es sich hier zufällig um die besonders heiklen Daten handelt.

In 57 zugeschickten Kategorien findet sich Banales neben höchst Sensiblem. Man kann lesen, wo ich studiere, aber auch, bei welcher Demonstration ich vor zwei Jahren war. Auf einen Klick findet man meine Reisefotos und wo ich bei der letzten Wahl mein Kreuz gemacht habe. Schnell findet man meine Schule und Diskussionen über mein Liebesleben oder über psychische Krankheiten von Freunden. Facebook weiß, dass ich manchmal Artikel auf dem Online-Portal einer bestimmten Tageszeitung gelesen habe, jedoch weiß Facebook nicht, dass ich fast täglich im Café Ritter zu einer Melange die Zeitung lese. Es weiß nicht, wer meine Eltern sind, und es weiß nicht, dass ich kein Auto, dafür aber ein Fahrrad habe.

Facebooks Wissen ist also auf meine Online-Aktivitäten, meine Verbindungen und den Inhalt meiner Kommunikation beschränkt. Nicht umsonst sind genau diese Bereiche jene, welche von Geheimdiensten gesammelt werden. Meine Akte bei Facebook ist umfangreich wie eine dicke Stasi-Akte. Facebook weiß in etwa so viel über mich wie mein engster Freundeskreis – nur dass Facebook alles andere als ein Teil meines Freundeskreises ist.

Information ist Macht. Information über eine Person ist Macht über diese Person. Facebook hat so viele Informationen über uns wie wenige andere Institutionen. Facebook verfügt über sein Machtpotenzial, besonders dadurch, dass es ein Monopol im Bereich der sozialen Netzwerke innehat. Denn: Wo gehen Sie hin, wenn Ihnen Facebook zu gruselig wird? Die Macht von Facebook wird dem Einzelnen erst bewusst, wenn sie gebraucht oder gar missbraucht wird. Dann ist es aber üblicherweise zu spät. [...]

Max Schrems ist Sprecher der Gruppe europe-v-facebook.org. Er studierte Jura an der Universität Wien und der Santa Clara University in den Vereinigten Staaten. In seinem Studium hat er sich auf Datenschutzrecht spezialisiert.

Schrems, Max: Auf Facebook kannst du nichts löschen. In: FAZ.NET. 26.10.2011. www.faz.net/aktuell/feuilleton/debatten/soziale-netzwerke-auf-facebook-kannst-du-nichts-loeschen-11504650.html?printPageдArticle=true#pageIndex_2 [26.06.2016] © Alle Rechte vorbehalten. Frankfurter Allgemeine Zeitung GmbH, Frankfurt.

ARBEITSVORSCHLÄGE

 1

Interpretieren Sie die Karikatur.

 1, 2, 3

Welche Gefahren bergen soziale Netzwerke?

 3

Arbeiten Sie heraus, welche (sensiblen) Daten Max Schrems auf Facebook preisgegeben hat.

 3

Wie ist Ihr eigenes Verhalten auf Facebook (oder einer ähnlichen Seite eines sozialen Netzwerks)? Vergleichen Sie.

 3

Verfassen Sie Regeln für einen sicheren Umgang mit privaten Daten in sozialen Netzwerken. Erstellen Sie dazu ein Plakat.

 3

Nehmen Sie Stellung zu der Aussage von Max Schrems aus der Langfassung seines Artikels: „Wer nicht permanent persönliche Informationen auf die Seite stellt, geht auf Facebook unter."

WEITERFÜHRENDE HINWEISE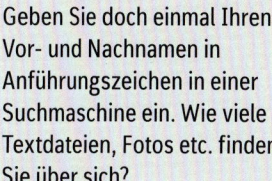

Geben Sie doch einmal Ihren Vor- und Nachnamen in Anführungszeichen in einer Suchmaschine ein. Wie viele Textdateien, Fotos etc. finden Sie über sich?

WIKIPEDIA
Die freie Enzyklopädie

Enzyklopädie

Eine Enzyklopädie ist ein umfassendes Nachschlagewerk.

Das digitale Zeitalter eröffnet uns zahlreiche komfortable und moderne Möglichkeiten im privaten und beruflichen Bereich. Kommunikation ist ein großer Teil davon, aber das Internet bietet uns bei Weitem noch mehr. Wo man früher z. B. über Behörden, Bibliotheken und Zeitungen einen teilweise umständlichen Zugang zu Informationen hatte, findet man sie heute in Sekundenschnelle und oft schon mit nur einem „Klick".

Für eine schnelle Information besuchen viele Menschen als ersten Schritt die Online-Enzyklopädie Wikipedia.

Eine weltweite Bewegung für Freies Wissen   1

Wikimedia ist eine weltweite Bewegung, die sich für die Idee des Freien Wissens einsetzt. Alle Wikimedia-Projekte – wie zum Beispiel Wikipedia – werden von der gemeinnützigen Wikimedia Foundation (Sitz in San Francisco, USA) betrieben. Über 40 unabhängige Länderorganisationen unterstützen die Wikimedia-Projekte vor Ort. Wikimedia Deutschland ist die älteste und größte von ihnen, wurde 2004 als gemeinnütziger Verein gegründet und hat heute um die 34 000 Mitglieder.

Wikipedia und Wikimedia: Vom offenen Projekt zur offenen Gesellschaft

Wikipedia ist mehr als eine Webseite. Sie ist Teil unseres Alltags geworden. Millionen Menschen lesen die freie Enzyklopädie, Tausende arbeiten täglich ehrenamtlich mit. Sie verändern, korrigieren oder ergänzen Artikel in fast allen Sprachen der Welt – frei zugänglich und frei nutzbar. Wikimedia Deutschland unterstützt die Menschen hinter Wikipedia und ihre Ideen. Wir fördern Infrastruktur, Treffen oder Workshops. Wir vergeben Stipendien, ermöglichen Projekte und bieten technische Hilfe an.

Wikimedia Deutschland – Gesellschaft zur Förderung Freien Wissens e. V.: Verein, abgerufen unter: www.wikimedia.de/wiki/%C3%9Cber_uns [26.06.2016]

Aber auch für Wikipedia gilt: Ein kritischer Blick auf die gefundenen Informationen lohnt sich, da diese immer „aus zweiter Hand" stammen.

Das Internet bietet aber auch Wissen für das tägliche Leben: Wann fährt mein Bus? Wo ist das Fundbüro in meiner Stadt? Wann und wo spielt meine Lieblingsband? Was koche ich heute? Wie wird das Wetter?

Wenn Sie über die folgenden Themenbereiche Informationen im Internet finden wollen, werden Sie auf vielen Seiten fündig.

* Ausbildung/Beruf   2
* Beziehung/Liebe/Familie
* Freizeit
* Gesundheit
* Nachrichten/Neues aus der Welt
* Politik

Dabei ist immer wichtig zu klären: Was suche ich genau und welche Internetadresse kenne ich, bei der ich mit der Recherche starten kann?

Lern doch
wo Du willst!
Fortbildung per Mausklick
Ort und Zeit bestimmst Du

www.caritas-online-campus.de

Das Internet ist immer mehr auch im Bildungsbereich bedeutsam. E-Learning-Aktivitäten, E-Books, Lernplattformen im Internet, Sprachkurse, Online-Seminare, Fortbildungskurse etc. werden über das Internet angeboten. Heutzutage kommt es häufig vor, dass man nicht ein Leben lang den gleichen Beruf ausübt oder ihn ausüben kann. Erforderlich ist daher ein lebenslanges Lernen in Verbindung mit persönlicher und beruflicher Weiterentwicklung. Vielleicht strebt man eine höhere schulische oder berufliche Qualifikation an, oder man will Karriere machen, sein berufliches Arbeitsfeld erweitern, im Ausland arbeiten oder sucht nach beruflichen Alternativen?

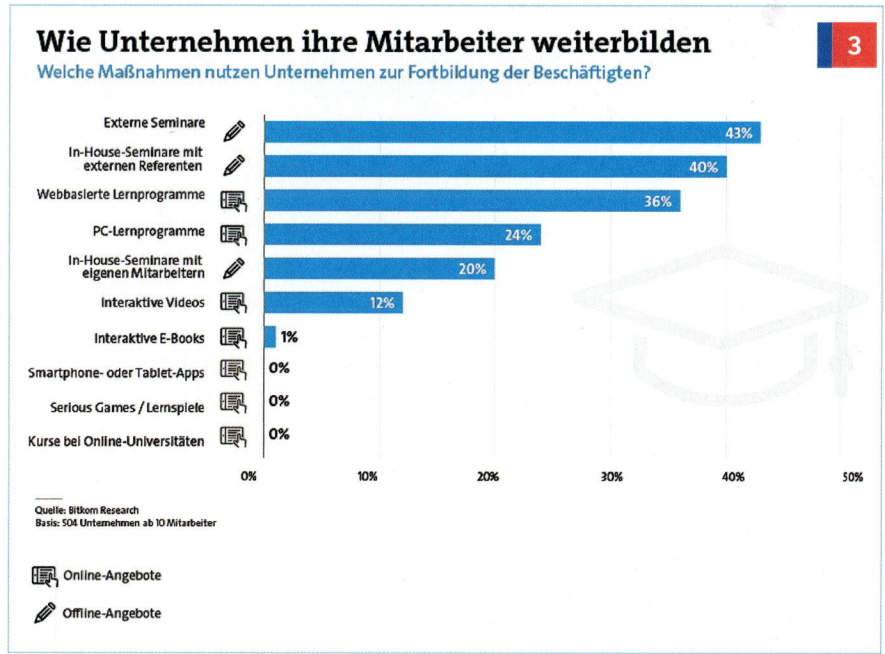

Wie Unternehmen ihre Mitarbeiter weiterbilden 3
Welche Maßnahmen nutzen Unternehmen zur Fortbildung der Beschäftigten?

Externe Seminare	43%
In-House-Seminare mit externen Referenten	40%
Webbasierte Lernprogramme	36%
PC-Lernprogramme	24%
In-House-Seminare mit eigenen Mitarbeitern	20%
Interaktive Videos	12%
Interaktive E-Books	1%
Smartphone- oder Tablet-Apps	0%
Serious Games / Lernspiele	0%
Kurse bei Online-Universitäten	0%

Quelle: Bitkom Research
Basis: 504 Unternehmen ab 10 Mitarbeiter

Online-Angebote

Offline-Angebote

Internetrecherche

Wichtig ist, dass Sie wissen, wie Sie an die Informationen kommen, die Sie suchen, und dass Sie seriöse Quellen ausfindig machen.

1. Was will ich finden?

Sie wollen beispielsweise „Fallbeispiele zu Urheberrechtsverletzungen" im Internet finden.

2. Recherchieren

Wenn Sie in einer Suchmaschine „Urheberrecht" eingeben, führt dies zu annähernd 14,5 Mio. Internetseiten.

Folgende Eingaben präzisieren den Suchauftrag und bringen zielgerichtetere Ergebnisse:
- mehrere Wörter eingeben, z. B. „Fallbeispiele zu Urheberrechtsverletzungen im Internet"
- genaue Begriffe (Rechtschreibung beachten!) in Anführungszeichen; es wird exakt nach diesen Begriffen in dieser Reihenfolge gesucht, z. B. „Fallbeispiele Urheberrechtsverletzungen"
- bei einer Suchmaschine die Funktion „Erweiterte Suche" nutzen und damit die Suche verfeinern
- Textsuche mit mehreren Stichwörtern: durch ein Plus-Zeichen vor jedem gesuchten Wort die Stichwortsuche aktivieren, z. B. „Fallbeispiel + Urheberrechtsverletzung + Strafe".

3. Startadressen ansteuern

Nutzen Sie bereits angegebene Adressen! Als sinnvoll erscheint in unserem Fall die Adresse www.verbraucherzentrale.de.

4. Erst lesen, dann drucken und kopieren

Drucken Sie nicht sofort alles aus. Wenn Sie passende Informationen finden, können Sie diese in ein Textverarbeitungsprogramm kopieren oder in eigenen Worten aufschreiben.

Internetrecherche

5. Ist die Information seriös?

Falls Sie Teile einer Internetseite kopieren, müssen Sie diese als Zitat kennzeichnen und immer auch die Quelle angeben.

Beachten Sie immer:
- Wer ist der Autor (z. B. unter „Kontakt" oder „Impressum" nachschauen)?
- Wie seriös ist die Quelle? Handelt es sich um eine öffentliche Institution, eine große Tages- oder Wochenzeitung oder eine Zeitschrift?
- Was für eine Quelle liegt vor (z. B. eine Originalquelle, eine wissenschaftliche Arbeit, ein Zeitungsartikel, ein Kommentar, Meinung in einem Forum etc.)
- Welche Interessen verbergen sich hinter dem Informationsangebot?
- Wo finde ich noch eine andere Meinung zum gleichen Thema?
- Enthalten die Informationen Widersprüche?
- Wie aktuell ist die Information?

6. Geben Sie sich nicht mit einem Informationsangebot zufrieden!

Wenn Sie Zeitungen als Informationsquelle nutzen, werden Sie auch nicht beispielsweise nur in der „Bild" nachlesen, was die Journalisten zu einem Thema schreiben. Dasselbe gilt natürlich auch für eine Internetrecherche.

Vorgehen:

1. Was will ich finden?
Suchen Sie Fallbeispiele für das Referat zum Thema „Urheberrechtsverletzungen im Internet. Was ist erlaubt und was nicht? Welche Strafen drohen?"

2. Recherchieren
Suchen Sie mit präzisen Suchaufträgen nach Fallbeispielen für Urheberrechtsverletzungen.

3. Startadressen ansteuern
Geben Sie die Adresse www.verbraucherzentrale.de in der Adressleiste ein und suchen Sie nach dem Wort „Urheberrecht".

4. Erst lesen, dann drucken und kopieren

5. Ist die Information seriös?
Prüfen Sie Ihre Information anhand des oben stehenden Fragenkatalogs.

6. Geben Sie sich nicht mit einem Informationsangebot zufrieden!
Lesen Sie mehrere Quellen und vergleichen Sie, ob die Informationen gleich sind oder Widersprüche aufweisen.

Sucht

Man unterscheidet in stoffgebundene (z. B. Alkohol) und nicht-stoffgebundene Abhängigkeit. Letzteres meint Verhaltenssüchte, wie beispielsweise die Internetsucht.

Digitale Demenz

Vertreter dieser Theorie glauben, dass die Nutzung digitaler Medien die Gehirnleistung beeinträchtigt. Kurz gesagt: Sie machen die Menschen dumm.

Sucht in Deutschland

Alkoholabhängige	17,7 Mio.
Raucher/-innen	13,6 Mio.
Medikamenten-abhängige	2,3 Mio.
Internetabhängige	560 000
Glücksspielsüchtige	339 000
Abhängigkeit von Cannabis, Kokain und Amphetaminen (zusammengefasst)	319 000

Die Drogenbeauftragte der Bundesregierung: Drogen- und Suchtbericht, Berlin, Mai 2015

„Digital Junkies": Bochumer Forscher veröffentlicht Buch über Internetsucht

Mehr als eine Million Menschen in Deutschland gelten als medienabhängig. Sie sind süchtig nach Online-Spielen, Cybersex oder Social-Media-Programmen. An der Klinik für Psychosomatische Medizin und Psychotherapie des LWL-Universitätsklinikums Bochum gibt es eine der wenigen spezialisierten Ambulanzen für solche Patienten. [...]

„Ich sehe in der Internetabhängigkeit mittlerweile eine lebensgefährliche Sucht. Zu meinen Patienten zählen vor allem junge Menschen, die auch noch unter Depressionen leiden und schlimmstenfalls suizidal sind", berichtete Wildt. [...]

Sommer, Rosa: „Digital Junkies": Bochumer Forscher veröffentlicht Buch über Internetsucht, 02.03.2015, abgerufen unter: www.westfalen-heute.de/mitteilung.php?37450 [27.06.2016]

Untersuchungen haben ergeben, dass nicht nur langes Sitzen vor dem Computer automatisch zu **Medienabhängigkeit** führt. Experten sprechen von mehreren Faktoren, die dafür gegeben sein müssen.

Personen, die ein geringes Selbstwertgefühl haben, unter sozialer Kontaktarmut, Ängsten und Depressionen leiden oder auch an einer Aufmerksamkeitsstörung erkrankt sind, sind am ehesten davon betroffen, medienabhängig zu werden. Die Anreize des Internets verführen leicht dazu, das Internet exzessiv zu nutzen: Man bleibt anonym, kann so seine wahre Persönlichkeit verstecken und kommt leicht mit Menschen in Kontakt. Man erlebt ein Guppenzugehörigkeitsgefühl, wie man es im wahren Leben vielleicht nicht hat. Neben der Unterhaltung reizt auch das Beschaffen jeglicher Informationen. Das Internet bietet nicht zuletzt vielfältige Beschäftigungsmöglichkeiten, die leicht zur Sucht werden können: Surfen, Lesen, Schreiben, Spielen und Herunterladen.

Aber wo ist die Grenze zwischen normaler Internetnutzung und einer Internetsucht? Ein klar definiertes Krankheitsbild gibt es nicht. Klar ist aber, dass folgende Anzeichen dafür sprechen, dass es sich um eine Medienabhängigkeit handelt:

- mehr als vier Stunden Medienkonsum täglich
- Kontrollverlust über die Mediennutzung
- Entzugserscheinungen ohne das Medium
- Vernachlässigung der Körperpflege und der Ernährung
- sozialer Rückzug bis hin zur Isolation
- nachlassende Leistungsfähigkeit in Schule, Ausbildung oder Beruf
- Konzentrationsschwäche, Gereiztheit, Schlafstörungen
- gesundheitliche Probleme (z. B. Augenschädigungen, Gewichtsprobleme)

Mehrere Lebensbereiche sind durch die Medienabhängigkeit eingeschränkt, und das kann bis zum Tod führen.

Wichtig ist bei der Therapie, dass die Betroffenen Alternativen zu ihrem Medienkonsum kennen- und anwenden lernen. Das Medium gänzlich zu verbieten, ist hier wenig sinnvoll, denn die Internetnutzung gehört heute zu unserem Leben dazu. Vielmehr muss ein verantwortungsvoller Umgang mit dem Medium gelernt werden.

Ein grober Keil auf einen groben Klotz **3**

Exzessive Computernutzung bei Kindern kann zu Kontrollverlust, sozialem Abstieg und Depressionen führen: Der Hirnforscher Manfred Spitzer sieht überall die „digitale Demenz" am Werk.

Wer mit dem Taxi durch London fährt, wird wahrscheinlich, ohne es zu wissen, Zeuge einer bemerkenswerten Hirnsteuerung. Denn er wird, folgen wir dem Hirnforscher Manfred Spitzer, von jemandem kutschiert, dessen Hippocampus vergrößert ist. Jener Teil des Gehirns also, in dem sich sogenannte „Ortszellen" befinden. Über solche verfügten die Taxifahrer in London in besonderem Maße, weil sie, noch bevor sie ans Steuer dürfen, ihre Ortskenntnis in einem anspruchsvollen Prüfverfahren nachzuweisen haben. „Der Fahrer", schreibt Spitzer, „weiß, wo es langgeht."

Für Fahrgäste in Berlin oder Frankfurt mag das schon anders aussehen, für diejenigen, die sich ganz auf ihr digitales Navigationsgerät verlassen, erst recht. Sie lernen nichts, wissen nichts und sind ohne die Hilfe der Maschine vollkommen orientierungslos und verloren. Übertragen aufs große Ganze, also unseren alltäglichen Computergebrauch, führt das den Hirnforscher zu dem Befund der „digitalen Demenz": Wir verlernen zu denken, wir wissen nicht, wir googeln, von der Wiege bis zum Grab, das Hirn wird nicht gefordert und verkümmert, die Gesellschaft verblödet. [...]

Hanfeld, Michael: Ein grober Keil auf einen groben Klotz. In: FAZ.NET. 04.09.2012. www.faz.net/aktuell/feuilleton/buecher/rezensionen/sachbuch/manfred-spitzer-digitale-demenz-ein-grober-keil-auf-einengroben-klotz-118/8906.html [27.06.2016] © Alle Rechte vorbehalten. Frankfurter Allgemeine Zeitung GmbH, Frankfurt.

3.5 Medien und Demokratie:

Grundgesetz Artikel 5

(1) Jeder hat das Recht, seine Meinung in Wort, Schrift und Bild frei zu äußern und zu verbreiten und sich aus allgemein zugänglichen Quellen ungehindert zu unterrichten. Die **Pressefreiheit** und die Freiheit der Berichterstattung durch Rundfunk und Film werden gewährleistet. Eine Zensur findet nicht statt.

(2) Diese Rechte finden ihre Schranken in den Vorschriften der allgemeinen Gesetze, den gesetzlichen Bestimmungen zum Schutze der Jugend und in dem Recht der persönlichen Ehre.

Der ehemalige Bundespräsident Gauck zu Zensur und Desinformation

[…] Bitte glauben Sie mir: Ich weiß, was Lügenpresse ist. Ich habe sie erlebt – jahrzehntelang, in der DDR. Eine zentrale Stelle bestimmte, welche Informationen und welche Meinungen verpflichtend waren. Zensur und Desinformation bestimmten den Medienalltag. Und heute? Es ist so völlig anders – und trotzdem: Verschwörungstheoretiker behaupten im Netz und auf der Straße, dass unsere Presse gelenkt sei – so entstünden „Systemmedien".

Aus der Rede des Bundespräsidenten Joachim Gauck vom 12.05.2016 anlässlich der Verleihung des CIVIS Medienpreises 2016 in Berlin, abgerufen unter: www.civismedia.eu/fileadmin/ images/2016/sonstiges/Bundespraesident_Joachim_Gauck_CIVIS_Medienpreis_2016.pdf [27.06.2016]

Nachrichtenfaktoren sind z. B.
- Aktualität
- Abweichung vom Gewohnten
- geografische Nähe
- persönliche Betroffenheit
- Emotionalität
- Prominenz der Person

Unsere Wahrnehmung von dem, was in der Welt geschieht, unser Wissen und unsere Kenntnisse beruhen immer weniger auf persönlichen Erfahrungen. Sie werden stattdessen mehr und mehr durch Medien wie Zeitungen und Zeitschriften, Hörfunk und Fernsehen sowie – mit zunehmender Bedeutung – das Internet vermittelt. Dies gilt besonders für unsere Wahrnehmung der Politik: Niemand könnte sich über die Beratungen in den staatlichen Organen ein eigenes Bild machen, wenn die Medien nicht frei darüber berichten könnten. Dasselbe gilt für die Auseinandersetzungen zwischen und innerhalb von Parteien, Verbänden und anderen Gruppierungen, die das Leben in einem demokratischen Staat mitprägen. Insbesondere wenn es darum geht, als Wählerin oder Wähler politische Entscheidungen zu treffen, wird uns bewusst, wie wir alle auf eine freie Berichterstattung der Medien angewiesen sind.

- Die erste Aufgabe der Medien ist die Information durch die Verbreitung von Nachrichten.
- Eine weitere Aufgabe haben die Medien bei der Meinungsbildung übernommen. In ihren Kommentaren werden ausgewählte Nachrichten öffentlich erörtert und beurteilt, um dadurch die Mediennutzer zu eigener Meinungsbildung anzuregen.
- Die Pressefreiheit berechtigt die Medien dazu, durch eigene Nachforschungen Missstände in Staat und Gesellschaft aufzudecken. Wegen dieser Kontrollfunktion werden sie oft als „vierte Gewalt" bezeichnet.

Wenn sich der Trend im Medienkonsum weg von den Printmedien und hin zur Internetnutzung verstärkt, kann dies nicht ohne Auswirkungen auf die Arbeit der Zeitungsredaktionen bleiben. Wenn die Einnahmen wegen abnehmender Leserschaft und rückläufiger Anzeigen sinken, reagieren die Zeitungsverlage mit Stellenabbau und Arbeitsverdichtung, mit unübersehbaren Folgen für die Qualität: Immer öfter werden Meldungen der Nachrichtenagenturen oder Pressemitteilungen von Behörden oder Unternehmen einfach übernommen; eigene Recherchen und unabhängige Kommentare kommen oft zu kurz: Die vierte Gewalt kann dadurch an Bedeutung verlieren.

Haben Zeitungen ausgedient?

Die Seitenzahl der Printmedien ist genauso begrenzt wie die Sendezeiten in Funk und Fernsehen. Das bedeutet: Medien müssen gezwungenermaßen aus der unendlichen Fülle der Informationen auswählen. In den Redaktionen gibt es dafür Kriterien: die Nachrichtenfaktoren, die bei der Entscheidung helfen. Mit ihrer Hilfe entscheiden die Journalisten, ob ein Ereignis einen Platz in den Medien erhält. Die Auswahl von Informationen erleichtert dem Mediennutzer die Orientierung in einer immer komplexeren Welt und schützt davor, in der Informationsflut zu ertrinken.

Wer vom Sterben der Zeitung spricht, muss sich zuvor klar machen, wie sie der Demokratie nutzt

3

Journalisten haben die Aufgabe, das Volk zu informieren und aufzuklären. Sie erfüllen eine lebenswichtige Aufgabe in der Demokratie: Der Bürger wählt, bildet Vereine und Initiativen, er demonstriert und klagt um sein gutes Recht, er redet mit und dagegen – kurzum: Er muss wissen, was im Staat und in der Gesellschaft läuft. So sieht unsere Verfassung die Journalisten als Treuhänder der Bürger, wenn es um die Kontrolle der Macht geht [...].

Zeitungen sind eine verlässliche und glaubwürdige Instanz, die auch Massen erreicht. Beides ist untrennbar wichtig: Vertrauen und Öffentlichkeit, Qualität und Quantität. Nur wenn viele Bürger über dieselben seriösen Informationen verfügen, können sie für stabile Regierungen in Berlin und den Städten sorgen, für Widerstand gegen Entscheidungen, die den Bürgern schaden, für Debatten, die nicht in kleinen Zirkeln verpuff[en]. Die Freiheit des einzelnen hängt vom Wissen und Verständnis vieler ab. [...]

Paul-Josef Raue: Die @Spiegel-Zeitungsdebatte: Ohne gute Lokalzeitungen droht Schaden für die Demokratie – was tun?, abgerufen unter: www.journalismus-handbuch.de/die-spiegel-zeitungsdebatte-ohne-gute-lokalzeitungen-droht-schaden-fur-die-demokratie-was-tun-3826.html [27.06.2016]

ARBEITSVORSCHLÄGE

 1

Interpretieren Sie die Karikatur.

Erklären Sie, warum eine Demokratie ohne Medien nicht existieren kann.

 2, 3

Erläutern Sie, welche Rolle der Zeitung im Zusammenhang mit Demokratie zukommt.

 3

Erklären Sie, worin sich die Berichterstattung in einer Zeitung von der im Internet unterscheidet.

Warum nutzen Jugendliche verstärkt das Internet, um sich zu informieren? Begründen Sie.

Beurteilen Sie, ob abonnierbare Online-Zeitungen, auch „eZeitung" genannt, insbesondere für junge Leser eine Alternative zur Printausgabe einer Zeitung darstellen.

Wie nutzen Sie Medien? Schreiben Sie ein Medientagebuch in Form einer Tabelle mit folgenden Spalten:
- Medium
- Nutzungsgründe
- Dauer der Mediennutzung

WEITERFÜHRENDE HINWEISE

Suchen Sie sich eine aktuelle Tageszeitung aus und untersuchen Sie, welche Nachrichtenfaktoren eine Rolle bei der Zusammenstellung der Titelseite spielen.

Zeitungsanalyse und Zeitungsvergleich

Die Zeitungslandschaft in Deutschland ist vielfältig und auf den ersten Blick unübersichtlich. Deshalb ist es notwendig, sich einen Überblick über das Angebot zu verschaffen und anhand bestimmter Kriterien die Zeitungen zu analysieren und miteinander zu vergleichen.

Kriterien für die Analyse:

1. Umfang der Zeitung (Seitenzahl)

2. Wie viel Werbung und Anzeigen enthält die Zeitung (Seitenzahl)?
   Fallen besonders große Werbeanzeigen auf? Von wem?

3. Wie ist das prozentuale Verhältnis zwischen Werbung und Text zum Seitenumfang?

4. Wie ist das prozentuale Verhältnis von Fotos und Text?

5. Die erste Seite, der Aufmacher:
   Wie lautet die Überschrift?
   Was ist das Thema?
   Enthält die Überschrift eine reine Information oder eine Wertung?
   Welche Themen werden noch auf der ersten Seite behandelt?

6. Sortieren Sie die Themen nach der Länge der Artikel.
   Welches sind die Quellen der Beiträge (Eigene Mitarbeiter, Nachrichtenagenturen)?

7. Kommentare auf den Seiten 1 bis 3:
   Wie viele Kommentare finden Sie? Sortieren Sie nach der Länge der Artikel.
   Welche Themen behandeln die Kommentare? Beziehen sie sich auf den Aufmacher?
   Beurteilen Sie die Kommentare nach Stilmitteln.

8. Finden Sie Leserbriefe? Worum geht es thematisch?

9. Beurteilen Sie die politische Richtung der Zeitung.

So geht´s 👆

Zeitungsanalyse und Zeitungsvergleich

Vorarbeit:

Besorgen Sie sich möglichst viele Tageszeitungen vom selben Tag.
Nehmen Sie mindestens je ein Exemplar von:

- Süddeutsche Zeitung
- Frankfurter Rundschau
- Frankfurter Allgemeine
- Die Tageszeitung - taz
- Die Welt
- BILD
- Handelsblatt
- Neues Deutschland

Gruppeneinteilung:

8 Zeitungen = 8 Gruppen

Suchen Sie sich eine dieser Zeitungen aus und bilden Sie mit anderen Interessenten eine Gruppe. Die Gruppen sollten gleich groß sein und im besten Fall drei Mitglieder haben.

Gruppenarbeit:

1. Bestimmen Sie eine Person in Ihrer Gruppe, die die Ergebnisse übersichtlich mitschreibt. Die Ergebnisse Ihrer Arbeit können Sie z. B. auf einem Flipchart notieren.
   Hinweis: Die anderen Gruppen sollen in der Schlussbesprechung Ihre Ergebnisse gut lesen können.
2. Analysieren Sie Ihre Zeitung nach den Kriterien 1–8 (s. links).
3. Diskutieren Sie in Ihrer Gruppe Kriterium 9. Wie kann man herausfinden, ob und welche politische Richtung eine Zeitung hat?

Besprechung in der Klasse:

Alle Gruppen stellen Ihre Analyseergebnisse vor.
Vergleichen Sie nun die Zeitungen:
- Wo sind Auffälligkeiten bei Themen, Wertungen, Werbeanteil, politischer Richtung?
- Welche Zeitung halten Sie für informativ? Welche Zeitung steht für Sie eher für Meinungsmache oder Manipulation?
- Welche Zeitung würden Sie gerne lesen? Begründen Sie!

Weiterführende Hinweise:

Recherchieren Sie:
- Wem gehört die Zeitung (zu welchem Konzern, ist sie unabhängig)?
- Wie hoch ist die Auflage?
- Was kostet eine Seite Werbung?

Karlsruhe stärkt ARD und ZDF **3**

In einem Urteil aus dem Jahr 2007 begründet das Bundesverfassungsgericht in Karlsruhe die Notwendigkeit eines öffentlich-rechtlichen Rundfunks. Dies sind seine Argumente:

„Publizistischer und ökonomischer Wettbewerb führt nicht automatisch dazu, dass die Vielfalt der in einer Gesellschaft verfügbaren Informationen, Erfahrungen, Werthaltungen und Verhaltensmuster abgebildet wird."

Bei einer Steuerung des Verhaltens der Rundfunkanbieter allein über den Markt wird „das für die Funktionsweise einer Demokratie besonders wichtige Ziel inhaltlicher Vielfalt gefährdet".

Der wirtschaftliche Wettbewerbsdruck führt zu „wirklichkeitsverzerrenden Darstellungsweisen, etwa zu der Bevorzugung des Sensationellen."

Urteil des BVerfG vom 11. September 2007, Aktenzeichen 1 BvR 2270/05

Rundfunkgebühr

Für Privatpersonen gilt: eine Wohnung – ein Betrag. Der monatliche Beitrag beläuft sich 2016 auf 17,50 EUR.

Fernsehen in Deutschland Programmsparten 2013

Anteile an der Sendedauer in Prozent

	ARD	RTL
Information	43,8	22,2
Sport	6,1	1,4
Unterhaltung	5,5	32,8
Fiction	34,3	21,9
Werbung	1,3	14,5
Kinder-/Jugendsendungen	5,9	0,3
Musik	1,0	2,2

Media Perspektiven, Basisdaten 2014, S. 17

Öffentlich-rechtlicher Rundfunk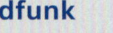

Die Schaffung öffentlich-rechtlicher Rundfunkanstalten geht auf die Rundfunkorganisation durch die Alliierten nach dem Zweiten Weltkrieg zurück, die eine Form des Rundfunks schaffen wollten, der weder staatlich gelenkt noch privaten Interessen unterworfen ist. Um Staatsfreiheit, Meinungsvielfalt und Ausgewogenheit der Berichterstattung zu gewährleisten, ist in jeder Rundfunkanstalt ein Aufsichtsgremium, der Rundfunkrat, gebildet worden.

Zur Sicherung der Unabhängigkeit der Rundfunkanstalten werden sie über Gebühren finanziert. Einnahmen durch Werbung sind nur in beschränktem Umfang zulässig.

Privater Rundfunk

Die privaten Programmanbieter sind vor allem auf die Erzielung von Einnahmen aus Werbung ausgerichtet. Die Preise pro Werbeminute richten sich nach der Höhe der Zahl der Zuschauer bzw. Zuhörer. Private Veranstalter werden also vor allem eine hohe Einschaltquote anstreben und danach ihr Programm gestalten.

Die privaten Rundfunkanstalten unterliegen der Aufsicht durch die Landesmedienanstalten. Besonderes Augenmerk gilt der Zulassung von neuen Sendern und der Programmaufsicht (z. B. Einhaltung der Jugendschutzbestimmungen). Sie erlassen auch Regelungen für die Werbung, z. B. wie oft ein Film durch Werbung unterbrochen werden darf.

Ähnlich wie bei den Printmedien konkurrieren auch die elektronischen Medien Hörfunk und Fernsehen um das Interesse des Publikums. Dabei hat die Konkurrenz der Privatsender die inhaltliche Entwicklung des öffentlich-rechtlichen Fernsehens stark beeinflusst. Ob eine Sendung erfolgreich ist oder nicht, wird nämlich an der Höhe der Einschaltquote gemessen – für die Privatsender ein wichtiger Maßstab, denn je höher die Quote, desto höher die Einnahmen durch Werbung. Doch auch die öffentlich-rechtlichen Sendeanstalten können sich dem Druck der Quote nicht entziehen, obwohl sie durch die Gebührenfinanzierung über sichere Einnahmen verfügen. So stellt sich die Frage, ob ARD und ZDF noch ihrem Auftrag gerecht werden.

TV-Kritik: Lammert rügt Qualitätsverlust im Fernsehen **2**

Berlin (dpa) - Bundestagspräsident Norbert Lammert hat einen Qualitätsverfall im deutschen Fernsehen kritisiert. Auch bei den öffentlich-rechtlichen Sendern gehe es nur noch um „Quote, Quote und nochmals Quote", rügte Lammert am Samstag in Berlin. Wenn die Medien immer weniger ihrem eigentlichen Auftrag der seriösen Information nachkämen, stelle sich zunehmend die Frage, inwieweit das System der staatlichen Rundfunkgebühren noch gerechtfertigt sei.

Lammert äußerte seine Kritik bei einer Laudatio auf den Fernsehmoderator Claus Kleber. Für seine Verdienste bekam der ZDF-Anchorman in der Bundesakademie für Sicherheitspolitik den Karl-Carstens-Preis. Lammert würdigte den Journalisten als einen „der auffälligsten, der meinungsbildenden und urteilsprägenden Journalisten in Deutschland". Mit seiner Art der Aufarbeitung von Themen und Sachverhalten habe Kleber sich über die Jahre eine besondere „Autorität" erarbeitet. Lammert verwies auf ein Zitat des Moderators des „heute journals", wonach die Medien nicht nur fragen sollten, was die Leute sehen wollen: Es müsse auch darum gehen, „was sie sehen sollten". Damit sei das Problem der deutschen Medienwelt gut beschrieben, meinte der Bundestagspräsident: Diese Vorgaben an die Sender und die einstigen Standards des öffentlichrechtlichen Rundfunks würden regelmäßig verfehlt. Claus Kleber zeige mit seiner Arbeit allerdings, „dass es auch anders geht".

Beim Publikum beliebt und daher fast immer Garant einer hohen Einschaltquote sind die Polit-Talks, die die Fernsehsender in verschiedenen Formaten anbieten. Im Gespräch zwischen dem Moderator und seinen Gästen wird über ein aktuelles Thema diskutiert. Dabei sollen die Zuschauer in unterhaltsamer Weise informiert werden.

Kritiker dieser Form des Infotainment verweisen jedoch darauf, dass die Polit-Talks eher der Selbstdarstellung der Teilnehmer als der gründlichen Auseinandersetzung mit dem Thema dienen. Politische Debatten werden oft nicht mehr in Parteien und Parlamenten geführt, sondern in den Talkshows, und zwar nach den Regeln, die das Medium Fernsehen vorgibt.

Vielfach wird bereits davon gesprochen, dass sich die Parteiendemokratie zu einer Mediendemokratie wandele, in der Bürgerinnen und Bürger nicht mehr in den Parteien, Verbänden und Bürgerinitiativen aktiv politisch mitwirken, sondern in einer passiven Zuschauerrolle verharren.

„ ... und unseren täglichen Talk gib uns heute!"   4

[...] In erschütternder Penetranz diskutieren die immer wieder gleichen Gäste in sich wiederholenden Konstellationen. Nicht die Logik des Arguments zählt, sondern der sympathische Gesamteindruck. Die Gäste müssen fernsehgerecht agieren, also beharrlich bei ihrer Meinung bleiben, die sie sicher verlautbaren. Sie müssen schlagfertig sein und auf Pointe hin sprechen können. Im Zweifelsfall ist der Show-Wert wichtiger als die Kompetenz. Die Talkshows haben Nachfrage geschaffen für den Typus des „unterhaltsamen Politikers". Sie prägen wesentlich das Image einzelner Politiker. Sie sind – freilich nicht risikofreie – Bühnen für deren Selbstinszenierung. In der Regel verdeutlicht die Talkshow, ob ein Diskutant selbstbewusst und dominant auftritt oder unsicher ist und sich in die Enge treiben lässt. Die Kluft zwischen Politik-Darstellung und realer Verhandlungs- und Entscheidungspolitik wird größer. [...]

Gäbler, Bernd: Zusammenfassung der Studie „ ... und unseren täglichen Talk gib uns heute!", eine Studie der Otto Brenner Stiftung, 2011, abgerufen unter: www.otto-brenner-shop.de/fileadmin/user_data/shop/dokumente/obs_arbeitshefte/2011_08_12_AH68_Talkshow_Ergebnisse.pdf [27.06.2016]

 Führen Sie in Ihrer Klasse eine Blitzumfrage zur Mediennutzung durch. Überlegen Sie entsprechende Fragen, z. B.:
- Wie viele Stunden pro Tag beschäftigen Sie sich mit Medien?
- Welche Medien nutzen Sie häufiger, welche seltener?
- Wie lange sehen Sie ARD/ZDF?
- Wie lange sehen Sie Privatsender?

 1

Vergleichen Sie die öffentlichrechtlichen Sender mit den privaten Sendern. Was sind die wichtigsten Unterschiede?

 2

Warum kritisiert der ehemalige Bundestagspräsident Lammert das öffentlich-rechtliche Fernsehen?
Setzen Sie sich mit seiner Kritik auseinander.

2, 3

Erörtern Sie, ob wir einen beitragsfinanzierten öffentlichrechtlichen Rundfunk brauchen.

 4

Politik wird immer stärker über die Medien vermittelt.
Wer sind die Gewinner, wer sind die Verlierer dieser Entwicklung auf dem Wege zur Mediendemokratie?

 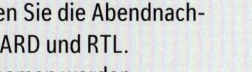
Vergleichen Sie die Abendnachrichten in ARD und RTL. Welche Themen werden behandelt? Wie viel Sendezeit wird ihnen jeweils eingeräumt?

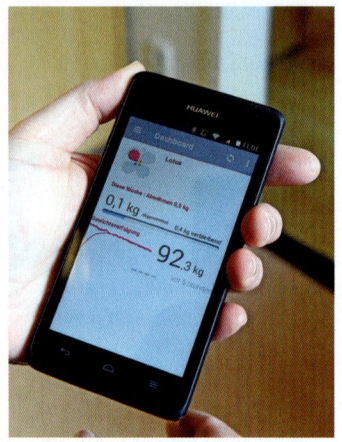

Trend: „Self-Tracking"

Was man nicht alles dokumentiert: Schritte, Puls, Gewicht, Kalorienverbrauch, Aktivitäten, Schlaf – für wen sind diese Daten hilfreich?

Datenschutz

Personenbezogene Daten werden mittels rechtlicher, organisatorischer und technischer Maßnahmen geschützt.

Welche Rechte habe ich bezüglich des Datenschutzes?

- Ich muss in die Verarbeitung meiner Daten einwilligen.
- Ich habe ein Widerspruchsrecht.
- Ich habe ein Recht auf Auskunft.
- Über die Verarbeitung meiner Daten muss ich benachrichtigt werden.
- Ich habe ein Recht auf Berichtigung, Löschung und Sperrung meiner Daten.
- Ich kann mich über Datenschutzverstöße bei den zuständigen Datenschutzbeauftragten der Unternehmen beschweren.

Vielleicht haben Sie es selbst schon erlebt: Sie haben sich auf einer Internetseite über eine Reise oder ein Produkt informiert und kurz darauf erscheint auf Ihrer Google- oder Facebook-Seite passgenaue, personalisierte Werbung. Wenn wir im Internet surfen, rufen wir Daten ab, aber gleichzeitig hinterlassen wir auch selbst welche. Online-Shopping, Newsletter, Gewinnspiele, Kundenkarten und „Payback"-Systeme – die meisten sind damit schon in Berührung gekommen oder nutzen sie sogar regelmäßig. Für die Registrierung oder Teilnahme geben wir personenbezogene Daten an. Wir genießen bei diesen Systemen viele Vorteile. Aber was passiert eigentlich mit unseren Daten? Webseitenbetreiber nutzen sie, um z. B. potenzielle Kunden gezielt anzuwerben, denn unsere Kundendaten werden analysiert und auch an Dritte weiterverkauft.

Wie kommen Firmen an meine Daten?

Unternehmen wie z. B. Versandhäuser oder Adresshandelsunternehmen vermieten oder verkaufen Kundendaten weiter. Das ist legal, solange sie sich an das **Bundesdatenschutzgesetz** (BDSG) halten. Dazu gehört auch, dass man als Kunde zuvor eine Einwilligungserklärung abgegeben hat, die häufig im „Kleingedruckten" beim Abschluss von Kaufverträgen vorkommt. Allerdings gibt es hier eine Ausnahme, und zwar, wenn es sich um personenbezogene Daten, also sogenannte Listendaten handelt. Listendaten beinhalten persönliche Basisdaten wie z. B. Name, Anschrift, Geburtsdatum und Beruf. Haben Sie diese Daten dem Werbeunternehmen gegeben oder stehen sie z. B. in einem Telefonverzeichnis, dürfen diese Daten verwendet werden.

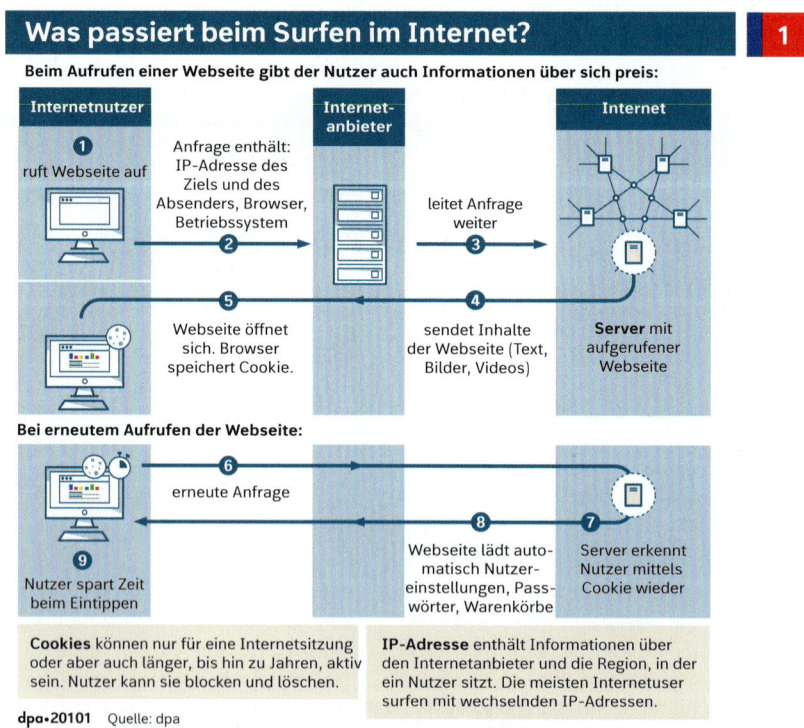

Das hat Auswirkungen auf unsere Privatsphäre. Jedoch hat jeder Staatsbürger das Recht auf **informationelle Selbstbestimmung**, d. h., jeder hat das Recht zu bestimmen, ob seine personenbezogenen Daten preisgegeben und verwendet werden dürfen, und von wem. Es ist also von großer Bedeutung, dass wir z. B. in den „Allgemeinen Geschäftsbedingungen" genau nachlesen, was mit unseren Daten passiert, bevor wir auf „zustimmen" klicken.

Ich hab´ doch nichts zu verbergen!

Welche Gefahren lauern im Internet und wie schützt man sich davor?

Grundsätzlich sollten bei Router, Browser, Plattformen zuerst die Sicherheitseinstellungen bearbeitet werden. Das Einrichten einer Firewall schützt vor externen Zugriffen auf das Netzwerk. Beim Herunterladen von Dateien sollte man schauen, wer sie anbietet und von welcher Seite sie stammen. So kann man sich neben einer Verwendung einer Antiviren-Software vor schädlichen Programmen wie Viren, Würmern und Trojanern schützen. Das gilt auch für Spam-Mails von unbekannten Absendern. Beim Öffnen der Anhänge können Viren enthalten sein. Alle Schutzprogramme müssen immer aktuell sein. Passwörter kann man sicher erstellen, wenn man eine mindestens achtstellige Kombination aus Groß- und Kleinschreibung sowie Zahlen ohne persönlichen Bezug verwendet und sie geheim hält. Sie sollten sich bei verschiedenen Diensten nicht wiederholen.

Online-Shopping und Online-Banking sind beliebte Alternativen zu herkömmlichen Geschäften und Banken, denn man kann die Tätigkeiten rund um die Uhr bequem von zu Hause aus erledigen. Seriöse Online-Shops erkennt man an vertrauenswürdigen Gütesiegeln. Beim Online-Banking besteht die Gefahr, Opfer einer Phishing-Mail zu werden. Darin wird man von einem täuschend ähnlichen Anbieter aufgefordert, seine PIN und TAN preiszugeben. Geht der Computer einmal kaputt, sollte man rechtzeitig einem Datenverlust vorgebeugt haben. Deshalb ist es ratsam, seine Daten immer mehrfach, z. B. auf externen, virengeprüften Speichermedien zu sichern.

Eigenes Nutzungsverhalten von Print- und digitalen Medien Kommunikation Informationssuche Umgang mit personenbezogenen Daten	Medien sind heutzutage allgegenwärtig und haben starke Einflüsse in Schule, Beruf und auf das Freizeitverhalten. Insbesondere bei jungen Menschen bzw. bei denen, die zu den Digital Natives des Internetzeitalters gehören, ist die Kommunikation über soziale Netzwerke von großer Bedeutung. Für einen bewussten Umgang mit personenbezogenen Daten müssen junge Nutzer geschult werden. Digitale Medien werden von den jungen Menschen häufiger genutzt als Printmedien. Auch die Informationssuche ist davon betroffen. Wie man im Internet richtig recherchiert und an seriöse Informationen gelangt, ist Teil der Medienkompetenz.
Chancen und Risiken des Internets Information Weiterbildung Abhängigkeit Sucht	Das Internet eröffnet bei der Informationssuche und Weiterbildung große Chancen. Über das Internet können wir auf bequeme Weise rund um die Uhr Informationen zu jeglichen Themen abrufen. Allerdings muss auf die Verlässlichkeit einer Quelle geachtet werden. Weiterbildung ist Teil des lebenslangen Lernens und sowohl persönlich als auch beruflich relevant. Sie findet nicht nur klassisch über Vorträge, Seminare oder Kurse statt, sondern erfolgt auch über das Medium Internet. Auch Unternehmen nutzen digitale Möglichkeiten zur Weiterbildung. Dennoch kann man durch die alltägliche Internetnutzung in eine schwere Abhängigkeit geraten. Die Ursachen dafür sind vielfältig. Aber es gibt Behandlungsmöglichkeiten. Häufige Internetnutzung führt nicht automatisch zu einer Abhängigkeit.
Medien in einer pluralistischen Gesellschaft Teilhabe Manipulation	In einer pluralistischen Gesellschaft muss es eine Vielfalt an Medien geben, weil freie Meinungsbildung Teil unseres demokratischen Systems ist. Die Zeitung ist neben Fernsehen und Radio immer noch ein bedeutsames Medium, da Inhalte in seriösen Zeitungen einem Qualitätsjournalismus unterliegen, während im Internet die Quellen nicht immer auszumachen sind, bzw. Sachverhalte von Laien dargestellt werden. In der Aktualität und Vielfalt ist das Internet jedoch unübertroffen.
Kritischer und verantwortungsvoller Umgang mit Medien Persönlichkeitsrechte Datenschutz Verwertung von Daten	Zum Schutz der Persönlichkeitsrechte und der personenbezogenen Daten sind Kenntnisse über die Verwertung von Daten in Zusammenhang mit Online-Handel, sozialen Netzwerken und dem „Self-Tracking"-Trend unerlässlich. Firmen geben unter Berücksichtigung des Bundesdatenschutzgesetzes Adressen an Dritte weiter. Das ist unter gewissen Gegebenheiten erlaubt. Als Verbraucher muss man darauf achten, was in den Allgemeinen Geschäftsbedingungen bzw. dem „Kleingedruckten" steht. Beschwerden bei Verstößen sind an die jeweiligen Datenschutzbeauftragten eines Unternehmens zu richten.

Kompetenz-Check

Ich kann...

... die Chancen erläutern, die das Internet bietet.

... die Risiken erklären, die sich aus der Nutzung von Medien ergeben.

Ich kann...

... mein Nutzungsverhalten von Print- und digitalen Medien beschreiben und reflektieren.

... Informationen im Internet zielgerichtet suchen und finden.

... Gefahren in sozialen Netzwerken benennen und weiß, welche personenbezogenen Daten ich schützen muss.

Ich kann...

... meine Persönlichkeitsrechte bezüglich des Datenschutzes benennen.

... erklären, was mit meinen Daten passiert, wenn ich z. B. in einem Online-Shop einkaufe.

... begründen, warum Datenschutz wichtig ist.

... herausfinden, an wen ich mich wenden muss, wenn meine Datenschutzrechte verletzt wurden.

... verantwortungsvoll mit digitalen Medien umgehen.

Ich kann...

... die Aufgaben der Medien erklären.

... das Medium Zeitung analysieren und Zeitungen unter bestimmten Aspekten vergleichen.

... analysieren, welche Einflüsse und Auswirkungen Medien auf das Zusammenleben in einer pluralistischen Gesellschaft haben.

... die Qualität verschiedener Medien beurteilen.

Junge Menschen im Staat

Wenn Du Dich nicht entscheidest, verlasse ich dich!

Deine Demokratie

„Es ist klar, dass ich mich zurzeit mit vielen anderen Dingen beschäftige. Deshalb ist Politik kein Thema, über das ich mir immer und überall Gedanken mache. Doch ich glaube, dass es sich bei mir schon noch dahin entwickelt, dass ich mir über Politik noch mehr Gedanken mache."

Benjamin (15 Jahre)

Wer würde Benjamin nicht zustimmen? Auf den ersten Blick gibt es sicherlich Wichtigeres im Leben als Politik: eine gute Ausbildung, ein sicherer Arbeitsplatz, Unabhängigkeit, die Freiheit, sein Leben so zu gestalten, wie man möchte, Perspektiven für die Zukunft. Doch wenn wir uns fragen, wovon es abhängt, dass wir unsere Vorstellungen realisieren können, stoßen wir schnell darauf: Ob wir wollen oder nicht – die Politik beeinflusst mit ihren Entscheidungen unsere Lebensbedingungen. Jeder von uns ist durch seine Zugehörigkeit zu verschiedenen Gruppierungen ständig betroffen von politischen Entscheidungen, wie dieses Beispiel zeigt:

Herr Mustermann, 37, verheiratet, 2 Kinder, Beruf: Kfz-Mechatroniker, ist Mitglied in/bei:

Partei „Die Guten Demokraten"

IG Metall

Automobilclub

Elternbeirat des Kindergartens der Tochter

ASB (Arbeiter Samariter Bund)

Greenpeace

FC Kickers

Bürgerinitiative „Umgehungsstraße Jetzt!"

Das bedeutet aber nicht, dass wir der Politik ohnmächtig ausgeliefert sind. Die Demokratie bietet einige Mitwirkungs- und Mitentscheidungsmöglichkeiten. Wir müssen sie nur nutzen.

Demokratische Prozesse mitgestalten

Partizipation und politischer Entscheidungsprozess	Entwicklung der Demokratie in Deutschland und ihre Gefährdungen	Grund- und Menschenrechte
• Nach welchen Grundsätzen können wir unser Zusammenleben regeln?	• Wie war die Situation in Deutschland nach der Katastrophe der Hitler-Diktatur und des Zweiten Weltkrieges?	• Warum sind Grundrechte wichtig für das Funktionieren unserer Demokratie?
• Wie kann ich mich selbst an politischen Entscheidungen beteiligen?	• Wurden aus Nazis plötzlich gute Demokraten?	• Wie kann man seine Menschenrechte einfordern?
• Wer beeinflusst das Zustandekommen politischer Entscheidungen?	• Wie kam es zur Teilung Deutschlands und zur Gründung zweier Staaten?	• Was ist der Unterschied zwischen Menschen- und Bürgerrechten?
• Warum spielen Parteien eine so wichtige Rolle?	• Welche innenpolitischen Reformen zur Demokratisierung der Gesellschaft gab es?	• Welche Stellung nehmen die Grund- und Menschenrechte im Grundgesetz ein?
• Wer ist alles an politischen Entscheidungen beteiligt?	• Welchen Herausforderungen mussten sich die Regierungen stellen?	• Welche Pflichten muss ein Staat erfüllen, damit man vor Menschenrechts-verletzungen geschützt ist?
• Welche Vorkehrungen gibt es gegen den Missbrauch politischer Macht?	• Wie konnte die Diktatur in der DDR überwunden werden?	• Welche Bedeutung haben Grund- und Menschenrechte für eine zivilisierte Gesellschaft?
• Was müssen wir tun, damit unsere Demokratie auch in Zukunft noch Bestand hat?	• Wann ist Deutschland wirklich vereint?	• Wie geht man mit Grundrechtskonflikten um?
	• Ist unsere Demokratie bedroht? Wie schützen wir uns vor Populismus und Rechtsradikalismus?	

4.1 Politische Entscheidungen vor meiner Haustür

Chronologie der Ereignisse

1

Oktober 2011:
OB Kurz erwähnt erstmals die Idee einer BUGA 2023.

Oktober 2012:
Machbarkeitsstudie zur BUGA wird vorgestellt.

Februar 2013:
Der Gemeinderat entscheidet sich für eine BUGA-Bewerbung.

September 2013:
Bürgerentscheid: 50,7 % sagen „Ja".

April 2014:
OB Kurz unterschreibt die Verträge zur BUGA.

November 2014:
Ein Verkehrsgutachten soll über die Verlegung der Straße „Am Aubuckel" erstellt werden.

Dezember 2014:
CDU-Mitgliederbefragung: Eine Mehrheit lehnt den vorgesehenen Standort ab.

Juni 2015:
Im OB-Wahlkampf fordern die Konkurrenten von Kurz einen zweiten Bürgerentscheid.

November 2015:
Die eigentlich vorgesehene Straßenverlegung wird im Gemeinderat abgelehnt.

Mai 2017:
Mit 30 Ja- gegen 16 Nein-Stimmen stimmt der Gemeinderat nach einigen Korrekturen dem Großprojekt "Landschaftspark Grünzug Nordost", das als Grundlage für die BUGA gilt, zu; die Kosten sollen bei € 105 Millionen gedeckelt werden.

Man prüft in Mannheim Ende des letzten Jahrtausends, ob man anlässlich des 400-jährigen Stadtjubiläums 2007 nach 1907 und 1975 erneut eine Bundesgartenschau organisieren will. Diese Idee wird aus Kostengründen aber bereits 1995 verworfen.

Doch 2010 kündigen die US-Amerikaner an, schon bald alle Truppen aus der Rhein-Neckar-Region abzuziehen; auch die Garnison Mannheim soll geschlossen werden. Damit werden etwa 500 Hektar frei, die nun einer neuen Nutzung zugeführt werden sollen.
Unter dem Stichwort „Konversion" setzen sich sogenannte „Zukunftslotsen" zusammen und sammeln auf mehreren Forumsveranstaltungen mit Bürgerinnen und Bürgern Ideen, was mit den Gebieten geschehen soll.

Vorschläge zur Verwendung der ehemaligen US-Gelände:

2

- Bau eines neuen Flughafens für die Region
- Entstehung einer Kleingärtenanlage
- Organisation einer Bundesgartenschau
- Anlegen eines großen Sees zur öffentlichen Nutzung

Die „Spinelli-Kaserne", ein ehemaliges Lager für Waffen und Fahrzeuge der US-Armee, ist als „Herzstück" der Bundesgartenschau gedacht. Es wird umgeben sein von einem Grünzug, der die Stadt mit Frischluft versorgen soll.
Eine „Machbarkeitsstudie", von der die Öffentlichkeit aber zunächst nichts erfährt, wird in Auftrag gegeben: Diese sieht neben der Kaserne zur Hälfte auch die Nutzung des Landschaftsschutzgebiets „Feudenheimer Au" mit einem neu angelegten See vor. Die mit ca. 20000 Autos täglich befahrene Straße „Am Aubuckel", die das geplante BUGA-Areal durchschneidet, soll verlegt werden.
Als die Studie im Oktober 2012 vorliegt, stellen Bürgerinitiativen fest, dass alternative Konzepte überhaupt nicht weiter verfolgt werden, der öffentliche Protest wächst. Dennoch stimmt der Gemeinderat für die Pläne – die Stadt bewirbt sich offiziell um die Ausrichtung der Bundesgartenschau 2023.
Doch die Proteste verstummen nicht, im Gegenteil. Auch nach einem knappen Sieg der Befürworter der BUGA bei einem Bürgerentscheid im September 2013 und der anschließenden Vertragsunterzeichnung sind viele Einwohner unzufrieden. Kleingärtner und die Bürgerinitiative „Konversion statt BUGA" machen mit Schildern, Plakaten und T-Shirts auf sich aufmerksam.

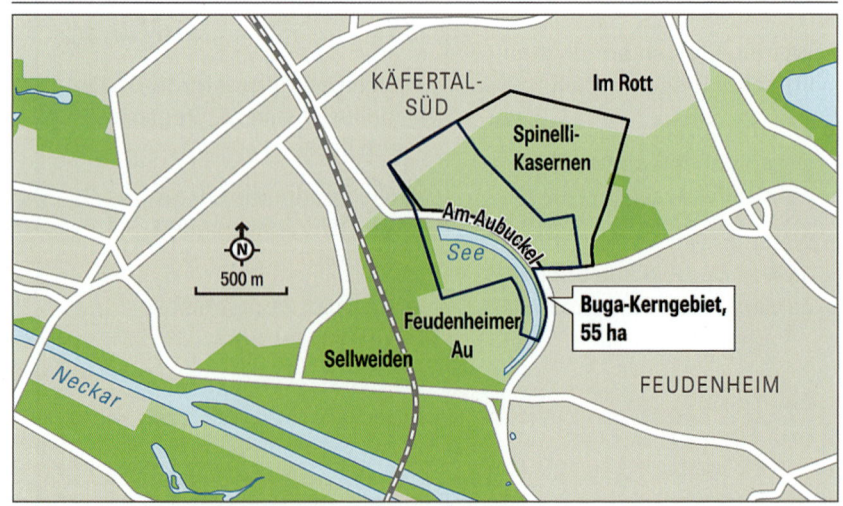

Bundesgartenschau 2023

BUGA vor dem Aus? Gemeinderat stimmt gegen Verlegung der Aubuckel-Straße

3

Lange und heftig wurde gestritten im Mannheimer Gemeinderat. Dann stand fest: Die Straße „Am Aubuckel" wird nicht verlegt.

Vergeblich hatte Oberbürgermeister Kurz noch einmal versucht, die ursprünglichen Pläne zu verteidigen, doch am Ende fehlten ihm drei Stimmen zu einer Mehrheit. Kurz zeigte sich extrem enttäuscht und stellte selbst infrage, ob eine Bundesgartenschau nun überhaupt noch Sinn habe.

Dem OB dürfte besonders schwer aufgestoßen sein, dass die CDU ihm inzwischen die Gefolgschaft gekündigt hat, obwohl sie die Pläne einst mitgetragen hatte. Peter Kurz sagte, er vermisse bei der Opposition echte Alternativkonzepte. Er wirft ihr vor, rein aus Prinzip und wahltaktischen Gründen „Nein" gesagt zu haben.

Begrüßt wurde das Ergebnis hingegen von den zahlreich anwesenden Gegnern des Großprojekts, Kleingärtner und Vertreter der Bürgerinitiative „Konversion statt BUGA", ausgestattet mit T-Shirts und Schildern.

Kritiker werfen der Stadtverwaltung seit Langem vor, ein reines Prestigeobjekt zu verfolgen, statt die bereits bestehenden Parkanlagen Luisen- und Herzogenriedpark, wo 1975 schon einmal eine Bundesgartenschau stattfand, endlich anständig zu sanieren. Angesichts gerade erhöhter Park- und Kinderbetreuungsgebühren sowie einer höheren Grundsteuer fehlt ihnen jedes Verständnis für eine BUGA 2023. Zudem seien Besucherkalkulationen stets zu optimistisch, es drohe ein riesiges Defizit.

BUGA vor dem Aus? Gemeinderat stimmt gegen Verlegung der Aubuckel-Straße, in: Mannheimer Allgemeine Zeitung, 25.11.2015

4

Der „Grünzug Nordost" (Erhalt über 2023 hinaus)

5

Kernpunkte des Konzepts des Landschaftsarchitekten Stephan Lenzen:

- Sport und Freizeit: Räume für Sport- und Freizeitaktivitäten am äußeren Rand des Grünzugs
- Radschnellweg: Nach niederländischem Vorbild, zur Verbindung dreier Stadtteile im Nordosten mit der Innenstadt
- Augewässer: Mit einer Schilfzone und einem kleinen Wäldchen für mehr Luftfeuchtigkeit

Kosten: (geplant) 105 Mio. €, Zuschüsse: 40 Mio. €

ARBEITSVORSCHLÄGE

 **1, 2, 3**

Erstellen Sie ein Schaubild, das die Abläufe bei der Entscheidung rund um die BUGA 2023 in Mannheim darstellt.

 2

Überlegen Sie gemeinsam, welche Ideen Sie für frei werdende Flächen in Ihrer Region sonst noch hätten.

 4, 5

Beurteilen Sie das Konzept des Siegerentwurfs des Landschaftsarchitekten.
Welche kurz- und langfristigen Vorzüge sehen Sie für die Einwohner der Stadt Mannheim?

WEITERFÜHRENDE HINWEISE

Überlegen Sie, welche Möglichkeiten Sie als Bürger vor Ort hätten, sich in den Entscheidungsprozess einzubringen. Fertigen Sie eine entsprechende Liste an.

Leserbrief

Beim Leserbrief hat man die Möglichkeit, seine Meinung zu einem bestimmten Thema für ein breites Publikum zu formulieren.

Da jede Zeitung Leserbriefe abdruckt, auch wenn sie nicht der Meinung der Redaktion entsprechen, handelt es sich bei dieser Meinungsäußerung um eine reale Möglichkeit, sich an der öffentlichen Willensbildung zu beteiligen.

Thema: **BUGA 2023 in Mannheim - Ja oder Nein?**

Regeln:

- Ein Leserbrief sollte sich möglichst auf einen Artikel in der entsprechenden Zeitung beziehen. Deshalb müssen auch der Titel und das Erscheinungsdatum genannt werden.
- Ein Leserbrief drückt eine klare Haltung aus. Er darf und soll also persönlich sein, aber: Man darf andere zwar in der Sache angreifen, nicht jedoch persönlich verletzen oder beleidigen.
- Ein Leserbrief kann von der Redaktion gekürzt werden. Deshalb empfiehlt es sich, die Argumentation kurz und schlüssig zu entwickeln.

Vorbereitung:

Bilden Sie in Ihrer Klasse Gruppen von jeweils 4–5 Schülerinnen und Schülern.

Ablauf:

1. Sammeln Sie in Ihrer Gruppe Kritikpunkte und mögliche Probleme, die Sie bei der Durchführung der BUGA 2023 sehen. Verwenden Sie dafür die Informationen der vorherigen Seiten 98 und 99.
   Tipp: Themenfelder könnten z. B. sein: Kosten; Wünsche und Sorgen der Bürger/-innen; Verkehr …
   Schreiben Sie dann einen entsprechenden Leserbrief.

2. Wechseln Sie nun die Perspektive: Sammeln Sie Argumente für die Ausrichtung der BUGA. Auch hierfür stehen Ihnen die Informationen der vorigen Seiten zur Verfügung.
   Tipp: Mögliche Themenfelder: Zuschüsse; Verbesserung von Infrastruktur und Attraktivität; Ausgang des Bürgerentscheids …
   Schreiben Sie nun einen zweiten Leserbrief.

Methodenkompetenz

Plakate analysieren – Plakate gestalten

Die beiden Plakate auf dieser Seite wollen interessierte Bürger/-innen dazu bewegen, sich eine klare Meinung zu bilden und sich entweder für oder gegen die Bundesgartenschau 2023 zu engagieren.

Thema: **Bürgerinitiativen zur BUGA 2023**

Aufgabe 1:

Analysieren Sie die beiden Plakate auf dieser Seite.

Checkliste für eine Plakatanalyse:
- Farbwahl und Schriftgestaltung entsprechen der Regel 1 (s. u.).
- Die Überschrift drückt deutlich das Anliegen des Plakatthemas aus.
- Der Aufbau ist sofort klar erkennbar und muss nicht erst erklärt werden.
- Die eingesetzten Bilder, Symbole usw. verdeutlichen die Aussagen.
- Die verwendeten Texteinheiten sind gut lesbar, das Plakat ist nicht „überladen".
- Das Gesamtanliegen des Themas ist durch Text, Bild und Gesamtgestaltung überzeugend dargestellt.
- Die Inhalte sind fachlich richtig und der Themenstellung entsprechend vollständig.
- weitere Aspekte (Idee, Schönheit der Darstellung, Überzeugungskraft usw.)

Aufgabe 2:

Gestalten Sie nun selbst Plakate zum Thema Bundesgartenschau 2023.
Bilden Sie dafür zunächst Gruppen von je 4 bis 5 Schüler/-innen. Entscheiden Sie sich für eine Seite: Befürworter oder Gegner der BUGA 2023.
Beachten Sie bei Ihrem Entwurf die unten stehenden Regeln. Sie können anschließend auch eine Ausstellung Ihrer Plakate machen und diese dann nach der oben stehenden Checkliste analysieren.

Regeln zur Plakatgestaltung:
1. Entscheiden Sie sich für maximal drei Farben, Schrifttypen und Schriftgrößen. Schreiben Sie so groß, dass auch Betrachter aus der letzten Reihe alles lesen können.
2. Geben Sie Ihrem Plakat eine das Thema verdeutlichende Überschrift.
3. Der Aufbau sollte auf einen Blick erkennbar sein.
4. Verwenden Sie bildhafte Darstellungen, um einen Sachverhalt auszudrücken.
5. Heben Sie wichtige Inhalte hervor, z. B. durch Schriftverstärkung oder entsprechende Farbwahl.
6. Lassen Sie genügend Fläche frei.
7. Verwenden Sie keine Abkürzungen.
8. Prägnante Sätze wirken interessanter als nur einzelne Begriffe.

Fakten zur Migration (Stand: 2013)

Von den rund 601 000 Einwohnern Stuttgarts sind rund 124 000 (ca. 21 %) Ausländer ohne deutschen Pass. Ungefähr 39 % der Einwohner haben einen Migrationshintergrund, d. h., sie selbst oder ihre Eltern sind aus dem Ausland zugewandert.

Vgl.: Statistisches Landesamt Baden-Württemberg, Pressemitteilung 96/2015, 23.05.2015

Grundrechte

Der im Grundgesetz verankerte Katalog von Grundrechten besteht aus

- Menschenrechten, die für alle in Deutschland lebenden Personen gelten, z. B. Artikel 2
- Bürgerrechten, die nur für deutsche Staatsbürger gelten, z. B.: „Alle Deutschen haben das Recht, Vereine und Gesellschaften zu bilden" (Art. 9 GG).

Artikel 1 Grundgesetz

(1) Die Würde des Menschen ist unantastbar. Sie zu achten und zu schützen ist Verpflichtung aller staatlichen Gewalt.
(2) Das Deutsche Volk bekennt sich darum zu unverletzlichen und unveräußerlichen Menschenrechten als Grundlage jeder menschlichen Gemeinschaft, des Friedens und der Gerechtigkeit in der Welt.
(3) Die nachfolgenden Grundrechte binden Gesetzgebung, vollziehende Gewalt und Rechtsprechung als unmittelbar geltendes Recht.

Artikel 2 Grundgesetz

(1) Jeder hat das Recht auf die freie Entfaltung seiner Persönlichkeit, soweit er nicht die Rechte anderer verletzt und nicht gegen die verfassungsmäßige Ordnung oder das Sittengesetz verstößt.
(2) Jeder hat das Recht auf Leben und körperliche Unversehrtheit. Die Freiheit der Person ist unverletzlich. In diese Rechte darf nur aufgrund eines Gesetzes eingegriffen werden.

Pinar Atalay, Fernsehmoderatorin

Seyran Ates, Rechtsanwältin und Autorin

Aydan Özoguz, Beauftragte der Bundesregierung für Migration, Flüchtlinge und Integration

Wichtig für die Demokratie

Der Pluralismus spielt in der deutschen Demokratie und allen demokratischen Staaten eine wichtige Rolle. Er bedeutet, dass man Achtung und Respekt vor allen Menschen hat, die in einem Staat leben, dass man ihre verschiedenen Meinungen, Interessen, Ziele und Hoffnungen anerkennt.

Niemand darf anderen seine politische oder religiöse Überzeugung aufzwingen. Der Staat akzeptiert, dass sich die Menschen in ganz unterschiedlichen Einrichtungen zusammenschließen. Das können Parteien, Verbände und Vereine sein, Kirchen oder Gewerkschaften, oder auch Bürgerinitiativen.

Grundsätzlich ist eine pluralistische Demokratie offen für viele Ideen und Vorstellungen, auch wenn sie noch so abseitig sind oder nur von wenigen Menschen vertreten werden. Aber: Sie dürfen den demokratischen Staat nicht gefährden.

Gerd Schneider/Christiane Toyka-Seid: Pluralismus, abgerufen unter: www.hanisauland.de/lexikon/p/pluralismus.html [30.06.2016]

„Bärgida"-Demonstration Januar 2015

DER TÜRKISCHE BOTSCHAFTER KANN EINTRETEN! WIR HABEN UMDEKORIERT!

JE SUIS CHARLIE

FLEXIBILITÄT IST ANGESAGT!

Es gehört zum Leben in einem demokratischen Staat, dass man Kritik nicht nur äußern darf, sondern sie auch aushalten können muss, wenn sie einen selbst betrifft. Dies gilt natürlich insbesondere für Personen, die in der Öffentlichkeit stehen, wie z. B. Politiker oder Stars. Verboten sind selbstverständlich Aufforderungen zu Straftaten, das Verbreiten von Lügen oder ehrverletzende Beleidigungen.

Ein Streitpunkt ist immer wieder, wie weit Satire gehen darf; dies zeigt sich häufig z. B. bei Karikaturen, die den Propheten Mohammed thematisieren, aber auch in der „Affäre Böhmermann", die beinahe eine Staatskrise ausgelöst hätte und das Verhältnis zwischen der Bundesrepublik und der Türkei belastet hat.

Die **Grundrechte**, die in der Verfassung der Bundesrepublik verankert sind, bilden die Grundlage für das Zusammenleben aller Menschen in Deutschland – gleich welcher Herkunft. Doch gewähren diese Rechte keine schrankenlose Freiheit: Sie finden ihre Grenze dort, wo die Freiheitsrechte des anderen anfangen. Verbindlich zu entscheiden, wo diese Grenze im Einzelnen verläuft, ist Aufgabe der Gerichte.

Damit die Grundrechte keine unverbindlichen Absichtserklärungen bleiben, enthält das Grundgesetz wichtige Vorkehrungen zu ihrem Schutz:

- Grundrechte sind unmittelbar geltendes Recht, das für alle staatlichen Organe verbindlich ist. Wer sich durch die öffentliche Gewalt in seinen Grundrechten verletzt glaubt, kann dagegen vor den Gerichten Klage erheben.
- Nach Erschöpfung des Rechtsweges kann beim Bundesverfassungsgericht **Verfassungsbeschwerde** eingelegt werden.
- Grundrechte dürfen nur mit einer 2/3-Mehrheit in Bundestag und Bundesrat geändert werden. Dabei darf aber ihr Wesensgehalt nicht angetastet werden.

ARBEITSVORSCHLÄGE

 1

Diskutieren Sie, ob die vorgestellten Frauen „Vorbilder für alle anderen mit Migrationshintergrund" sein können. Versuchen Sie, auch in anderen Bereichen der Gesellschaft, z. B. in Sport und Wirtschaft, solche „Vorbilder" zu finden.

2

Prüfen Sie, woher der Spruch „Freiheit ist immer die Freiheit der Andersdenkenden" eigentlich stammt. Nehmen Sie dazu Stellung, dass er bei der abgebildeten Demonstration verwendet wird.

3

Interpretieren Sie die Karikatur.

4

Erklären Sie, weshalb die Grundrechte ganz am Anfang des Grundgesetzes stehen. Nehmen Sie dazu Stellung, dass es eine Unterscheidung gibt zwischen deutschen Staatsbürgern und Menschen, die in Deutschland leben.

WEITERFÜHRENDE HINWEISE

Überlegen Sie in Gruppen, welche fünf Mindeststandards für alle verbindlich sein sollten, damit alle Gruppen in einer pluralistischen Gesellschaft friedlich zusammenleben können. Vergleichen Sie Ihre Vorstellungen mit denen der anderen Gruppen und einigen Sie sich auf eine gemeinsame Liste.

Parlamentarisches Regierungssystem

In einem parlamentarischen Regierungssystem wird die Regierung vom Parlament berufen und unter Umständen auch abberufen.

Die traditionelle Gewaltenteilung wird durch die enge Verknüpfung von Legislative (Parlament) und Exekutive (Regierung) zum Teil durchbrochen.

Beispiele: Großbritannien, Deutschland, Österreich

Präsidentielles Regierungssystem

Wichtigstes Merkmal eines präsidentiellen Regierungssystems ist die starke Stellung des Präsidenten. Er wird direkt vom Volk gewählt und besitzt als Staatsoberhaupt je nach Verfassung unterschiedliche Vollmachten. In manchen Ländern ist der Präsident auch Regierungschef, in anderen muss er sich die Macht mit einem Ministerpräsidenten teilen.

Beispiele: USA, Frankreich, die Weimarer Republik

Weitere Formen der Gewaltenteilung

- **Medien als „vierte Gewalt"**
  Durch ihre Berichterstattung über politische Fehler und ihre Stellungnahmen zu politischen Maßnahmen leisten die Medien einen Beitrag zur Kontrolle der Politik (s. Kapitel 6).
- **Vertikale Gewaltenteilung**
  Die vertikale Gewaltenteilung besteht in der Aufteilung der staatlichen Aufgaben auf Bund, Länder und Gemeinden, also im bundesstaatlichen Aufbau des Staates (s. S. 122).

Gewaltenteilung = Aufteilung der Staatsgewalt `1`

Legislative	Exekutive	Judikative
Gesetzgebung	Regierung Verwaltung	Rechtsprechung
Organe der Gesetzgebung:	Organe der Regierung und der Verwaltung:	Organe der Rechtsprechung auf Bundesebene:
Bundestag, Landtage, Gemeinderäte	Bundesregierung, Länderregierungen, Bürgermeister	Bundesverfassungsgericht, Bundesgerichtshof, weitere Bundesgerichte

Gewaltenteilung und Freiheit `2`

Man muss sich gegenwärtig halten, was Unabhängigkeit und was Freiheit ist. Freiheit ist das Recht, alles zu tun, was die Gesetze erlauben. [...] Politische Freiheit findet sich [...] nur dann, wenn man die Macht nicht missbraucht; aber es ist eine ewige Erfahrung, dass jeder, der Macht hat, ihrem Missbrauch geneigt ist: Er geht so weit, bis er auf Schranken stößt. [...] Um den Missbrauch der Macht zu verhindern, muss vermöge einer Ordnung der Dinge (d. h. einer Verfassung) die Macht der Macht Schranken setzen. [...]
Wenn in derselben Person oder der gleichen obrigkeitlichen Körperschaft die gesetzgebende Gewalt mit der vollziehenden vereinigt ist, gibt es keine Freiheit; denn es steht zu befürchten, dass derselbe Monarch oder derselbe Senat tyrannische Gesetze macht, um sie tyrannisch zu vollziehen.
Es gibt ferner keine Freiheit, wenn die richterliche Gewalt nicht von der gesetzgebenden und vollziehenden getrennt ist. [...]
Alles wäre verloren, wenn derselbe Mensch oder die gleiche Körperschaft der Großen, des Adels oder des Volkes diese drei Gewalten ausüben würde: die Macht, Gesetze zu geben, die öffentlichen Beschlüsse zu vollstrecken und die Verbrechen oder die Streitsachen der Einzelnen zu richten. [...]

Charles de Montesquieu: Vom Geist der Gesetze (1748), übersetzt von Kurt Weigand, Reclam, Stuttgart 1965

Durch eine Teilung der Gewalten sollen die drei staatlichen Aufgabenbereiche Gesetzgebung (Legislative), Ausführung (Exekutive) und Rechtsprechung (Judikative) auf verschiedene Organe übertragen werden, damit keines dieser Organe allein über die gesamte Staatsgewalt verfügen kann.

Der Grundsatz der **Gewaltenteilung** wird in den demokratischen Staaten unterschiedlich verwirklicht. Die politische Ordnung der Bundesrepublik orientiert sich dabei am Modell der **parlamentarischen Demokratie**, die ihre geschichtlichen Wurzeln in Großbritannien hat und folgende Merkmale aufweist:

Keine Demokratie ohne Gewaltenteilung

- In der parlamentarischen Demokratie wählt das Parlament (der Bundestag) den Regierungschef (den Bundeskanzler) durch Mehrheitsentscheid.
- Das Parlament kann mit Mehrheitsbeschluss den von ihm gewählten Kanzler und seine Regierung auch wieder absetzen (**Misstrauensvotum**).
- Die Regierung spielt eine zentrale Rolle in der Gesetzgebung: Da sie von der Parlamentsmehrheit unterstützt wird, kann sie davon ausgehen, dass ihre Vorschläge für die Gesetzgebung die benötigte Mehrheit bei der Abstimmung finden.
- Um zu erreichen, dass die Regierung für ihre Gesetzgebungsvorhaben mit einer sicheren Mehrheit rechnen kann, stimmen die Abgeordneten einer Fraktion meistens geschlossen ab (**Fraktionsdisziplin**, s. S. 126).

In der parlamentarischen Demokratie sind also Parlamentsmehrheit und Regierung eng miteinander verknüpft. Die enge Verflechtung von Legislative und Exekutive hat den Vorteil, dass der Staat wirksamer regiert werden kann. Dennoch ist weiterhin für eine Kontrolle der staatlichen Macht gesorgt:

- Die unabhängigen Gerichte sorgen dafür, dass das Parlament sich an die Verfassung und die Regierung sich an die Gesetze hält.
- Die Opposition hat die Aufgabe, die Entscheidungen von Regierung und Parlamentsmehrheit zu kritisieren und Alternativen vorzustellen.

Zwar stellt die Opposition nur die Minderheit im Parlament, sie besitzt aber die Chance, beim nächsten Wahltermin die neue Mehrheit zu werden. Jede Regierung, die wieder gewählt werden möchte, wird sich deshalb vor dem allzu unbedenklichen Umgang mit der Macht hüten. So gelingt es auch der parlamentarischen Demokratie, der Macht Schranken zu setzen und ihren Missbrauch zu verhindern.

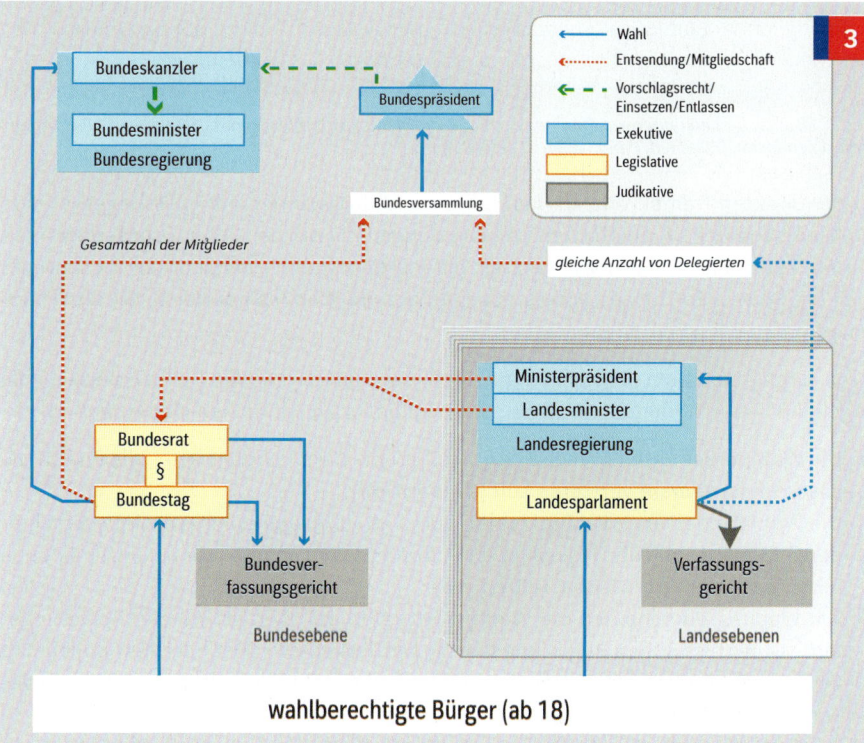

ARBEITSVORSCHLÄGE

 1

Definieren Sie die folgenden Begriffe:
- Exekutive
- Legislative
- Judikative

Ordnen Sie diesen Begriffen staatliche Einrichtungen der Bundesrepublik zu.

 2

Montesquieu war ein französischer Philosoph im Zeitalter der Aufklärung. Er gilt als Vater der Gewaltenteilungslehre. Arbeiten Sie heraus, wie seiner Ansicht nach die staatlichen Gewalten angeordnet sein sollen, und wie er dies begründet.

 3

Untersuchen Sie, inwieweit der Staatsaufbau der Bundesrepublik der traditionellen Vorstellung von Gewaltenteilung entspricht.

Überprüfen Sie, ob das Ergebnis dieser Untersuchung eine Willkürherrschaft in der BRD zur Folge haben kann.

WEITERFÜHRENDE HINWEISE

Informieren Sie sich über die Regierungssysteme in Großbritannien, Frankreich und den USA.
Gestalten Sie eine kurze Präsentation darüber und gehen Sie auf die wichtigsten Unterschiede ein.

Art. 20 Abs. 2 Grundgesetz

Alle Staatsgewalt geht vom Volke aus. Sie wird vom Volke in Wahlen und Abstimmungen und durch besondere Organe der Gesetzgebung, der vollziehenden Gewalt und der Rechtsprechung ausgeübt.

Ergebnisse der Landtagswahlen in Baden-Württemberg 2016　**2**

Partei	Stimmen	Sitze
CDU	27,0 % (39 %)	42 (60)
B90/Grüne	30,3 % (24,2 %)	47 (36)
AfD	15,1 % (–)	23 (–)
SPD	12,7 % (23,1 %)	19 (35)
FDP	8,3 % (5,3 %)	12 (7)
Linke	2,9 % (2,8 %)	– (–)
Sonstige	2,51 % (5,6 %)	– (–)

Wahlbeteiligung 70,4% (66,3%)
in Klammern: Zahlen 2011

Statistisches Landesamt Baden-Württemberg, 2016

Bundestagswahlen 2017 Erst- und Zweitstimmenergebnisse　**3**

Partei	Sitze insgesamt	direkt gewählte Abgeordnete	über Landesliste gewählte Abgeordnete
CDU/CSU	246	231	15
SPD	153	59	94
AFD	94	3	91
FDP	80	0	80
Linke	69	5	64
Grüne	67	1	66
Summe	709	299	410

Zusammenstellung nach Bundeswahlleiter, unter: www.bundeswahlleiter.de/info/presse/mitteilungen/bundestagswahl-2017/32_17_vorlaeufiges_ergebnis.html [19.10.2017]

Demokratie war nie Volksherrschaft, kann es nicht sein, soll es nicht sein.　**1**

Wir, die wir uns Demokraten nennen, sehen eine Diktatur als moralisch böse an [...]. Indem wir sie ertragen, fühlen wir, dass wir etwas Schlechtes tun. Aber sind gezwungen, sie zu ertragen. [...] Eine Diktatur zwingt uns eine Situation auf, die wir nicht verantworten, aber im Allgemeinen auch nicht ändern können. Es ist eine menschlich untragbare Situation. Es ist daher einfach unsere moralische Pflicht, alles zu tun, um zu verhindern, dass eine solche Situation eintritt.

Das versuchen wir durch die sogenannten demokratischen Staatsformen, und das ist ihre einzige mögliche moralische Begründung. Demokratien sind also nicht Volksherrschaften, sondern sie sind in erster Linie gegen eine Diktatur gerüstete Institutionen. Sie erlauben keine diktaturähnliche Herrschaft, keine Akkumulation von Macht, sondern versuchen, die Staatsgewalt zu beschränken. Entscheidend ist, dass eine Demokratie in diesem Sinne die Möglichkeit offen hält, die Regierung ohne Blutvergießen loswerden zu können, wenn sie ihre Rechte und Pflichten verletzt; aber auch sonst, wenn wir ihre Politik als schlecht oder verfehlt beurteilen.

Bei einem Regierungswechsel ist diese negative Macht, die Drohung mit Entlassung, das Wichtige. [...] Wir können eine Regierung oder eine Politik im Nachhinein beurteilen und vielleicht unsere Zustimmung geben und sie wieder wählen. Im Vorhinein können sie vielleicht unser Vertrauen haben; aber wir kennen sie nicht und wir dürfen darum nicht voraussetzen, dass sie unser Vertrauen nicht missbrauchen werden. [...]

Es ist zu beachten, dass hier die Idee einer Herrschaft des Volkes, ja sogar die Idee einer Initiative des Volkes abgelehnt werden. Sie werden durch die ganz andere Idee einer Beurteilung durch das Volk ersetzt. [...] Ideen [...] können nur das Werk von Einzelnen sein [...]. Viele können nachher sehen [...], ob sie gut waren oder nicht. Und solche Beurteilungen, solche „Ja-Nein-Beschlüsse", können auch von einer großen Wählerschaft durchgeführt werden.

Karl R. Popper: Bemerkungen zur Theorie und Praxis des demokratischen Staates, in: Popper: Alles Leben ist Problemlösen, München, Piper, 1994, S. 220–226

In der direkten Demokratie können Bürger und Bürgerinnen mit Volksbegehren und Volksentscheiden an politischen Entscheidungen mitwirken. In der **repräsentativen Demokratie**, die das Grundgesetz für die Bundesrepublik festschreibt, beschränkt sich die **Souveränität** des Volkes dagegen auf die Wahl seiner Vertreter, die in seinem Namen Entscheidungen treffen.

Dreh- und Angelpunkt für das Funktionieren der repräsentativen Demokratie sind die regelmäßig stattfindenden **Wahlen**. Sie erfüllen im Wesentlichen vier Aufgaben:

- Die Wahlberechtigten entscheiden sich für eine Person oder Partei, die ihre Interessen im Parlament vertreten soll (**Delegation**).
- Die Wählerinnen und Wähler können durch ihre Entscheidung zwischen verschiedenen politischen Führungsgruppen auswählen und so über die zukünftige Politik mitentscheiden (**politische Teilnahme**).
- Am Wahltag entscheiden die Wahlberechtigten darüber, ob sie den Regierungsauftrag der bisherigen Regierungspartei/-en verlängern oder beenden wollen. Die zeitliche Begrenzung von Herrschaft schützt vor Missbrauch der Regierungsgewalt (**Herrschaftskontrolle**).
- Durch Wahlen erhalten die Wahlsieger, das Recht zu regieren. Weil sie das Vertrauen des Volkes bzw. der Mehrheit besitzen, gelten ihre Entscheidungen als für alle verbindlich (**Herrschaftslegitimation**).

Das Mehrheitsprinzip bei Wahlen

Wahlen können ihre Funktion nur erfüllen, wenn einerseits Bürgerinnen und Bürger ihre Rechte verantwortungsbewusst nutzen und andererseits die **Parteien** vertrauenswürdige und fähige Kandidaten zur Wahl stellen.

Die rückläufige Wahlbeteiligung, die sinkende Zahl der Parteimitglieder und der Vertrauensverlust in Politiker und Parlamente lassen jedoch den Schluss zu, dass die repräsentative Demokratie in einer Glaubwürdigkeitskrise steckt. Diese kann nach Auffassung von Wissenschaftlern und Politikern überwunden werden, wenn den Bürgerinnen und Bürgern mehr Mitsprachemöglichkeiten eingeräumt werden, wenn also die repräsentative Demokratie durch Elemente der direkten Demokratie ergänzt wird.

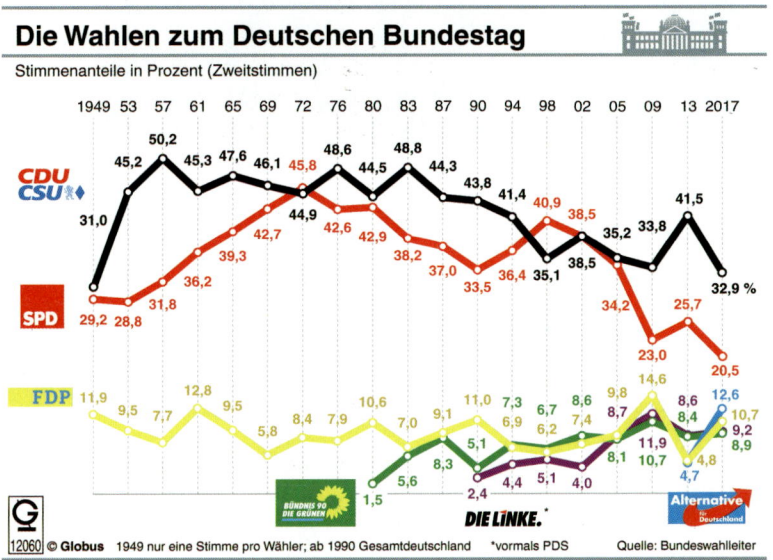

Die Wahlen zum Deutschen Bundestag
Stimmenanteile in Prozent (Zweitstimmen)
© Globus 12060 — 1949 nur eine Stimme pro Wähler; ab 1990 Gesamtdeutschland — *vormals PDS — Quelle: Bundeswahlleiter

Nach Schließung der Wahllokale werden die Stimmzettel ausgewertet und die Mandate auf die verschiedenen Parteien verteilt. Um an der **Mandatsverteilung** teilzunehmen, muss eine Partei entweder im gesamten Bundesgebiet mindestens fünf Prozent der abgegebenen gültigen Zweitstimmen erhalten oder in mindestens drei Wahlkreisen **Direktmandate** gewinnen.

Parteien, die eine dieser Bedingungen erfüllen, erhalten Sitze nach folgendem Verfahren:

1. **Schritt:** Die **Zweitstimmen** werden nach dem **Verhältniswahlrecht** [unter Anwendung des Berechnungsverfahrens nach Sainte-Laguë/Schepers] ausgewertet. Die Auszählung erfolgt auf Landesebene. Die Anzahl der Zweitstimmen entscheidet darüber, wie viele der insgesamt 598 zu vergebenden Sitze eine Partei erhält.
2. **Schritt:** In jedem der 299 Wahlkreise werden die **Erststimmen** nach dem **Mehrheitswahlrecht** ausgezählt und die Wahlkreissieger ermittelt. Die 299 Wahlkreissieger stellen die erste Hälfte der 598 Bundestagsabgeordneten.
3. **Schritt:** Die übrigen 299 Bundestagsabgeordneten werden von den Landeslisten der Parteien genommen.
4. **Schritt:** Hat eine Partei aufgrund ihrer Erststimmen in einem Bundesland mehr Direktmandate gewonnen, als ihr Sitze nach der Auszählung der Zweitstimmen zustehen, erhält sie dementsprechend **Überhangmandate**.
5. **Schritt:** Diese werden meist von den großen Parteien gewonnen; deshalb erhalten alle anderen entsprechend ihrem Anteil an Zweitstimmen **Ausgleichmandate**.

ARBEITSVORSCHLÄGE

 1

Karl R. Popper, ein bedeutender Philosoph, behauptet:
„Demokratie war nie Volksherrschaft, kann es nicht sein, soll es nicht sein."

Arbeiten Sie aus dem Text heraus, welchen Sinn und welche Grenzen die Demokratie für ihn hat.
Beurteilen Sie, ob er recht hat.

 2

Interpretieren Sie die Ergebnisse der baden-württembergischen Landtagswahlen von 2011 und 2016. Welche Veränderungen können Sie erkennen?

Erläutern Sie mögliche Ursachen und Auswirkungen dieser Landtagswahlen.

Erörtern Sie im Zusammenhang mit dem Landtagswahlergebnis 2016 die Aussage, dass man mit der Teilnahme an Wahlen so gut wie nichts bewirken kann.

 5

Erstellen Sie eine Mandatsverteilung nach den Regeln des personalisierten Verhältniswahlrechts für ein fiktives Bundesland mit 10,3 Millionen Wählerinnen und Wählern und 20 Abgeordneten in zehn Wahlkreisen. Die Stimmen verteilen sich auf fünf Parteien; bestimmen Sie den Wahlausgang selbst.

3, 4

Vergleichen Sie das Wählerverhalten im Laufe der Zeit. Analysieren Sie mögliche Gründe hierfür und beschreiben Sie aktuelle Trends.

Ergebnisse der Unterhauswahlen in Großbritannien 2017 (in Klammern Ergebnisse 2015)

Partei	Stimmen (%)	Abgeordnete	Sitze (%)
Konservative	42,4 (36,8)	318 (331)	48,9
Labour	40,0 (30,5)	262 (232)	40,3
Scottish National Party	3,0 (4,8)	35 (56)	5,4
Liberaldemokraten	7,4 (7,8)	12 (8)	1,8
Andere	20,1 (11,9)	23 (23)	3,5
Summe		650	

Spiegel Online: Parlamentswahl in Großbritannien 2017: Alle Ergebnisse, abgerufen unter: www.spiegel.de/politik/ausland/wahl-in-grossbritannien-alle-ergebnisse-im-ueberblick-a-1148986.html [19.10.2017]

Ergebnisse der Bundestagswahlen 2017

Wahlbeteilung: 76,1 %
Sitzverteilung einschließlich der Überhang- und Ausgleichsmandate (in Klammern)

Partei	Stimmen	Sitze
CDU/CSU	32,9 %	246
SPD	20,5 %	153
Linke	9,2 %	69
Grüne	8,9 %	67
FDP	10,7 %	80
AfD	12,6 %	94
Sonstige	5,0 %	
Summe	100 %	598 (+111) 709

Zusammenstellung nach Bundeswahlleiter (Hrsg.), abgerufen unter: www.bundeswahlleiter.de/bundestagswahlen/2017/ergebnisse/bund-99.html [19.10.2017]

Jede Stimme zählt.

Das Mehrheitswahlsystem

Im **Mehrheitswahlrecht** gilt der Grundsatz: Gewählt ist, wer die meisten Stimmen erhält. Dieses Verfahren eignet sich vor allem zur Wahl einzelner Persönlichkeiten, z. B. werden die Bürgermeister in Baden-Württemberg auf diese Weise bestimmt.

Sollen mehrere Personen – z. B. die 650 Abgeordneten des britischen Parlaments – gewählt werden, muss das Wahlgebiet in so viele Wahlkreise eingeteilt werden, wie es Sitze gibt. In jedem **Wahlkreis** müssen etwa gleich viele **Wahlberechtigte** wohnen.

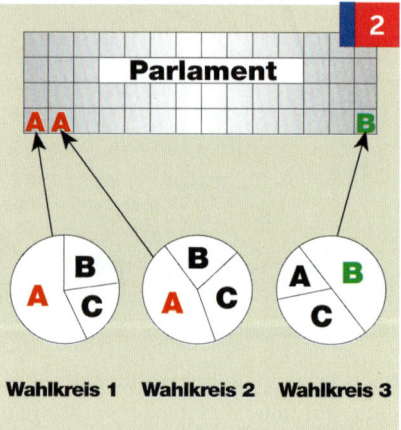

Auswirkungen des Mehrheitswahlrechts

- Das Mehrheitswahlrecht begünstigt die Herausbildung von zwei großen Parteien. Wer von beiden die Wahlen gewinnt, stellt üblicherweise die Regierung, der Verlierer geht in die Opposition. Meistens verfügt der Wahlsieger über eine absolute Mehrheit im Parlament. In diesem Fall kann die Regierungspartei alleine, also ohne Koalitionspartner, die Politik gestalten.
- Das Mehrheitswahlrecht benachteiligt kleine Parteien und erschwert die Neugründung von Parteien. Dadurch sind Minderheiten im Parlament unterrepräsentiert und neue Ideen finden oft nur schwer Eingang in die Politik.
- Die Stimmen, die für die unterlegenen Parteien abgegeben werden, werden bei der Sitzverteilung nicht mehr berücksichtigt. Damit kann es zu Verfälschungen des Wählerwillens kommen, weil der Anteil einer Partei an den Wählerstimmen nicht automatisch ihrem Anteil an den Parlamentssitzen entspricht.
- Um einen Parlamentssitz zu gewinnen, müssen die Kandidaten in ihrem Wahlkreis eine Mehrheit gewinnen. Dies ist nur möglich, wenn sie sich um einen engen Kontakt mit ihren Wählerinnen und Wählern bemühen und deren Interessen im Parlament vertreten. Dabei können die Abgeordneten allerdings den Blick für die Interessen der Allgemeinheit verlieren.

Das Verhältniswahlsystem

3

Nach dem **Verhältniswahlrecht** erhält jede Partei so viele Mandate, wie es ihrem Anteil an den Wählerstimmen entspricht. Hat eine Partei z. B. 30 Prozent der Stimmen bei einer Wahl bekommen, erhält sie 30 Prozent der zur Verfügung stehenden Sitze im Parlament. Abgegebene Stimmen und erzielte Mandate stehen so im gleichen Verhältnis zueinander.

Die Wähler entscheiden sich zwischen den verschiedenen Listen der Parteien. Diese enthalten die Namen der Kandidaten, die sich um ein Mandat für ihre Partei bewerben. Sie werden vor der Wahl von den Parteien aufgestellt (in Deutschland: von den Landesparteitagen).

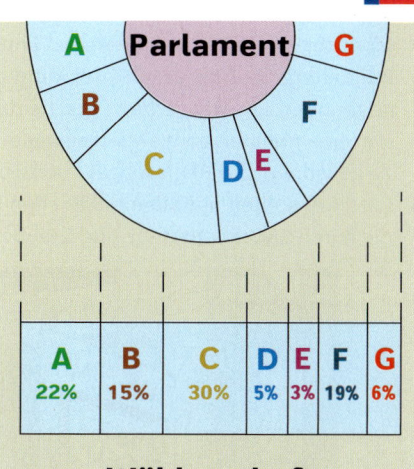

A	B	C	D	E	F	G
22%	15%	30%	5%	3%	19%	6%

Wählerschaft

Auswirkungen des Verhältniswahlrechts

5

- Das Verhältniswahlrecht begünstigt die Herausbildung eines Mehrparteiensystems. Zur Bildung einer mehrheitsfähigen Regierung ist es oft nötig, Koalitionen aus mehreren Parteien zu bilden. Je größer die Anzahl der Regierungsparteien, desto größer ist auch die Gefahr, dass die Koalition auseinanderbricht und eine neue Regierung gebildet werden muss.
- Alle Parteien sind entsprechend ihres Anteils an der Wählerschaft im Parlament vertreten. Damit sind auch Minderheiten angemessen vertreten. Allerdings erweist es sich manchmal als schwierig, eine Regierung zu bilden, die eine verlässliche Mehrheit für ihre Politik findet.

- Neue Parteien kommen eher ins Parlament. Die Konkurrenz zwischen den Parteien wird dadurch belebt. Gleichzeitig bekommen auch immer wieder extreme Parteien eine Chance, Parlamentssitze zu erringen, wenn sie genügend Protestwähler für sich gewinnen können.
- Wer einen Sitz im Parlament gewinnen will, muss auf einer Parteiliste nominiert sein, die von dem zuständigen Parteitag aufgestellt wird. Der Parteitag kann so Quotenregelungen (z. B. den Anteil der Frauen an den Parlamentariern) verwirklichen. Allerdings ist es schwierig, ohne die Unterstützung einer Partei ein Mandat zu gewinnen.

Das personalisierte Verhältniswahlrecht bei den Bundestagswahlen

Bei den Wahlen zum Deutschen Bundestag, die in der Regel alle vier Jahre stattfinden, wird ein Wahlsystem angewendet, das die Vorteile von Mehrheits- und Verhältniswahl vereint und ihre Nachteile vermeidet: das **personalisierte Verhältniswahlrecht**.

Das personalisierte Verhältniswahlrecht gibt den Wahlberechtigten zwei Stimmen:

- Mit der **Erststimme** entscheiden sie darüber, wer den Wahlkreis im Bundestag vertreten soll. Die Erststimme wird nach dem relativen Mehrheitswahlrecht ausgewertet (**Persönlichkeitswahl**).
- Die **Zweitstimme** wird für die Landesliste einer Partei abgegeben. Sie wird nach dem Verhältniswahlrecht ausgewertet und entscheidet darüber, wie viele Sitze eine Partei im Bundestag erhält (**Listenwahl**).

ARBEITSVORSCHLÄGE

1

Vergleichen Sie Prozentanteile und Sitzverteilung der verschiedenen Parteien in Deutschland und Großbritannien.

Begründen Sie die auffälligen Unterschiede.

1, 3

Erstellen Sie auf Grundlage der Wahlergebnisse von 2015 eine Sitzverteilung im britischen Unterhaus unter Anwendung des Verhältniswahlrechts.

2, 4, 5

Ordnen Sie zu, mit welchem Wahlsystem die folgenden Ziele eher zu erreichen sind:
- einfache Regierungsbildung
- gerechte Vertretung verschiedener gesellschaftlicher Gruppen
- enger Kontakt Wähler/-in – Abgeordnete/-r
- politischer Wandel

Das personalisierte Verhältniswahlrecht gibt den Wählerinnen und Wählern zwei Stimmen. Definieren Sie die Unterschiede zwischen Erst- und Zweitstimme.

„Das personalisierte Verhältniswahlrecht vereint die Vorteile von Mehrheits- und Verhältniswahl und vermeidet ihre Nachteile."
Überprüfen Sie diese Aussage.

Was sind Parteien?

Parteien sind Vereinigungen von Bürgern, die dauernd oder für längere Zeit für den Bereich des Bundes oder eines Landes auf die politische Willensbildung Einfluss nehmen und an der Vertretung des Volkes im Bundestag oder einem Landtag mitwirken wollen, wenn sie [...] eine ausreichende Gewähr für die Ernsthaftigkeit dieser Zielsetzung bieten.

§ 2 Abs. 1 Parteiengesetz

Volkspartei

... ist in demokratischen Verfassungsstaaten eine Partei, die in Bezug auf Stimmenanteile und Größe eine gewichtige Rolle spielt und mit ihrer Programmatik für breite Wählerschichten offen ist. Sie unterscheidet sich damit deutlich von der Weltanschauungs- und Interessenpartei.

Mitgliederzahlen der Bundestagsparteien (in Tausend) **3**

	2000	2005	2014
SPD	734,7	577,0	461,5
CDU	616,7	571,9	457,5
CSU	178,3	171,7	146,2
PDS Linke	88,5	67,5	60,6
FDP	62,9	65,0	55,0
B'90/ Grüne	49,5	45,1	60,3
AfD			20,7

Quelle: Parteizentralen, Stand: 31.12.2014

NPD-Verbot **4**

Der Bundesrat stellte im Dezember 2013 einen Antrag auf Verbot der NPD beim Bundesverfassungsgericht. Dieses lehnte ihn im Januar 2017 ab mit der Begründung, dass die NPD zwar durchaus verfassungsfeindlich gesinnt, aber zu bedeutungslos sei, die Demokratie ernsthaft zu gefährden.

Parteien spielen gemäß Art. 21 GG in der repräsentativen Demokratie eine zentrale Rolle. Sie erfüllen nämlich die folgenden wichtigen Aufgaben:

- Möglichkeit, an Diskussionen und Entscheidungen teilzunehmen.
- Bündelung der Interessen ihrer Mitglieder zu mehrheitsfähigen Positionen, die sie gegenüber den staatlichen Entscheidungsträgern vertreten
- Parteien nehmen an Wahlen teil mit dem Ziel, für ihre Vorstellungen eine Mehrheit zu gewinnen und Regierungsverantwortung zu übernehmen.
- Parteien stellen auf allen politischen Ebenen Kandidatinnen und Kandidaten auf, die durch Sachkompetenz und Glaubwürdigkeit überzeugen sollen.

Doch es mehren sich die Zweifel, ob die Parteien diesen Aufgaben noch gerecht werden und tatsächlich die Vermittlerrolle zwischen den Bürgerinnen und Bürgern an der Basis und den politisch Verantwortlichen übernehmen. Dieser Vertrauensverlust trifft vor allem die großen **Volksparteien** CDU/CSU und SPD; deren sinkende Mitgliederzahlen und ein rückläufiger Anteil an den Wählerstimmen sprechen schon seit Jahren eine deutliche Sprache. Über die Gründe herrscht weitgehend Einigkeit:

- Die Stammwählerschaft der Volksparteien schwinden aufgrund gesellschaftlicher Veränderungen.
- In der Überzeugung, dass Wahlen nur gewonnen werden können, wenn die gesellschaftliche Mitte gewonnen wird, haben sich die Volksparteien programmatisch angeglichen, was sie nun mit Profillosigkeit bezahlen.
- Durch vollmundige Versprechungen vor der Wahl werden hohe Erwartungen geschürt, die oft nicht erfüllt werden können.

Von der Krise der Volksparteien profitieren insbesondere die kleinen Parteien: Aus dem ursprünglichen Dreiparteiensystem aus CDU/CSU, SPD und FDP als Zünglein an der Waage ist mittlerweile ein Vielparteiensystem geworden.

Verbot verfassungswidriger Parteien

Um eine Gefährdung der Demokratie zu verhindern, sieht das Grundgesetz vor, dass verfassungswidrige Parteien verboten werden können, worüber das Bundesverfassungsgericht entscheidet. Bisher wurden zwei Parteien verboten: die Sozialistische Reichspartei (1952) und die Kommunistische Partei Deutschlands (1956).

Aus dem Verbotsurteil des Bundesverfassungsgerichts gegen die KPD 5

Eine politische Partei [darf] nur dann aus dem politischen Leben ausgeschaltet werden, wenn sie [...] die obersten Grundsätze der freiheitlichen Demokratie ablehnt. [...]
Eine Partei ist nicht schon dann verfassungswidrig, wenn sie einzelne Bestimmungen, ja ganze Institutionen des Grundgesetzes ablehnt. Sie muss vielmehr die obersten Werte der Verfassungsordnung verwerfen, die elementaren Verfassungsgrundsätze, die die Verfassungsordnung zu einer freiheitlichen demokratischen machen. [...]
Eine Partei ist auch nicht dann verfassungswidrig, wenn sie diese obersten Prinzipien einer freiheitlichen demokratischen Grundordnung nicht anerkennt, sie ablehnt, ihnen andere entgegensetzt. Es muss vielmehr eine aktiv kämpferische, aggressive Haltung gegenüber der bestehenden Ordnung hinzukommen; sie muss planvoll das Funktionieren dieser Ordnung beeinträchtigen, im weiteren Verlauf diese Ordnung selbst beseitigen wollen.

Urteil des BVerfG vom 17. April 1956, Aktenzeichen 1 BvB 2/51

Volksparteien schrumpfen. Na und?! 2

[...] Die Volksparteien sind keine mehr? So what! Die Volksparteien werden [...] voraussichtlich auch nie wieder welche werden? Was soll's! Bei der Bundestagswahl 2017 könnte es selbst für eine große Koalition der beiden einstigen Volksparteien eng werden [...].
Politiker wie Politologen kleiden diese Entwicklung gerne in Verfallsmetaphern: Vom „Niedergang" der Volksparteien ist da die Rede. Und davon, dass es Union und SPD einfach nicht mehr gelingen will, ihre Wählerinnen und Wähler dauerhaft und in großer Zahl an sich zu binden. Diese Diagnose ist schon häufig gestellt worden und völlig korrekt. Die Bewertung dieses Prozesses sollte allerdings ganz anders ausfallen. In einer pluralistischen, modernen Gesellschaft des 21. Jahrhunderts ist es nur logisch und wünschenswert, dass sich die unterschiedlichen Wählerinteressen auch in einem weit aufgefächerten Parteiensystem wiederfinden. Jeder Handynutzer kann sich heute aus einem breiten Angebot einen maßgeschneiderten Vertrag heraussuchen. Die geneigten Wählerinnen und Wähler sollten sich da mit Blick auf das politische Angebot nicht mit weniger zufriedengeben.

Natürlich sind Parteien keine Handy-Vertragsanbieter. Und: So mancher fürchtet inzwischen, dass Berlin ein neues Weimar werden könnte. Schließlich speist der „Abstieg" der Volksparteien den Aufstieg links- und rechtspopulistischer Kräfte. Doch die Furcht vor Extremismus, vor überbordender Klientelpolitik und davor, dass das Gemeinwohl am Ende auf der Strecke bleiben könnte, ist unnötig. Denn: Wo Populismus in Extremismus umschlägt, greift das Strafrecht. Wo dagegen Populismus einfach Populismus bleibt, muss er sich dem „argumentativen Häuserkampf" stellen [...]. Sollten dann im demokratischen Wettbewerb der Argumente viele kleine Parteien gewählt werden, müssen sie eine Mehrparteien-Koalition eingehen, wenn sie regieren wollen. [...] Der vermeintliche „Niedergang" der Volksparteien ist damit zwar misslich für diese Volksparteien selbst. Auch Phantomschmerz tut weh. Aber für eine lebendige Demokratie ist der lebhafte Streit vieler kleiner Parteien ein großer Gewinn. Willkommen im pluralistischen 21. Jahrhundert.

Tamara Tischendorf: Volksparteien schrumpfen. Na und?!, 11.05.2016, abgerufen unter: www1.wdr.de/radio/wdr5/sendungen/morgenecho/kommentare/spd-volksparteien-deutschlandtrend-100.html [30.06.2016]

Die staatliche Parteienfinanzierung

Parteien haben Anspruch auf staatliche Teilfinanzierung, wenn sie 0,5 % der Zweitstimmen bei der letzten Bundestags- oder Europawahl oder 1 % bei einer der letzten Landtagswahlen erzielt haben. Sie erhalten für die ersten vier Millionen Wähler 0,85 € je Wähler, für jeden weiteren Wähler 0,70 €. Spenden von Privatpersonen bis höchstens 3 300,00 € werden mit 0,38 € pro gespendeten Euro bezuschusst. (Stand: Juni 2016)

Vgl.: Deutscher Bundestag: Die Staatliche Parteienfinanzierung, abgerufen unter: www.bundestag.de/ bundestag/parteienfinanzierung/ die_staatliche_parteienfinanzierung/ die_staatliche_parteienfinanzierung/ 203248 [30.06.2016]

Urwahl bei Bündnis 90/ Die Grünen

2012 konnten die Mitglieder von Bündnis 90/Die Grünen zwei Monate lang unter 15 Personen die Spitzenkandidaten für die Bundestagswahl 2013 bestimmen. Die Wahlbeteiligung betrug 61,7 Prozent.

Volksabstimmung zu Stuttgart 21 am 27. November 2011

Baden-Württemberg hat [...] sich deutlich für den Tiefbahnhof Stuttgart 21 entschieden. Rund 7,6 Millionen Stimmberechtigte waren aufgerufen, über das S21-Kündigungsgesetz abzustimmen. Bei der Volksabstimmung am 27. November haben sich 58,9 Prozent [...] gegen den Ausstieg des Landes aus der Projektfinanzierung von S21 ausgesprochen, 41,1 Prozent stimmten für den Ausstieg. Die Projektgegner verfehlten zudem das Quorum von einem Drittel der Stimmberechtigten um eine Million Stimmen.

Landeszentrale für politische Bildung Baden-Württemberg, abgerufen unter: www.lpb-bw.de/volksabstimmung_ stuttgart21.html [23.02.2017]

Aufgrund ihrer Wichtigkeit für den demokratischen Staat sind Parteien im Grundgesetz verankert. Artikel 21 GG legt dabei auch Regeln für ihre Arbeit fest. Dazu gehören unter anderem:

In Ruhe Demokratie üben

Dutzende Abgeordnete stimmen gegen die Regierungslinie, Fraktionschef Volker Kauder tobt, die Mehrheit schmilzt: Vor der Abstimmung über das Griechenland-Kreditpaket am Mittwoch hat die Union mit einer Horde von Abweichlern zu kämpfen. Für die Partei ist das eine ungewohnte Situation – und gleichzeitig ein Glücksfall. Offene Debatten kannte sie bisher vor allem vom Hörensagen: Die Linksfraktion verfolgt ihr Führungspersonal schon mal bis auf die Toilette, die Grünen befinden sich seit ihrer Gründung im Richtungsstreit und die SPD stimmt im Zweifel zwar stets mit Sigmar Gabriel – leistet sich im Vorfeld aber zumindest Diskussionen. Die CDU funktioniert bis dato anders: Die Spitze diktiert, das Fußvolk nickt ab.

Wer diese Aufgabenteilung als antiquiert bezeichnet, tut der Partei nicht unrecht. Selbst die CDU-Spitze hat Reformbedarf erkannt und erst am Montag ein Modernisierungsprogramm vorgestellt. Zumindest in den Kreisverbänden dürfen einfache Mitglieder künftig häufiger mitentscheiden. Wenn es die Union mit Partizipation und innerparteilichem Pluralismus ernst meint, muss sie aber noch einen Schritt weitergehen. Eine wirklich moderne Volkspartei muss schließlich auch damit klarkommen, dass Abgeordnete auf Bundesebene von Zeit zu Zeit einen eigenen Willen entwickeln.

Die Abstimmung über die Griechenland-Kredite ist dafür das ideale Testgelände: Die Regierungsmehrheit ist so komfortabel, dass es keine Rolle spielt, ob am Ende 60 oder 70 Unionsabgeordnete mit „nein" stimmen. Und Merkel selbst müsste sich auch bei 100 Abweichlern nicht sorgen, dass ihre Autorität mehr als nur Risse bekommt. Die CDU weiß schließlich, was sie an der Kanzlerin hat. Wegen der Griechenland-Kredite wird die Partei nicht gegen ihre Chefin meutern.

Die Griechenland-Krise mag also viele Verlierer hervorbringen, die CDU gehört aber nicht dazu. Im Gegenteil: Sie kann in aller Ruhe parteiinterne Demokratie üben.

Tobias Schulze: In Ruhe Demokratie üben, 18.08.2015, abgerufen unter: www.taz.de/!5220356/ [30.06.2016]

Offenlegung der Einnahmen und Ausgaben

Woher die Parteien ihre Einnahmen beziehen ist für Bürgerinnen und Bürger von naheliegender Bedeutung. Wer möchte nicht wissen, wer die Geldgeber einer Partei sind und ob eine Partei ihre Mitglieder oder vielleicht nur die Interessen weniger Großspender vertritt? Deshalb verpflichtet das Grundgesetz die Parteien dazu, die Herkunft ihrer Mittel offenzulegen, weshalb sie jedes Jahr einen Rechenschaftsbericht einreichen, der vom Bundestagspräsidenten geprüft und anschließend veröffentlicht wird.

Um Sachentscheidungen der gewählten Organe zu verhindern, zu verändern oder auch herbeizuführen, bieten die Gemeindeordnungen und Verfassungen der Bundesländer unterschiedliche Mitentscheidungsmöglichkeiten in Form von Volksbegehren und Volksentscheiden. Auf Bundesebene ist ein Volksentscheid, außer für den Fall der Neugliederung des Bundesgebietes, nicht vorgesehen. Immer wieder wird daher die Forderung laut, dies zu ändern und der Bevölkerung stärkeren Einfluss auf die Bundespolitik einzuräumen. Aber diese Forderung ist nicht unumstritten.

Mehr direkte Demokratie wagen? Pro und Contra zu Plebisziten auf nationaler Ebene **3**

Pro

[...] Populisten hätten es schwerer, weil [...] weniger pauschal und sachnaher argumentiert werden muss, und die repräsentative Demokratie würde gestärkt, weil Unrecht und Vernachlässigte weniger übersehen und besser vertreten werden könnten im Bundestag.

Wer für den Einbau von direktdemokratischen Elementen plädiert, möchte die Macht besser verteilen, die Freiheit der Bürgerinnen und Bürgern vergrößern, deren Entfremdung zur Politik abbauen und die Lernfähigkeit der Gesellschaft stärken. [...] Wenn [...] die [...] Bürger weit öfter verbindlich entscheiden, dann muss ungleich intensiver und häufiger diskutiert, nachgedacht und vor allem zugehört werden [...].

[...] Entscheidend [...] ist aber die Möglichkeit einer [...] Minderheit der Bürger, jederzeit und auch gegen den Willen von Regierung oder Parlamentsmehrheit einen Volksentscheid zu Bundestagsbeschlüssen oder Gesetzesrevisionen auslösen zu können. Dieses Wissen verändert die politische Kultur. Regierung und Parlamentarier müssen viel mehr in die Gesellschaft hineinhören, viel mehr Überzeugungsanstrengungen auf sich nehmen [...].

Contra

[...] [B]ei Volksentscheiden [handelt] regelmäßig nicht „das Volk", sondern eine mehr oder weniger kleine Minderheit „im" Volk, die überwiegend aus der Mittelschicht stammt.

[...] Direktdemokratische Entscheidungen sind nicht als solche „besser" oder „schlechter" als die repräsentativer Organe. Und sie sind nicht das geborene Instrument „fortschrittlicher" Kreise, sondern werden auch von rechtspopulistischen oder radikalen Gruppierungen genutzt, denen es um die Überwindung der repräsentativen Demokratie geht. [...]

Die heutige demokratische Verfassung ist auf das repräsentative Hervorbringen von für das Gemeinwesen verbindlichen Entscheidungen angewiesen. Sie beruhen auf der umfassenden Ermittlung, Bewertung und Abwägung der innerhalb des Gemeinwesens vorhandenen Interessen und Werten. [...] Eine wichtige Rolle bei der Vermittlung zwischen der „demokratischen Quelle", also den Bürgern, und den politischen Institutionen kommt den Parteien zu.

Andreas Gross/Rudolf Steinberg: Mehr direkte Demokratie wagen?, in: Das Parlament, Nr.40-41/2014, abgerufen unter: www.das-parlament.de/2014/40_41/im_blickpunkt/-/332168 [30.06.2016]

Fünf Behauptungen zum Diskutieren **4**

1. Dem Volk fehlt die Kompetenz. Die Abstimmenden sind oft nicht genügend über die Fragen, die zur Entscheidung stehen, informiert.

2. Die Bürger lassen sich leicht beeinflussen. Volksentscheide bieten Populisten die Möglichkeit, für ihre Vorstellungen zu werben und eine Mehrheit zu finden, die sie im Parlament wahrscheinlich nicht erreicht hätten.

3. Minderheiten zwingen der Mehrheit ihren Willen auf. Oft nehmen an einem Volksentscheid nur die direkt Betroffenen teil. Die schweigende Mehrheit muss die Entscheidung dann akzeptieren.

4. Volksentscheide sind destruktiv. Sie werden häufig von den Gegnern eines geplanten Gesetzes oder Projekts genutzt, um dieses zu verhindern.

5. Volksentscheide sind Ausdruck der Ratlosigkeit der Politiker. Wenn Politiker nicht mehr weiterwissen, weil ihnen im Parlament die Mehrheiten fehlen oder weil es starken Widerstand in der Öffentlichkeit gibt, dann können sie sich aus der Verantwortung stehlen, indem sie das Volk entscheiden lassen.

ARBEITSVORSCHLÄGE

 1, 2

Beschreiben Sie aus den genannten Beispielen, wie Parteien das Thema „parteiinterne Demokratie" handhaben. Erläutern Sie die Folgen, die ein Mangel an innerparteilicher Demokratie haben kann. Überlegen Sie, was Parteien tun können, um ihre Mitglieder stärker zu beteiligen.

 3

Beschreiben Sie, wie die Autoren des Textes ihre Forderung „Mehr direkte Demokratie wagen" begründen.

 4

Treffen die fünf Behauptungen Ihrer Meinung nach zu? Erstellen Sie in Gruppen eine Liste mit Argumenten für und gegen Volksentscheide. Führen Sie eine Pro-und-Kontra-Debatte zu folgendem Antrag: „Wir stellen den Antrag, das Recht auf Durchführung von Volksentscheiden in das Grundgesetz aufzunehmen." Stimmen Sie nach der Debatte in Ihrer Klasse über den Antrag ab.

WEITERFÜHRENDE HINWEISE

Untersuchen Sie, ob, wann und zu welchen Themen es in Ihrer Region in den letzten fünf Jahren einen Volksentscheid gegeben hat. Berichten Sie, worum es ging und wie das Ergebnis war.

Bürgerinitiativen

Anders als Verbände sind Bürgerinitiativen zunächst nur lose Gruppierungen ohne feste Organisationsstrukturen zur Durchsetzung gemeinsamer Ziele. Ihre Aktivitäten sind oft thematisch, zeitlich und räumlich begrenzt.

NGOs

- **Sport**
  FIFA, IOC
- **Politik und Gesellschaft**
  Amnesty International, Greenpeace

Interessengruppen/ Verbände

sind dauerhaft organisierte Zusammenschlüsse wirtschaftlicher oder gesellschaftlicher Gruppen mit dem Zweck, nach außen gemeinsame Interessen zu artikulieren und auf politische Entscheidungsprozesse Einfluss zu nehmen.
Anders als Parteien sind sie meist an wenigen Themen orientiert, vertreten stärker Sonderinteressen und streben keine direkte Regierungsverantwortung an.

Verbände und ihre Handlungsfelder (Beispiele)

- **Arbeit und Wirtschaft**
  Bundesverband der Deutschen Industrie, Deutscher Gewerkschaftsbund
- **Gesellschaft und Politik**
  Landesjugendring
- **Freizeit und Kultur**
  ADAC, CVJM
- **Bildung und Wissenschaft**
  Volkshochschulverband, Landesfilmdienst
- **Gesundheit und Soziales**
  Deutsche Rotes Kreuz, Dt. Mieterbund

Neben Parteien und Verbänden haben sich als Reaktion auf Entwicklungen in Gesellschaft, Wirtschaft und Politik, die als problematisch oder als ungerecht empfunden werden, seit den 1970er-Jahren die „neuen sozialen Bewegungen" gebildet, die Ausdruck einer Bürgergesellschaft sind, die Politik aktiv mitgestalten will. Hierzu zählen Gruppen oder Organisationen, die in Größe und Aufbau ganz unterschiedlich sind:

- Einerseits locker organisierte **Bürgerinitiativen**, die meist auf lokaler Ebene agieren, um über die Mobilisierung der Öffentlichkeit politische Entscheidungen in ihrem Sinne zu beeinflussen.
- Dagegen die sogenannten **Nichtregierungsorganisationen** (*non-governmental organizations*, NGOs), die sich als Antwort auf die Entstehung globaler Probleme oder zur Bekämpfung weltweiter Missstände zu übernational vernetzten Organisationen entwickelt haben.

Interessenverbände wie der Deutsche Gewerkschaftsbund oder die Bundesvereinigung der Deutschen Arbeitgeberverbände bündeln die Interessen ihrer Mitglieder und vertreten diese gegenüber den staatlichen Entscheidungsträgern. Dabei ist es ihr Ziel, die Gesetzgebung in ihrem Sinne zu beeinflussen, eigene Forderungen durchzusetzen oder den eigenen Interessen zuwiderlaufende Entscheidungen zu verhindern. Andererseits sind die Verbände für eine erfolgreiche Politik unverzichtbar. Ihre Vertreter sind wichtige Informationslieferanten, die bei der Vorbereitung politischer Entscheidungen ihren Sachverstand einbringen.

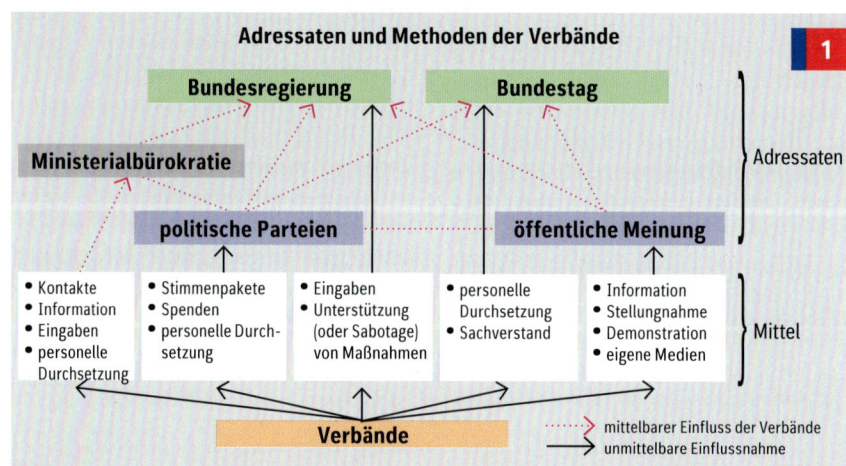

Adressaten und Methoden der Verbände 1

Das [...] Idealbild des Lobbyismus setzt darauf, dass Lobbyisten wichtige Informationen für die Politik liefern und durch den Wettstreit verschiedener Interessen demokratische Willensbildung ermöglicht wird. [...] In der Realität sind Interessenvertretung und Lobbyismus von Anfang an durch gesellschaftliche Machtungleichgewichte geprägt. Es gibt ein deutliches Übergewicht an finanziellen und personellen Ressourcen aufseiten von Unternehmen, Wirtschaftsverbänden und ihnen nahe stehenden Denkfabriken. [...] Schwächer repräsentierte Interessen geraten so leicht unter die Räder. Diese Problematik wird verstärkt durch den häufig einseitigen Zugang von Lobbyisten zur Politik und durch den Einsatz verdeckter und manipulativer Methoden. Deshalb ist es nötig, dem Lobbyismus Schranken zu setzen und für mehr Transparenz zu sorgen. 4

LobbyControl – Initiative für Transparenz und Demokratie e. V. (Hrsg.): Mehr Transparenz und Schranken für den Lobbyismus, S. 1, abgerufen unter: www.lobbycontrol.de/download/Mehr%20Transparenz_LobbyControl_Dez08.pdf [30.06.2016]

Der gesetzliche Mindestlohn beschädigt Tarifautonomie und gefährdet Arbeitsplätze **2**

Am 16. August 2014 ist das sog. „Tarifautonomiestärkungsgesetz" in Kraft getreten. Ab dem 1. Januar 2015 gilt damit bundesweit ein gesetzlicher Mindestlohn in Höhe von 8,50 Euro.

Die Bezeichnung des Gesetzes ist irreführend, seine Regelungen schwächen die Tarifautonomie, indem sie in bestehende Tarifverträge eingreifen. Spätestens ab dem 1. Januar 2018 – nach Ablauf der Übergangsfrist – sind abweichende tarifliche Vereinbarungen generell ausgeschlossen. [...] Eine solche Verdrängungswirkung von bestehenden Tarifverträgen ist ein schwerwiegender Eingriff in die Tarifautonomie [...], der in keiner Weise die konkrete Situation in einzelnen Branchen berücksichtigt.

[...] [Der Mindestlohn wird] gerade für Berufseinsteiger mit Vermittlungshemmnissen und für die Schwächsten am Arbeitsmarkt eine erhebliche Barriere für den Einstieg in Arbeit bedeuten. Das gilt [...] insbesondere für junge Menschen, die nicht ausbildungsfähig sind oder nur mit erheblichem Aufwand ausbildungsbereit gemacht werden können. Für solche Arbeitnehmer bedarf es angemessener Möglichkeiten, vom Mindestlohn abweichen zu können. Hierbei muss vor allem individuellen Fähigkeiten und Kenntnissen entsprochen werden. Dies stellt das Gesetz nur unzureichend sicher. Auch Langzeitarbeitslose brauchen passgenaue Regelungen [...].

Bundesvereinigung der Deutschen Arbeitgeberverbände: Der gesetzliche Mindestlohn beschädigt Tarifautonomie und gefährdet Arbeitsplätze, abgerufen unter: www.arbeitgeber.de/www/arbeitgeber.nsf/id/3530265160326AF9C1257D070052194A [30.06.2016]

Ein Jahr gesetzlicher Mindestlohn **3**

[...] DGB-Vorstandsmitglied Stefan Körzell sagte am Freitag in Berlin: „Der Mindestlohn ist ein arbeitsmarktpolitischer Meilenstein. Seit einem Jahr profitieren rund 3,6 Millionen Menschen von der gesetzlichen Lohnuntergrenze. Laut Statistischem Bundesamt kommt der Mindestlohn genau dort an, wo die Löhne am niedrigsten waren: bei Ungelernten, Beschäftigten in Dienstleistungsbranchen und in Ostdeutschland. Bundesweit konnten Ungelernte im Schnitt ein Lohn-Plus von 3,3 Prozent verbuchen, in den ostdeutschen Bundesländern sogar neun Prozent. Im Gastgewerbe stiegen die Löhne Ungelernter im Schnitt um sechs Prozent, im Osten für weibliche Beschäftigte in der Gastronomie um 19,5 Prozent, im Handel um 2,7 Prozent.

Der Mindestlohn gefährdet keine Arbeitsplätze. Im Gegenteil: Die sozial-

versicherungspflichtige Beschäftigung nahm um fast 688 000 Stellen zu – ein Plus von 2,2 Prozent. Ein Teil davon geht auf die Umwandlung von Minijobs in reguläre (Teilzeit-)Stellen zurück. Bis September sank die Zahl derjenigen, die ausschließlich geringfügig beschäftigt sind, um 3,9 Prozent (Ostdeutschland: 7 %). [...] Der Mindestlohn trägt zum Aufbau regulärer Beschäftigung bei, statt die Zahl der Minijobs weiter steigen zu lassen. [...]

Im Sommer 2016 wird die Mindestlohnkommission eine Empfehlung für die Erhöhung des Mindestlohns geben. [...] Aber schon heute ist klar: Die Gewerkschaftsseite wird keine Ausreden akzeptieren, mit denen der Mindestlohn eingefroren, für Flüchtlinge ausgesetzt oder abgesenkt und durch staatliche Mittel aufgestockt werden soll."

Claudia Falk: Ein Jahr gesetzlicher Mindestlohn – Körzell: Mindestlohn ist arbeitsmarktpolitischer Meilenstein, Pressemitteilung 001, 01.01.2016, hrsg. vom Deutschen Gewerkschaftsbund, abgerufen unter: www.dgb.de/presse/++co++d5b5f188-afd6-11e5-9df6-52540023ef1a [30.06.2016]

ARBEITSVORSCHLÄGE

 1

Überlegen Sie, welche Methoden sich für DGB und BDA eignen, um die politischen Entscheidungsträger beim Thema „Mindestlohn" zu beeinflussen.

 2, 3

Beschreiben Sie zunächst, welche Ziele DGB und BDA beim Thema „Mindestlöhne" verfolgen und wie sie ihre Positionen begründen. Beurteilen Sie gemeinsam in der Klasse, wie erfolgreich die beiden Verbände bei ihrer Arbeit waren. Diskutieren Sie den Erfolg der Einführung von Mindestlöhnen zum 01.01.2015.

 4

Setzen Sie sich mit Verbänden und Lobbyisten auseinander: Erklären Sie sowohl ihren positiven Beitrag zur Demokratie als auch die Kritik an ihrer Arbeit.

 5

Stellen Sie in einem Schaubild die Unterschiede zwischen Verbänden, Bürgerinitiativen, Nichtregierungsorganisationen und Parteien dar.

WEITERFÜHRENDE HINWEISE

Informieren Sie sich über eine global agierende Nichtregierungsorganisation wie z. B. Greenpeace oder Amnesty International und berichten Sie Ihrer Klasse.

Meinungsumfrage

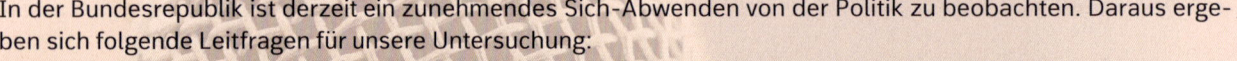

Unter „Meinungsforschung" versteht man die themenorientierte Befragung der Bevölkerung. Meinungsumfragen spielen sowohl in der Politik (z.B. Wahlumfragen) als auch in der Wirtschaft (z.B. Marktforschung) eine große Rolle. Es gibt eine Vielzahl von Meinungsforschungsinstituten, die im Auftrag von Parteien oder Unternehmen Meinungsumfragen durchführen, z.B. EMNID, Allensbach, Forsa oder Infratest.

Thema: **Partizipation**

In der Bundesrepublik ist derzeit ein zunehmendes Sich-Abwenden von der Politik zu beobachten. Daraus ergeben sich folgende Leitfragen für unsere Untersuchung:
* Gibt es in Deutschland ausreichend Möglichkeiten für die Bürger/-innen, sich an politischen Entscheidungsprozessen zu beteiligen?
* Wissen die Menschen darüber eigentlich wirklich Bescheid?
* Könnten mehr oder bessere Beteiligungsmöglichkeiten das Interesse an der Politik spürbar steigern?

Meinungsumfragen können auf unterschiedliche Art und Weise durchgeführt werden:

Repräsentative Befragung

Dabei wird versucht, die zu befragenden Personen so auszuwählen, dass sie die Gesamtbevölkerung repräsentieren. Umfangreiches statistisches Material ist hierbei notwendig, um die richtigen Personen auszuwählen. Um in Deutschland eine repräsentative Befragung durchführen zu können, sind zwischen 1 000 und 1 500 Interviews notwendig.

Zufallsbefragung

Oft werden zufällig anwesende oder vorbeikommende Menschen zu bestimmten Themen befragt. Bei derartigen Umfragen ist die Gefahr der Beeinflussung besonders groß.

Totalbefragung

Wenn eine bestimmte Bevölkerungsgruppe vollständig befragt wird, spricht man von einer Totalbefragung (Beispiel: alle Schülerinnen und Schüler der gewerblichen Schule XY, die bei der nächsten Wahl das erste Mal wählen dürfen). Solche Totalbefragungen sind allerdings relativ selten, da sie sehr aufwendig sind.

Überlegen Sie gemeinsam, welche Art der Befragung für Ihre Zwecke wohl am besten geeignet ist.

Fragebogen erstellen

Arbeiten Sie in Gruppen konkrete Fragen aus und erstellen Sie aus den gesammelten Vorschlägen einen endgültigen gemeinsamen Fragebogen. Achten Sie darauf, dass er weder zu lang noch zu kurz wird (Vorschlag: ca. 10 Fragen).
Der Fragebogen muss standardisiert sein, damit die Ergebnisse auch sinnvoll ausgewertet werden können.

Es gibt verschiedene Frageformen, die auch gemischt werden können:

1. **Entscheidungsfragen**, die nur mit Ja oder Nein beantwortet werden können. Vorteil: Solche Fragen lassen sich leicht beantworten und auswerten. Nachteil: Nur sinnvoll, wenn es wirklich nur zwei Antwortmöglichkeiten gibt.

2. **Offene Fragen** ermöglichen es dem Befragten, seine Meinung in eigenen Worten darzustellen. Nachteil: Antworten sind nur schwer vergleichbar. Deshalb: Auswahlantworten vorgeben.

3. **Skalen**, die eine abgestufte Antwort ermöglichen. Vorteil: Die Befragten können sich differenziert äußern. Die Ergebnisse sind vergleichbar und leicht auszuwerten.

Personengruppe festlegen

Entscheiden Sie sich zunächst, welche Personengruppe Sie befragen wollen.
Legen Sie fest, wer die Befragung wann und wo genau durchführen soll - am besten bilden Sie dazu Teams. Meinungsumfragen sind in der Regel anonym. Trotzdem muss überlegt werden, ob für die Auswertung nicht bestimmte Angaben zur Person erfasst werden müssen, z.B. Alter oder Geschlecht.

Durchführung und Auswertung

Führen Sie nunmehr Ihre Umfrage beim definierten Personenkreis durch.

Werten Sie die Ergebnisse Ihrer Befragung gemeinsam aus. Welche davon sind besonders aussagekräftig? Welche davon haben Sie besonders überrascht?

Bestimmen Sie ein kleines Team, das zur Aufbereitung ein Grafikprogramm benutzten sollte, damit Sie eine möglichst interessante Präsentation erstellen und vorführen können.

Beispiel: Entscheidungsfrage

Bist du Mitglied in einem/einer:	ja	nein
freiwilligen Hilfsorganisation (Feuerwehr, Techn. Hilfswerk)		
kirchlichen Jugendgruppe		
politischen Partei		
Sportverein		
Umweltschutz- bzw. Menschenrechtsorganisation		

Beispiel: Offene Frage

Welche Möglichkeiten zur Beteiligung an politischen Entscheidungen hast du selbst schon einmal genutzt? (Zutreffendes bitte ankreuzen)
Kommunalwahlen
Landtagswahlen
Bundestagswahlen
Demonstrationen
Diskussionsveranstaltungen
Aktivitäten von Bürgerinitiativen

Beispiel: Skalen-Frage

Persönliche Einstellung zur Politik				
Politik ist langweilig.	1	2	3	4
Welche Partei ich wähle, ist eigentlich egal.	1	2	3	4
Politik hat nichts mit dem wirklichen Leben zu tun.	1	2	3	4
Ich kann an politischen Entscheidungen sowieso nichts ändern.	1	2	3	4

4 = trifft sehr zu   3 = trifft zu
2 = trifft weniger zu   1 = trifft überhaupt nicht zu

Die Sitzordnung im Deutschen Bundestag

① Präsident/-in   ② Schrift-
                       führer/-in

③ Redepult   ④ Abgeordnete

⑤ Regierungs-   ⑥ Bundesrats-
   bank   bank

Kontrolle der Regierung durch die Opposition

Die **Kleine Anfrage** kann von mindestens 15 Abgeordneten gestellt werden und wird schriftlich beantwortet.

Die **Große Anfrage** braucht die Unterstützung von mindestens 30 Abgeordneten und muss in einer Plenardebatte behandelt werden.

Ein **Untersuchungsausschuss** muss auf Antrag eines Viertels der Abgeordneten eingesetzt werden (im 18. Bundestag reichten wegen der kleinen Opposition 120 von 630 Abgeordneten).

Er wird gebildet, um Missstände im Verantwortungsbereich der Regierung aufzuklären.

Mithilfe des **konstruktiven Misstrauensvotums** kann die Opposition den Kanzler und seine Regierung stürzen, wenn sie gleichzeitig einen neuen Kanzler wählt.

Grundgesetz Artikel 63   **3**

(1) Der Bundeskanzler wird auf Vorschlag des Bundespräsidenten vom Bundestage ohne Aussprache gewählt.
(2) Gewählt ist, wer die Stimmen der Mehrheit der Mitglieder des Bundestages auf sich vereinigt. Der Gewählte ist vom Bundespräsidenten zu ernennen.
(3) Wird der Vorgeschlagene nicht gewählt, so kann der Bundestag binnen vierzehn Tagen nach dem Wahlgange mit mehr als der Hälfte seiner Mitglieder einen Bundeskanzler wählen.

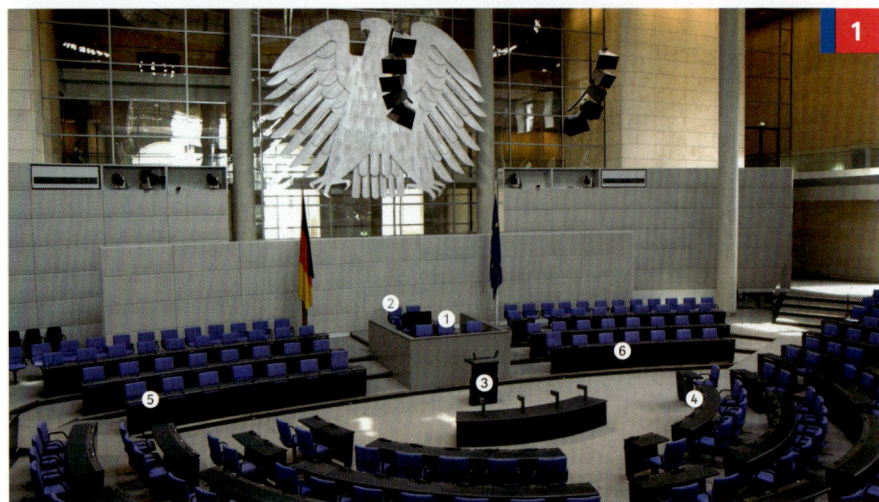

Der 2017 gewählte 19. **Bundestag** hat einschließlich der 111 Überhang- und Ausgleichmandate 709 Abgeordnete. Zusammen mit dem **Bundesrat** (s. S. 124) bildet er die gesetzgebende Gewalt (Legislative). Neben der Gesetzgebung übernimmt er außerdem Aufgaben als Wahl- und Kontrollorgan.

Der Bundestag als Gesetzgebungsorgan

Der Bundestag ist das oberste Organ der Gesetzgebung. Ohne Verabschiedung durch den Bundestag kann kein Gesetz zustande kommen. Das Recht, Gesetze zur Beratung in den Bundestag einzubringen (**Initiativrecht**), steht der Bundesregierung, dem Bundesrat oder den Mitgliedern des Bundestages zu. Die Gesetzesvorschläge werden in drei Lesungen debattiert und durch Mehrheitsbeschluss verabschiedet. Anschließend werden sie an den Bundesrat weitergeleitet.

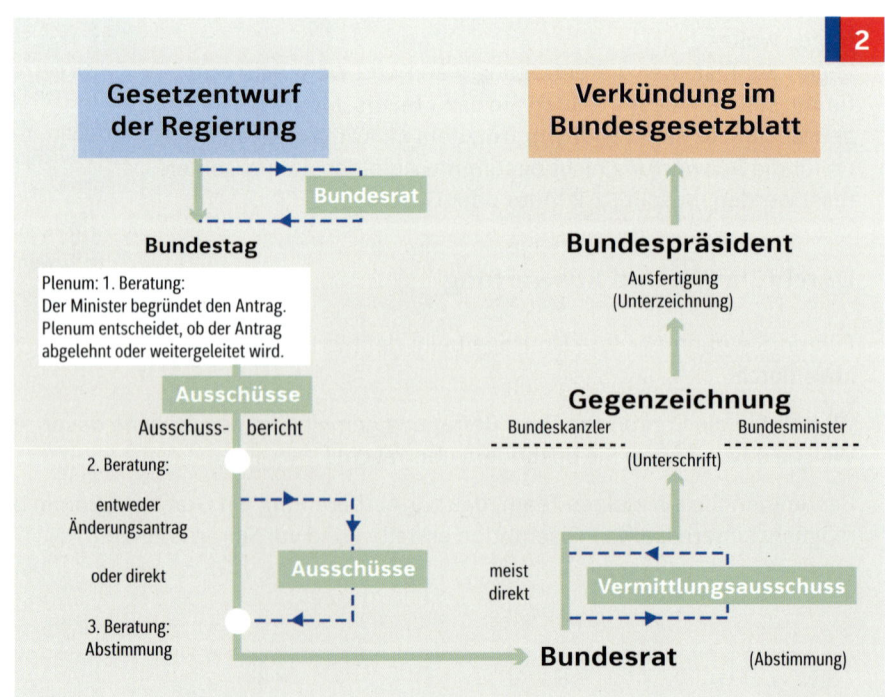

Ständige Ausschüsse

Ein Großteil der parlamentarischen Arbeit spielt sich in den Ausschüssen ab, die auf Beschluss des Bundestages für die Dauer der gesamten Wahlperiode gebildet werden.

Die 23 ständigen Ausschüsse der 18. Wahlperiode [...] sind, entsprechend den Kräfteverhältnissen im Parlament, mit Abgeordneten der verschiedenen Fraktionen besetzt.

In den Ausschüssen konzentrieren sich die Abgeordneten auf ein Teilgebiet der Politik. Sie beraten alle dazugehörigen Gesetze vor der Beschlussfassung und versuchen, bereits im Ausschuss einen mehrheitsfähigen Kompromiss zu finden.

Deutscher Bundestag: Ständige Ausschüsse, abgerufen unter: www.bundestag.de/bundestag/ausschuesse18/ [01.07.2016]

Der Bundestag als Kontrollorgan

Weil in der parlamentarischen Demokratie die Parlamentsmehrheit die Regierung unterstützt, ist es vor allem Aufgabe der Opposition, die Regierung zu kontrollieren. Das wichtigste Kontrollinstrument sind die parlamentarischen Untersuchungsausschüsse. Sie müssen eingesetzt werden, wenn dies von einem Viertel der Abgeordneten verlangt wird. Zur Beweiserhebung können Zeugen vernommen werden. Wie vor einem Gericht sind Falschaussagen mit Strafe bedroht.

Der Bundestag als Wahlorgan

In der parlamentarischen Demokratie entscheidet das Parlament darüber, wer das Amt des Regierungschefs einnehmen soll. Dementsprechend wählt der Bundestag den Bundeskanzler. Umgekehrt hat der Bundestag auch das Recht, den Bundeskanzler durch ein konstruktives Misstrauensvotum abzuwählen (s. S. 127).

Des Weiteren wählt der Bundestag gemeinsam mit einer gleichen Anzahl von Vertretern der Landtage in der Bundesversammlung den Bundespräsidenten sowie die Hälfte der Bundesverfassungsrichter.

Der NSU-Untersuchungsausschuss: eine Bilanz   **4**

Der Deutsche Bundestag hat im Januar 2012 einen Untersuchungsausschuss eingesetzt, der sich mit der Mordserie der Neonazi-Gruppe „Nationalsozialistischer Untergrund" beschäftigen soll. Dieser Terrorgruppe wird zur Last gelegt, zwischen 2000 und 2007 acht türkisch- und einen griechischstämmigen Kleinunternehmer sowie eine Polizistin erschossen zu haben.

Der Untersuchungsausschuss soll zur Aufklärung der Taten beitragen und insbesondere klären, warum Polizei und Verfassungsschutz der Terrorgruppe nicht früher auf die Spur gekommen sind. Um seine Aufgaben zu erfüllen, kann der NSU-Untersuchungsausschuss – wie jeder andere Untersuchungsausschuss auch – Zeugen vorladen, die, wenn nötig unter Eid, in meist öffentlichen Sitzungen aussagen müssen. Er hat auch das Recht, bei Behörden, Unternehmen und Privatpersonen Unterlagen und Beweismittel anzufordern.

Nach vielen Sitzungen, in denen mehrere Innenminister und verantwortliche Mitarbeiter von Bundesnachrichtendienst und Militärischem Abschirmdienst vernommen wurden, ist eine ganze Reihe von Fehlern der Sicherheitsbehörden zutage getreten. Der Untersuchungsausschuss konnte auch mit erschreckender Deutlichkeit aufzeigen, dass über Jahre hinweg die von Neonazis ausgehende Gefahr auf fahrlässige Weise unterschätzt worden ist.

Die Bundeskanzler der Bundesrepublik Deutschland

- 1949–1963
  Konrad Adenauer (CDU)
- 1963–1966
  Ludwig Erhard (CDU)
- 1966–1969
  Kurt Georg Kiesinger (CDU)
- 1969–1974
  Willy Brandt (SPD)
- 1974–1982
  Helmut Schmidt (SPD)
- 1982–1998
  Helmut Kohl (CDU)
- 1998–2005
  Gerhard Schröder (SPD)
- seit 2005
  Angela Merkel (CDU)

1

Die Bundesregierung, auch **Bundeskabinett** genannt, besteht aus dem Bundeskanzler und den Bundesministern. Als ausführende Gewalt (**Exekutive**) ist sie vor allem für zwei Aufgabenbereiche zuständig:

- Die Regierung ist verantwortlich für die Verwirklichung der von Bundestag und Bundesrat beschlossenen Gesetze. Dazu erlässt sie die erforderlichen Anweisungen an die **Verwaltung** und kontrolliert deren Einhaltung.
- Von der Regierung wird aber nicht nur erwartet, dass sie die bestehenden Gesetze vollzieht, sie soll auch durch eigene Gesetzesinitiativen Lösungsvorschläge für aktuelle Probleme bieten und vorausschauend die Herausforderungen durch die Zukunft bewältigen (**Gestaltung**). Die diesbezüglichen Vorstellungen der Regierung werden in Regierungserklärungen vorgestellt.

Regierungserklärung von Bundeskanzlerin Merkel vom 21.03.2018   **2**

Vor fast sechs Monaten, am 24. September 2017, wurde ein neuer Bundestag gewählt. [...] Der Regierungsbildungsprozess hat 171 Tage gedauert, so lange wie noch nie in der Geschichte der Bundesrepublik Deutschland. [...] Obwohl [...] es uns wirtschaftlich so gut wie noch nie seit der Wiedervereinigung geht, machen sich viele Menschen Sorgen um die Zukunft, ist der Ton der Auseinandersetzung rauer geworden, ist der Respekt vor unterschiedlichen Meinungen zurückgegangen [...], sind die Sorgen um den Zusammenhalt unserer Gesellschaft größer geworden [...]. Das haben auch die Parteien, die die Regierung tragen, also CDU, CSU und SPD, durch erhebliche Verluste im Wahlergebnis der Bundestagswahl zu spüren bekommen.

Wir wollen dazu beitragen, den leider vorhandenen Eindruck zu überwinden, dass in einer großen Notlage ganz schnell und umstandslos Fremden geholfen wird, die einheimischen Deutschen, die ebenfalls der Hilfe bedürfen, aber zurückstehen müssen. Deshalb wollen wir erreichen, dass der übergroße Wohlstand unseres Landes [...] allen zugutekommen kann und allen zugutekommen wird.

Wir wollen in einer Gesellschaft leben, die von Menschlichkeit, Gerechtigkeit und Zusammenhalt geprägt ist. Zusammenhalt [...] wird zuerst in der Familie gelebt. [...] Wenn wir Familien stärken, stärken wir den Einzelnen und gleichzeitig die Gemeinschaft.

Deshalb ist die Entlastung und Stärkung der Familien eine der ersten Prioritäten der Bundesregierung. Wir erhöhen das Kindergeld, wir passen den steuerlichen Freibetrag an. Davon werden alle Familien profitieren. Wir entlasten insbesondere Alleinerziehende und kinderreiche Familien. [...] Die, die täglich unser Land am Laufen halten, sollen mehr Gestaltungsmöglichkeiten für ihr eigenes Leben haben. Deshalb ist es richtig, dass die Absenkung des Beitrags zur Arbeitslosenversicherung und die Rückkehr zur paritätischen Finanzierung in der Gesundheitsversicherung alle Arbeitnehmerinnen und Arbeitnehmer entlastet.

[...] Ich möchte, dass am Ende dieser Legislaturperiode diese Bilanz gezogen wird: Unsere Gesellschaft ist menschlicher geworden, Spaltungen und Polarisierungen konnten verringert, vielleicht sogar überwunden werden, und Zusammenhalt ist neu gewachsen.

Angela Merkel: Regierungserklärung von Bundeskanzlerin Merkel in Berlin vor dem Deutschen Bundestag (Protokoll des Deutschen Bundestages, 21.03.2018, abgerufen unter: www.bundesregierung.de/Content/DE/Regierungserklaerung/2018/2018-03-22-regierungserklaerung-merkel.html;jsessionid=84E2756407DAE4E5C600F2BAFE0E0C99.s4t2 [10.04.2018]

Die verfassungsmäßige Stellung der Bundesregierung **3**

Die Bundesregierung besteht aus dem Bundeskanzler und aus den Bundesministern (Art. 62 GG).

- Der Bundeskanzler wird auf Vorschlag des Bundespräsidenten vom Bundestag ohne Aussprache gewählt (Art. 63 Abs. 1 GG).
- Die Bundesminister werden auf Vorschlag des Bundeskanzlers vom Bundespräsidenten ernannt und entlassen (Art. 64 Abs. 1 GG).
- Der Bundeskanzler bestimmt die **Richtlinien** der Politik und trägt dafür die Verantwortung. Innerhalb dieser Richtlinien leitet jeder Bundesminister sein Ministerium selbstständig und unter eigener Verantwortung. Über Meinungsverschiedenheiten zwischen den Bundesministern entscheidet die Bundesregierung (Art. 65 GG).

- Der Bundeskanzler kann nur gestürzt werden, wenn der Bundestag mit der Mehrheit seiner Mitglieder einen Nachfolger wählt (konstruktives Misstrauensvotum) (Art. 67 Abs. 1 GG).
- Der Kanzler hat das Recht, nach gescheiterter Vertrauensfrage die Auflösung des Parlaments zu beantragen (Art. 68 GG). Die Vertrauensfrage ist ein Machtmittel des Kanzlers, mit dem er die Unterstützung durch die Parlamentsmehrheit einfordern kann. Selbst Abgeordnete der Regierungsparteien, die dem Kanzler ablehnend gegenüberstehen, werden ihm kaum das Vertrauen verweigern, weil eine Parlamentsauflösung mit anschließenden Neuwahlen ihr politisches Ende bedeuten könnte.

Mit diesen Regelungen gibt das Grundgesetz dem Kanzler eine starke Stellung. Deshalb wird die Bundesrepublik Deutschland oft auch als **Kanzlerdemokratie** bezeichnet. Im politischen Alltag muss der Kanzler jedoch mancherlei Rücksichten nehmen, die seine Machtstellung einschränken.

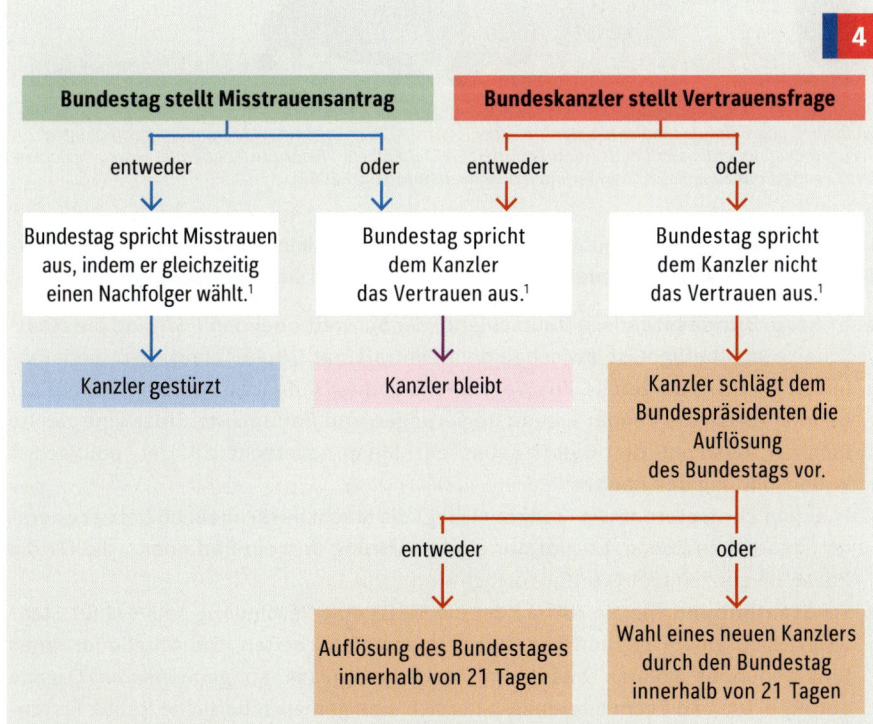

4

Bundestag stellt Misstrauensantrag		Bundeskanzler stellt Vertrauensfrage	
entweder	oder	entweder	oder
Bundestag spricht Misstrauen aus, indem er gleichzeitig einen Nachfolger wählt.[1]	Bundestag spricht dem Kanzler das Vertrauen aus.[1]	Bundestag spricht dem Kanzler nicht das Vertrauen aus.[1]	
Kanzler gestürzt	Kanzler bleibt	Kanzler schlägt dem Bundespräsidenten die Auflösung des Bundestags vor.	

entweder	oder
Auflösung des Bundestages innerhalb von 21 Tagen	Wahl eines neuen Kanzlers durch den Bundestag innerhalb von 21 Tagen

[1] *Der Bundestag benötigt für seine Entscheidung die Mehrheit seiner Mitglieder.*

 1

Gestalten Sie eine Übersicht über die derzeitigen Mitglieder des Bundeskabinetts mit Bild und Ressort.

 2

Erarbeiten Sie aus der Regierungserklärung von Bundeskanzlerin Merkel, welche Ziele sie sich und ihrer Regierung 2018 gesetzt hat.

Überprüfen Sie, inwieweit die Regierung ihre Ziele bislang erreichen konnte.

 3

Die politische Ordnung der Bundesrepublik wird immer wieder als „Kanzlerdemokratie" bezeichnet. Andererseits sehen manche den Kanzler als einen „machtlosen Tropf".
Was stimmt?
Überlegen Sie dazu:
- Welche Bestimmungen des Grundgesetzes tragen dazu bei, die Position des Bundeskanzlers zu stärken?
- Auf wen muss der Kanzler im politischen Alltag Rücksicht nehmen und darum unter Umständen Abstriche von seinen Vorstellungen machen?

 4

Unterscheiden Sie den Ablauf des konstruktiven Misstrauensvotums und der Vertrauensfrage. Tragen die beiden Verfahren zur Stärkung oder zur Schwächung des Bundeskanzlers bei?

Finanzausgleich zwischen den Bundesländern

Der Länderfinanzausgleich soll das Gefälle zwischen reicheren und ärmeren Bundesländern verringern.

Geben und Nehmen  **2**
**Länderfinanz-
ausgleich 2012
in Mio. €**

Die Geberländer

Bayern	5 449
Baden-Württemberg	2 313
Hessen	1 720
Hamburg	111

Die Nehmerländer

Saarland	92
Schleswig-Holstein	129
Niedersachsen	173
Rheinland-Pfalz	224
Nordrhein-Westfalen	402
Mecklenburg-Vorpommern	452
Bremen	517
Thüringen	541
Brandenburg	542
Sachsen-Anhalt	547
Sachsen	963
Berlin	3 323

Bundesfinanzministerium: Der Finanzausgleich unter den Ländern, abgerufen unter: www.bundesfinanzministerium.de/Web/DE/Themen/Oeffentliche_Finanzen/Foederale_Finanzbeziehungen/Laenderfinanzausgleich/laenderfinanzausgleich.html [01.07.2016]

Länderfinanzausgleich: Was könnte sich ändern?

Die Landesregierungen von Bayern und Hessen haben schon mehrmals damit gedroht, vor dem Bundesverfassungsgericht gegen den Länderfinanzausgleich zu klagen. Sie halten das System für ungerecht und leistungsfeindlich.
Die bestehenden Regelungen gelten bis Ende 2019. Im Jahr darauf soll zudem die "Schuldenbremse" greifen – die Bundesländer dürfen dann keine neuen Kredite aufnehmen.

Einwohner in Mio.

1

Schleswig-Holstein 1,0
Hamburg 1,8
Bremen 0,7
Niedersachsen 7,9
Nordrhein-Westfalen 17,7
Hessen 6,1
Rheinland-Pfalz 4,0
Saarland 1,0
Baden-Württemberg 10,8
Mecklenburg-Vorpommern 1,6
Brandenburg 1,6
Berlin 3,5
Sachsen-Anhalt 2,2
Thüringen 2,1
Sachsen 4,0
Bayern 12,7

Stand: 2016

Zahlen nach dem Bundesfinanzministerium: Der Finanzausgleich unter den Ländern, abgerufen unter: www.bundesfinanzministerium.de/Web/DE/Themen/Oeffentliche_Finanzen/Foederale_Finanzbeziehungen/Laenderfinanzausgleich/laenderfinanzausgleich.html [01.07.2016]

Schon der Name „Bundesrepublik" weist darauf hin, dass wir in Deutschland in einem Bundesstaat leben, in dem mehrere (Bundes-)Länder einen Gesamtstaat bilden.

- In einem **Bundesstaat** wie Deutschland, der Schweiz oder den USA sind die staatlichen Machtbefugnisse zwischen dem Zentralstaat („Bund") und den Gliedstaaten („Ländern") aufgeteilt. Zur Wahrnehmung ihrer Aufgaben besitzen sowohl der Bund als auch die Länder eigene Regierungen und Parlamente. Über eine zweite Kammer besitzen die Gliedstaaten ein Mitspracherecht an der politischen Willensbildung des Bundes.

- In einem **Zentralstaat** wie Frankreich liegt die Macht ausschließlich bei der obersten staatlichen Ebene. Es gibt nur eine Regierung und ein Parlament, die für die Politik im ganzen Land verantwortlich sind.

- Ein **Staatenbund** wie die NATO oder die EU ist eine Verbindung souveräner Staaten, die zu einem bestimmten Zweck zusammenarbeiten. Die Mitglieder eines Staatenbundes können bestimmte Machtbefugnisse an gemeinsame Organe abtreten, um in diesem begrenzten Bereich eine gemeinschaftliche Politik festzulegen.

Deutschland – ein Bundesstaat

Der bundesstaatliche Aufbau in Deutschland hat eine lange geschichtliche Tradition. Abgesehen von der NS-Diktatur und der SED-Herrschaft in der DDR ist Deutschland nie zentralistisch regiert worden. Seit der **Wiedervereinigung** am 3. Oktober 1990 gibt es 16 Bundesländer.

Die Aufgabenverteilung zwischen Bund und Ländern ist in den Artikeln 70 bis 74 des Grundgesetzes geregelt. Politikbereiche, die in diesen Artikeln nicht erwähnt werden, können die Länder in eigener Regie gestalten. Dazu einige Beispiele:

ausschließliche Gesetz-gebung des Bundes	konkurrierende Gesetz-gebung des Bundes	Gesetzgebungs-kompetenz der Länder
auswärtige Angelegen-heiten, Verteidigung, Einwanderung, Erzeugung und Nutzung der Kern-energie	bürgerliches Recht, Strafrecht, Vereinsrecht, Gaststättenrecht, Lebens-mittelrecht, Straßenverkehr, Luftreinhaltung	Schulwesen, Rundfunk und Fernsehen, Landesplanung, Kunst und Kultur, Polizei

Im Laufe der Jahre ist es dem Bund gelungen, seine Zuständigkeiten zulasten der Länder immer weiter auszudehnen. Umgekehrt sind die Länder durch diese Entwicklung über den Bundesrat immer stärker an der Gesetzgebung des Bundes beteiligt. Die Folge: Bund und Länder blockieren sich oft gegenseitig, sodass politische Veränderungen nur schwer zu verwirklichen sind. Darum erfolgte in den Jahren 2006 und 2007 eine **Föderalismus-reform**, die das Bund-Länder-Verhältnis neu geregelt hat (s. S. 124).

Finanzausgleich auf Rekordniveau – Bayern schultert mehr als Hälfte

Der Finanzausgleich zwischen "rei-chen" und "armen" Bundesländern ist auf ein Rekordvolumen gestiegen. Im vergangenen Jahr überwiesen die Ge-berländer über diesen Umverteilungs-topf nach vorläufigen Berechnungen mehr als 9,62 Milliarden Euro an die fi-nanzschwachen Nehmer. Dies ist ein Plus von rund 600 Millionen Euro ge-genüber 2014, wie aus den der Deut-schen Presse-Agentur am Donnerstag vorliegenden Zahlen hervorgeht.

Mit Abstand größter Zahler bleibt Bay-ern. Der Freistaat zahlt inzwischen mit rund 5,46 Milliarden Euro weit mehr als die Hälfte. Weitere Geberländer sind Baden-Württemberg (gut 2,34 Milliar-den Euro), Hessen (fast 1,72 Milliarden Euro) und Hamburg (103 Millionen Euro). Größter Profiteur war erneut Ber-lin. Die Hauptstadt erhielt gut 3,62 Mil-liarden Euro Ausgleichszahlungen.

"Diese Zahlen unterstreichen erneut sehr deutlich, dass eine Reform über-fällig ist und Bayern entlastet werden muss", betonte Bayerns Finanzminister Markus Söder (CSU). Allein mit dem Thema Asyl sei man an der Belastungs-grenze. "Wir brauchen wieder mehr von unserem eigenen Geld." Man hoffe sehr auf Umsetzung der geplanten Reform.

Der seit Jahren umstrittene Finanzaus-gleich regelt die Verteilung der Einnah-men zwischen Bund, Ländern und Kom-munen. Jedes der 16 Bundesländer hat aufgrund seiner wirtschaftlichen, geo-grafischen und regionalen Besonder-heiten unterschiedlich hohe Einnah-men. Hauptziel ist laut Grundgesetz die "Einheitlichkeit der Lebensverhältnis-se". Der Finanzausgleich muss bis 2019 neu geregelt werden, weil dann der So-lidarpakt ausläuft. Er soll im Rahmen der Verhandlungen zwischen Bund und Ländern über eine Neuordnung der Fi-nanzbeziehungen reformiert werden. Eine Lösung wird bis zum März ange-strebt.

ARBEITSVORSCHLÄGE

 1, 2

16 Schüler/-innen Ihrer Klasse stellen je ein Bundesland dar.
- Stellen Sie sich zunächst in einer Reihe nach der Größe der Bundesländer auf.
- Bilden Sie dann eine Reihe nach der Finanzstärke der Bundesländer.

Versuchen Sie, die beiden Reihen in Beziehung zueinander zu setzen, und interpretieren Sie die Ergebnisse.

 3

Erklären Sie die Begriffe ausschließliche und kon-kurrierende Gesetzgebung. Begründen Sie, wie es dazu kam, dass der Bund im Rahmen der konkurrierenden Gesetzge-bung immer mehr Zuständigkei-ten übernommen hat.

 4

Der Länderfinanzausgleich: Setzen Sie sich kritisch mit seinem Sinn und seiner Problematik auseinander.

WEITERFÜHRENDE HINWEISE

Analysieren Sie, was für und was gegen den Föderalismus spricht.

Fertigen Sie eine Tabelle mit zwei Spalten an: Zentralstaat und Bundesstaat. Recherchieren Sie über das politische System folgender Staaten und fügen Sie sie in die Tabelle ein: Spanien, Österreich, Schweiz, Frankreich, Italien, Türkei, Großbritannien, Australien.

Föderalismusreform

Mit der Neuordnung des Bund-Länder-Verhältnisses in 25 Punkten verabschiedet der Bundestag am 30.06.2006 die umfangreichste Änderung des Grundgesetzes seit 1949.

Im Kern werden die Zuständigkeiten von Bund und Ländern entflochten. Der Bund erhält mehr Handlungsspielraum, da in etlichen Politikbereichen die Zustimmungspflicht des Bundesrates entfällt. Im Gegenzug werden die Gestaltungsmöglichkeiten der Länder z. B. im Bildungssektor erweitert.

In der 2007 eingesetzten Föderalismuskommission II einigen sich Vertreter von Bund und Ländern auf Maßnahmen zur Bekämpfung der ausufernden Verschuldung von Bund und Ländern. Die „Schuldenbremse" wird 2009 im Grundgesetz verankert.

16 Bundesländer – auf ewig? 2

Immer wieder wird über eine Neugliederung des Bundesgebiets diskutiert. Die letzte Änderung erfolgt 1952 durch die Entstehung des neuen Bundeslandes Baden-Württemberg aus den ehemaligen Gebieten Baden, Württemberg-Baden und Württemberg-Hohenzollern; der letzte konkrete Versuch scheitert 1996 in einem Volksentscheid über die Fusion von Berlin mit Brandenburg.
Die Befürworter einer Neuordnung wollen zumeist finanzschwache Länder zusammenlegen, um sie finanziell zu entlasten.

Bundesrat stoppt Steuerabkommen mit der Schweiz 1

Die Mehrheit der von SPD und Grünen geführten Landesregierungen hat Ende 2012 das Steuerabkommen mit der Schweiz im Bundesrat scheitern lassen. Das von Deutschland und der Schweiz ausgehandelte Abkommen sollte den jahrelangen Steuerstreit zwischen beiden Ländern beilegen. Traditionell ist die Schweiz Fluchtort auch für deutsche Vermögen gewesen, die dort angelegt werden, um eine ordnungsgemäße Besteuerung in Deutschland zu unterlaufen. Das erklärte Ziel des Abkommens, das zum Jahresbeginn 2013 in Kraft treten sollte, war es, diese Steuerhinterziehung zu unterbinden. Wichtigste Regelungen: Die Schwarzgelder deutscher Bürger sollten rückwirkend für zehn Jahre pauschal mit 21 % bis 41 % nachbesteuert werden. Künftige Kapitalerträge sollten wie in Deutschland mit ca. 26 % besteuert werden. Die Namen der Steuerhinterzieher bleiben anonym. Bereits für 2013 erwartete Finanzminister Schäuble Steuernachzahlungen von über 10 Mrd. €.
SPD und Grüne lehnen das Abkommen ab. Ihrer Ansicht nach würden Steuerbetrüger dadurch unangemessen geschont. Sie bemängeln auch, dass die Anleger bis zum Inkrafttreten des Abkommens ihr Geld aus der Schweiz abziehen und in anderen Steueroasen anlegen können. Nachdem der Bundestag mit seiner schwarz-gelben Mehrheit bereits im Oktober zugestimmt hatte, kam es im November auf den Bundesrat an, wo die Gegner des Abkommens die Mehrheit stellen. Erwartungsgemäß wurde das Abkommen abgelehnt. Nach der Sitzung begründete Baden-Württembergs Bundesratsminister Peter Friedrich (SPD) die Ablehnung mit den Worten: „Für uns ist Steuergerechtigkeit und Steuermoral nicht verhandelbar." Sein Parteifreund, der Finanzminister aus Nordrhein-Westfalen, meint: „Das ist ein gutes Ergebnis für die ehrlichen Steuerzahler. Mit unserem Nein haben wir verhindert, dass deutsche Steuerbetrüger und ihre Helfer in Schweizer Banken durch ein Abkommen geschützt werden." Nachdem im Dezember auch der Vermittlungsausschuss das Abkommen abgelehnt hat, ist es endgültig gescheitert.

Durch den **Bundesrat** wirken die Bundesländer an der Gesetzgebung des Bundes mit. Der Bundesrat vertritt dabei die Interessen der Bundesländer auf Bundesebene. Gleichzeitig trägt er als Bundesorgan auch Mitverantwortung für die Gesamtpolitik des Bundes.

Der Bundesrat besteht aus Mitgliedern der Landesregierungen. Je nach Größe ihrer Bevölkerung verfügen die Bundesländer zwischen drei und sechs Stimmen. Jedes Land muss seine Stimmen im Bundesrat einheitlich abgeben. Die Mitglieder des Bundesrates besitzen also kein freies Mandat (s. S. 126). Sie handeln stattdessen nach einer einheitlichen, innerhalb der Landesregierung erarbeiteten Grundlinie.

Wie der Bundesrat Einfluss auf die Gesetzgebung des Bundes nehmen kann, ist unterschiedlich geregelt:

- Bei **Zustimmungsgesetzen** hat der Bundesrat ein absolutes Veto. Ohne seine Zustimmung ist die Gesetzesvorlage gescheitert. Zustimmungsgesetze sind alle Gesetze, die die Verteilung der Kompetenzen und die Steuereinnahmen der Länder berühren. Ebenso sind alle Gesetze, die von den Ländern ausgeführt werden, zustimmungspflichtig.
- Alle übrigen Gesetze sind **Einspruchsgesetze**. Hier kann der Bundesrat Einspruch einlegen. Dieser kann jedoch von einer Mehrheit im Bundestag zurückgewiesen werden.

Um zwischen Bundestag und Bundesrat strittigen Gesetzen eine Chance zu geben, ist ein Vermittlungsverfahren vorgesehen, das im **Vermittlungsausschuss** stattfindet. Der Vermittlungsausschuss besteht aus 32 Mitgliedern, je zur Hälfte von den Ländern (ein Vertreter für jedes Land) und vom Bundestag (je nach Fraktionsstärke).

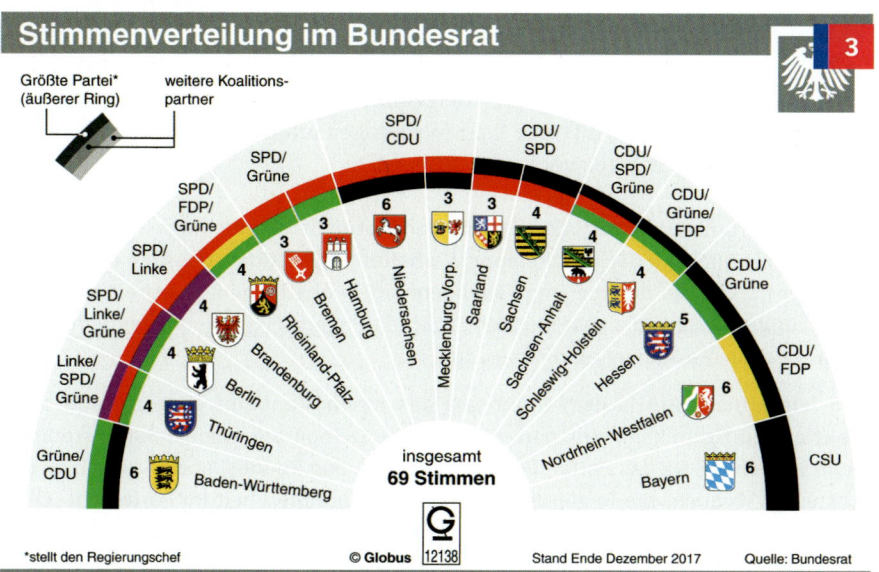

Stimmenverteilung im Bundesrat

Größte Partei* (äußerer Ring) — weitere Koalitionspartner

SPD/CDU · SPD/Grüne · SPD/FDP/Grüne · SPD/Linke · SPD/Linke/Grüne · Linke/SPD/Grüne · Grüne/CDU

CDU/SPD · CDU/SPD/Grüne · CDU/Grüne/FDP · CDU/Grüne · CDU/FDP · CSU

Rheinland-Pfalz 4 · Bremen 3 · Hamburg 3 · Niedersachsen 6 · Mecklenburg-Vorp. 3 · Saarland 3 · Sachsen 4 · Sachsen-Anhalt 4 · Schleswig-Holstein 4 · Hessen 5 · Nordrhein-Westfalen 6 · Berlin 4 · Brandenburg 4 · Thüringen 4 · Baden-Württemberg 6 · Bayern 6

insgesamt **69 Stimmen**

*stellt den Regierungschef   © Globus 12138   Stand Ende Dezember 2017   Quelle: Bundesrat

Dass eine Regierung die Mehrheit im Bundesrat verliert, gab es in der Geschichte der Bundesrepublik immer wieder. Dies muss nicht unbedingt bedeuten, dass der Bundesrat zum Blockadeinstrument der Opposition wird. Allerdings muss die Regierung unter Umständen zu weiter reichenden Kompromissen bereit sein, als wenn die Regierungsparteien neben der Mehrheit im Bundestag auch die Mehrheit im Bundesrat innehaben. Aber selbst in diesem Fall kann die Bundesregierung nicht einfach „durchregieren". Vor allem wenn es um die Verteilung von Steuereinnahmen (z. B. Mehrwertsteuer) oder von den Ländern mitfinanzierten Ausgabenprogrammen (z. B. BAföG-Erhöhung) geht, haben Länderinteressen oft Vorrang vor Parteiinteressen.
Neben der Mitwirkung an der Gesetzgebung des Bundes liegt ein zunehmend wichtiger werdender Aufgabenbereich des Bundesrates in der Vertretung der Länderinteressen auf europäischer Ebene. Im Zuge der europäischen Integration ist ein Teil der Staatsgewalt an die EU abgegeben worden. Damit sind auch zahlreiche Politikfelder, in denen die Bundesländer bisher die Gesetzgebungsbefugnis oder ein Mitspracherecht über den Bundesrat hatten, an die EU übergegangen. Die Bundesrepublik wird allerdings bei der EU durch den Bund vertreten. Damit entscheidet er auf der EU-Ebene auch über Fragen mit, die ursprünglich den Ländern vorbehalten waren.
Um dieser Aushöhlung der Länderkompetenzen entgegenzuwirken, sind die Mitwirkungsrechte der Bundesländer auf der EU-Ebene gestärkt worden. Diese Mitwirkungsrecht sind mittlerweile auch durch den sogenannten Europa-Artikel im Grundgesetz festgeschrieben worden.

§ **Artikel 23 Grundgesetz** 4

(2) In Angelegenheiten der Europäischen Union wirken der Bundestag und durch den Bundesrat die Länder mit.

Dementsprechend übermittelt die Europäische Kommission alle Vorschläge direkt auch an den Bundesrat, zu denen die Ländervertretung anschließend Stellung nimmt. Das rechtliche Gewicht dieser Stellungnahmen ist unterschiedlich und abhängig davon, wie sehr die Länder betroffen sind. Geht es etwa im Rat der Europäischen Union (Ministerrat) um die schulische Bildung, nimmt ein vom Bundesrat beauftragter Landesminister am Verhandlungstisch in Brüssel Platz, um die deutsche Position bei den Verhandlungen zu vertreten.

ARBEITSVORSCHLÄGE

1
Analysieren Sie den im Text dargestellten politischen Konflikt.

Erläutern Sie in diesem Zusammenhang den Unterschied zwischen Zustimmungs- und Einspruchsgesetzen.

Vergleichen Sie die Rolle der Bundesratsmitglieder mit der von Bundestagsabgeordneten.

2
Prüfen Sie, ob und wie eine Neuordnung des Bundesgebiets möglich wäre.
Entwickeln Sie Vorschläge für eine Zusammenlegung von Bundesländern und beurteilen Sie Sinn und Erfolgsaussichten eines solchen Unterfangens.

3
Erläutern Sie die Grafik. Stimmt sie noch mit der aktuellen Situation überein?

Überlegen Sie, welche politischen Auswirkungen die aktuellen Stimmenverhältnisse haben.

4
Begründen Sie, warum die Ergänzung der Aufgabenfelder des Bundesrates notwendig geworden ist.

WEITERFÜHRENDE HINWEISE

Ein Forum für die Mitsprache der Bundesländer auf europäischer Ebene bildet der Ausschuss der Regionen (AdR). Informieren Sie sich über seine Tätigkeit:
www.cor.europa.eu/de

Erstellen Sie eine Übersicht.

Die Abgeordneten und ihre Diäten **2**

Diäten sind Aufwandsentschädigungen für Parlamentarier, mit denen ihre finanzielle Unabhängigkeit gesichert werden soll.

Die Höhe der Diäten wird durch den Bundestag festgelegt. Diese Praxis geht auf eine Entscheidung des Bundesverfassungsgerichts zurück.

Die Einkünfte der Abgeordneten bestehen aus einer einkommensteuerpflichtigen Grundentschädigung (9 082,00 €) und einer steuerfreien Kostenpauschale, mit der Aufwendungen abgedeckt werden sollen, die mit der Ausübung des Mandats entstehen, z. B. Einrichtung und Unterhaltung von Wahlkreisbüros und die Ausgaben für eine Zweitwohnung am Sitz des Parlaments (4 305,46 €).

(Stand: 2016)

ARBEITSVORSCHLÄGE

 **1, 2, 3**

Beurteilen Sie, ob es ein „Traumjob" ist, Mitglied im Deutschen Bundestag zu sein.

 3

Erklären Sie das Spannungsverhältnis von freiem Mandat und Fraktionsdisziplin.

WEITERFÜHRENDE HINWEISE

Informieren Sie sich über „Ihre" Bundestagsabgeordneten und stellen Sie diese in der Klasse vor. Mehr über Ihre/-n Bundestagsabgeordnete/-n erfahren Sie unter:

www.abgeordnetenwatch.de

Hier können Sie den Abgeordneten auch Fragen stellen.

---

§ Artikel 38 Grundgesetz **1**

(1) Die Abgeordneten des Deutschen Bundestages [...] sind Vertreter des ganzen Volkes, an Aufträge und Weisungen nicht gebunden und nur ihrem Gewissen unterworfen.

Nach dem Grundgesetz verfügen die **Abgeordneten** des Bundestags über ein **freies Mandat**. Ein Blick auf das Abstimmungsverhalten zeigt jedoch, dass die Abgeordneten einer Fraktion in den meisten Fällen einheitlich abstimmen. In geheimen Fraktionssitzungen werden die anstehenden Entscheidungen diskutiert und festgelegt, wie die Fraktion im Parlament abstimmen soll.

Zwar steht diese Praxis dem Grundsatz des freien Mandates entgegen, doch auf **Fraktionsdisziplin** kann eine parlamentarische Demokratie wie die Bundesrepublik kaum verzichten. Da das Parlament das Recht hat, den Bundeskanzler zu wählen und zu stürzen, braucht die Regierung eine zuverlässige Mehrheit im Parlament. Ohne Fraktionsdisziplin gäbe es keine stabile und handlungsfähige Regierung.

Die Fraktionsdisziplin funktioniert auch deswegen weitgehend reibungslos, weil die Abgeordneten wissen, dass ihre politische Zukunft letzten Endes von ihrer Partei abhängt; denn diese fällt die Entscheidung, ob der oder die Abgeordnete beim nächsten Wahltermin erneut kandidieren kann.

Bei tief greifenden Meinungsverschiedenheiten zwischen einzelnen Abgeordneten und der Fraktionsmehrheit verhindert das freie Mandat, dass die Fraktionsdisziplin zum Fraktionszwang wird, denn das freie Mandat gibt ihnen das Recht, aus ihrer Fraktion auszutreten und ihr Mandat zu behalten.

Zwischen Fraktionsdisziplin und Gewissensfreiheit **3**

[Die Fraktionsdisziplin darf] keinen blinden Gehorsam fördern, und die Abgeordneten sollten neben ihrer Fraktion eben auch ihrem Gewissen verpflichtet bleiben. So setzt bei mir jede wichtige Entscheidung einen Prozess von inhaltlichen und sachlichen Abwägungen in Gang. Vor allem innerhalb der Fraktion wird meine Entscheidung hauptsächlich von meiner inhaltlichen Bewertung bestimmt. Meine endgültige Entscheidung im Parlament steht jedoch unter dem Einfluss weiterer Faktoren, insbesondere natürlich welche Position die Mehrheit in meiner Fraktion gefunden hat. Stimmt sie weitestgehend mit meiner Haltung überein, schließe ich mich ihr problemlos an. Komme ich zu einer deutlich anderen Position, gilt es, die Wichtigkeit der Entscheidung abzuwägen. Wird mein Gewissen belastet, wenn ich mit der Mehrheit stimme? Wie sieht meine Basis, meine Partei vor Ort dieses Thema? Hat die Abstimmung Auswirkungen auf meine Heimat, auf meinen Wahlkreis? Habe ich genügend Informationen, um mir wirklich eine fundierte abweichende Meinung bilden zu können?
Und ob ich will oder nicht, schleichen sich auch noch weitere Fragen ein: Kann ich es mir leisten, gegen die Mehrheit zu stimmen? Bekomme ich Ärger oder gefährde ich gar meine Stellung innerhalb der Fraktion? [...]
Es kommt vor, dass ich die Nächte vor einer endgültigen Abstimmung nicht gut schlafen kann, dass ich innerlich zerrissen bin und mich immer wieder umentscheide. Selbst nach der Abstimmung frage ich mich häufig, ob meine Entscheidung richtig war. Und ich muss zugeben, dass ich häufiger bereut habe, mit der Mehrheit meiner Fraktion gestimmt zu haben, als andersherum.

Marco Bülow: Wir Abnicker, Ullstein Buchverlage, Berlin, 2010, S. 111 f. (Der Autor Marco Bülow ist seit 2002 SPD-Bundestagsabgeordneter.)

Politik – was geht mich das an?	Politik findet täglich statt, unmittelbar vor unserer Haustür. Von politischen Entscheidungen sind wir alle betroffen. Wir müssen sie aber nicht nur hinnehmen, sondern können auf viele Arten und Weisen Einfluss darauf nehmen.
Wesentliche Elemente der Demokratie	
Pluralismus	Demokratie lebt von Toleranz, Freiräumen und gegenseitiger Rücksichtnahme. Verschiedene Meinungen dürfen und sollen nebeneinander bestehen und miteinander konkurrieren.
Garantie der Grundrechte	Doch es gibt Grenzen: Die Grundrechte sind für alle Menschen gleich, der Staat darf sie nicht beschneiden.
Gewaltenteilung	Legislative (Gesetzgebende Gewalt, Parlamente), Exekutive (ausführende Gewalt, Regierung und Verwaltung) und Judikative (gesetzsprechende Gewalt, Gerichte) sollen in der Demokratie möglichst klar voneinander getrennt sein.
Das Mehrheitsprinzip	Die Vertreter der unterlegenen Position haben sich dem Willen der Mehrheit zu fügen – zumindest bis zur nächsten Wahl. Das ist Merkmal der repräsentativen Demokratie.
Wahlen zum Bundestag	Finden alle vier Jahre statt, durch personalisiertes Verhältniswahlrecht.
Mehrheitswahlrecht	Wer die meisten Stimmen erhält, gewinnt die Wahl, z. B. Direktwahl eines Kandidaten im Wahlkreis.
Verhältniswahlrecht	Die Zahl der Parlamentssitze entspricht in etwa dem Anteil an Wählerstimmen, z. B. Landeslisten, Zweitstimme bei der Bundestagswahl.
Möglichkeiten zur Partizipation	
Besondere Stellung der Parteien	Das Grundgesetz rechnet den Parteien eine besondere Aufgabe im politischen Prozess zu. Es gelten aber klare Regeln für sie, sie können auch verboten werden.
Niedergang der Volksparteien	Lange dominierten in der BRD vor allem die großen Volksparteien CDU/CSU und SPD; diese werden aber zuletzt immer schwächer, es entsteht ein Vielparteiensystem.
Parteienfinanzierung	Parteien leben von Mitgliedsbeiträgen und Spenden, sehr stark aber auch von staatlichen Zuschüssen, z. B. über Wahlkampfkostenerstattung.
Parteiinterne Demokratie	Diese wird zwar gefordert, es fällt vielen Parteien aber schwer, dies wirklich umzusetzen, z. B. durch Mitgliederbefragungen.
Volksbegehren – Volksentscheid	Mehr direkte Demokratie wird häufig gefordert, damit sich wieder mehr Menschen für Politik interessieren und an ihr teilnehmen. Aber ist das Volk wirklich kompetent genug und lässt es sich auch nicht zu leicht beeinflussen?

Verbände	Verbände verfolgen klare Ziele, sind meist straff organisiert und nutzen die Methode des Lobbyismus. Mitgliederzahl, Vernetzung und finanzielle Ausstattung sind maßgeblich für ihren Erfolg.
Bürgerinitiativen	Sie bestehen meist nur örtlich und zeitlich begrenzt zu einem bestimmten Thema.
Nichtregierungsorganisationen (NGOs)	Sie agieren oft bei internationalen Themen wie Umwelt, Frieden, Menschenrechte.
Unterschiedliche Interessen und Aufgaben bei den politischen Entscheidungsprozessen	An den politischen Entscheidungsprozessen sind viele Institutionen und Personen beteiligt, die sich teils unterstützen und kooperieren, aber auch gegenseitig kontrollieren sollen.
Aufgaben des Bundestags:	Wichtigster Vertreter der Legislative:
• Wahlorgan	Der Bundestag wählt den Bundeskanzler (und kann ihn durch Konstruktives Misstrauensvotum abwählen).
• Kontrollorgan	Durch öffentliche Debatten, Anfragen, Untersuchungsausschüsse.
• Gesetzgebungsorgan	In den Ständigen Ausschüssen werden die Gesetzesvorlagen erarbeitet, über die dann der Bundestag abstimmt.
Bundeskanzler und Bundesregierung:	Der Bundeskanzler hat die Richtlinienkompetenz, d. h., er gibt die Grundzüge des von ihm bestellten Kabinetts vor.
• Besondere Stellung	Durch eine Vertrauensfrage kann er sich vom Bundestag darin bestärken lassen.
Föderalismus:	Die Siegermächte des Zweiten Weltkriegs wollten kein zentralistisches Deutschland mehr zulassen.
• Die 16 Bundesländer	Die Bundesrepublik setzt sich aus 16 Bundesländern zusammen. Diese Zahl kann aber durch Volksentscheid kleiner oder größer werden. In allen Ländern gibt es Institutionen aller drei Gewalten. Der Föderalismus dient so auch der Gewaltenteilung
• Länderfinanzausgleich	In allen Bundesländern sollen annähernd gleiche Lebensbedingungen herrschen. Deshalb zahlen diejenigen von ihnen, die mehr Steuereinnahmen haben als der Durchschnitt ein, die ärmeren Bundesländer erhalten Gelder.
• Aufgaben des Bundesrats	Bei Belangen der Länder müssen Gesetze nicht nur vom Bundestag verabschiedet werden, sondern brauchen die Zustimmung des Bundesrats. Dieser darf auch selbst Gesetzvorschläge machen (Initiativrecht).
Freies Mandat gegen Fraktionszwang	Jeder Abgeordnete ist nur seinem Gewissen verpflichtet – in der Theorie. Tatsächlich braucht jede Partei interne Disziplin und geschlossenes Auftreten; der Abgeordnete wiederum braucht die Organisation der Partei, die ihn aufstellt. So entsteht ein gewisses Abhängigkeitsverhältnis.

Kompetenz-Check

Ich kann...

... beschreiben, in welchen Bereichen meines Lebens mich politische Entscheidungen fast täglich und unmittelbar betreffen.

... erkennen, dass eine große Anzahl an Mitmenschen sich nicht nur über politische Entscheidungen ärgern, sondern sich daran beteiligen wollen.

... beurteilen, wie wichtig Wahlen für eine repräsentative Demokratie sind, aber auch, dass es daneben auch noch andere Möglichkeiten gibt, Einfluss auf politische Entscheidungen zu nehmen.

Ich kann...

... die besondere Stellung von Parteien in Beziehung setzen zu ihrer wesentlichen Rolle im politischen Entscheidungsfindungsprozess.

... Parteien diesbezüglich vergleichen mit Nichtregierungsorganisationen, Verbänden und Bürgerinitiativen.

... mich kritisch mit den Vorzügen und Schwierigkeiten des Föderalismus auseinandersetzen.

... dazu Stellung nehmen, ob und inwieweit mehr plebiszitäre Elemente Vorteile für das Verhältnis von Politik und Volk hätten.

Ich kann...

... verschiedene Wahlsysteme verstehen und erklären.

... definieren, wie Gewaltenteilung in der Bundesrepublik Deutschland funktioniert.

... beurteilen, was die Arbeit eines Mitglieds im Bundestag umfasst, und diese entsprechend kritisch würdigen.

... einschätzen, welche besondere Stellung der Bundeskanzler/ die Bundeskanzlerin in der BRD innehat und wo die Grenzen des Amtes liegen.

... begründen, weshalb die Garantie der Grundrechte und der Pluralismus, aber auch das Mehrheitsprinzip für die Demokratie unverzichtbar sind.

... die Aufgaben von Bundestag und Bundesrat beschreiben und erklären.

Ich kann...

... mir über wichtige Ereignisse und Abläufe in der Politik aus unterschiedlichen Quellen Informationen beschaffen, sie prüfen und so zu einem Urteil gelangen.

... aus einer Reihe von Möglichkeiten zur Partizipation auswählen und mich politisch engagieren.

... das Wahlrecht als eine der stärksten Möglichkeiten zur Mitbestimmung erkennen.

5.1 Der 8. Mai 1945: Kriegsende ...

Richard von Weizsäcker
Geboren 1920 in Stuttgart
1979–1984 Regierender Bürgermeister von Berlin (West)
1984–1994 Bundespräsident

Beispiele für die Zerstörung von Städten in Baden-Württemberg

Heilbronn	ca. 55 %
Mannheim	ca. 50 %
Ulm	ca. 50 %
Friedrichshafen	ca. 50 %
Pforzheim	ca. 42 %
Stuttgart	ca. 33 %

Damals wie auch später streitet man sich in Deutschland um die Frage, ob der 8. Mai 1945 eher Niederlage oder Befreiung bedeutet.

Rede von Altbundespräsident Richard von Weizsäcker zum 40. Jahrestag des Kriegsendes am 8. Mai 1985 (Auszug): | 1

Der 8. Mai ist für uns Deutsche kein Tag zum Feiern. Die Menschen, die ihn bewusst erlebt haben, denken an ganz persönliche und damit ganz unterschiedliche Erfahrungen zurück. Der eine kehrte heim, der andere wurde heimatlos. Dieser wurde befreit, für jenen begann die Gefangenschaft. Viele waren einfach nur dafür dankbar, dass Bombennächte und Angst vorüber und sie mit dem Leben davongekommen waren. Andere empfanden Schmerz über die vollständige Niederlage des eigenen Vaterlandes. [...] Und dennoch wurde von Tag zu Tag klarer, was es heute für uns alle gemeinsam zu sagen gilt: Der 8. Mai war ein Tag der Befreiung. Er hat uns alle befreit von dem menschenverachtenden System der nationalsozialistischen Gewaltherrschaft. [...] Aber wir dürfen nicht im Ende des Krieges die Ursache für Flucht, Vertreibung und Unfreiheit sehen. [...] Wir dürfen den 8. Mai 1945 nicht vom 30. Januar 1933 trennen. [...]

Schuld oder Unschuld eines ganzen Volkes gibt es nicht. Schuld ist, wie Unschuld, nicht kollektiv, sondern persönlich. [...] Der ganz überwiegende Teil unserer heutigen Bevölkerung war zur damaligen Zeit entweder im Kindesalter oder noch gar nicht geboren. [...]
Kein fühlender Mensch erwartet von ihnen, ein Büßerhemd zu tragen, nur weil sie Deutsche sind. Aber die Vorfahren haben ihnen eine schwere Erbschaft hinterlassen. [...]
Es geht nicht darum, Vergangenheit zu bewältigen. Das kann man gar nicht. Sie lässt sich ja nicht nachträglich ändern oder ungeschehen machen. Wer aber vor der Vergangenheit die Augen verschließt, wird blind für die Gegenwart. [...]
Ehren wir die Freiheit. Arbeiten wir für den Frieden. Halten wir uns an das Recht. Dienen wir unseren inneren Maßstäben der Gerechtigkeit. [...]

Richard von Weizsäcker, Reden und Interviews, Band 1, hrsg. vom Presse- und Informationsamt der Bundesregierung, Bonn 1986, S. 279-295

Thomas Mann
Geboren 1875 in Lübeck
Gestorben 1955 in Zürich
Einer der bedeutendsten deutschen Schriftsteller
Im Nationalsozialismus emigriert
1929 Literaturnobelpreis

Rede von Thomas Mann zum Kriegsende, gehalten am 10. Mai 1945 in der BBC | 2

Deutsche Hörer!
Wie bitter ist es, wenn der Jubel der Welt der Niederlage, der tiefsten Demütigung des eigenen Landes gilt! [...] Die Sieges-, die Friedensglocken dröhnen, die Gläser klingen, Umarmungen und Glückwünsche ringsum. Der Deutsche aber, [...] er senkt das Haupt in der weltweiten Freude; das Herz krampft sich ihm zusammen bei dem Gedanken, was sie für Deutschland bedeutet, durch welche dunklen Tage [...] es wird gehen müssen.

Und dennoch, die Stunde ist groß – nicht nur für die Siegerwelt, auch für Deutschland –, die Stunde, wo das wüste und krankhafte Ungeheuer, Nationalsozialismus genannt, verröchelt und Deutschland von dem Fluch wenigstens befreit ist, das Land Hitlers zu heißen. Wenn es sich selbst hätte befreien können, früher, als noch Zeit dazu war, oder selbst spät, noch im letzten Augenblick [...] – freilich, das wäre besser gewesen. Es konnte wohl nicht sein. [...]

Ich sage: Es ist eine große Stunde, die Rückkehr Deutschlands zur Menschlichkeit. Sie ist hart und traurig, weil Deutschland sie nicht aus eigener Kraft herbeiführen konnte. Furchtbarer, schwer zu tilgender Schade ist dem deutschen Namen zugefügt worden, und die Macht ist verspielt. Aber Macht ist nicht alles, sie ist nicht einmal die Hauptsache, und nie war deutsche Würde eine bloße Sache der Macht. Deutsch war es einmal und mag es wieder werden, der Macht Achtung, Bewunderung abzugewinnen durch den menschlichen Beitrag, den freien Geist.

Thomas Mann: Deutsche Hörer! Radiosendungen nach Deutschland aus den Jahren 1940–1945, Fischer Taschenbuch Verlag, Frankfurt, 1987, S. 150 f.

Mannheimer Schloss (im Hintergrund) 1945

Mannheimer Schloss heute

Die Stunde Null

3

Am 8. Mai 1945 unterzeichnen deutsche Generäle die von den Kriegsgegnern geforderte **bedingungslose Kapitulation**. Nach fast sechs Jahren Krieg wird damit die vollständige militärische Niederlage gegenüber den Westalliierten und der Roten Armee eingestanden. Das Deutsche Reich beklagt den Verlust von mindestens 3 Millionen toten Soldaten (weitere Millionen befinden sich in Kriegsgefangenschaft) sowie circa 750 000 getötete Zivilisten.

Das Ausmaß der Zerstörung durch Kampfhandlungen und Fliegerbomben ist immens, es fehlt etwa ein Drittel des Wohnraums: Rund 1,8 Millionen Wohnungen sind völlig unbewohnbar, doppelt so viele stark beschädigt. Dieses Problem wird noch verschärft durch fast 13 Millionen Flüchtlinge, die vor den Sowjets fliehen oder vertrieben worden sind.

Das ganze Land ist von Truppen besetzt; die Siegermächte haben die vollständige Kontrolle übernommen – eine deutsche Regierung gibt es nicht mehr. Auch zur Rechenschaft ziehen kann man von den einstmaligen Entscheidungsträgern des NS-Regimes fast niemanden mehr – Hitler, Goebbels und Himmler haben Selbstmord begangen.

Hinzu kommt langsam aber sicher das schmerzliche Bewusstsein um das Ausmaß der Greueltaten des „Dritten Reichs", vor allem in den Konzentrationslagern, und die eigene Mitschuld.

Kurzum: Das Land ist militärisch, wirtschaftlich, politisch und moralisch am Boden zerstört, niemand weiß, wie es nun weitergehen soll.

Doch zur gleichen Zeit jubeln fast überall auf der Welt die Menschen in großen Massen über das Ende des blutigsten Kriegs der Menschheitsgeschichte, der annähernd 60 Millionen Menschen das Leben gekostet hat. Nach fast sechs Jahren Kampf ist der Verursacher der Katastrophe, Adolf Hitler, mitsamt seinem Regime endlich und endgültig niedergerungen.

ARBEITSVORSCHLÄGE

 1, 2

Geben Sie die wichtigsten Gedanken der beiden Reden in eigenen Worten wieder.

Wie haben wohl die Deutschen 1945 die Rede Thomas Manns aufgenommen?
Gibt es Unterschiede in den Aussagen von Thomas Mann und Bundespräsident von Weizsäcker 40 Jahre später?

 3

Erstellen Sie eine Mindmap zum 8. Mai 1945 – wie bewerten die Deutschen die Lage, wie der Rest der Welt?

WEITERFÜHRENDE HINWEISE

Befragen Sie in Ihrem Familien- und Freundeskreis Zeitzeugen, wie sie das Kriegsende in Ihrer Heimatgemeinde erlebt haben. Berichten Sie in der Klasse darüber.

Die Aufteilung Deutschlands

1

Flensburg

Rostock

Lübeck

zur amerik. Bes. Z.

Hamburg

Sowjetische Besatzungszone

unter poln. Verwaltung gem. Potsdamer Abkommen

Stettin

Königsberg

unter sowj. Verwaltung gem. Potsdamer Abkommen

unter poln. Verwaltung gem. Potsdamer Abkommen

Bremen

Britische Besatzungszone

Berlin unter Vier-Mächte-Verwaltung

Berlin

Magdeburg

Düsseldorf

Leipzig

von amerik.–brit. Truppen ab 30.06.1945 geräumtes Gebiet

Köln

Dresden

Breslau

Kassel

Chemnitz

Erfurt

Beuthen

Koblenz

Frankfurt

Mainz

Saarbrücken

Amerikanische Besatzungszone

Stuttgart

Französische Besatzungszone

München

Freiburg

••••••••••••••
Zusammentreffen der alliierten Truppen bei Kriegsende

_____
Oder-Neiße-Linie

Berlin

Franz. Sektor

Sowjetischer Sektor

Britischer Sektor

Amerikanischer Sektor

Proklamation Nr. 1

An das deutsche Volk!

Die Oberbefehlshaber der Streitkräfte in Deutschland, der Vereinigten Staaten von Amerika, der Union der Sozialistischen Sowjetrepubliken, des Vereinten Königreiches von Großbritannien und Nordirland und der Provisorischen Regierung der Französischen Republik, verkünden hiermit gemeinsam als Mitglieder des Kontrollrates Folgendes:

I.

Laut Bekanntmachung vom 5. Juni 1945 ist die oberste Regierungsgewalt in Bezug auf Deutschland von den Regierungen der Vereinigten Staaten von Amerika, der Union der Sozialistischen Sowjetrepubliken, des Vereinten Königreiches von Großbritannien und Nordirland und der Provisorischen Regierung der Französischen Republik übernommen worden.

II.

Kraft der obersten Regierungsgewalt und der Machtbefugnisse, die damit von den vier Regierungen übernommen wurden, ist der Kontrollrat eingesetzt und die oberste Machtgewalt in Angelegenheiten, die Deutschland als Ganzes angehen, dem Kontrollrat übertragen worden.

III.

Alle Militärgesetze, Proklamationen, Befehle, Verordnungen, Bekanntmachungen, Vorschriften und Anweisungen, die von den betreffenden Oberbefehlshabern oder in ihrem Namen für die Besatzungszonen herausgegeben worden sind, verbleiben auch weiterhin in diesen ihren Besatzungszonen in Kraft.

DWIGHT D. EISENHOWER
General der Armee

GEORGY SHUKOW
Marschall der Sowjetunion

BRIAN ROBERTSON
Generalleutnant

LOUIS KELTZ
General

... und geteilt

Bei aller Freude über das Ende der Kriegshandlungen und damit auch der Bombenangriffe ist für weite Teile der deutschen Zivilbevölkerung nicht einmal das nackte Überleben wirklich gesichert. So ist z. B. der Winter 1946/47 einer der härtesten seit Beginn der Wetterdatenaufzeichnung. Lebensmittel werden nur gegen Bezugsscheine ausgegeben, nahezu alles Wertvolle wird auf dem Schwarzmarkt gehandelt.

Im Zweiten Weltkrieg waren sich Briten, Amerikaner und Sowjets trotz aller sonst bestehenden ideologischen Unterschiede einig, dass Deutschland nach seiner bedingungslosen Kapitulation zumindest anfangs besetzt werden sollte; doch wie es dann weitergehen sollte, blieb zunächst offen. Während der **Allierte Kontrollrat** sämtliche Entscheidungen für die Deutschen traf, tagte vom 17. Juli bis 2. August 1945 die **Potsdamer Konferenz**, auf der die Regierungschefs der Siegermächte, Stalin, Truman und Churchill, zusammenkamen. Ihre wichtigsten Ergebnisse und Ziele waren:

- **Demontage**: Abbau von Industrieanlagen, Waren- und Güterlieferungen als Reparationsleistungen
- **Demilitarisierung**: komplette Entwaffnung und Abrüstung, Auflösung der Wehrmacht
- **Demokratisierung**: Erziehung durch politische Bildung, Anstreben eigener Verantwortung
- **Denazifizierung**: Verbot der NSDAP und aller ihrer Organisationen, Verfolgung und Bestrafung der Verantwortlichen

Eine eigene Regierung blieb den Deutschen auf unbestimmte Zeit verwehrt, auch die endgültigen Gebietsgrenzen wurden zunächst nicht definiert.

Die UdSSR sollte Königsberg und den nördlichen Teil Ostpreußens verwalten, Polen den übrigen Teil der ehemaligen Reichsgebiete östlich der Oder-Neiße-Linie (s. Karte S. 132). Zudem sollte die deutsche Bevölkerung in Polen, der Tschechoslowakei und Ungarn auf „ordnungsgemäße und humane Weise" nach Deutschland überführt werden – tatsächlich verlief die Zwangsumsiedlung und Vertreibung von über zwölf Millionen Menschen jedoch meist chaotisch und brutal.

Entnazifizierung in einer baden-württembergischen Gemeinde

Wir hatten während des Kriegs französische Zwangsarbeiter bei uns; sie haben zum Glück gesagt, dass wir sie immer gut behandelt hätten. Die Franzosen waren recht gründlich, aber nicht immer haben sie die Richtigen erwischt. Einen bis zum Schluss überzeugten SS-Mann haben sie laufen lassen, einen anderen, anständigen Kerl, der nur unter Zwang in die Partei eingetreten war, haben sie eingesperrt. Der kam erst wieder frei, nachdem mein Vater, der vor dem Krieg Bürgermeister gewesen war, sich für ihn eingesetzt hat.

Eine Zeitzeugin erinnert sich

Umfrageergebnisse des Office of Military Government for Germany (OMGUS) 1945/1946

- Die Idee des Nationalsozialismus war gut, nur die Umsetzung schlecht – ja: 47 %
- Deutschland ist für den Krieg verantwortlich – nein: 70 %
- Hoffen Sie auf einen neuen, starken Führer und/oder die Wiedergeburt der alten nationalen Gesinnung? – ja: 10 %
- Die Besetzung Deutschlands ist eine Demütigung – ja: 35 %, nein: 55 %

Vgl. Merritt, A. J./Merritt, R. L.: Public Opinion in Occupied Germany, The OMGUS Surveys, Urbana, IL, 1970, S. 160 f.

Martin Niemöller, KZ-Überlebender

Als die Nazis die Kommunisten holten, habe ich geschwiegen; ich war ja kein Kommunist. Als sie die Sozialdemokraten holten, habe ich geschwiegen; denn ich war ja kein Sozialdemokrat. Als sie die Katholiken holten, habe ich geschwiegen; denn ich war ja kein Katholik. Als sie mich holten, gab es keinen mehr, der protestieren konnte.

Die meisten Deutschen geben im Mai 1945 an, von der ganzen Tragweite der NS-Verbrechen kaum etwas oder gar nichts gewusst zu haben, geschweige denn, daran beteiligt gewesen zu sein. Doch die Siegermächte führen dem deutschen Volk durch Zwangsbesuche in den KZs oder durch drastisches Bildmaterial eindringlich vor Augen, welche unvorstellbaren Taten von Deutschen tatsächlich begangen wurden.

Da es keiner gewesen sein will und doch so viel Unrecht geschehen ist, wollen die Alliierten jede Bürgerin und jeden Bürger überprüfen und gegebenenfalls zur Verantwortung ziehen. In sogenannten Entnazifizierungsverfahren werden die Deutschen als Hauptschuldige, Minderbelastete, Mitläufer oder Entlastete eingestuft – für einen solchen „Persilschein" bedarf es der entsprechenden Aussage von Mitbürgern. Dieses Verfahren dauert allerdings lange, wird von vielen Deutschen als ungerecht empfunden und ist recht ineffektiv – am Ende gibt es nicht einmal 0,1 % Belastete oder gar Hauptschuldige. Aus diesen Gründen verläuft die ganze Aktion schon recht bald im Sande.

In den sogenannten „**Nürnberger Prozessen**" stehen ab 1946 zwar diejenigen „großen Köpfe" der NS-Führung vor Gericht, die von den Siegermächten noch gefasst werden konnten; später müssen sich auch Vertreter ganzer Berufsstände, z. B. Ärzte und Juristen, verantworten. Allerdings sind sich die Alliierten auch hier nicht ganz einig über die Wichtigkeit dieser Verfahren und die deutsche Bevölkerung lehnt sie zunehmend ab.

Hinzu kommt, dass die Siegermächte zum Wiederaufbau und zur Organisation des Alltagslebens alleine gar nicht in der Lage sind. Sie benötigen insbesondere in der Verwaltung erfahrene Fachkräfte und müssen deshalb auch solche Beamte wiedereinsetzen, die schon im „Dritten Reich" in gleicher oder ähnlicher Funktion beschäftigt waren.

Als die alliierten Siegermächte nach 1945 das deutsche Volk „demokratisieren" wollen, können sie keineswegs auf eine lang bewährte Tradition der Demokratie im Land setzen.

Erst seit 1871 gibt es überhaupt ein vereintes Deutsches Reich. Doch auch die **Reichsverfassung** von 1871 ist – im Gegensatz zu der im Zuge der gescheiterten Revolution von 1848 konzipierten demokratischen Verfassung – noch immer die einer Monarchie. Selbst in der Verfassung der ersten „echten" deutschen Republik, der Weimarer Republik, kommt dem Reichspräsidenten eine derart starke Stellung zu, dass Zeitgenossen ihn gern auch „Ersatzkaiser" nennen.

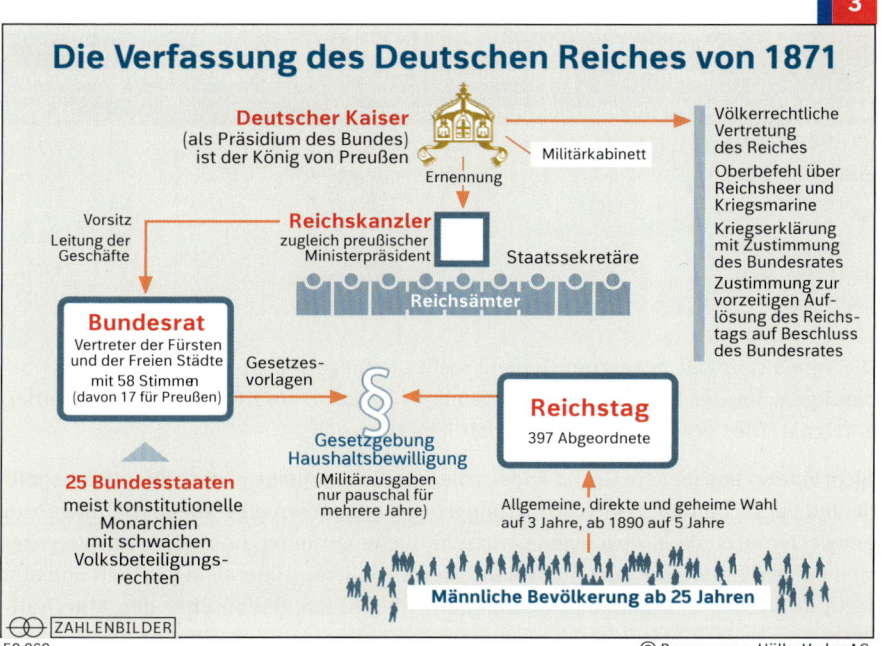

Die Verfassung des Deutschen Reiches von 1871

ZAHLENBILDER
50 060

© Bergmoser + Höller Verlag AG

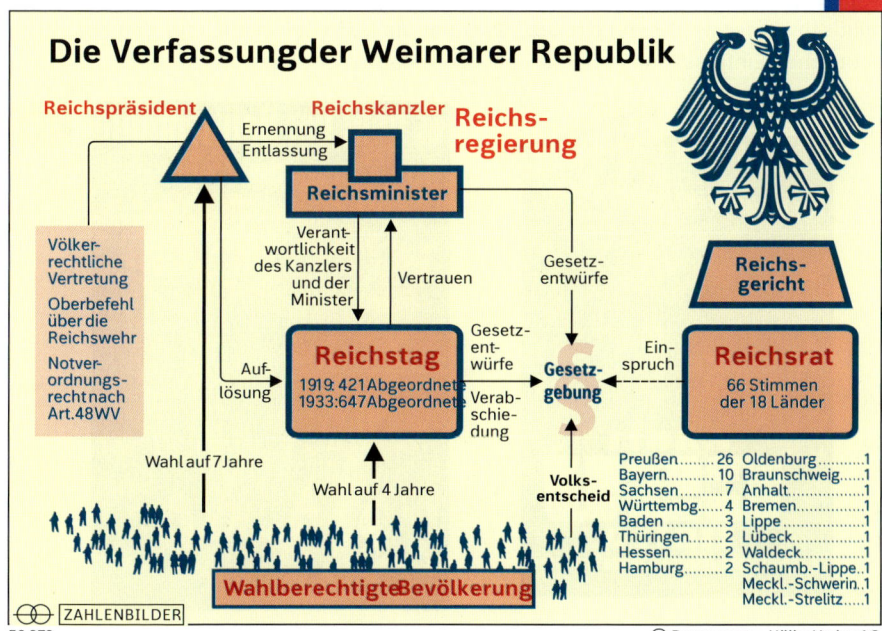

Die Verfassungder Weimarer Republik

ZAHLENBILDER
50 070

© Bergmoser + Höller Verlag AG

ARBEITSVORSCHLÄGE

 1

Beschreiben Sie, was mit der Karikatur zum Ausdruck gebracht werden soll.

Wie praktizierten die Siegermächte die Entnazifizierung?

Bewerten Sie, wie die deutsche Bevölkerung zum Verfahren der Entnazifizierung stand.

 2

Seit dem Ende des Zweiten Weltkriegs sind etwa 70 Jahre vergangen. Halten Sie es für gerechtfertigt, dass auch heute noch Kriegsverbrecher von damals vor Gericht gestellt werden? Diskutieren Sie das Pro und Kontra.

 3

Vergleichen Sie die beiden Verfassungen von 1871 und 1919. Beurteilen Sie, welche der beiden „demokratischer" war.

4

Setzen Sie sich mit der besonderen Stellung des Reichspräsidenten in der Verfassung der Weimarer Republik auseinander.

Die Entstehung des Bundeslandes Baden-Württemberg

Das Bundesland Baden-Württemberg wird erst im Jahr 1952 gegründet. Zunächst bestehen drei eigenständige Bundesländer.

Die Bildung des Südweststaates ist heftig umstritten, besonders in den badischen Landesteilen.

Bei einer Volksabstimmung am 9. Dezember 1951 stimmen die Bürgerinnen und Bürger außer in Südbaden mit deutlicher Mehrheit für das neue Bundesland.

Ergebnis der Bundestagswahl vom 14. August 1949

Wahlbeteiligung	78,5 %	Sitze
CDU/CSU	31,0 %	139
SPD	29,2 %	131
FDP	11,9 %	52
Deutsche Partei (DP)	4,0 %	17
Zentrum	3,1 %	10
Bayernpartei	4,2 %	17
KPD	5,7 %	15
Sonstige	10,9 %	21

Die Fünfprozentklausel wird erst später eingeführt.

Zwar erlauben alle Siegermächte schon 1946 erste Wahlen auf kommunaler Ebene sowie Landtagswahlen in den Jahren 1946/47, doch sind diese in der sowjetisch besetzten Zone (SBZ) nicht wirklich frei, sondern bringen stets den von den Sowjets gewünschten Ausgang, denn die Wählerinnen und Wähler stimmen nur einer vorgelegten Liste zu, auf denen die Kräfteverhältnisse der einzelnen Parteien bereits festgelegt sind. Stets geht dabei die neu gegründete **Sozialistische Einheitspartei Deutschlands** (SED) als stärkste Kraft hervor. Ein einheitlicher deutscher Staat liegt schon zu diesem Zeitpunkt in weiter Ferne.

Die ersten Landtagswahlen 1946/1947

	Württemberg-Baden	Württemberg-Hohenzollern	Baden	Westzonen insgesamt	Sowj. Besatzungszone
Wahlbeteilig.	70,4 % (in allen Ländern der Westzonen)				91,6 %
CDU/CSU	40,9 %	54,2 %	55,9 %	37,6 %	24,5 %
SPD	32,3 %	20,8 %	22,4 %	35,0 %	–
KPD	10,0 %	7,3 %	7,4 %	9,4 %	–
SED	–	–	–	–	47,5 %
FDP/LDP/DVP	16,8 %	17,7 %	14,3 %	9,3 %	24,6 %
Sonstige	–	–	–	8,7 %	3,4 %

Die Verwaltung der besetzten Gebiete stellt die Siegermächte vor große Herausforderungen. Im der SBZ wird rigoros demontiert, Land- und Firmenbesitzer werden enteignet. Dies verschärft die wirtschaftliche Not noch.

Nicht zuletzt aus diesem Grund ändern die westlichen Alliierten ihre Besatzungspolitik und versuchen bald, ihre Besatzungszonen nach ihren eigenen Vorstellungen zu entwickeln und sie in ihre eigene wirtschaftliche Ordnung zu integrieren. Vorreiter sind dabei die USA, die eine Ausweitung des Sozialismus überall in der Welt und erst recht in Westeuropa unbedingt verhindern wollen. Sie stellen über den **Marshall-Plan** massiv zinsgünstige Darlehen bereit, von denen viele europäische Staaten profitieren, vor allem Deutschland – so wird der Wiederaufbau im Westen enorm beschleunigt. Dadurch entfernen sich die westlichen Besatzungszonen allerdings auch politisch immer weiter von der SBZ. Dort hat die UdSSR, wie auch für den Rest ihrer politischen Einflusszone in Osteuropa, die Annahme der Darlehen verboten.

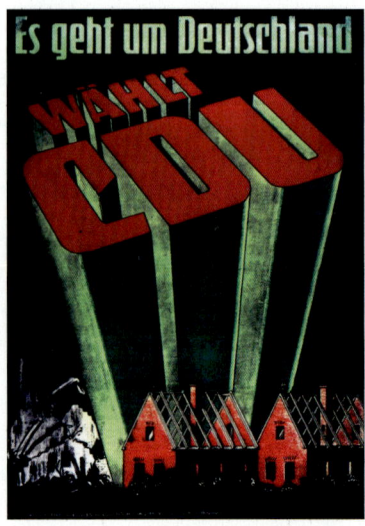

Besatzungspolitik und doppelte Staatsgründung

Im Alliierten Kontrollrat herrscht das Einstimmigkeitsprinzip, d. h., jede der vier Siegermächte hat ein Vetorecht. Schon bald kommt es in diesem Gremium zu überhaupt keiner Einigung mehr. Deshalb beschließen die USA und Großbritannien, ihr Handeln immer mehr aufeinander abzustimmen und gründen 1947 die **Bizone**; später schließen sich auch die Franzosen an (Trizone). Die Westmächte treiben nun die Ausarbeitung einer Art Verfassung für den Westen voran. Sie beauftragen den sogenannten „Parlamentarischen Rat" mit der Ausarbeitung eines Verfassungsentwurfs, dem sie schließlich zustimmen. Mit dem Inkrafttreten des **Grundgesetzes** (GG) am **23.05.1949** entsteht die **Bundesrepublik Deutschland**.

Die Sowjetische Besatzungszone (SBZ) wird kurz darauf durch die **Verabschiedung der Verfassung der Deutschen Demokratischen Republik (07.10.1949)** ebenfalls ein eigenständiger Staat. Damit ist die Teilung Deutschlands in allen Bereichen (Politik, Militär, Wirtschaft, Gesellschaft) vollzogen.

In den folgenden Jahrzehnten, der Zeit des Kalten Krieges, entwickeln sich die BRD, die Teil des westlichen Bündnissystems (NATO) wird, und die DDR als Bestandteil des Ostblocks (und des Warschauer Paktes) in völlig unterschiedliche Richtungen.

Konrad Adenauer (1876–1967), von 1949 bis 1963 erster **Bundeskanzler der BRD, über die Gründung der DDR:**
Es wird niemand behaupten wollen, dass die jetzt geschaffene Organisation der Sowjetzone auf dem freien Willen der Bevölkerung dieser Zone beruht. Sie ist zustande gekommen auf Befehl Sowjetrusslands unter Mitwirkung einer kleinen Minderheit von Deutschen [...]. Die Bundesrepublik fühlt sich verantwortlich für das Schicksal der 18 Millionen Deutschen in der Sowjetzone und ist allein befugt, für das deutsche Volk zu sprechen.

Konrad Adenauer: Regierungserklärung vor dem Deutschen Bundestag zur Gründung der DDR, 21.10.1949

Walter Ulbricht (1893–1973), von 1950 bis 1971 Partei- und Staatschef der DDR, behauptete seinerseits, die BRD sei unter Bruch des Potsdamer Abkommens und gegen den Willen des Volkes entstanden. Sie sei nur da, um den deutschen Imperialismus fortzusetzen und eindeutig gegen die UdSSR und die anderen sozialistischen Staaten Europas gerichtet.

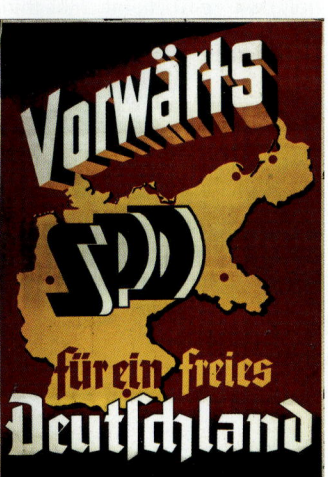

ARBEITSVORSCHLÄGE

1

Vergleichen Sie die Ergebnisse der ersten Landtagswahlen nach dem Zweiten Weltkrieg.

Welche Unterschiede stellen Sie fest zwischen
- den Ländern des späteren Baden-Württemberg und den Westzonen?
- den Westzonen und der SBZ?

2

Erstellen Sie ein Schaubild mit den wichtigsten Etappen auf dem Weg zur doppelten Staatsgründung.
Bewerten Sie dabei den Einfluss der Siegermächte.

3

Stellen Sie dar, wie die beiden Politiker die Gründung des jeweils anderen Staates beurteilen.

4

Erarbeiten Sie aus den Wahlplakaten die wesentlichen Ziele und Forderungen der jeweiligen Parteien.

Beurteilen Sie, ob Wahlplakate heutzutage ähnlich oder ganz anders gestaltet sind.

WEITERFÜHRENDE HINWEISE

Sammeln Sie Informationen über das Verhältnis zwischen Baden und Württemberg.

Bestehen die alten Rivalitäten noch?

Ernst Reuter (SPD), Oberbürgermeister von Berlin (West) in einer Rede vor dem Reichstag am 9. September 1948

Ihr Völker der Welt, ihr Völker in Amerika, in England, in Frankreich, schaut auf diese Stadt! Und erkennt, dass ihr diese Stadt und dieses Volk nicht preisgeben dürft, nicht preisgeben könnt, denn wer dieses Volk von Berlin preisgeben würde, der würde eine Welt preisgeben, noch mehr, er würde sich selber preisgeben.

Der amerikanische Militärgouverneur General Clay

Die Blockade Berlins ist einer der brutalsten Versuche der neueren Geschichte, eine Massenhungersnot als politisches Druckmittel zu benutzen.

Auf alle Postsendungen muss eine Zusatzmarke in Höhe von 2 Pfennig geklebt werden. Diese Regelung gilt bis 1956.

Der Kalte Krieg

zwischen den Supermächten USA und UdSSR hielt die Welt mehr als 40 Jahre lang, bis zur Auflösung der UdSSR und des Warschauer Paktes, in Atem. Zwar gab es nie eine Kriegserklärung und eine direkte ausgetragene militärische Auseinandersetzung, doch stand die Welt durch den Rüstungswettlauf und während mehrerer Krisen mehrfach gefährlich nah am Abgrund eines Atomkriegs.

1948/1949: Blockade und Luftbrücke

Ernst Reuter während seiner Rede im September 1948

Mit der Verschärfung des **Ost-West-Konflikts** rückt Berlin immer stärker in den Mittelpunkt des öffentlichen Interesses. Wie ganz Deutschland wird auch Berlin als ehemalige Hauptstadt des Deutschen Reiches zwischen den Siegermächten in vier Sektoren aufgeteilt. Die Entwicklung in den drei Westsektoren orientiert sich an der Entwicklung in den drei Westzonen. Der sowjetische Sektor Berlins wird zur Hauptstadt der DDR erklärt, was der Absprache der vier Siegermächte eindeutig widerspricht.

Sowjetunion und DDR-Führung versuchen in den folgenden Jahren immer wieder, die „Insel" Berlin (West) politisch, wirtschaftlich und militärisch unter Druck zu setzen und aus dem westlichen Einfluss zu lösen, was aber nicht gelingt. Eher das Gegenteil ist der Fall. Berlin (West) entwickelt sich immer mehr zu einem Symbol der Freiheit gegen die Versuche der Sowjetunion, den Einfluss des Kommunismus nach Westen auszudehnen.

Trotz aller Anbindung an den Westen bleibt die Situation und Zukunft von Berlin (West) sehr unsicher. Ohne finanzielle Unterstützung durch die BRD ist es auch in den folgenden Jahrzehnten nicht überlebensfähig.

Berlin-Blockade und Luftbrücke

Ein amerikanischer Pilot erinnert sich $\boxed{1}$

Am späten Nachmittag des 23. Juni 1948 arbeitete ich in meinem Büro auf dem Flughafen Frankfurt. Da klingelte das Telefon. Die US Air Force war am Apparat.
„Captain, haben Sie eine DC 4, mit der Sie heute Abend Kohlen nach Berlin fliegen können?" „Mann, Sie machen Scherze! Der Kohlenstaub würde unsere Kabinen ruinieren. Wir befördern Passagiere." Es wurde dann tatsächlich der erste Flug der Luftbrücke. Die Piloten waren häufig genug am Rande totaler Erschöpfung. Wenn ich in Berlin ankam, machte ich es mir zur Gewohnheit, während meine Maschine entladen wurde, das Flugbüro aufzusuchen. Dort rollte ich mich unter einem freien Schreibtisch zusammen, um wenigstens eine Mütze Schlaf zu bekommen. [...] Auch während der Flüge wurde geschlafen. Es gab keine andere Möglichkeit, sich auszuruhen. Nach dem Start wechselten sich Pilot und Copilot mit kleinen Schlummerpausen ab.

Arbeitsgemeinschaft Jugend und Bildung e. V. (Hrsg.): Als aus Siegern Freunde wurden. 40 Jahre Berliner Luftbrücke, übers. von Karl-Heinz Kirchner, Thomas Volker, Universum Verlag, Wiesbaden 1988, S. 34

Die Entwicklung nach dem Zweiten Weltkrieg bis Ende der 1950er-Jahre ist durch drei große Krisen geprägt:

1. Als Reaktion auf die Einführung der D-Mark in den drei Westzonen und in Berlin (West) blockieren Sowjetunion und DDR die Zufahrtswege zu Land und zu Wasser nach Berlin (West). Fast elf Monate lang wird Berlin aus der Luft versorgt. **Blockade** und **Luftbrücke** stärken den Freiheitswillen der Berliner Bevölkerung.

2. Der Aufbau des Sozialismus führt in der DDR zu einer schweren Ernährungskrise und einem Rückgang der industriellen Produktion. Viele Bürger verlassen das Land. Im Mai 1953 beschließt die SED-Führung ein Gesetz zur Erhöhung der Arbeitsnormen um 10,3 Prozent, was die Stimmung weiter verschlechtert. Auf Druck aus Moskau verspricht das Politbüro zwar einen „neuen Kurs" mit Preissenkungen und einer verbesserten Versorgungslage, die Erhöhung der Arbeitsnormen hingegen bleibt unangetastet.
   In über 400 Orten und etwa 600 Betrieben überall in der DDR beteiligen sich deshalb am 17. Juni 1953 über 500 000 Menschen an Demonstrationen, die sich zu einem **Aufstand** ausweiten. Schließlich schlagen das sowjetische Militär – teilweise mit Panzern – und die Volkspolizei der DDR den Aufstand blutig nieder. Die genaue Zahl der Opfer bleibt unbekannt, es gibt jedoch nicht nur Tausende Verhaftungen, sondern definitiv auch Tote. In der Bundesrepublik Deutschland wird der 17. Juni zum Nationalfeiertag erklärt.

Der 17. Juni 1953 – Volksaufstand in der DDR

3. Ende November 1958 teilt die Sowjetunion den westlichen Alliierten sowie der Bundesrepublik in recht scharfem Ton schriftlich mit, dass sie alle Abkommen bezüglich der Besatzungszonen Deutschlands und dem Sonderstatus von Berlin binnen eines halben Jahres kündigen will. Zwar lädt die UdSSR zu Verhandlungen ein, de facto stellen ihre Forderungen jedoch ein **Ultimatum** dar: Alle militärischen Kräfte müssten abziehen, Berlin würde zu einer „freien Stadt" erklärt und wäre somit auf sich allein gestellt.
   Die Westmächte lassen sich jedoch nicht erpressen, sodass die Sowjets ihre Absichten schließlich fallen lassen. Das Verhältnis zwischen Ost und West wird dadurch allerdings noch schlechter.

ARBEITSVORSCHLÄGE

 1

Die Westmächte reagieren auf die Blockade Berlins mit der Luftbrücke.

Erarbeiten Sie, wie diese vonstatten ging und wie sie begründet wurde.

 2

Der Volksaufstand der DDR-Bevölkerung am 17. Juni 1953 war Anlass für die Einführung des „Tags der deutschen Einheit" als nationaler Feiertag in der BRD. 1990 wurde der Feiertag wieder abgeschafft.
Erklären Sie, warum, und diskutieren Sie, ob diese Entscheidung richtig gewesen ist.

WEITERFÜHRENDE HINWEISE

Recherchieren Sie, welche Auswirkungen die Berlin-Krisen auf die Situation in der Stadt gehabt haben, in Bezug auf
- die Lebenssituation der Menschen,
- die Arbeitsplätze,
- die Unternehmen,
- die Sicherheit der Stadt.

Standpunkte

Ost
- Die DDR ist ein rechtmäßiger souveräner Staat.
- Berlin ist die Hauptstadt der DDR.
- Fortschritte im deutsch-deutschen Verhältnis sind erst dann möglich, wenn der Westen die DDR als Staat anerkennt.

West
- Die „DDR" ist kein rechtmäßiger Staat. Seine Entstehung beruht nicht auf dem freien Willen der Bevölkerung.
- Berlin ist nicht die Hauptstadt der DDR, sondern ganz Berlin unterliegt der Verantwortung der vier Siegermächte.
- Fortschritte im deutsch-deutschen Verhältnis sind nur dann möglich, wenn in ganz Deutschland freie Wahlen stattgefunden haben.

Berliner Erklärung der drei Westmächte USA, Großbritannien und Frankreich und der Bundesrepublik Deutschland vom 29.07.1957 (Auszug):

1

Jede Nation hat das Recht, ihre eigene Lebensform frei zu bestimmen, ihr politisches, wirtschaftliches und soziales System selbst zu wählen und unter Berücksichtigung der berechtigten Interessen anderer Nationen für ihre Sicherheit zu sorgen. Die Gerechtigkeit fordert, dass dem deutschen Volk die Möglichkeit gegeben wird, seine nationale Einheit auf der Grundlage dieses Grundrechts wiederherzustellen.
Die Wiedervereinigung Deutschlands bleibt gemeinsame Verantwortlichkeit der Vier Mächte, die 1945 die oberste Gewalt in Deutschland übernahmen. [...]

Die unnatürliche Teilung Deutschlands und seiner Hauptstadt Berlin ist eine ständige Quelle internationaler Spannung. Solange Deutschland geteilt ist, kann es keinen Friedensvertrag mit Deutschland und keine Stabilität in Europa geben.
Nur eine frei gewählte gesamtdeutsche Regierung kann im Namen eines wiedervereinigten Deutschlands Verpflichtungen übernehmen. Eine solche Regierung kann nur aus freien, in ganz Deutschland durchgeführten Wahlen zu einer gesamtdeutschen Nationalversammlung hervorgehen.

Bundesministerium für gesamtdeutsche Fragen (Hrsg.): Dokumente zur Deutschlandpolitik III, Band 3, S. 1 304 ff.

Beschluss des Ministerrats der DDR vom 12.08.1961 (Auszug):

2

Die Erhaltung des Friedens erfordert, dem Treiben der westdeutschen Revanchisten und Militaristen einen Riegel vorzuschieben und durch den Abschluss eines deutschen Friedensvertrages den Weg zu öffnen für die Sicherung des Friedens und die Wiedergeburt Deutschlands als friedliebender, antiimperialistischer, neutraler Staat.
Zur Unterbindung der feindlichen Tätigkeit [...] Westdeutschlands und Westberlins wird eine solche Kontrolle an den Grenzen der Deutschen Demokratischen Republik einschließlich der

Grenze zu den Westsektoren von Groß-Berlin eingeführt, wie sie an den Grenzen jedes souveränen Staates üblich ist. [...] Diese Grenzen dürfen von Bürgern der Deutschen Demokratischen Republik nur noch mit besonderer Genehmigung passiert werden. Bürger der Hauptstadt der DDR bedürfen für das Überschreiten der Grenzen nach Westberlin einer besonderen Bescheinigung. Der Besuch von friedlichen Bürgern Westberlins in der Hauptstadt der DDR ist unter Vorlage des Westberliner Personalausweises möglich.

Neues Deutschland, 13.08.1961

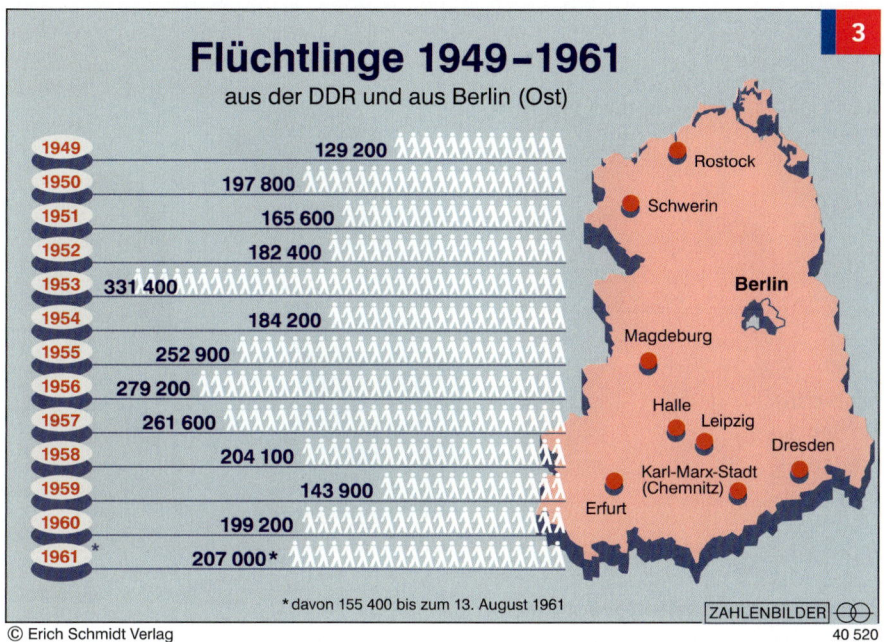

Flüchtlinge 1949–1961
aus der DDR und aus Berlin (Ost)

1949	129 200
1950	197 800
1951	165 600
1952	182 400
1953	331 400
1954	184 200
1955	252 900
1956	279 200
1957	261 600
1958	204 100
1959	143 900
1960	199 200
1961	207 000*

Rostock · Schwerin · Berlin · Magdeburg · Halle · Leipzig · Dresden · Karl-Marx-Stadt (Chemnitz) · Erfurt

* davon 155 400 bis zum 13. August 1961

ZAHLENBILDER
40 520

© Erich Schmidt Verlag

 1, 2

Stellen Sie die Argumente des Westens und der Regierung der DDR einander gegenüber. Welche Bedingungen stellt der Westen und wie reagiert die DDR?

3

Interpretieren Sie die Entwicklung der Flüchtlingszahlen unter Berücksichtigung der geschichtlichen Ereignisse.

Welche Folgen hat das Anwachsen des Flüchtlingsstroms für die DDR?

4

Beschreiben Sie die Folgen des Mauerbaus für Berlin (West).

Begründen Sie, warum Sie als Bürger oder Bürgerin der DDR über einen Fluchtversuch nachgedacht oder ihn sogar unternommen hätten, bzw. warum nicht.

In der Nacht zum 13.08.1961 errichten ca. 20 000 Polizisten und Soldaten die Berliner Mauer: Quasi alle Verbindungen und Grenzübergänge von Ost nach West werden unterbrochen; wer fliehen will, muss damit rechnen, dass auf ihn geschossen wird. Im Westen ist man vom **Mauerbau** vollkommen überrascht und schockiert. Es bleibt jedoch bei scharfen Protesten, zu einem militärischen Eingreifen seitens der Westmächte kommt es nicht.

Offiziell will sich die DDR vor den „westlichen Militaristen" schützen, doch das tatsächliche Motiv ist, dass fast drei Millionen Menschen die DDR verlassen haben. Die Gründe hierfür sind vor allem wirtschaftlicher Natur (bessere Arbeits- und Lebensbedingungen im Westen, Enteignungen in der DDR); den Menschen im Westen scheint es eindeutig besser zu gehen. Daneben gibt es jedoch auch noch weitere Abwanderungsmotive, z.B. das Fehlen einer echten Demokratie (stattdessen eine Diktatur durch die SED), die Überwachung durch die Stasi oder die Erinnerung an die Niederschlagung der Demonstrationen 1953 (s. S. 139).

Viele Familien und Freundschaften werden schlagartig auseinandergerissen, Zehntausende Pendler verlieren ihre Arbeit und zahlreiche Einrichtungen und Sehenswürdigkeiten sind nun nicht mehr zugänglich (z.B. Potsdamer Platz, Brandenburger Tor, aber auch Krankenhäuser, Kirchen usw.).

Im Laufe der Jahre werden die Grenzanlagen immer weiter ausgebaut: Am Ende ist die Anlage ca. 100 m breit, mit Zäunen, Türmen usw. Zwar gelingt am Anfang noch fast 7 000 Menschen die Flucht, doch wird eine solche später beinahe unmöglich: Es gibt bis zu ihrem Fall im Jahr 1989 insgesamt etwa 125 Todesopfer an der Mauer.

Wegen der unsicheren politischen Situation verlassen viele Menschen und Unternehmen Westberlin, das nun noch stärker auf die Unterstützung durch den Westen angewiesen ist. Die Bundesregierung lockt deshalb mit steuerlichen Vorteilen oder anderen Vergünstigungen, z.B. der Befreiung vom Wehrdienst, Menschen und Unternehmen in die Stadt.

„Der Marktplatz"

Die Idee beim „Marktplatz" lautet: Schüler eignen sich Wissen an und werden zu Experten; sie erklären sich gegenseitig Inhalte und Zusammenhänge und erweitern somit ihr Wissen (Schüler unterrichten Schüler).

Thema: **Die deutsch-deutschen Beziehungen im Wandel der Zeit**

1. Vorbereitung:

1. Schaffen Sie zunächst einmal einen großen freien Raum im Zentrum des Klassenzimmers (das ist Ihr „Marktplatz").

2. Jeder Schüler erhält eine Karte mit einem Text zu einem Teilgebiet eines übergeordneten Themas. Diesen Text liest der Schüler aufmerksam und bemüht sich darum, möglichst viel davon zu behalten. Anschließend werden die Texte wieder eingesammelt. Zeitvorgabe: 3–4 Minuten.

2. Durchführung:

Runde 1:

a) Zwei Schüler mit unterschiedlichen Themengebieten finden sich zusammen. Partner A informiert Partner B über den Inhalt seiner Karte (90–120 Sekunden).

b) Partner B versucht, das neu Gelernte wiederzugeben; Partner A korrigiert und ergänzt (ca. 90 Sekunden).

c) Aufgabenwechsel: Partner B berichtet nun über den Inhalt seiner Karte (90–120 Sekunden).

d) Partner A gibt nun das gerade Gehörte wieder und wird dabei von Partner B berichtigt und unterstützt (ca. 90 Sekunden).

Runden 2–4 nach gleichem Muster mit wiederum neuen Partnern.

3. Auswertung:

Eine Ergebnissicherung kann beispielsweise durch einen kleinen Test am Ende durchgeführt werden. Die Marktplatzmethode eignet sich besonders gut zum Einstieg in ein Thema oder zur sichernden Wiederholung am Ende einer Unterrichtseinheit.

Karte 1: Die Hallstein-Doktrin (1949–1963)

Doktrin = Lehre; Walter Hallstein: Staatssekretär im Auswärtigen Amt

Bedeutung: Außenpolitische Leitlinie der BRD unter Kanzler Adenauer

Kernaussage: Die BRD muss für alle Deutschen sprechen („Alleinvertretungsanspruch").

Begründung: Die DDR ist kein rechtmäßig entstandener Staat; die Bürger der DDR dürfen nicht frei wählen und ihren Willen zum Ausdruck bringen.

Umsetzung: Die völkerrechtliche Anerkennung der DDR als Staat ist ein „unfreundlicher Akt"; die BRD wird zu Staaten, die dies tun, keinerlei diplomatische Beziehungen unterhalten.

Ergebnis: Tatsächlicher Abbruch der diplomatischen Beziehungen z. B. zu Jugoslawien und Kuba; die Teilung Deutschlands wird zementiert.

Karte 2: Die Stalin-Note (10. März 1952)

Bedeutung: Vorschläge des sowjetischen Führers Josef Stalin zur Neuregelung der Zukunft Deutschlands

Inhalt:

- Es soll einen freien, einheitlichen deutschen Staat geben.
- Dieser darf zwar eine eigene Armee haben, muss sich aber zur Neutralität verpflichten.
- Die in der Potsdamer Konferenz festgelegten Grenzen müssen anerkannt werden.
- Alle Besatzungstruppen ziehen ab.

Ergebnis: Die Westalliierten und die BRD lehnen ab; es handle sich nur um ein „Täuschungsmanöver". In Wirklichkeit wolle die UdSSR den europäischen Einigungsprozess aufhalten und ihren Machtbereich weiter ausbauen.

Karte 3: Friedliche Koexistenz (1963–1969)

Bedeutung: Versuch der beiden deutschen Staaten, trotz völlig unterschiedlicher Gesellschafts- und Wirtschaftsordnungen friedlich zusammenzuleben

Umsetzung:

- Passierscheinabkommen: Westberliner dürfen ihre Verwandten im Osten besuchen.
- Rentner aus der DDR dürfen in die BRD einreisen.
- Wirtschaftsabkommen der BRD mit osteuropäischen Staaten

Bewertung: Abkehr von der Hallstein-Doktrin; leichte Entspannung nach dem Mauerbau 1961 und dem drohenden Krieg in der Kuba-Krise 1962

Karte 4: Entspannungspolitik („Wandel durch Annäherung", ab 1969)

Bedeutung: Richtungswechsel unter dem neu gewählten Bundeskanzler Willy Brandt

Ziel: Normalisierung der Beziehungen zwischen der BRD und der DDR

Umsetzung:

- Grundlagenvertrag 1972 (und weitere Abkommen)
- Erleichterungen für die Bürger beim Reisen, Telefonieren, Besuchen; Kultur- und Sportaustauschprogramme, Städtepartnerschaften
- Ostverträge der BRD mit osteuropäischen Staaten; Anerkennung der Grenzen
- Berlin-Abkommen 1972: West-Berlin wird durch die BRD vertreten.

Bewertung: Damals von vielen heftig als „Aufgabe" der DDR und damit der deutschen Einheit kritisiert; tatsächlich aber gut für die Bürger und erfolgreicher Entwicklungsschritt

Folge: Aufnahme von BRD und DDR in die UNO 1973; gegenseitige Besuche der Regierungschefs der beiden deutschen Staaten

Deutsche Preisunterschiede (1989)

In der DDR teurer als in der Bundesrepublik:

	DDR (Mark)	BRD (DM)
Radiorekorder	1 160,00	194,00
Taschenrechner	123,00	25,00
Bohnenkaffee (1/2 kg)	35,00	8,93
Farbfernseher	4 900,00	1 593,00
Damenstrumpfhose	14,00	5,23
Kühlschrank	1 425,00	559,00
Waschmaschine	2 300,00	981,00

In der DDR billiger als in der Bundesrepublik:

	DDR (Mark)	BRD (DM)
Straßenbahn/Bus	0,20	2,07
Dauerwelle	9,90	62,70
Brot (1 kg)	0,52	3,17
Kartoffeln (5 kg)	0,85	4,94
Strom (75 kW)	7,50	31,60
Miete	75,00	411,00
Rinderbraten (1 kg)	9,80	17,19

Eigene Zusammenstellung

Luxusgüter?

In der DDR beträgt die Wartezeit für einen Trabant 14, für einen Telefonanschluss oft länger als 20 Jahre.

1

Bundesrepublik Deutschland		Deutsche Demokratische Republik
Artikel 20 des Grundgesetzes: (1) Die Bundesrepublik Deutschland ist ein demokratischer und sozialer Bundesstaat. (2) Alle Staatsgewalt geht vom Volke aus. [...]	Verfassung	Artikel 1 der DDR-Verfassung: Die Deutsche Demokratische Republik ist ein sozialistischer Staat der Arbeiter und Bauern. Sie ist die politische Organisation der Werktätigen in Stadt und Land unter Führung der Arbeiterklasse und ihrer marxistisch-leninistischen Partei.
Unternehmen befinden sich in Privatbesitz: Einzelunternehmen, Personengesellschaften (KG, OHG), Kapitalgesellschaften (GmbH, AG)	Eigentum	Unternehmen sind vergesellschaftet (verstaatlicht): volkseigene Betriebe (VEB), Landwirtschaftliche Produktionsgenossenschaften (LPG).
Unternehmen bestimmen, was produziert wird. Entscheidend ist die Nachfrage. Ziel: Gewinn	Produktion	Staat erstellt **Fünfjahresplan**, in dem festgelegt wird, was in welcher Menge produziert wird. Ziel: Planerfüllung
Preise bilden sich auf dem **Markt** entsprechend Angebot und Nachfrage.	Preise	Staat setzt Preise fest.
Gewerkschaften und Arbeitgeberverbände schließen Tarifverträge, in denen Mindestlöhne festgelegt sind.	Löhne	Löhne und Gehälter werden vom Staat bestimmt.

2

Nach dem Zweiten Weltkrieg erscheint es undenkbar, dass sich das Land in absehbarer Zeit von der gerade erlittenen Katastrophe erholen könnte, erst recht, da es nach den Naziverbrechen fürchten muss, international geächtet zu werden, was sich negativ auf den Handel auswirken würde.

Bundeskanzler Adenauer setzt voll auf die **Westintegration**. In diesem Zusammenhang steht nicht nur die Aufnahme in die NATO 1955, sondern vor allem die Aussöhnung mit Frankreich und der Beginn des europäischen Einigungsprozesses mit dem Ziel einer engen wirtschaftlichen Zusammenarbeit (siehe Kapitel 7). So gelingt der BRD, unterstützt vom Westen, ein rascher Wiederaufstieg zur wirtschaftlich stärksten Nation Europas. Maßgebliche Ursache hierfür ist zum einen die **Währungsreform** mit der Einführung der D-Mark als stabiles Zahlungsmittel, zum anderen die Errichtung der **sozialen Marktwirtschaft**, vorangetrieben durch Wirtschaftsminister Ludwig Erhard (1949–1963), die zwar einen starken Einfluss des Staates auf die Wirtschaft ablehnt, zugleich jedoch die Rechte der Arbeitnehmer durch die Mitbestimmung in Betrieben und Gewerkschaften bei der Aushandlung von Tarifverträgen sichert. Zudem unterstützt der Staat seine Bürger durch eine weitreichende Sozialgesetzgebung.

Ein halbes Jahrhundert Wohlstand **3**

	1950	1999
Bruttowochenverdienst	36 Euro	563 Euro
Wochenarbeitszeit	49,5 Std.	37,9 Std.
Verbraucherpreise (1950=100%)	100	402

Eigene Zusammenstellung

Wirtschaftswunder gegen Planwirtschaft

1947: Lebensmittel-Tagesration

1955: Der millionste Käfer läuft vom Band.

Wirtschaftliche Entwicklung der BRD 1950–1960

Veränderung gegenüber dem Vorjahr in %	1951	1952	1953	1954	1955	1956	1957	1958	1959	1960
Industrieproduktion	+18	+6	+10	+12	+15	+8	+6	+3	+7	+10
Beschäftigte (Mio.)	14,5	15,0	15,5	16,3	17,1	18,0	18,6	18,8	19,4	19,8
Arbeitslosenquote	9,0	8,4	7,5	7,0	5,1	4,0	3,4	3,5	2,5	1,2
Bruttosozialprodukt	+10,5	+8,3	+7,5	+7,4	+11,5	+6,9	+5,4	+3,3	+6,7	+8,8
Bruttolöhne	+16,3	+7,9	+5,9	+5,2	+7,9	+7,9	+5,0	+6,5	+5,1	+8,9
Preise	+7,8	+2,1	− 1,8	+0,2	+1,6	+2,6	+2,0	+2,2	+1,0	–

Ludwig Erhard: Deutsche Wirtschaftspolitik. Der Weg der sozialen Marktwirtschaft, Neuauflage, Econ Verlag, Düsseldorf 1992, S. 622 f.

Gründe für das Scheitern der Planwirtschaft in der DDR

- schlechte Startbedingungen durch anhaltende Demontagen, keine Finanzhilfe durch den Marshall-Plan
- Nahezu alle Preise sind festgelegt. → Qualität und Nachfrage spielen keine Rolle.
- massive Staatssubventionen → Preisverzerrungen, Verschwendung
- kein Wettbewerb → kein Innovationszwang
- keine Orientierung an den Wünschen der Verbraucher → Angebot und Nachfrage stimmen nicht überein.
- Produktionsplanung über lange Zeiträume → keine flexible Reaktion auf Veränderungen auf dem Weltmarkt möglich
- Unzufriedenheit weiter Teile der Bevölkerung → Republikflucht vieler Fachkräfte

ARBEITSVORSCHLÄGE

1

Diskutieren Sie in der Klasse die Vorzüge und Nachteile der verschiedenen Wirtschaftsordnungen. Berücksichtigen Sie dabei auch die Zahlenangaben in der Marginalspalte.

2

Erklären Sie die Gründe für das westdeutsche „Wirtschaftswunder".

3

Vergleichen Sie die wirtschaftliche Entwicklung von 1950–1999 mit dem letzten Jahrzehnt.

Überlegen Sie, warum sich die Situation verändert hat.

4

Stellen Sie die wirtschaftliche Entwicklung in der BRD von 1950–1960 grafisch dar, z. B. in einem Kurvendiagramm.

5

Erstellen Sie eine Mindmap zu den in Textform genannten Gründen für das Scheitern der Planwirtschaft in der DDR.

Willy Brandt (SPD), 1913–1992

1933	Emigration
1945	Rückkehr nach Deutschland
1957–66	Regierender Bürgermeister von Berlin (West)
1966	Außenminister der Großen Koalition
1969–74	Bundeskanzler

Für seine Versöhnungspolitik mit osteuropäischen Staaten erhält Brandt 1971 den Friedensnobelpreis.

Bundeskanzler Brandt bei seinem Regierungsantritt 1969

20 Jahre nach Gründung der Bundesrepublik Deutschland und der DDR müssen wir ein weiteres Auseinanderleben der deutschen Nation verhindern. [...] Eine völkerrechtliche Anerkennung der DDR kann nicht in Betracht kommen. Auch wenn zwei Staaten in Deutschland existieren, sind sie doch füreinander nicht Ausland.

"Mehr Demokratie wagen"

Formell ist die Bundesrepublik Deutschland mit ihrer Gründung 1949 ein demokratischer Staat, seit 1952 noch dazu vollständig souverän.

Das heißt aber noch lange nicht, dass die Deutschen allesamt von einem Moment auf den anderen zu überzeugten Demokraten geworden sind. Noch zwei Jahrzehnte nach dem Ende des Krieges befinden sich in öffentlichen Ämtern, im Schulwesen und bei den Juristen ehemalige Mitglieder der NSDAP, viele Erziehungsmethoden und -ziele haben sich keineswegs geändert. Dies findet Niederschlag in den Moralvorstellungen weiter Teile der Gesellschaft, aber auch in der Gesetzgebung.

Das ändert sich schlagartig, als 1969 eine **sozialliberale Koalition** aus SPD und FDP die Regierung übernimmt. Bundeskanzler **Willy Brandt** hat Großes vor: Er will eine breit angelegte Reformpolitik betreiben, die keinen Bereich des öffentlichen Lebens unberührt lassen soll. Statt wie früher folgsame Untertanen zu sein, sollen die Deutschen zu „mündigen" Bürgern werden, die selbst für sich Verantwortung übernehmen können und wollen.

1
Auszüge aus der Regierungserklärung von Willy Brandt vom 28.10.1969

Unser Respekt gebührt dem, was in den vergangenen Jahren geleistet worden ist [...]. Ich nenne die Namen Konrad Adenauer, Theodor Heuss und Kurt Schumacher stellvertretend für viele andere, mit denen die Bundesrepublik Deutschland einen Weg zurückgelegt hat, auf den sie stolz sein kann. Niemand wird die Leistungen der letzten zwei Jahrzehnte leugnen, bezweifeln oder geringschätzen. [...]
Unser Volk braucht wie jedes andere seine innere Ordnung. In den 70er-Jahren werden wir aber in diesem Lande nur so viel Ordnung haben, wie wir an Mitverantwortung ermutigen. [...]
Wir wollen mehr Demokratie wagen. Wir werden unsere Arbeitsweise öffnen und darauf hinwirken, dass [...] jeder Bürger die Möglichkeit erhält, an der Reform von Staat und Gesellschaft mitzuwirken. [...]
Wir wenden uns an die im Frieden nachgewachsenen Generationen, die nicht mit den Hypotheken der Älteren belastet sind und belastet werden dürfen; jene jungen Menschen, die uns beim Wort nehmen wollen – und sollen. Diese jungen Menschen müssen aber verstehen, dass auch sie gegenüber Staat und Gesellschaft Verpflichtungen haben. [...]
Wir können nicht die perfekte Demokratie schaffen. Wir wollen eine Gesellschaft, die mehr Freiheit bietet und mehr Mitverantwortung fordert. [...]
Wenn wir leisten wollen, was geleistet werden muss, brauchen wir alle aktiven Kräfte unserer Gesellschaft. [...] Wir werden uns ständig darum bemühen, dass sich die begründeten Wünsche der gesellschaftlichen Kräfte und der politische Wille der Regierung vereinen lassen. [...] Wir dürfen keine Gesellschaft der verkümmerten Talente werden. Jeder muss seine Fähigkeiten entwickeln können. [...] Im Bewusstsein der Verantwortung für die wirtschaftliche Zukunft unseres Landes in den 70er-Jahren werden wir uns besonders intensiv der Ausbildung und Fortbildung sowie der Forschung und der Innovation annehmen. [...]
Wir stehen nicht am Ende unserer Demokratie, wir fangen erst richtig an. Wir wollen ein Volk der guten Nachbarn sein [...,] im Inneren und nach außen.

Bundeskanzler-Willy-Brandt-Stiftung Berlin: Regierungserklärung von Bundeskanzler Willy Brandt vor dem Deutschen Bundestag in Bonn am 28. Oktober 1969, abgerufen unter www.willy-brandt.de/ fileadmin/brandt/Downloads/Regierungserklaerung_Willy_Brandt_1969.pdf [01.07.2016]

Überblick über wichtige Veränderungen in den 1970er-Jahren:

- Das aktive Wahlalter wird von 21 auf 18 Jahre gesenkt, das passive Wahlalter von 25 auf 21 Jahre.
- Statt mit 21 wird man nun schon mit 18 Jahren volljährig.
- Einführung des Bundesausbildungsförderungsgesetzes (BAFÖG)
- Einführung des Kindergelds schon ab dem ersten Kind
- Gleichberechtigung in der Ehe: Frauen dürfen auch ohne die Zustimmung des Ehegatten arbeiten gehen; der Mann (und die Kinder) dürfen auch den Nachnamen der Frau annehmen und tragen.
- Im Falle einer Scheidung gilt nicht mehr das Schuldprinzip sondern die „Zerrüttung" der Ehe.
- Erweiterung der Mitbestimmung von Arbeitern und Angestellten in Unternehmen
- Mehr Befugnisse für Betriebsräte
- Einführung des Jugendarbeitsschutzgesetzes

Nicht alle Pläne lassen sich umsetzen. Zum einen reicht das Geld nicht aus, zum anderen verhindert z. B. das Bundesverfassungsgericht eine Reform des § 218 (Schwangerschaftsabbruch). Die Einführung von Gesamtschulen ist stark umstritten und die Überprüfung zahlreicher Bewerber für Stellen im öffentlichen Dienst im Rahmen des „**Radikalenerlasses**" vom 28.01.1972 sorgt auch im linken Lager für Missstimmung.

Die Opposition bekämpft Brandt ohnehin heftig, vor allem wegen seiner Entspannungspolitik gegenüber der DDR. Als wichtige außenpolitische Verträge mit Polen und der UdSSR unterzeichnet werden sollen, nutzt der Vorsitzende der CDU/CSU-Fraktion, Rainer Barzel, am 27.04.1972 die Gelegenheit zu einem **konstruktiven Misstrauensvotum** im Bundestag. Obwohl die Regierungskoalition seit der Wahl vier Abgeordnete durch Wechsel an die Opposition verloren hat, scheitert dieses Ansinnen aber überraschend. Brandt sieht sich gestärkt und kann bei der nächsten Bundestagswahl im November 1972 tatsächlich ein Rekordergebnis erzielen.

Der Unterlegene Rainer Barzel (CDU) gratuliert Bundeskanzler Willy Brandt (SPD), nachdem das von der Opposition angestrengte konstruktive Misstrauensvotum gegen Brandt im Bundestag gescheitert ist.

Doch schon bald darauf verschlechtern sich nicht nur die Wirtschaftsdaten, sondern auch die politische Stimmung insgesamt, die Sympathiewerte Brandts sinken. Als herauskommt, dass ein enger Vertrauter, Günter Guillaume, ein langjähriger Spion der DDR war, reicht der angeschlagene Kanzler am 6. Mai 1974 seinen Rücktritt ein. Sein Nachfolger wird Helmut Schmidt.

Auswahlliste der RAF-Anschläge

2. April 1968
Brandanschläge auf zwei Frankfurter Kaufhäuser

Ab 1970
Diverse Banküberfälle und Einbrüche in Rathäuser (für falsche Pässe)

24. Mai 1972
Anschlag auf das Europa-Hauptquartier der US-Armee in Heidelberg

10. November 1974
Erschießung des Berliner Richters Günter von Drenkmann

25. Februar 1975
Entführung des Berliner CDU-Politikers Peter Lorenz *

25. April 1975
Besetzung der deutschen Botschaft in Stockholm

7. April 1977
Ermordung des Generalbundesanwalts Siegfried Buback

30. Juli 1977
Ermordung des Bankiers Jürgen Ponto

5. September 1977
Entführung des Arbeitgeberpräsidenten Hanns-Martin Schleyer (später ermordet)

13. Oktober 1977
Entführung der Lufthansa-Maschine „Landshut"

25. Mai 1979
Anschlag auf den NATO-Oberbefehls-Haber Alexander Haig

1. Februar 1985
Erschießung des MTU-Rüstungskonzernchefs Dr. Ernst Zimmermann

30. November 1989
Ermordung des Vorstandssprechers der Deutschen Bank Alfred Herrhausen

20. April 1998
Die RAF gibt ihre Selbstauflösung bekannt.

In den späten 1960er-Jahren wächst die Unzufriedenheit vieler Menschen in der BRD, vor allem die der jungen Leute. Sie sind enttäuscht von mangelnden Mitbestimmungsmöglichkeiten, noch mehr aber von der unzureichenden Aufarbeitung der NS-Vergangenheit der älteren Generation. Den Militäreinsatz der USA in Vietnam lehnen sie vehement ab und werfen der BRD vor, die Amerikaner dabei zu unterstützen.

Beim Besuch des persischen Schahs kommt es 1967 in Berlin zu Demonstrationen, die persische Sicherheitsleute mit Knüppeln niederschlagen, wobei sie durch die deutsche Polizei unterstützt werden. Die Proteste weiten sich aus. Am Ende gibt es einen ersten Toten: Benno Ohnesorg (siehe Foto). Er wird, ebenso wie der 1968 angeschossene Studentenführer Rudi Dutschke, zum Symbol des Widerstands: Mit der **„Bewegung 2. Juni"** gründet sich die erste bewaffnete Untergrundgruppe.

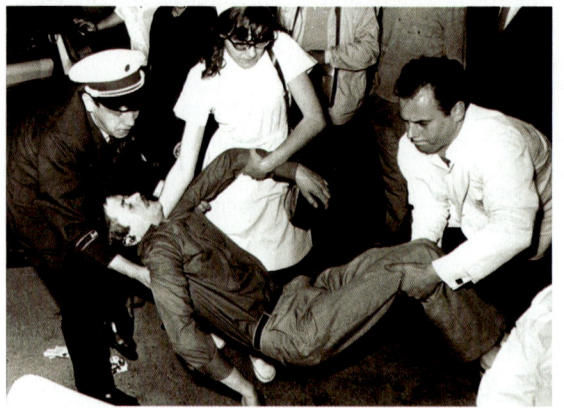

Wenig später folgt die noch radikalere **„RAF"** (Rote-Armee-Fraktion") um Andreas Baader, Gudrun Ensslin und Ulrike Meinhof. Die Gruppe sieht sich als Teil eines weltweiten Kampfes für die Armen und Unterdrückten, lässt sich in Jordanien militärisch ausbilden und trägt die Gewalt nach Deutschland.

Anfangs erfährt die Gruppe durchaus gewisse Sympathien in der Bevölkerung. Dies ändert sich jedoch rasch, als es Tote gibt, erst recht, als es sich dabei nicht mehr ausschließlich um „Repräsentanten des Systems", sondern um Zivilisten handelt.

Der Staat reagiert drastisch: Das Bundeskriminalamt wird massiv ausgebaut und modernisiert, der „Radikalenerlass" wird eingeführt und zahlreiche Gesetzesverschärfungen schränken die Rechte der Menschen erheblich ein.

Dies richtet sich nicht nur gegen die gefassten Terroristen, die teilweise in Isolationshaft genommen werden und die mit Hungerstreiks antworten, sondern auch gegen deren Anwälte. Doch auch der „Normalbürger" ist betroffen, z. B. durch massive Polizeikontrollen.

Von Anfang an steht fest: Der Staat will sich unter keinen Umständen erpressen lassen. Etliches von dem, was die Täter von Beginn am deutschen Staat kritisiert haben, wird erst durch sie selbst Wirklichkeit. 34 Menschen fallen den Anschlägen der RAF zum Opfer.

Aus dem Bekennerschreiben des „Kommando Petra Schelm"

„Für die Ausrottungsstrategen von Vietnam sollen Westdeutschland und West-Berlin kein sicheres Hinterland mehr sein. Sie müssen wissen, dass ihre Verbrechen am vietnamesischen Volk ihnen neue, erbitterte Feinde geschaffen haben, dass es für sie keinen Platz mehr geben wird in der Welt, an der sie vor den Angriffen revolutionärer Guerilla-Einheiten sicher sein können."

Bekennerbrief der RAF vom 14.5.1972, zitiert nach Andreas Gohr: Bombenanschläge – Blutiger Mai '72, abgerufen unter: www.rafinfo.de/hist/kap06.php [01.07.2016]

Linksterrorismus und Ölpreisschock

Generalbundesanwalt Buback, sein Fahrer und ein Sicherheitsbeamter werden am 7.4.1977 in Karlsruhe erschossen.

1972 veröffentlicht der „Club of Rome" seinen Bericht „Die Grenzen des Wachstums". Zum ersten Mal wird einer breiten Öffentlichkeit vor Augen geführt, dass unsere Ressourcen endlich sind, und dass wirtschaftliches Wachstum nicht selbstverständlich ist. Als die arabischen Staaten aus politischen Gründen im Oktober 1973 ihre Ölförderung drastisch reduzieren, wird dies unmittelbar für jeden spürbar. Der Ölpreis vervierfacht sich, es kommt zu „Hamsterkäufen" an Tankstellen, die plötzlich gar keinen Sprit mehr verkaufen können.

Am 25.11.1973 kommt es erstmals in der BRD zu einem allgemeinen Fahrverbot, das auch an den Sonntagen im Dezember gelten soll. Dieser **Ölpreisschock** macht den Deutschen nicht nur Angst - auch für die Wirtschaft gibt es erschreckende Konsequenzen. Die Automobilindustrie muss Einbußen von fast 20 % hinnehmen, binnen zwei Jahren steigt die Zahl der Arbeitslosen von unter 300 000 auf über eine Million an.

Die Energiepolitik ist aber nur ein Thema, bei dem sich immer mehr Menschen nicht mehr von den etablierten Parteien vertreten fühlen. Auch in den Bereichen Gleichberechtigung und vor allem aus der Friedensbewegung heraus entsteht 1979 eine neue Partei: „Die Grünen". Erst 1980 gegründet, schaffen sie schon bei der Bundestagswahl 1983 mit 5,6 % der Stimmen den Einzug in den Deutschen Bundestag.

Ansturm auf Benzin während der Ölkrise 1973

ARBEITSVORSCHLÄGE

1
Die RAF nahm für sich in Anspruch, für das Volk zu kämpfen.
Erklären Sie, wie es dazu kam, dass die Gruppe nach und nach fast jeglichen Rückhalt in der Bevölkerung verlor.

2
Bewerten Sie die Argumentation, mit der die Attentäter ihre Taten rechtfertigen.

3
Benzinrationierung, Fahrverbote – Diskutieren Sie, ob Sie diese staatlichen Aktionen für sinnvoll halten.
Wie würden Sie darauf reagieren, wenn es in Zukunft häufiger zu solchen Maßnahmen käme?

Michail Gorbatschow

geb. 1931
1985 Generalsekretär der KPdSU
1988 Staatspräsident der Sowjetunion
Gorbatschow leitet in der Sowjetunion
eine weitreichende Reformpolitik ein,
steht jedoch wegen Wirtschafts- und
Nationalitätenproblemen im eigenen
Land unter zunehmendem Druck.
Gorbatschow prägt den Begriff vom
„europäischen Haus", in dem jedes
Land seinen eigenen Platz selbst
bestimmen kann.
1990 erhält er für seine Friedens- und
Abrüstungspolitik den Friedensnobelpreis.
Als sich die UdSSR 1991 auflöst, tritt
Gorbatschow zurück.

Erich Honecker (1912–1994)

1976–1989 Generalsekretär der SED
und Staatsratsvorsitzender der DDR

Glasnost und Perestroika in der Sowjetunion

Als Michail Gorbatschow Mitte der 1980er-Jahre die Regierungsgeschäfte in der Sowjetunion übernimmt, kündigt er große Veränderungen an. Auch wer kein Russisch spricht, kennt bald die beiden Schlagworte **Perestroika** (Umbau) und **Glasnost** (Transparenz, Offenheit), die als Symbol für seine Reformpolitik berühmt werden.

Eine umfassende Demokratisierung, verbunden mit offenen Diskussionen und Meinungsvielfalt, erscheint dem Generalsekretär unerlässlich, um den Sozialismus in der UdSSR überhaupt aufrechterhalten zu können. Auch in den Außenbeziehungen sollen Dialogbereitschaft und Kooperation die jahrzehntelangen Konfrontationen und Drohungen ersetzen.

Die Politik Gorbatschows verändert die Situation in Europa grundlegend. Er setzt sich für Abrüstung und europäische Zusammenarbeit ein. 1987 schließen die USA und die Sowjetunion einen Abrüstungsvertrag, der den Abbau aller atomaren Mittelstreckenraketen in Mitteleuropa vorsieht. In fast allen Staaten Mittel- und Osteuropas entwickelt sich ein Demokratisierungsprozess. Oppositionsgruppen und Bürgerrechtsbewegungen gewinnen an Bedeutung; die kommunistischen Parteien verlieren ihre beherrschende Stellung in Staat und Gesellschaft.

Eine wichtige Antriebskraft für die Demokratisierung ist die wirtschaftliche Situation. In einigen Ländern verschlechtert sich die Versorgungslage erheblich. Das System der zentralen Planwirtschaft scheint vor dem Zusammenbruch zu stehen. Die Führung der DDR aber ignoriert diese Entwicklung.

Die Oppositionsbewegung in der DDR   2

Widerstand gibt es im „Arbeiter- und Bauernstaat" nicht erst seit dem Politikwechsel in Moskau. Als 1978 „Wehrkundeunterricht" in den Schulen eingeführt wird, entwickelt sich unter dem Motto „Schwerter zu Pflugscharen" eine Friedensbewegung, die massiv von den Kirchen unterstützt wird und dort ein Zuhause findet. Dies ist die Keimzelle der späteren **Montagsdemonstrationen**.

Auch noch nach dem Mauerbau 1961 haben mehr als eine halbe Million Bürgerinnen und Bürger als Flüchtlinge oder von der Bundesrepublik freigekaufte Häftlinge die DDR gen Westen verlassen. Doch viele wollen ihrer Heimat nicht einfach den Rücken kehren, sondern den Staat umgestalten, ehe eine weitere Auswanderungswelle über die nun quasi offenen Grenzen der anderen Ostblockstaaten endgültig zu einem Verlust des größten Teils der jungen, produktiven Bevölkerung führen würde. Die Zeit zum Handeln scheint nun reif.

„Warum bin ich selbst gegangen?"   3

Die DDR-Schriftstellerin Monika Maron über den Exodus ihrer Landsleute

Sie haben mehr zu essen als die Polen, mehr Geld als die Ungarn, sie leben unvergleichlich besser als die Russen, Ukrainer, Usbeken. [...]
Warum gehen sie? Warum bin ich selbst gegangen? [...]
Ein junger Mann, auf der Busfahrt nach Wien befragt, wie er sich nun, nach seiner Flucht fühle, sagte, er sei stolz. Er hat etwas gewagt, [...] Vielleicht war das die erste wirkliche Entscheidung, die er in seinem Leben fällen konnte. Eine Lehrstelle wurde ihm zugeteilt, eine Wohnung wurde ihm zugeteilt oder auch nicht. Wenn er wählen ging, gab es nichts zu wählen, sein Lebensplan unterlag seit jeher staatlicher Verfügungsmacht, der er sich durch das Weggehen ein für alle Mal entzogen hat. Das Gehen selbst wird, als demonstrativer Akt der Selbstbestimmung, zur lohnenden Tat.

Monika Maron: „Warum bin ich selbst gegangen?", in: Der Spiegel 33/1989, S. 22f.

Am 7. Oktober 1989 begeht die DDR-Führung feierlich den **40. Jahrestag der Staatsgründung**. Obwohl Zehntausende seit Wochen immer wieder demonstrieren und weitreichende Reformen fordern, feiern sich die Oberen der SED selbst. Auch führende Ostblockpolitiker sind zu Gast, darunter Michail Gorbatschow.

Nach den Feiern gerät die DDR-Führung immer mehr unter Druck. An den **Montagsdemonstrationen** nehmen in allen größeren Städten der DDR immer mehr Menschen teil. SED-Generalsekretär **Erich Honecker** tritt zurück; sein Nachfolger wird **Egon Krenz**. Die Bevölkerung lässt sich aber durch das Auswechseln der Führungspersonen nicht ruhigstellen. Der Ruf nach dem Rücktritt der gesamten DDR-Führung wird lauter. Hinzu kommt, dass viele Bürger/-innen versuchen, das Land zu verlassen.

Doch Staatschef Erich Honecker preist die Erfolge des SED-Regimes und lässt keinen Zweifel daran aufkommen, dass die Regierung nicht bereit ist, abzutreten oder gar die Staatsform zu ändern. Gorbatschow ist erschrocken über die Sturheit und den Machterhaltungswillen Honeckers; er spürt, dass ein Zusammenbruch des Regimes bevorsteht.

Bärbel Bohley, Mitbegründerin des „Neuen Forums" zum 40-jährigen Bestehen der DDR: **5**

Vierzig Jahre sind eine lange Zeit. Für einen Menschen sind sie das halbe Leben und für viele schon das ganze. Vor vierzig Jahren ist dieser Staat gegründet worden – kein besonderer Grund zum Feiern, denn diese Staatsgründung ist ein Ergebnis des vorausgegangenen entsetzlichen Krieges. In den Geschichtsbüchern späterer Generationen wird der 40. Jahrestag der DDR kein besonderes Datum sein. Aber was bedeutet er für uns heute? Haben wir Grund zum Feiern? Welche Gedanken und Gefühle haben die Menschen, die in diesem Land leben? Sind ihre Erwartungen, ihre Hoffnungen erfüllt worden? Seit der Staatsgründung hat die Regierung mit der Bevölkerung noch immer keinen wirklichen Frieden geschlossen, denn seitdem haben etwa 4 Millionen Menschen das Land verlassen. [...]
Es wird deutlich, wie sehr die Menschen resigniert haben. Alle Hoffnungen wurden zerschlagen, es ging immer nur „bergab", ein ständiger politischer und wirtschaftlicher Niedergang. Gerade die Generation der Vierzigjährigen verzweifelt, wenn sie sich vorstellt, dass es noch einmal 20 Jahre so weitergehen sollte. Dann ist auch ihr Leben vorbei, einer Fiktion geopfert. Denn der Sozialismus ist tot. [...]

Bärbel Bohley, in: 40 Jahre DDR ... und die Bürger melden sich zu Wort, Hanser, Berlin 1989, S. 5 ff.

ARBEITSVORSCHLÄGE

1

Erklären Sie, was Michail Gorbatschow unter „Glasnost" und „Perestroika" versteht.

Welche Auswirkungen hat seine Politik auf die Staaten Osteuropas?

2, 3, 5

Beschreiben Sie die Ursachen der Protestbewegung in der DDR.
Beziehen Sie die Aussagen von Bärbel Bohley mit ein.

Erarbeiten Sie die wichtigsten Gründe, warum Menschen die DDR verlassen haben oder dies zumindest vorhatten.

4

Am 07.10.1989 feiert die DDR ihr 40-jähriges Bestehen.

Beurteilen Sie das Verhalten der DDR-Führung rund um diesen Tag.

Die Ereignisse im Überblick

2. Mai 1989
Ungarn öffnet die Grenzen nach Österreich.

August–Oktober 1989
Zehntausende DDR-Bürgerinnen und Bürger flüchten über Ungarn oder die deutschen Botschaften in Prag und Warschau. 1989 verlassen über 320 000 Übersiedler die DDR.

18. September 1989
In Leipzig findet nach dem Friedensgebet in der Nikolaikirche die erste Montagsdemonstration statt.

7. Oktober 1989
Feiern zum 40. Jahrestag der DDR-Gründung. Michail Gorbatschow mahnt Reformen an: „Wer zu spät kommt, den bestraft das Leben."

9. Oktober 1989
Erste Massendemonstration in Leipzig

18. Oktober 1989
Erich Honecker tritt aus „gesundheitlichen Gründen" zurück. Sein Nachfolger wird Egon Krenz.

4. November 1989
1 Million Menschen demonstrieren in Ostberlin für den Rücktritt der Regierung.

7./8. November 1989
DDR-Regierung und SED-Politbüro treten geschlossen zurück. Hans Modrow wird neuer Ministerpräsident.

9. November 1989
SED-Sprecher Günter Schabowski verkündet bei einer Pressekonferenz: „Mir ist soeben mitgeteilt worden – der Ministerrat der DDR hat beschlossen: Privatreisen nach dem Ausland können ohne Vorliegen von Voraussetzungen beantragt werden. Die Genehmigungen werden kurzfristig erteilt. [...]"

Montagsdemonstrationen in Leipzig 1989

Wir sind das Volk

1

Eine seltsame Spannung liegt an diesem nach welkem Laub und Braunkohle riechenden 9. Oktober über der Stadt. Gerüchte schwirren: Die Betriebskampfgruppen, so das härteste, haben für heute Schießbefehl erhalten. Tatsache ist: In den Betrieben werden die Eltern aufgefordert, ihre Sprösslinge bis spätestens 15 Uhr aus den Kindergärten zu holen. [...] Cafés und Restaurants im Umfeld der Nikolaikirche sind schon am frühen Nachmittag aus „technischen" oder aus „innerbetrieblichen" Gründen geschlossen.
Der demonstrative Aufmarsch der Staatsgewalt. [...]: Mit Blaulicht umkurven lange Lkw-Kolonnen, beladen mit Volkspolizei, den Ring, der die Leipziger Innenstadt einfasst. Die Wagen halten in Seitenstraßen nahe der Kirche, die Mannschaften bleiben unter den Planen versteckt.
In der Nikolaikirche, wo um 17 Uhr das traditionelle Friedensgebet beginnt, ist bereits eine halbe Stunde vorher nicht einmal mehr ein Stehplatz frei. [...]

Vor der Kirche wird die Menge immer dichter. Sie schweigt. [...] Um fünf sind es einige tausend, um halb sechs mehr als 10 000, um sechs [...] ist der Karl-Marx-Platz schwarz vor Menschen. 20 000 mindestens. Zaghaft ertönen erste Rufe: „Gorbi, Gorbi", „Demokratie jetzt", „Wir sind keine Rowdys".
Die Menge wartet weiter. Plötzlich, ohne erkennbare Regie, setzt sich der Zug in Bewegung. [...] Als die Spitze der Kolonne den Platz der Republik erreicht, sind dem Ruf rund 70 000 gefolgt. [...] „So etwas", stößt ein Mann mit zitternder Stimme hervor, „hat Leipzig noch nicht erlebt." Und er fällt in den Schrei der 10 000 um ihn herum ein: „Wir sind das Volk, wir sind das Volk."
Die Masse wälzt sich am Hauptbahnhof vorbei. Wenn jetzt Polizei dazwischenginge, [...] sie hätte keine Chance – außer mit der Waffe. [...] „Heute waren wir 70 000", sagt einer um die 50 selbstbewusst und angstfrei, „nächsten Montag werden es 100 000 sein."

Ulrich Schwarz, in: Spiegel-Spezial II/1990, S. 13 ff.

Am 9. November 1989 ist die Sensation perfekt. Die Regierung erlaubt Auslandsreisen ohne besondere Genehmigung. Das bedeutet praktisch das Ende der Mauer und der deutschen Teilung.

Deutschland befindet sich im „Vereinigungstaumel". Kilometerlange Staus Richtung Westen und verstopfte Straßen bestimmen das Bild. Der Trabi – einst als Symbol der wirtschaftlich rückständigen DDR verspottet – wird zum Auto des Jahres.

„Wir sind ein Volk!"

Unklar ist, wie es nach der Öffnung der Mauer politisch weitergeht. Deutlich wird nur, dass die Zahl derjenigen, die den Staat DDR reformieren wollen, plötzlich abnimmt; die Masse ruft mit einem Male nach der deutschen Einheit, auch wenn niemand ernsthaft mit einer schnellen Vereinigung der beiden deutschen Staaten rechnet. Noch gibt es keinen konkreten Plan, wann es dazu kommen könnte, oder wie ein wiedervereinigtes Deutschland genau aussehen soll.

Stimmen zur Öffnung der Mauer

Zwei Ostberliner:
„Kneif mir janz feste, Jünter, sonst jloob ick, ick spinne total."
„Wer heute Nacht schläft, der ist tot."

Walter Momper, Regierender Bürgermeister von Berlin (West):
„Die Deutschen sind jetzt das glücklichste Volk der Welt."

Bundeskanzler Helmut Kohl, am 28. November im Bundestag:
„Wie ein wiedervereinigtes Deutschland aussehen wird, das weiß heute niemand. Dass aber die Einheit kommen wird, wenn die Menschen in Deutschland sie wollen, dessen bin ich sicher."

Willy Brandt, am 10. November in Berlin:
„Jetzt wächst zusammen, was zusammengehört."

Bundespräsident Richard von Weizsäcker am 13. Dezember in einem Interview mit dem DDR-Fernsehen:
„Meine Meinung ist, dass wir eine Nation sind und was zusammengehört, wird zusammenwachsen. Aber es muss eben zusammenwachsen. Es darf nicht der Versuch gemacht werden, dass es zusammenwuchert. Wir brauchen die Zeit."

Bundeskanzler Helmut Kohl am 19.12.1989 in Dresden:

„[…] Ich bin heute hierher gekommen zu den Gesprächen mit Ihrem Ministerpräsidenten, um in dieser schwierigen Lage der DDR zu helfen. […] Wir haben uns verabredet, […] dass wir noch im Frühjahr einen Vertrag über die Vertragsgemeinschaft zwischen der Bundesrepublik Deutschland und der DDR abschließen können. […] Wir wollen eine Zusammenarbeit auf allen Gebieten."

Helmut Kohl: Rede des Bundeskanzlers auf der Kundgebung vor der Frauenkirche in Dresden, 19.12.1989, Bulletin 150-89, abgerufen unter: www.bundesregierung.de/Content/DE/Bulletin/1980-1989/1989/150-89_Kohl.html [13.04.2018]

Die ersten freien Wahlen

Nach dem Fall der Mauer wird schnell der Ruf nach Vereinigung der beiden deutschen Staaten laut. Tatsächlich ergibt die erste freie Wahl in der DDR im März 1990 eine Regierung, die ihrerseits nicht mehr für den Erhalt des eigenen Staates eintrat, sondern die Herstellung der Wiedervereinigung anstrebt.

Die Bürger/-innen der DDR werden allerdings immer ungeduldiger, verlassen zu Tausenden ihr Land und siedeln in den Westen über. Sie erhoffen sich von der Vereinigung eine Verbesserung ihrer Arbeits- und Lebensverhältnisse. Der neu gewählte Ministerpräsident Lothar de Maizière (wie Bundeskanzler Helmut Kohl Mitglied der CDU), verkündet in seiner Regierungserklärung vom 15. April 1990, die Einheit müsse so schnell wie möglich kommen.

ARBEITSVORSCHLÄGE

 1
Der Text beschreibt die Stimmung am 9. Oktober 1989, dem Tag der ersten großen Montagsdemonstration in Leipzig. Geben Sie diese Stimmung mit eigenen Worten wieder und überlegen Sie, ob es auch andere Möglichkeiten für die weitere Entwicklung in der DDR gegeben hätte.

2
Bewerten Sie die unterschiedlichen Aussagen zur Öffnung der Mauer.

3, 4
Analysieren Sie, wer auf dem Weg zur deutschen Einheit in den verschiedenen Phasen die Initiative innehatte.

WEITERFÜHRENDE HINWEISE

Befragen Sie Ihre Eltern, wie sie den 9. November 1989 erlebt haben.

Die wichtigsten Ereignisse

22. November 1989

Bei der Montagsdemonstration in Leipzig wird zum ersten Mal der Ruf nach Vereinigung der beiden deutschen Staaten laut. Die Parolen lauten „Wir sind ein Volk" und „Deutschland, einig Vaterland".

7. Dezember 1989

In Ostberlin beginnen die Gespräche am runden Tisch unter Beteiligung aller Oppositionsgruppen.

19. Dezember 1989

Bundeskanzler Kohl und DDR-Ministerpräsident Modrow treffen sich in Dresden und vereinbaren Verhandlungen über eine deutsch-deutsche Vertragsgemeinschaft.

22. Dezember 1989

Das Brandenburger Tor wird geöffnet.

18. März 1990

In der DDR finden die ersten freien Wahlen statt, aus denen die CDU als eindeutige Siegerin hervorgeht.

Neuer DDR-Ministerpräsident wird Lothar de Maizière (CDU).

Er setzt sich für eine rasche Vereinigung der beiden deutschen Staaten ein.

1. Juli 1990

DDR-Bürger erhalten im Tausch die D-Mark.

Verhältnis 1:1: Löhne, Gehälter, Renten, Mieten. Bankguthaben, nach Alter gestaffelt, bis 2 000,00/ 4 000,00/6 000,00 DM

Verhältnis 1:2: höhere Bankguthaben, Schulden

Verhältnis 1:3: Guthaben ab dem 1. Januar 1990

---

§ **1**

Staatsvertrag zur Schaffung einer Wirtschafts-, Währungs- und Sozialunion (Auszug)

Artikel 1

(1) Die Vertragsparteien errichten eine Währungs-, Wirtschafts- und Sozialunion. […]

(3) Grundlage der Wirtschaftsunion ist die soziale Marktwirtschaft als gemeinsame Wirtschaftsordnung beider Vertragsparteien. Sie wird insbesondere bestimmt durch Privateigentum, Leistungswettbewerb, freie Preisbildung und grundsätzlich volle Freizügigkeit von Arbeit, Kapital, Gütern und Dienstleistungen. […]

Artikel 10

Mit Wirkung vom 1. Juli 1990 wird die Deutsche Mark als Währung in der Deutschen Demokratischen Republik eingeführt. […]

Die Einheit wird vorbereitet

Die Einführung der D-Mark am 1. Juli 1990 ist der erste Schritt zur Einheit. Sie ist allerdings nicht unumstritten. Experten fürchten, dass die DDR-Wirtschaft weitgehend zusammenbricht und plädieren für einen langsameren Übergang zur Marktwirtschaft.

Endlich richtiges Geld! Endlich Konsum! **2**

Als in der DDR die ersten westdeutschen Banken ihre Filialen öffnen und ab dem 1. Juli 1990 die von vielen herbeigesehnte D-Mark ausgeben, haben sich vor den Schaltern schon lange Warteschlangen gebildet. Der Glaube der Bürger an eine bessere wirtschaftliche Zukunft ist groß. Die Verlockungen des Konsums nach westlichem Vorbild sind immens, endlich scheinen sie nun auch erreichbar. Der Blick durch die Schaufenster der Geschäfte und Warenhäuser fällt auf Dinge, die es vorher gar nicht gab (Bananen, Ananas, die neuesten Hits auf CD) oder auf die man lange warten musste. Etliche haben schon ganz konkrete Anschaffungen geplant, neue (West-)Autos oder Elektrogeräte beispielsweise sind bereits vorbestellt. Natürlich trifft das Preisniveau für die Neuanschaffungen die Ostdeutschen hart, ganz ohne Kreditaufnahme wird vieles unerschwinglich bleiben. Und doch – die Perspektive erscheint so günstig, sicher werden auch die Löhne bald gewaltig steigen, dann kann man sich neben Lebensmitteln und „anständigen", schicken Kleidungsstücken auf jeden Fall das eine oder andere leisten und muss nicht mehr immer nur verzichten!

Der Einigungsvertrag

Beitrittserklärung der Volkskammer

Die Volkskammer der DDR beschließt, dass sie – vorausgesetzt, die internationalen Gespräche und Verhandlungen sind bis dahin erfolgreich abgeschlossen – nach Artikel 23 GG dessen Geltungsbereich zum 03.10.1990 beitreten wird.

Bereits am 14.10. sollen in den fünf neuen Bundesländern Brandenburg, Sachsen, Sachsen-Anhalt, Mecklenburg-Vorpommern und Thüringen Parlamente gewählt werden. Noch im selben Herbst soll auch über die Zusammensetzung des Bundestages neu entschieden werden.

Mit dem Abschluss des **Einigungsvertrags** ist die Vereinigung der beiden deutschen Staaten zwar rechtlich vollzogen, praktisch müssen jedoch noch viele Fragen gelöst werden. Einige der wichtigsten Beispiele:

Das offizielle Staatssymbol der DDR wird aus dem Sitzungssaal der Regierung entfernt und im Ostberliner Museum für Deutsche Geschichte ausgestellt.

- Zusammenführung der Bundeswehr und der Nationalen Volksarmee
- Klärung von Eigentumsfragen in der ehemaligen DDR (Entschädigung oder Rückgabe?)
- Angleichung gesetzlicher Bestimmungen in den Fällen, in denen in der BRD und der DDR unterschiedliche Regelungen bestehen (z. B. § 218 Strafgesetzbuch)

§   **Der Einigungsvertrag (Auszug)**   **3**

Die Bundesrepublik Deutschland und die Deutsche Demokratische Republik [...] sind übereingekommen, einen Vertrag über die Einheit Deutschlands mit den nachfolgenden Bestimmungen zu schließen:

Artikel 1

(1) Mit dem Wirksamwerden des Beitritts der Deutschen Demokratischen Republik zur Bundesrepublik Deutschland gemäß Artikel 23 des Grundgesetzes am 3. Oktober 1990 werden die Länder Brandenburg, Mecklenburg-Vorpommern, Sachsen, Sachsen-Anhalt und Thüringen Länder der Bundesrepublik Deutschland. [...]

(2) Die 23 Bezirke von Berlin bilden das Land Berlin.

Artikel 2

(1) Hauptstadt Deutschlands ist Berlin. Die Frage des Sitzes von Parlament und Regierung wird nach der Herstellung der Einheit Deutschlands entschieden.

(2) Der 3. Oktober ist als Tag der Deutschen Einheit gesetzlicher Feiertag.

Artikel 3

Mit dem Wirksamwerden des Beitritts tritt das Grundgesetz für die Bundesrepublik Deutschland [...] in den Ländern Brandenburg, Mecklenburg-Vorpommern, Sachsen, Sachsen-Anhalt und Thüringen sowie in dem Teil des Landes Berlin, in dem es bisher nicht galt, [...] in Kraft. [...]

ARBEITSVORSCHLÄGE

 1, 2

Beschreiben Sie die Hoffnungen der Menschen bei der Einführung der D-Mark.

Wurden diese Hoffnungen eher erfüllt oder enttäuscht?

 3

Die Volkskammer der DDR beschloss den Beitritt der fünf neuen Bundesländer Brandenburg, Sachsen, Sachsen-Anhalt, Mecklenburg-Vorpommern und Thüringen zum Geltungsbereich des GG nach Art. 23 zum 03.10.1990.
Diskutieren Sie dieses Prozedere.

Internationaler Fahrplan der Vereinigung

Zwei-plus-Vier-Gespräche

Im Mai 1990 beginnen die Verhandlungen der vier Siegermächte mit den beiden deutschen Staaten. Am 12. September wird der Zwei-plus-Vier-Vertrag unterzeichnet.

Treffen Kohl–Gorbatschow

Am 17. Juli 1990 geben Bundeskanzler Kohl und Präsident Gorbatschow eine Erklärung ab, in der die Sowjetunion der NATO-Mitgliedschaft des vereinten Deutschland zustimmt.

Vertrag Bundesrepublik Deutschland–UdSSR

Im September 1990 unterzeichnen die beiden Außenminister Genscher und Schewardnadse einen Vertrag über gute Nachbarschaft, Partnerschaft und Zusammenarbeit.

Deutsch-polnischer Vertrag

Im November 1990 schließen Deutschland und Polen einen Vertrag ab, in dem die Oder-Neiße-Linie als endgültige Westgrenze Polens festgelegt wird.

Das Ende des Kalten Krieges

Am 19. November 1990 beschließen die Staats- und Regierungschefs der 16 NATO-Staaten und der sechs Warschauer-Pakt-Staaten in Paris den Beginn eines neuen Zeitalters in den Beziehungen der europäischen Staaten. Die Nachkriegszeit und der Kalte Krieg werden für beendet erklärt.

„Wir sind so weit, Dachdecker, Beeilung!"

Der **Vereinigungsprozess** ist nicht nur eine Angelegenheit der beiden deutschen Staaten. Sowohl die Siegermächte des Zweiten Weltkrieges als auch die europäischen Nachbarstaaten fürchten, dass ein wiedervereinigtes Deutschland zu mächtig und stark werden könnte.

Besonders schwierig ist es, die Zustimmung der Sowjetunion zu erreichen. Bei einem Gipfeltreffen im Kaukasus einigen sich Kohl und Gorbatschow auf die wichtigsten Punkte eines deutsch-sowjetischen Vertrags:

- Die Sowjetunion stimmt der deutschen Vereinigung zu.
- Das vereinte Deutschland kann Mitglied der NATO sein.
- Der Abzug der sowjetischen Truppen aus der DDR soll bis 1994 erfolgen.
- Die Bundesrepublik Deutschland beteiligt sich an den Stationierungs- und Abzugskosten mit 13 Mrd. DM.

Bundespräsident Richard von Weizsäcker bei der Feierstunde am 3. Oktober 1990 (Auszug):

Aus ganzem Herzen empfinden wir Dankbarkeit und Freude – und zugleich unsere große und ernste Verpflichtung. [...] Wir erleben eine der sehr seltenen historischen Phasen, in denen wirklich etwas zum Guten verändert werden kann. [...]

Zum ersten Mal bilden wir Deutschen keinen Streitpunkt auf der europäischen Tagesordnung. Unsere Einheit wurde niemandem aufgezwungen, sondern friedlich vereinbart. [...]

Die Form der Einheit ist gefunden. Nun gilt es, sie mit Inhalt und Leben zu erfüllen. Parlamente, Regierungen und Parteien müssen dabei helfen. Zu vollziehen aber ist die Einheit nur [...] durch die Köpfe und Herzen der Menschen selbst. [...] Es wäre weder aufrichtig noch hilfreich, wollten wir in dieser Stunde verschweigen, wie viel uns noch voneinander trennt. [...]

Aber kein Weg führt an der Erkenntnis vorbei: Sich zu vereinen heißt teilen lernen. [...] Wirklich vereint werden wir erst sein, wenn wir zu dieser Zuwendung bereit sind. Wir können es. Und viele, ich glaube die meisten, wollen es auch.

Der Spiegel, Dokument 5/1990, S. 13 ff.

Die neue internationale Rolle Deutschlands

Noch vor der Vereinigung schließen die vier Siegermächte und die beiden deutschen Staaten den **Zwei-plus-Vier-Vertrag** ab. Er zieht einen Schlussstrich unter die Nachkriegszeit und hat die Bedeutung eines Friedensvertrags. Ohne das Einverständnis der vier Siegermächte hätte die Einheit Deutschlands nicht vollzogen werden können. Ende 1990 ist die Vereinigung Deutschlands aus internationaler Sicht abgeschlossen. Deutschland erhält seine volle Souveränität. Im Sommer 1994 verlassen die letzten russischen Soldaten das Gebiet der ehemaligen DDR und Berlins; auch die USA ziehen ihre Soldaten aus den alten Bundesländern und Berlin weitgehend ab.

§ | **Auszug aus dem Zwei-plus-Vier-Vertrag**
vom 12. September 1990 | 3

Die Bundesrepublik Deutschland, die Deutsche Demokratische Republik, die Französische Republik, das Vereinigte Königreich Großbritannien und Nordirland, die Union der Sozialistischen Sowjetrepubliken und die Vereinigten Staaten von Amerika sind wie folgt übereingekommen.

Artikel 1
(1) Das vereinte Deutschland wird die Gebiete der Bundesrepublik Deutschland, der Deutschen Demokratischen Republik und ganz Berlins umfassen.
(2) Das vereinte Deutschland und die Republik Polen bestätigen die zwischen ihnen bestehende Grenze in einem völkerrechtlich verbindlichen Vertrag.
(3) Das vereinte Deutschland hat keinerlei Gebietsansprüche gegen andere Staaten und wird solche auch nicht in Zukunft erheben.

Artikel 2
Die Regierungen der BRD und der DDR bekräftigen ihre Erklärung, dass von deutschem Boden nur Frieden ausgehen wird. [...]

Artikel 7
(1) Die Französische Republik, das Vereinigte Königreich Großbritannien und Nordirland, die UdSSR und die USA beenden hiermit ihre Rechte und Verantwortlichkeiten in Bezug auf Berlin und Deutschland als Ganzes.
(2) Das vereinte Deutschland hat demgemäß volle Souveränität über seine inneren und äußeren Angelegenheiten.

Zwischen Ende und Anfang 4

Man muss sich das vorstellen: Frankreich oder Polen wären vier Jahrzehnte geteilt gewesen, und dann hätte ihnen die Geschichte fast über Nacht die Einheit beschert. Der nationale Jubel wäre unbeschreiblich. [...] Und die Nachbarn würden alles mit Wohlwollen betrachten.

Mit der deutschen Einheit ist das anders. Vierzig Jahre Teilung, nationalsozialistischer Größen- und Rassenwahn, zwei verlorene Weltkriege – das alles hat in den Köpfen und in den Herzen der Menschen tiefe Spuren hinterlassen. [...] Nach dem 3. Oktober geht es in erster Linie darum, gleiche Lebensverhältnisse im ganzen Land zu schaffen. Aber das ist nicht alles, was deutsche Regierungen in Zukunft leisten müssen. Die Vorstellung, das vereinigte Deutschland könne in Zukunft so Politik betreiben wie bisher die Bundesrepublik allein, ist eine Illusion. Nicht nur das Land wird größer, sondern auch die internationale Rolle dieser neuen Republik. Sie wird eine Politik formulieren müssen, die auf jeden Großmachtwahn verzichtet, aber sie kann sich nicht mehr hinter ihren Verbündeten verstecken. Das gilt für die Außen- und vor allem für die Europapolitik. Heutzutage sind die Starken nicht mehr am mächtigsten allein.

Holzer, Werner: Zwischen Ende und Anfang, in: Frankfurter Rundschau vom 02.10.1990 © Alle Rechte vorbehalten. Frankfurter Rundschau GmbH, Frankfurt

---

ARBEITSVORSCHLÄGE

 1
Interpretieren Sie die Karikatur. Erläutern Sie, warum die Wiedervereinigung Deutschlands die Zustimmung der Siegermächte braucht.

 2
Bei der Vereinigungsfeier am 3. Oktober 1990 setzt sich Bundespräsident Richard von Weizsäcker mit der Vereinigung auseinander.
Erarbeiten Sie, welche Gefühle er ausdrückt und welche Probleme er benennt.

 3
Geben Sie die wichtigsten Bestimmungen des Zwei-plus-Vier-Vertrages wieder.

 4
Der Zeitungskommentar vom 2. Oktober 1990 ist über 20 Jahre alt.

Beschreiben Sie die neuen Aufgaben und Herausforderungen, die der Kommentator für das vereinigte Deutschland sieht.
Setzen Sie sich selbst mit der neuen internationalen Rolle Deutschlands auseinander.

Speakers' Corner

„Speakers` Corner" heißt ein kleiner Platz im Londoner Hyde Park. Seit fast 150 Jahren darf dort jeden Sonntag jeder, der will, über jedes beliebige Thema sprechen und seine Meinung äußern; verboten sind nur Äußerungen über die königliche Familie. Oft findet man dort allerlei merkwürdige Personen und Ansichten, es sprachen an dieser Stelle aber auch schon berühmte Menschen wie Karl Marx oder Lenin.

Thema: **Auseinandersetzung mit umstrittenen Standpunkten zur deutschen Einheit**

1. Vorbereitung:

Zunächst werden mehrere provokative Statements zum Thema „Deutsche Einheit" ausgewählt, z. B.:
- „In der DDR ging es uns besser! Die Wessis halten sich alle für was Besseres!"
- „Die Ossis sollten uns wirklich dankbarer sein, statt immer nur zu jammern!"
- „In ein bis zwei Generationen wird sich niemand mehr erinnern, dass Deutschland mal geteilt war."
- „Ich hab´s satt, für die Ossis zu bezahlen – wir haben genug eigene Probleme im Westen!"
- „Die Mauer in den Köpfen wird nie ganz verschwinden."

In der Klasse werden drei verschiedene Positionen und passende „Rollenprofile" ausgesucht und erarbeitet, es bilden sich also drei Gruppen. Innerhalb der Gruppen werden verschiedene Argumentationsmuster erarbeitet und Redner ausgewählt. Auch die Informationen aus den Materialien dieser Doppelseite können und sollen dabei berücksichtigt werden.
In der Zwischenzeit werden im frei geräumten Klassenraum drei Erhöhungen, z. B. Kisten (oder Tische oder Stühle) im Abstand von einigen Metern zueinander aufgebaut.

2. Ablauf:

Die erste Runde startet: Die drei Gruppen entsenden jeweils einen Redner, der mit lauter Stimme versucht, die Zuhörer von seinem Standpunkt zu überzeugen. Alle anderen sind die „Passanten" im Hyde Park. Sie dürfen Fragen stellen oder Zurufe tätigen und den Redner so unterstützen oder auch irritieren. Sie sollen und dürfen zwischen den Rednern hin- und herwandern und ihre Beobachtungen notieren.
Danach folgt eine zweite Runde nach gleichem Muster, dann evtl. noch eine dritte Runde (je nach Zeit).

Auswertung im Plenum: Wer hat am meisten überzeugt und wodurch?

Anschließende Diskussion: Welche Bilanz der Wiedervereinigung ziehen wir nun tatsächlich aus heutiger Sicht?

Zeitbedarf:

20–30 Minuten Vorbereitung für das Überlegen und Formulieren der Argumente sowie die Ausarbeitung der Rollen. Redezeit pro Redner: 5 Minuten. Auswertung und Diskussion: 45 Minuten.

Materialien

Kritik der Westdeutschen:

- Noch immer zahlen Arbeitnehmer trotz hoher Arbeitslosigkeit auch in manchen Gegenden im Westen einen „Solidaritätszuschlag".
- Viele Gelder, die in den Osten geflossen sind, wurden dort für Prestigeobjekte verwendet.
- die Infrastruktur ist in den neuen Bundesländern inzwischen oft besser als in den alten.

Kritik der Ostdeutschen:

- Noch immer bekommen Arbeitnehmer und Rentner im Westen mehr Geld.
- Viele fühlen sich noch immer als Menschen zweiter Klasse behandelt.
- In der DDR gab es mehr Zusammenhalt und mehr soziale Sicherheit.

Aus dem Sozialreport 2014

- Nur jeder dritte Ostdeutsche fühlt sich als „richtiger Bundesbürger".
- Jeder Fünfte sagt: „Die Einheit kommt nie."
- 32 % im Osten denken, dass ihre eigene wirtschaftliche Situation in fünf Jahren vermutlich schlechter sein wird als heute.

Vgl. Sozialwissenschaftliches Forschungszentrum Berlin-Brandenburg e. V. (Hrsg.): Sozialreport 2014, abgerufen unter: www.sfz-ev.de/index_htm_files/Sozialreport_2014.pdf [01.07.2016]

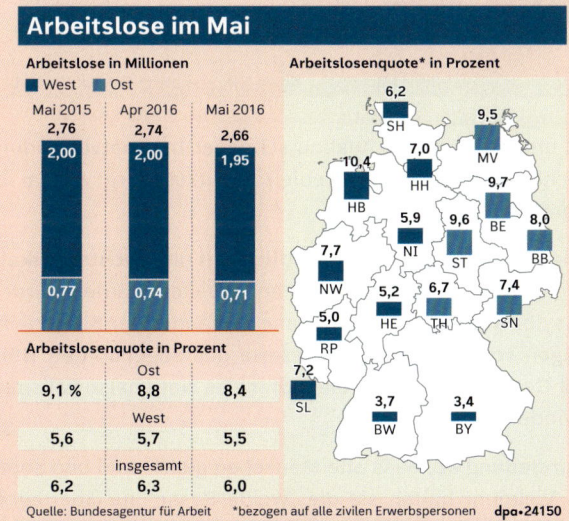

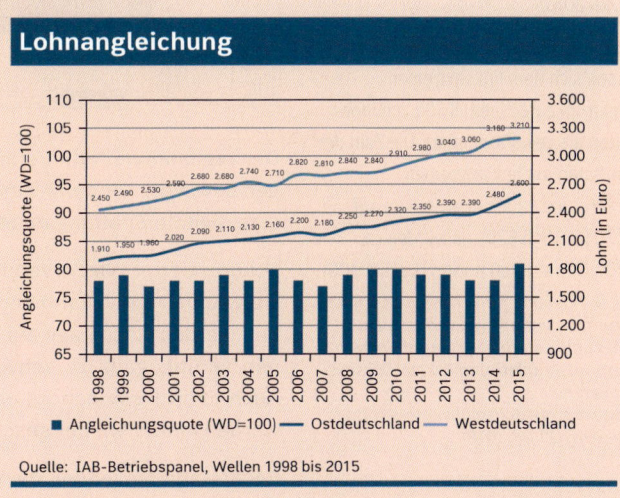

Armut

Verglichen mit den Verhältnissen in Entwicklungsländern geht es den Menschen in der BRD natürlich gut. Dennoch gibt es auch bei uns Armut. Die EU definiert, dass arm ist, wer über weniger als 60 % des durchschnittlichen Einkommens verfügt. In Deutschland sind das derzeit 930,00 € pro Person und Monat.

Organisierte Links- und Rechtsextreme

(Stand: 2016)

Rund 23 000 Menschen gehören in Deutschland zum rechtsextremen Spektrum (2014: 21 000).
Etwa 5 800 Menschen gelten als Neonazis, es gibt etwa 12 000 gewaltorientierte Rechtsextremisten. Die Zahl der Straftaten mit rechtsextremem Hintergrund ist auf ca. 22 500 gestiegen; bei 1 600 davon handelt es sich um Gewalttaten, überwiegend mit fremdenfeindlichem Hintergrund.

Vgl. Bundesamt für Verfassungsschutz, abgerufen unter: www.verfassungs-schutz.de/de/arbeitsfelder/af-rechtsextremismus/zahlen-und-fakten-rechtsextremismus/ zuf-re-2014-personenpotenzial.html [21.03.2018]

Sogar 28 500 (2015: 26 700) Personen lassen sich dem linksextremen Spektrum zurechnen; 8 500 von ihnen gelten als gewaltorientiert. Die Zahl der Straftaten mit linksextremen Hintergrund ist leicht gesunken auf 5 230 (2015: 5 620); es wurden ca. 1 200 Gewalttaten notiert (2015:1 600).

Vgl. Bundesamt für Verfassungsschutz, abgerufen unter: www.verfassungs-schutz.de/de/arbeitsfelder/af-linksextremismus/zahlen-und-fakten-linksextremismus/ linksextremistisch-motivierte-strafta-ten-2016 [21.03.2018]

Demokratie ist keine Selbstverständlichkeit. Auch in Deutschland musste sie hart erkämpft werden. Heute muss sie sich stets aufs Neue beweisen und sich gefährlicher Entwicklungen erwehren.

Ungleiche Verteilung des Wohlstands

Durch die positive wirtschaftliche Entwicklung der Nachkriegsjahrzehnte hatten weite Teile der Bevölkerung Teilhabe am stetig wachsenden Wohlstand. Durch das verbreitete Gefühl der Menschen, dass es ihnen gut geht, ist so ein stabiler sozialer Frieden in der Gesellschaft entstanden. **1**

Doch etwa seit der Jahrtausendwende ist die Schere zwischen Arm und Reich deutlich auseinandergegangen, können viele Menschen sogar trotz eines steuerpflichtigen Jobs ihren Lebensunterhalt nur mühsam bestreiten: Fast jeder sechste Deutsche lebt unterhalb der Armutsschwelle, kann nicht voll am gesellschaftlichen Leben teilnehmen und muss sich um seine Zukunft sorgen.

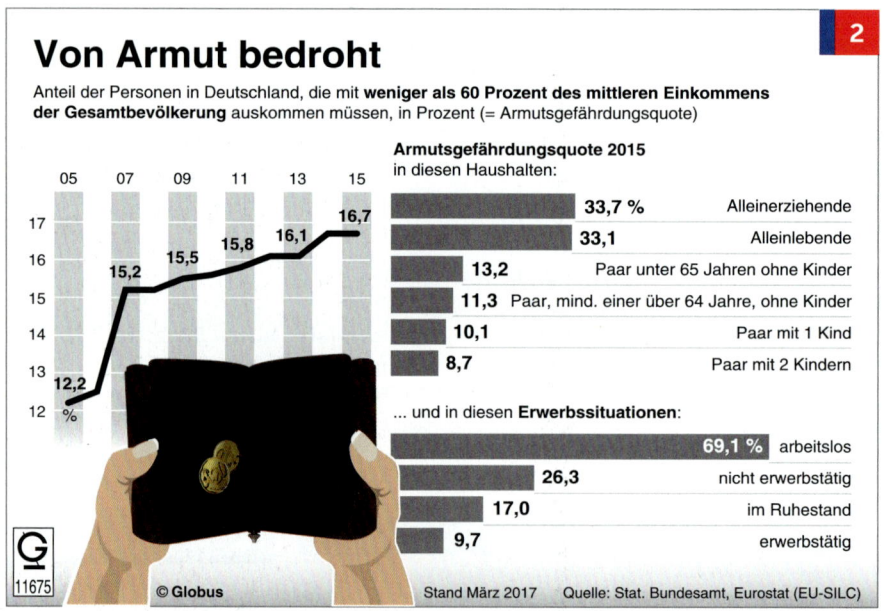

2

Von Armut bedroht

Anteil der Personen in Deutschland, die mit **weniger als 60 Prozent des mittleren Einkommens der Gesamtbevölkerung** auskommen müssen, in Prozent (= Armutsgefährdungsquote)

Jahr	05	07	09	11	13	15
%	12,2	15,2	15,5	15,8	16,1	16,7

Armutsgefährdungsquote 2015 in diesen Haushalten:

Prozent	Haushalt
33,7 %	Alleinerziehende
33,1	Alleinlebende
13,2	Paar unter 65 Jahren ohne Kinder
11,3	Paar, mind. einer über 64 Jahre, ohne Kinder
10,1	Paar mit 1 Kind
8,7	Paar mit 2 Kindern

... und in diesen **Erwerbssituationen**:

Prozent	Situation
69,1 %	arbeitslos
26,3	nicht erwerbstätig
17,0	im Ruhestand
9,7	erwerbstätig

G 11675

© Globus   Stand März 2017   Quelle: Stat. Bundesamt, Eurostat (EU-SILC)

Der regional weiterhin stark unterschiedliche Ausbau schneller Internetverbindungen sowie die Tendenz, ausschließlich bestimmte Medien zu nutzen, sorgt zudem für eine digitale Spaltung des Landes.

Schon seit der Wiedervereinigung haben **Fremdenfeindlichkeit** und **rechtsradikale Gewalt** in Deutschland bedrohliche Formen angenommen. In vielen Städten wurden und werden Anschläge auf Asylbewerber und Wohnheime ausländischer Bürger/-innen verübt, ganz zu schweigen von der Verbrechensserie des sogenannten NSU. Auch jüdische Friedhöfe und Gedenkstätten für die Opfer des Nationalsozialismus werden immer wieder geschändet.

Rechtsradikale lehnen die Vorstellung ab, dass alle Menschen gleich sind und somit auch gleiche Rechte haben. Vielmehr halten sie die „weiße Rasse" für überlegen; diese soll folglich „Volk und Staat" führen. Andersdenkende und -artige werden verfolgt, die Verbrechen des „Dritten Reichs" werden verharmlost.

Aktion „Tag der Deutschen Zukunft": Neonazi-Aufmarsch in Hildesheim, 2010

 1

Kennen Sie „arme" Menschen? Diskutieren Sie, was Armut für Sie bedeutet.

 1, 2

Überlegen Sie, welche Menschen in Deutschland besonders von Armut bedroht sind.

 3

Beschreiben Sie die Karikatur und arbeiten Sie die Absichten des Künstlers heraus.

Nehmen Sie zu der Behauptung Stellung, dass in unserer Gesellschaft ein Werteverfall zu beobachten ist.
In welchen Bereichen Ihres Alltags ist er Ihnen schon einmal begegnet?

Egoismus, zunehmende Gewaltbereitschaft schon bei Jugendlichen und bei nichtigen Anlässen (z. B. im Straßenverkehr), Respektlosigkeit gegenüber Autoritätspersonen (z. B. Polizisten), mangelnde Hilfsbereitschaft und Solidarität – all das sind zu beobachtende Anzeichen eines Werteverfalls, der das Zusammenleben in unserer Gesellschaft gefährdet.

Von einer steigenden Zahl der Bürger/-innen wird darüber hinaus der **religiös motivierte Terrorismus** als zunehmend konkrete Gefahr gesehen. Religiöse Fundamentalisten, die andere Meinungen, Religionen und Wertvorstellungen nicht gelten lassen wollen, haben durch die zahlreichen Terroranschläge überall auf der Welt – inzwischen auch in Paris und Brüssel, also quasi „nebenan", und mittlerweile sogar in Deutschland (z. B. Anschlag auf den Weihnachtsmarkt in Berlin 2016) – reale Ängste hervorgerufen.

Für die Demokratie wird dies gefährlich, wenn zum einen Freiheitsrechte für den Kampf gegen den Terror geopfert werden, und zum anderen die breite Masse friedlicher Muslime in Deutschland plötzlich mit radikalen Verbrechern gleichgesetzt wird. Eine Spaltung der Gesellschaft (s. auch S. 160 für weitere Ursachen hierfür) und Wahlerfolge populistischer Parteien sind zu befürchten.

Textanalyse

Immer wieder werden Sie dazu aufgefordert, teils lange, mitunter recht schwere, Texte zu analysieren, bzw. auszuwerten. Hierzu ein paar nützliche Tipps:

Vorbereitende Fragen

· Wer ist der Verfasser? Was wissen wir über ihn?
· Handelt es sich um eine Rede vor Publikum oder um eine rein schriftliche Äußerung?
· Inwiefern spielt das eine Rolle? An wen wendet sich der Verfasser?
· Zu welchem Anlass wurde der Text verfasst?
· Auf welche Quelle haben Sie zugegriffen? Sagt uns das etwas über eine mögliche Tendenz?

Beim Lesen

· Verwenden Sie stets einen farbigen Textmarker, um die besonders wichtigen Passagen und Schlüsselbegriffe hervorzuheben. Dies erleichtert Ihnen die Orientierung beim nächsten Mal und spart Ihnen viel Zeit.
· Nach dem ersten Lesen sollten Sie in der Lage sein, das Thema des Textes und seine Kernaussage(n) benennen zu können. Lesen Sie dann den Text erneut.
· Strukturieren Sie den Text. Gibt es Abschnitte, die thematisch zueinander passen? Geben Sie diesen einzelne Überschriften oder schreiben Sie jeweils Schlüsselbegriffe dazu an den Rand.
· Versuchen Sie den Inhalt eines Textes (auf das Wesentliche reduziert) mit eigenen Worten wiederzugeben. Gehen Sie dabei immer davon aus, dass der Leser Ihrer Zusammenfassung den Originaltext nicht kennt. Benutzen Sie also eine verständliche Sprache und liefern Sie die nötigen Inhalte und Hintergründe.

Versuchen Sie nun, einige dieser Tipps bei der Analyse folgenden Textes anzuwenden. Fertigen Sie eine Kopie an und bearbeiten Sie dann die Fragen auf der Kopie.

Festakt zum Tag der Deutschen Einheit

Mainz, 3. Oktober 2017

[...] Liebe Jugendliche, Ihnen gehört die Zukunft dieses Landes! Und wir, die Generation der Eltern und Großeltern, sind in der Pflicht, das an Sie weiterzugeben, was vor 27 Jahren errungen wurde: ein vereintes, freies und friedliches Deutschland. [...] Wir feiern heute [...] nichts Selbstverständliches. Denen, die nach der Einheit geboren wurden, die nicht wissen können, wie das war, denen rate ich: Fragen Sie die, die dabei waren. [...] Fragen Sie gerade jetzt auch die Menschen aus Polen oder Ungarn, deren Wille zur Freiheit und zur Demokratie den Ostblock ins Wanken brachte und der Mauer in Berlin die ersten Risse versetzte. Fragen Sie die Ostdeutschen, die diese Mauer zum Einsturz brachten – nicht durch Hass, nicht mit Gewalt, sondern durch friedlichen Protest und mit großem Mut. [...]

Heute, am 3. Oktober stellen wir fest: [...] Die große Mauer quer durch unser Land ist weg. Aber am 24. September wurde deutlich: Es sind andere Mauern entstanden, weniger sichtbare, ohne Stacheldraht und Todesstreifen – aber Mauern, die unserem gemeinsamen „Wir" im Wege stehen.

Ich meine die Mauern zwischen unseren Lebenswelten: zwischen Stadt und Land, online und offline, Arm und Reich, Alt und Jung – Mauern, hinter denen der eine vom anderen kaum noch etwas mitbekommt. Ich meine die Mauern rund um die Echokammern im Internet; wo der Ton immer lauter und schriller wird, und trotzdem Sprachlosigkeit um sich greift, weil wir kaum noch dieselben Nachrichten hören, Zeitungen lesen, Sendungen sehen. Und ich meine die Mauern aus Entfremdung, Enttäuschung oder Wut, die bei manchen so fest geworden sind, dass Argumente nicht mehr hindurchdringen. Hinter diesen Mauern wird tiefes Misstrauen geschürt, gegenüber der Demokratie und ihren Repräsentanten, dem sogenannten „Establishment", zu dem wahlweise jeder gezählt wird [...]. Verstehen Sie mich richtig: Nicht alle, die sich abwenden, sind deshalb gleich Feinde der Demokratie. Aber sie alle fehlen der Demokratie.

Argumente statt Empörung brauchen wir [...] gerade bei dem Thema, das unser Land in den letzten zwei Jahren so bewegt hat wie kein anderes – Flucht und Migration. Nirgendwo sonst stehen sich die Meinungslager so unversöhnlich gegenüber [...]. Die Debatte über Flucht und Migration hat Deutschland aufgewühlt. [...] Wenn einer sagt „Ich versteh mein Land nicht mehr", dann gibt es etwas zu tun in Deutschland – und zwar mehr als sich in guten Wachstumszahlen und Wirtschaftsstatistiken zeigt. [...] Verstehen und verstanden werden – das ist Heimat. Ich bin überzeugt, wer sich nach Heimat sehnt, der ist nicht von gestern. Im Gegenteil: je schneller die Welt sich um uns dreht, desto größer wird die Sehnsucht nach Heimat.

Diese Sehnsucht nach Heimat dürfen wir nicht denen überlassen, die Heimat konstruieren als ein „Wir gegen Die"; als Blödsinn von Blut und Boden; die eine heile deutsche Vergangenheit beschwören, die es so nie gegeben hat. [...] Ich glaube, Heimat weist in die Zukunft, nicht in die Vergangenheit. Heimat ist der Ort, den wir als Gesellschaft erst schaffen. [...] Heimat gibt es auch im Plural. Ein Mensch kann mehr als eine Heimat haben, und neue Heimat finden. Das hat die Bundesrepublik für Millionen von Menschen bereits bewiesen. Sie alle sind Teil unseres „Wir" geworden. Ganze Generationen von Zuwanderern sagen heute voller Stolz: „Deutschland ist meine Heimat", – und das hat uns bereichert.

[...] Heimat ist offen – aber nicht beliebig. Für die Neuen heißt das zunächst mal, unsere Sprache zu lernen. Ohne sie gibt es kein Verstehen und verstanden werden. Aber es heißt mehr als das. Wer in Deutschland Heimat sucht, kommt in eine Gemeinschaft, die geprägt ist von der Ordnung des Grundgesetzes und von gemeinsamen Überzeugungen: Rechtsstaatlichkeit, die Achtung der Verfassung, die Gleichberechtigung von Mann und Frau. All das ist nicht nur Gesetzestext, es ist für gelingendes Zusammenleben in Deutschland unverzichtbar, und das kann nicht zur Disposition stehen. [...] [E]ines ist nicht verhandelbar in dieser deutschen Demokratie: das Bekenntnis zu unserer Geschichte, einer Geschichte, die für nachwachsende Generationen zwar nicht persönliche Schuld, aber bleibende Verantwortung bedeutet. [...] Und zum Deutsch-Werden gehört, unsere Geschichte anzuerkennen und anzunehmen. [...] Wer in Deutschland Heimat sucht, kann nicht sagen: „Das ist Eure Geschichte, nicht meine". Doch wie sollen wir dieses Bekenntnis von Zuwanderern erwarten, wenn es in der Mitte unserer Demokratie nicht unangefochten bleibt? [...]

[W]as mich so zuversichtlich macht, sind die Millionen anderen, die anpacken, die sich für das Gelingen und den Gemeinsinn in unserem Land täglich einsetzen.

[...] Das sind die, die unser Land zusammenhalten – allen Besserwissern zum Trotz. Das sind die, die Einheit stiften – jeden Tag neu.

Frank-Walter Steinmeier: Festakt zum Tag der Deutschen Einheit, 3.10.2017, abgerufen unter: www.bundespraesident.de/SharedDocs/Reden/DE/ Frank-Walter-Steinmeier/Reden/2017/10/171003-TdDE-Rede-Mainz.html [27.10.2017]

Linksextremismus

Seit der offiziellen Auflösung der RAF 1998 und dem damit verbundenen Ende des linksorientierten Terrorismus ist der Linksextremismus in der öffentlichen Wahrnehmung nicht mehr stark präsent. Doch immer wieder kommt es bei Demonstrationen Linksautonomer zu Auseinandersetzungen mit der Polizei und zu Ausschreitungen, z. B. regelmäßig am 1. Mai in Berlin, Hamburg und anderen Großstädten.

Beim G20-Gipfel in Hamburg kam es im Juli 2017 trotz des Einsatzes Tausender Bundespolizisten und Beamten des Bundeskriminalamtes – neben den örtlichen Polizeikräften – zu zahlreichen, teils massiven Gesetzübertretungen: Autos brannten, Geschäfte wurden geplündert, es kam zu gewaltsamen Auseinandersetzungen linker Aktivisten mit Polizeibeamten. Hunderte Personen wurden dabei verletzt, es entstand Sachschaden in Millionenhöhe.

Aus dem Programm der NSDAP von 1920:

Wir fordern, dass sich der Staat verpflichtet, in erster Linie für die Erwerbs- und Lebensmöglichkeit der Deutschen zu sorgen. Wenn es nicht möglich ist, die Gesamtbevölkerung zu ernähren, so sind die Angehörigen fremder Nationen aus dem Reich auszuweisen. Jede weitere Einwanderung Nicht-Deutscher ist zu verhindern.
Wir fordern, dass alle Nicht-Deutschen, die seit dem 2. August 1914 in Deutschland eingewandert sind, sofort zum Verlassen des Reiches gezwungen werden.

Walther Hofer (Hrsg.): Der Nationalsozialismus. Dokumente 1933–1945, Frankfurt, Fischer Bücherei 1957, S. 29

Woran erkennt man Rechte?

1

Auch Rechtsradikale und **Neonazis** gehen mit der Zeit. Nur selten sieht man heute noch **Skinheads**, die mit Springerstiefeln und Glatze durch die Lande ziehen und NS-Symbole zur Schau stellen. Selbst die noch vor einigen Jahren gängigen Kleidermarken der rechten Szene (z. B. Fred Perry, Lonsdale) oder „Codes" wie z. B. die Zahlen 18 (für „Adolf Hitler") oder 88 („Heil Hitler") sind inzwischen zu bekannt.

Nicht sofort auffallen und verschrecken, das ist die Devise. Aus diesem Grund sind auch auf Plakaten, Flyern o. Ä. die Verfasser häufig nicht mehr sofort als Rechte erkennbar.

Vielmehr mischen die Rechten Parolen und Propaganda unter Texte auf Flugblättern mit populären, harmlosen Anliegen wie dem Werben für Kindergärten o. Ä., die sie vor allem an junge Leute verteilen. Diese sind ihre größte Zielgruppe. Der potenzielle Nachwuchs soll durch – oft kostenlos verteilte – hippe Musik und Spaßveranstaltungen mit Eventcharakter angelockt werden. Ein Beispiel sind geschickt montierte Videos, z. B. von nächtlichen Fackelmärschen.

Gerade im nur schwer kontrollierbaren Medium Internet beweist die rechte Szene großen Ideenreichtum und wirkt durch ihren jugendlichen Stil attraktiv für junge Menschen.

Peter Maffay (links) und Udo Lindenberg treten aus Anlass der Mordserie des NSU am 02.12.2011 gemeinsam bei „Rock gegen Rechts" in Jena auf.

Die Politik steht in der Verantwortung, durch ihr Handeln für eine angemessene Verteilung des Wohlstands zu sorgen (vgl. soziale Marktwirtschaft) und insbesondere auch gleiche Bildungschancen für alle zu schaffen. Auch eine gelungene Integration von Menschen mit Migrationshintergrund und Flüchtlingen gehört dazu.

Offen gezeigte Ablehnung demokratischer Wertvorstellungen müssen unmittelbar bekämpft werden. So gibt es z. B. die Möglichkeit, staatsfeindliche Parteien vom Bundesverfassungsgericht verbieten zu lassen.

Stolperstein für den deutschen Dichter, Bühnenautor und Kabarettist Paul Nikolaus Steiner, der vor den Nationalsozialisten in die Schweiz floh und sich dort am 31. März 1933 das Leben nahm.

An vielen Orten und in vielen Gemeinden in Deutschland gedenkt man heute der Opfer der NS-Untaten. Neben international beachteten, großen Mahnmalen wie dem Stelenfeld in Berlin gibt es z. B. zahlreiche KZ-Gedenkstätten und immer neue Ausstellungen. Einen lokalen Bezug stellen Denkmäler mit den Namen der Verschleppten oder die inzwischen weit verbreiteten Stolpersteine her, die das Unfassbare über individuelle Schicksale ins Gedächtnis rufen sollen.

Spiegelverkehrt kann man in diesem Glaskubus, der in der Fußgängerzone steht, die Namen aller im „Dritten Reich" aus Mannheim verschleppten Juden lesen.

All diese für ein friedliches Zusammenleben notwendigen Aufgaben kann die Politik nicht alleine bewältigen – jeder Einzelne steht in der Pflicht, für die Grundrechte und für ein friedliches Zusammenleben einzutreten.

Maßnahmenpaket

4

- Hören Sie nicht weg, wenn andere fremdenfeindliche, rassistische oder sonstige radikale Positionen äußern.
- Überzeugen Sie in Gesprächen und Diskussionen mit sachlichen Argumenten; entlarven Sie unwahre Behauptungen und rein gefühlsmäßige Äußerungen anderer.
- Informieren Sie sich über andere Kulturen und Weltanschauungen.
- Versuchen Sie, Flüchtlinge kennenzulernen.
- Besuchen Sie kulturelle Veranstaltungen (z. B. Straßenfeste, Ausstellungen etc.), die das Ziel haben, dass sich Menschen kennenlernen und austauschen.
- Achten Sie auf offene und versteckte Symbole und Codes extremistischer Gruppierungen.
- Schützen Sie Kinder und Jugendliche: Helfen Sie Ihnen beim Umgang mit dem Internet und verhindern Sie, dass Extremisten z. B. Flyer oder CDs an Schulen verteilen.

ARBEITSVORSCHLÄGE

 1

Beschreiben Sie, wie es Rechtsradikalen gelingt, heute auf sich aufmerksam zu machen.
Unterscheiden Sie, was sich in ihrem Erscheinungsbild geändert hat. Berichten Sie von Ihren eigenen Erfahrungen mit rechtsextremen Jugendlichen.

 2

Untersuchen Sie Botschaften der rechten Szene von heute auf Ähnlichkeiten mit dem Parteiprogramm der NSDAP von 1920.

 3

Erstellen Sie eine Übersicht von Maßnahmen und Einrichtungen zum Gedenken an die Opfer des „Dritten Reichs" in Ihrer Region. Werden diese in der Öffentlichkeit bewusst wahrgenommen?

 4

Diskutieren Sie die Wirksamkeit der genannten Maßnahmen. Ergänzen Sie die Liste.

Recherchieren Sie im Internet nach Initiativen gegen rechtsradikale Gewalt.
Wer ist daran beteiligt? Welche Aktionen finden statt?

WEITERFÜHRENDE HINWEISE

www.netz-gegen-nazis.de
www.mut-gegen-rechte-gewalt.de
www.aktion-gegen-rechts.de
www.aktionsnetzwerk.de
www.fussballvereine-gegen-rechts.de

Teilung Deutschlands und Gründung von BRD und DDR Potsdamer Konferenz 1945 Erste demokratische Wahlen 1946 Währungsreform 23.06.1948 Berlin-Blockade/Luftbrücke Inkrafttreten des GG am 23.05.1949 Gründung der DDR am 07.10.1949	1945 wird Deutschland in vier Besatzungszonen aufgeteilt, die Alliierten übernehmen die Regierungsgewalt. Schon bald gibt es Kommunal- und Landtagswahlen; in der DDR hat die Staatspartei SED alle wichtigen Ämter inne. Wegen der Einführung der DM, blockiert die UdSSR alle Wege nach Berlin; die Alliierten errichten eine Luftbrücke. Das GG für die drei Westzonen gründet die BRD; die Teilung Deutschlands scheint endgültig.
Nachkriegsdeutschland Wirtschaftswunder im Westen Planwirtschaft im Osten Volksaufstand in der DDR am 17.06.1953 Bau der Berliner Mauer am 13.08.1961	Im Westen geht es durch die soziale Marktwirtschaft und den Marshall-Plan wirtschaftlich schnell bergauf. Im Osten hingegen stimmen Produktion und Nachfrage nicht überein, auch fehlt es an Mitbestimmungsrechten. Es kommt zu Protesten, die von sowjetischen Panzern niedergeschlagen werden. Noch mehr DDR-Bürger verlassen das Land; die Grenzen werden dichtgemacht.
Innenpolitische Reformen zur Demokratisierung der Gesellschaft Sozialliberale Reformen Entspannungspolitik	Ab 1969 wirbt Bundeskanzler Willy Brandt mit „Mehr Demokratie wagen" für den gesellschaftlichen Wandel. Auch der Umgang mit der DDR normalisiert sich. Brandts Politik ist umstritten. Ein konstruktives Misstrauensvotum gegen ihn scheitert aber.
Voraussetzungen zur Überwindung der Diktatur in der DDR Mauerfall am 09.11.1989 Erste freie Wahlen in der DDR am 18.03.1990 Wirtschafts- und Währungsunion am 01.07.1990 Zwei-plus-Vier-Vertrag am 12.09.1990 Wiedervereinigung am 03.10.1990	Unter Michael Gorbatschow lockert die UdSSR ihren Führungsanspruch in Osteuropa. Auch in der DDR verliert die SED nach Massendemonstrationen ihre Macht, die Berliner Mauer wird geöffnet. Doch die Bürger wollen mehr: die Wiedervereinigung. Die D-Mark wird auch im Osten zum Zahlungsmittel. Die Siegermächte stimmen der Einheit ebenfalls zu. Die DDR tritt dem Geltungsbereich des GG nach Artikel 23 bei – der Einigungsvertrag wird unterzeichnet.
Gefährdungen der Demokratie Politischer und religiöser Fundamentalismus Soziale Ungleichheit	Der gesellschaftliche Wandel spiegelt sich in friedlichen Protestbewegungen und einer neuen Partei („Die Grünen"), es gibt aber auch radikale Kräfte wie die linksextreme Terrorgruppe „RAF", die mit zahlreichen Anschlägen den Rechtsstaat massiv bedroht. Die Verbrechen der „NSU" machen deutlich, dass Gefahr auch von rechts droht, zudem fürchten sich immer mehr Menschen vor religiös motivierten Attentaten. Doch auch der Wohlstand ist keine Selbstverständlichkeit: Eine ungleiche Verteilung gefährdet den sozialen Frieden, Wirtschaftswachstum und Rohstoffe sind begrenzt.

Kompetenz-Check

Ich kann...

... mit historischen Quellen Informationen beschaffen.

... über das Erleben des Kriegsendes 1945 und die Jahre danach berichten.

Ich kann...

... Strategien der Bundesregierung zum Umgang mit der DDR unterscheiden und bewerten.

... (auch anhand der Bewertung der Reformen der sozialliberalen Koalition) erklären, dass die Demokratisierung eines Landes ein langer und schwieriger Prozess ist.

Ich kann...

... bewerten, dass Demokratie immer wieder aufs Neue erkämpft und verteidigt werden muss.

... diverse Formen von Extremismus und Populismus und damit Angriffe auf unsere Demokratie erkennen.

... Strategien zur Verteidigung der Demokratie entwickeln und entsprechende Maßnahmen ergreifen.

Ich kann...

... die wichtigsten Beschlüsse der Siegermächte nach 1945 darstellen.

... beschreiben, weshalb und in welchen Schritten es zur Gründung zweier deutscher Staaten kam.

... deren unterschiedliche wirtschaftliche Entwicklung darstellen und begründen.

... die Lebensbedingungen in der DDR mit dem Entschluss vieler Menschen, die DDR unbedingt verlassen zu wollen, in Beziehung setzen.

Ich kann...

... die Herausforderungen der Demokratie in den 1970er-Jahren beschreiben und zu den staatlichen Reaktionen Stellung nehmen.

... die Etappen auf dem Weg zur Wiedervereinigung Deutschlands ordnen und darstellen.

... erklären, warum es ohne die Zustimmung der Siegermächte nicht zur Wiedervereinigung gekommen wäre.

... prüfen, inwieweit die deutsche Einigung bislang ein Erfolg war und wie vollständig sie heute vollzogen ist.

6.1 Unsere Grundrechte …

Das Grundgesetz der BRD

Die westlichen Besatzungsmächte erteilen den Länderregierungen 1948 den Auftrag, ein Grundgesetz für Deutschland zu erarbeiten. Das Ergebnis wird vom Parlamentarischen Rat und den Landtagen angenommen und tritt am 23. Mai 1949 in Kraft. Nach der Wiedervereinigung am 3. Oktober 1990 ist das Grundgesetz zur Verfassung des gesamten deutschen Volkes geworden.

Nach Artikel 79 GG ist eine Änderung der Artikel 1 und 20 nicht zulässig.

Wissenswert:

Im zweiten Hauptteil der Weimarer Verfassung von 1919 waren noch Grundrechte und Grundpflichten aufgelistet. Unsere „Grundpflichten" treten im heutigen Grundgesetz nur vereinzelt in Erscheinung.

In den Artikeln 1 bis 19 des **Grundgesetzes** sind die Rechte der Bürger/-innen der Bundesrepublik Deutschland festgehalten. Diese Rechte dürfen nicht verletzt werden und sind vom Staat garantiert und in der Verfassung festgehalten.

Weil die **Grundrechte** so wichtig sind, stehen sie in unserem Grundgesetz an erster Stelle.

Die Grundrechte
Grundgesetz für die Bundesrepublik Deutschland, Artikel 1 bis 19

1

Schutz der ❶ Menschenwürde
Freiheit der Person ❷ ❸ Gleichheit vor dem Gesetz
Glaubens- und Gewissensfreiheit ❹ ❺ Freie Meinungsäußerung
Schutz der Ehe und Familie ❻ ❼ Elternrechte, staatliche Schulaufsicht
Versammlungsfreiheit ❽ ❾ Vereinigungsfreiheit
Brief- und Telefongeheimnis ❿ ⓫ Recht der Freizügigkeit
Freie Berufswahl ⓬ ⓬ₐ Wehrdienst/ Zivildienst
Unverletzlichkeit der Wohnung ⓭ ⓮ Eigentumsgarantie
Überführung in Gemeineigentum ⓯ ⓰ Staatsangehörigkeit, Auslieferung
Asylrecht ⓰ₐ ⓱ Petitionsrecht
Aberkennung von Grundrechten ⓲ ⓳ Rechtsweggarantie

Volkssouveränität, Widerstandsrecht ⓴ 101 Anspruch auf den gesetzlichen Richter
Gleicher Zugang zu öffentlichen Ämtern 33 103 Anspruch auf rechtliches Gehör vor Gericht
Wahlrecht 38 104 Schutz vor willkürlicher Verhaftung

ZAHLENBILDER
60 110

© Bergmoser + Höller Verlag AG

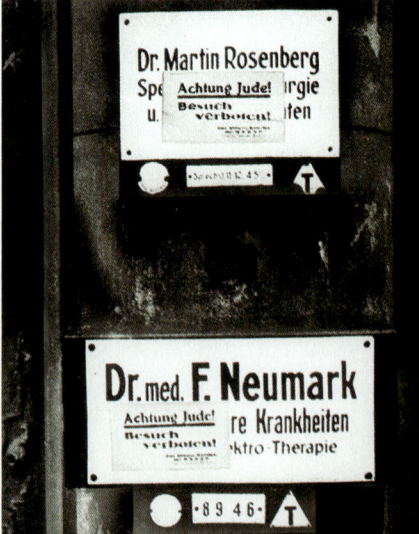

Judenboykott im Dritten Reich: Praxisschilder jüdischer Ärzte werden überklebt.

Die Grundrechte sichern unsere Demokratie. In einer Diktatur sieht das ganz anders aus. Um sich an der Macht zu halten, muss eine Diktatur vor allem dafür sorgen, dass die Bürger/-innen eines Landes der Willkür dieser Regierung ausgeliefert sind. Dies erreichen die Machthaber dadurch, dass sie ihnen ihre fundamentalen Freiheiten nehmen.

„Die Grundrechte wurden unter der Hitlerdiktatur außer Kraft gesetzt. Die Geschichte hat uns hier gelehrt, wie wichtig unsere Grundrechte sind." 2

... Freiheit ohne Grenzen?

Die Grundrechte lassen sich in Freiheits-, Gleichheits- und Schutz- bzw. Unverletzlichkeitsrechte einteilen. **Freiheitsrechte** gewährleisten die persönliche Freiheit und die freie Entfaltung der Persönlichkeit, **Gleichheitsrechte** sichern die rechtliche Gleichheit der Menschen, **Schutz- oder Unverletzlichkeitsrechte** gewähren Schutz gegen die Staatsgewalt.

Freiheitsrechte	Gleichheitsrechte	Schutz- oder Unverletzlichkeitsrechte
• Freie Entfaltung der Persönlichkeit • Recht auf Leben und körperliche Unversehrtheit • Glaubens- und Gewissensfreiheit • Meinungsfreiheit • Versammlungsfreiheit • Vereinigungsfreiheit • Recht der Freizügigkeit • freie Berufswahl • Petitionsrecht	• Gleichheit vor dem Gesetz • Gleichberechtigung von Männern und Frauen • Diskriminierungsverbot • Gleichstellung unehelicher Kinder	• Menschenwürde • Freiheit der Person • Schutz der Familie • Brief- und Telefongeheimnis • Unverletzlichkeit der Wohnung • Eigentumsgarantie (Staatsangehörigkeit) • Rechtsweggarantie

Wer Rechte hat, der hat auch Pflichten

Da wir in einer Gemeinschaft leben, sind wir auch gegenüber unseren Mitmenschen verantwortlich. Deshalb entsprechen den Grundrechten auch immer **Grundpflichten**, die aber nur vereinzelt im Grundgesetz niedergeschrieben sind. So wird z. B. Artikel 5 „Meinungsfreiheit" durch Absatz 3 eingegrenzt: „Die Freiheit der Lehre entbindet nicht von der Treue zur Verfassung". Ebenso gibt es aber auch ungeschriebene Pflichten. Dem Artikel 4 „Glaubensfreiheit" steht die Pflicht gegenüber, den Mitmenschen tolerant zu begegnen.

Ein wichtiger Artikel für unsere Demokratie ist der Artikel 20 des Grundgesetzes. In ihm sind alle wichtigen Grundprinzipien festgelegt:

§

Artikel 20 Grundgesetz

(1) Die Bundesrepublik Deutschland ist ein demokratischer und sozialer Bundesstaat.
(2) Alle Staatsgewalt geht vom Volke aus. Sie wird vom Volke in Wahlen und Abstimmungen und durch besondere Organe der Gesetzgebung, der vollziehenden Gewalt und der Rechtsprechung ausgeübt.
(3) Die Gesetzgebung ist an die verfassungsmäßige Ordnung, die vollziehende Gewalt und die Rechtsprechung sind an Gesetz und Recht gebunden.
(4) Gegen jeden, der es unternimmt, diese Ordnung zu beseitigen, haben alle Deutschen das Recht zum Widerstand, wenn andere Abhilfe nicht möglich ist.

ARBEITSVORSCHLÄGE

 1

Wählen Sie vier Grundrechte aus und begründen Sie schriftlich, warum Ihnen diese Rechte so wichtig sind, dass Sie auf diese nicht verzichten würden.

Stellen Sie Ihre Liste Ihren Mitschüler/-innen vor, indem Sie sich im Kugellager einfinden (s. Methodenkompetenz S. 170/171).

 2

Stellen Sie sich vor, Sie würden in einer Diktatur leben. Auf welche Rechte müssten Sie dann verzichten? Finden Sie hierzu Beispiele aus der Geschichte.

 3

Welche Verstöße gegen das Grundgesetz werden hier verdeutlicht? Wovor sollen uns die Grundrechte schützen? Diskutieren Sie in der Klasse.

„Das Grundgesetz ist die Gebrauchsanweisung für unsere Demokratie". Nehmen Sie zu dieser Aussage Stellung.

WEITERFÜHRENDE HINWEISE

Wählen Sie ein Grundrecht aus und gestalten Sie mithilfe von Bildern und Materialien ein Plakat, auf dem Sie die Bedeutung des Rechts darstellen.

Kugellager

Die Kugellager-Methode dient dem Meinungsaustausch der ganzen Klasse. Jeder kommt zu Wort und wird mit unterschiedlichen Standpunkten konfrontiert.

Beim Kugellager arbeiten Sie zunächst in Einzelarbeit und machen sich mit dem Thema und der Aufgabe vertraut. Anschließend bauen Sie Ihr Klassenzimmer um und gehen ins „Kugellager". Sobald die Diskussion freigegeben ist, tauschen Sie Ihre Ergebnisse aus.

Aufgabe für die Einzelarbeit:

Schauen Sie sich auf S. 168 das Schaubild mit den Grundrechten an.

Wählen Sie vier der Grundrechte aus und begründen Sie schriftlich, warum Ihnen diese Rechte so wichtig sind, dass Sie darauf nicht verzichten würden.

Aufgaben im Kugellager:

1. Nehmen Sie Ihre Notizen und suchen Sie sich einen Platz im vorbereiteten Kugellager.
2. Der Außenkreis beginnt: Stellen Sie Ihrem Gegenüber Ihre ausgesuchten Rechte vor und begründen Sie, warum Sie diese gewählt haben.
3. Der Innenkreis: Nachdem Sie die Auswahl Ihres Gegenübers gehört haben, sind Sie an der Reihe und stellen Ihrem Gegenüber Ihr Ergebnis vor.
4. Der Lehrer gibt ein Signal. Wenn Sie dieses hören, rutschen die Teilnehmer des Außenkreises zwei Plätze im Uhrzeigersinn weiter.
5. Nun werden die Ergebnisse den neuen Partnern vorgestellt, doch dieses Mal beginnt der Innenkreis.
6. Führen Sie den Wechsel bei jedem Signal durch.

Auswertung:

- Wer hat eine besonders gelungene/interessante/ausgefallene Begründung gehört?
- Wer würde sich aufgrund des Gehörten noch einmal umentscheiden?

Kugellager

Thema vorbereiten

Zunächst verschaffen Sie sich einen Überblick über das Thema, bzw. die Aufgabe. Achten Sie darauf, dass Sie nicht nur Behauptungen aufstellen, sondern Ihren Standpunkt auch begründen und mit Beispielen/Belegen veranschaulichen („Ich habe das Recht der freien Meinungsäußerung gewählt, weil …").

Klassenzimmer umbauen

Um das Kugellager aufzubauen, brauchen Sie eine entsprechend große Freifläche im Klassenzimmer (evtl. Tische an die Seite rücken).

Dort werden nun die Stühle in zwei Kreise gestellt, d. h., die eine Hälfte der Teilnehmer/-innen setzt sich in einen Innenkreis, mit dem Gesicht nach außen gerichtet, die andere Hälfte setzt sich in einen Außenkreis, mit dem Gesicht nach innen gerichtet, es sitzen sich dann immer zwei Teilnehmer/-innen gegenüber (wenn es nicht aufgeht, kann evtl. die Lehrperson mitmachen).

Diskussion

Alle Paare führen nun simultan ein Gespräch, indem sie jeweils ihre Argumente vorstellen. Der Außenkreis beginnt und im Anschluss stellt der Innenkreis vor, bis das Signal des Lehrers ertönt. Es ist wichtig, dass Sie Ihrem Gegenüber möglichst nahe sitzen, damit Sie nicht zu laut sprechen müssen. Sollten Sie schon vor dem Signal fertig sein, lehnen Sie sich einfach stumm zurück und warten kurz. Sollten Sie noch nicht ganz fertig sein, ist es auch nicht schlimm; Sie dürfen in der nächsten Runde das Gespräch beginnen.

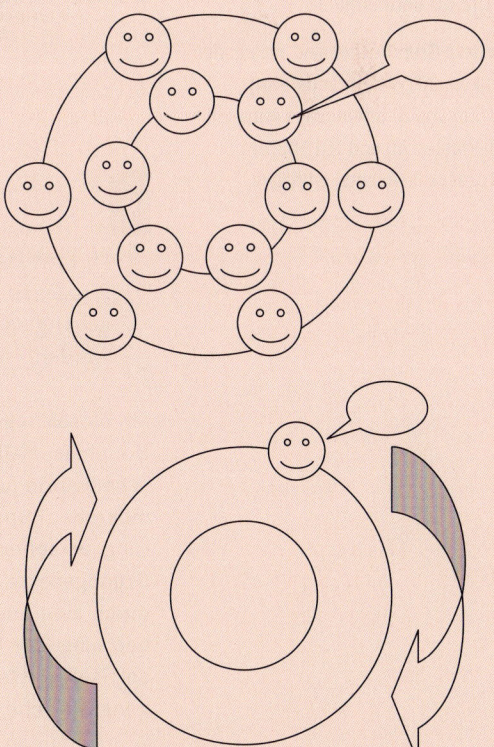

Rotieren

Nachdem die Lehrperson das Signal gegeben hat, rutscht der Außenkreis zwei Plätze im Uhrzeigersinn weiter (Rotieren). Dort beginnt die Diskussion mit neuem Partner von vorne, doch diesmal beginnt der Innenkreis mit seinen Ausführungen.

Immer wenn das Signal der Lehrperson ertönt, rotiert der Außenkreis und es beginnt ein weiterer Gedankenaustausch.

Grundrechte können nach der Personengruppe eingeteilt werden: 1

1. Menschenrechte:
„Jeder"/„Alle Menschen"
Diese Grundrechte sind in persönlicher Hinsicht unbeschränkt.
Beispiele:
Art.1 GG: Menschenwürde
Art. 2 GG: Allgemeine Persönlichkeitsrechte
Art. 3 GG: Gleichheitssatz
Art. 4 GG: Glaubensfreiheit
Art. 5 GG: Meinungs-, Informations- und Pressefreiheit
Art.17 GG: Petitionsrecht

2. Staatsbürgerrechte:
„Jeder Deutsche"
Diese Grundrechte stehen nur Deutschen zu.
Beispiele:
Art. 8 GG: Versammlungsfreiheit
Art. 9 GG: Vereinigungsfreiheit
Art.11 GG Freizügigkeit im Bundesgebiet
Art.12 GG Berufsfreiheit

Weitere Grundrechte sind auch in den Artikeln 20 (Widerstandsrecht), 33 (Zugang zu öffentlichen Ämtern), 38 (Wahlrecht) und 101,103,104 (prozessuale Rechte) enthalten.

Im Grundgesetz sind die Menschenrechte in Form von Grundrechten festgeschrieben. Das Grundgesetz ist die Verfassung der Bundesrepublik Deutschland. In ihm stehen die allerwichtigsten „Spielregeln" für das Zusammenleben der Menschen in Deutschland. Alle Behörden, Gerichte und alle Bürger/-innen müssen sich daran halten. Kein Gesetz, das in unserem Land gilt, darf dem Grundgesetz widersprechen. Die Grundrechte garantieren uns viele Freiheiten eines demokratischen Zusammenlebens und sind gleichzeitig Schutzrechte gegenüber staatlicher Willkür. Jede Bürgerin und jeder Bürger, der sich in seinen Grundrechten durch staatliches Handeln beeinträchtigt fühlt, kann vor dem Bundesverfassungsgericht Klage erheben.

■ **Grundrechte**

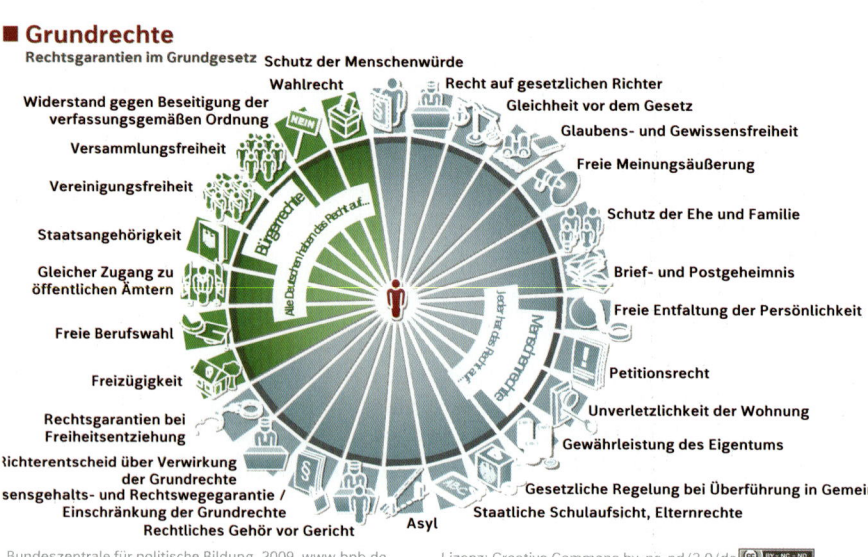

Rechtsgarantien im Grundgesetz   Schutz der Menschenwürde
Wahlrecht   Recht auf gesetzlichen Richter
Widerstand gegen Beseitigung der verfassungsgemäßen Ordnung   Gleichheit vor dem Gesetz
Versammlungsfreiheit   Glaubens- und Gewissensfreiheit
Vereinigungsfreiheit   Freie Meinungsäußerung
Staatsangehörigkeit   Schutz der Ehe und Familie
Gleicher Zugang zu öffentlichen Ämtern   Brief- und Postgeheimnis
Freie Berufswahl   Freie Entfaltung der Persönlichkeit
Freizügigkeit   Petitionsrecht
Rechtsgarantien bei Freiheitsentziehung   Unverletzlichkeit der Wohnung
Richterentscheid über Verwirkung der Grundrechte   Gewährleistung des Eigentums
sensgehalts- und Rechtswegegarantie / Einschränkung der Grundrechte   Gesetzliche Regelung bei Überführung in Gemei
Rechtliches Gehör vor Gericht   Staatliche Schulaufsicht, Elternrechte
Asyl

Bundeszentrale für politische Bildung, 2009, www.bpb.de   Lizenz: Creative Commons by-nc-nd/3.0/de

§   **Grundgesetz Artikel 79**   3

(3) Eine Änderung dieses Grundgesetzes, durch welche die Gliederung des Bundes in Länder, die grundsätzliche Mitwirkung der Länder bei der Gesetzgebung oder die in den Artikeln 1 und 20 niedergelegten Grundsätze berührt werden, ist unzulässig.

Mit dieser Regelung will der Parlamentarische Rat den Erfahrungen aus der Zeit des Nationalsozialismus begegnen und naturrechtliche Grundsätze in Form der Menschenwürde (vgl. Artikel 1 GG) sowie Strukturprinzipien in Artikel 20 (Republik, Demokratie, Bundesstaat, Rechtsstaat und Sozialstaat) mit einer zusätzlichen Sicherung versehen. Durch diese **Ewigkeitsklausel** ergibt sich selbst innerhalb des Grundgesetzes eine Normenhierarchie. Bis zu einer Ersetzung des Grundgesetzes durch eine andere Verfassung (Art. 146 GG) kann die Ewigkeitsklausel nach heute herrschender Meinung nicht aufgehoben werden. Die Bezeichnung „Ewigkeitsklausel" selbst steht nicht im Grundgesetz, sondern gehört eher der juristischen Umgangssprache an.

DIE WÜRDE DES MENSCHEN IST UNANTASTBAR.

4

Aufgrund der schlimmen Erfahrungen zweier Weltkriege werden 1945 die Vereinten Nationen (UN) gegründet. Sie sollen verhindern, dass es in Zukunft wieder zu einem Krieg kommt. Die schrecklichen Erfahrungen veranlassen die Völkergemeinschaft dazu, grundlegende Rechte zu formulieren, die jedem Menschen zugesprochen werden müssen. So wird am 10. Dezember 1948 die **Allgemeine Erklärung der Menschenrechte** (AEMR) durch die UN-Generalversammlung verabschiedet und von vielen Staaten gleichzeitig anerkannt. In 30 Artikeln enthält sie eine umfassende Aufzählung von Freiheits- und Gleichheits- sowie von staatsbürgerlichen und sozialen Rechten.

Nun ist es eine Sache, die Erklärung zu unterzeichnen, aber eine ganz andere, sie in die Tat umzusetzen, vor allem, da die Erklärung kein verbindlicher Vertrag ist, sondern – wie es in der Präambel heißt – als „gemeinsames Ideal" der Völker und Nationen gemeint ist. Da die Allgemeine Erklärung der Menschenrechte lediglich empfehlenden Charakter besitzt, muss nun die Staatengemeinschaft diese in Form von internationalen Verträgen auf ein verbindliches Fundament stellen, dessen Recht man auch einklagen kann. So kommt es seit Anfang der 1950er-Jahre zur Verabschiedung zahlreicher Konventionen, die für die Unterzeichnerstaaten verbindlich sind. Zu jedem Übereinkommen wird ein Gremium zur Überprüfung und Durchsetzung des Menschenrechtsschutzes eingerichtet.

Internationaler Schutz der Menschenrechte

Internationaler Pakt über bürgerliche und politische Rechte (1966)

Allgemeine Erklärung der Menschenrechte (1948)

Internationaler Pakt über wirtschaftliche, soziale und kulturelle Rechte (1966)

Anti-Rassismus-Konvention
Übereinkommen zur Beseitigung jeder Form von Rassendiskriminierung (1965)

Übereinkommen zur Beseitigung jeder Form von Diskriminierung der Frau (1979)

Anti-Folter-Konvention
Übereinkommen gegen Folter und andere grausame, unmenschliche oder erniedrigende Behandlung oder Strafe (1984)

Übereinkommen über die Rechte des Kindes (1989)

Übereinkommen über den Schutz der Rechte aller Wanderarbeitnehmer und ihrer Familienangehörigen (1990)

Behindertenrechtskonvention
Übereinkommen über die Rechte von Menschen mit Behinderungen (2006)

Konvention gegen Verschwindenlassen
Übereinkommen zum Schutz aller Personen vor dem Verschwindenlassen (2006)

ZAHLENBILDER

© Bergmoser + Höller Verlag AG

615 531

 ARBEITSVORSCHLÄGE

 1

Erklären Sie den Unterschied zwischen Menschenrechten und Bürgerrechten.

 2

Welche Bedeutung haben die Grund- und Menschenrechte im Grundgesetz?
Vergleichen Sie diese mit der UN-Menschenrechtserklärung.

 3

Die Grundrechte im Grundgesetz dürfen von keinem Verfassungsorgan abgeschafft werden. Welchen Grund hat das?

 4

Erklären Sie, warum man zusätzlich zu der AEMR weitere internationale Verträge abgeschlossen hat.

WEITERFÜHRENDE HINWEISE

Ordnen Sie die 30 Artikel der AEMR folgenden Kategorien zu:
- Freiheitsrechte
- Gleichheitsrechte
- Staatsbürgerrechte
- Soziale Rechte

Bereiten Sie mithilfe der folgenden Internetseite ein Kurzreferat über das Bundesverfassungsgericht vor:
www.bpb.de/izpb/155917/grundrechtsschutz-aus-karlsruhe-das-bundesverfassungsgericht?p=0

Folgende Themen sind zu bearbeiten:
- Entstehung
- Zusammensetzung
- Aufgaben
- Verfassungsbeschwerde

Menschenrechtskonformes Verhalten

kann auf vielfältige Weise eingefordert und gefördert werden, beispielsweise

- durch diskursive Lernprozesse
- durch formulierte Verhaltenserwartungen seitens der internationalen Staatengemeinschaft
- durch Entscheidungen regionaler Menschenrechtsgerichte und nationaler Gerichte, welche die Regierungen umzusetzen haben
- durch das Anprangern von Menschenrechtsverletzungen und öffentliche Proteste
- durch „stille Diplomatie" und politischen Druck von Regierungen und internationalen Organisationen
- durch politische oder wirtschaftliche Anreize für menschenrechtskonformes Verhalten (z. B. EU-Beitritt, Handelserleichterungen, Entwicklungshilfe)
- durch politische und wirtschaftliche Sanktionen (Einreiseverbote, Einfrierung von Konten, Handelsembargos usw.).

Politik & Unterricht, Nr. 3/4-2014, S. 8

Einschränkung von Menschenrechten

Einige Menschenrechte, wie das Verbot von Völkermord, Folter oder Sklaverei, gelten als absolut und dürfen unter keinen Umständen eingeschränkt werden.
Die meisten anderen Menschenrechte lassen unter sachlich qualifizierten, legitimen Gründen Einschränkungen zu. Die Rechtswissenschaft spricht hier von „Schranken" der Menschenrechte.

Die Allgemeine Erklärung der Menschenrechte geht davon aus, dass der Mensch von Natur aus Rechte besitzt. Sie gelten als angeboren und universell. Die 30 Artikel dienen als Wertekatalog und geben eine Orientierung für alle demokratischen Staaten. Dem Staat kommt die Aufgabe zu, die Einhaltung dieser Rechte zu sichern.

Achtung der Menschenrechte durch den Staat Beispiele: Staaten unterlassen willkürliche Verhaftungen und Verurteilungen, Folter, Wahlfälschungen, Gesundheitsgefährdungen oder Trinkwasserverschmutzungen. Staaten schließen keine Bevölkerungsgruppen etwa von öffentlichen Gesundheits- und Bildungseinrichtungen aus.	des Menschen bei der Ausübung des Versammlungs- oder Demonstrationsrechts oder zum Schutz vor Landvertreibungen, Gesundheitsgefährdungen und Ausbeutung.
Schutz vor Eingriffen Dritter in die Menschenrechte Beispiele: Staaten ergreifen spezifische (gesetzliche) Maßnahmen zum Schutz	**Gewährleistung der Menschenrechte durch staatliche Leistungen** Beispiele: Staaten schaffen rechtsstaatliche und demokratische Strukturen (faire Gerichte sowie demokratische Wahlen), damit die Menschen ihre Justizgrundrechte wahrnehmen können. Staaten schaffen ein gut ausgebautes Gesundheits- und Bildungssystem.

Amnesty International (Hrsg.): Die allgemeine Erklärung der Menschenrechte, in: Amnesty macht Schule – Bildung ist der Schlüssel zur Freiheit, Bonn, März 2008, S. 9

Pflichten statt Rechte

1997 legen einige Prominente, u. a. Helmut Schmidt (ehem. Bundeskanzler), eine Allgemeine Erklärung der Menschenpflichten zur Diskussion vor. Bewusstsein und Akzeptanz dieser Pflichten sollen in der ganzen Welt gelehrt und gefördert werden.

Allgemeine Erklärung der Menschenpflichten	Allgemeine Erklärung der Menschenrechte
Art. 2 Keine Person soll unmenschliches Verhalten, welcher Art auch immer, unterstützen, vielmehr haben alle Menschen die Pflicht, sich für die Würde und die Selbstachtung aller anderen Menschen einzusetzen.	Art. 2 Jeder hat Anspruch auf die in dieser Erklärung verkündeten Rechte und Freiheiten ohne irgendeinen Unterschied, wie etwa nach Rasse, Farbe, Geschlecht, Sprache, Religion, politischer oder sonstiger Überzeugung, nationaler oder sozialer Herkunft, nach Eigentum, Geburt oder sonstigen Umständen. […]
Art. 5 Jede Person hat die Pflicht, Leben zu achten. Niemand hat das Recht, eine andere menschliche Person zu verletzen, zu foltern oder zu töten.	Art. 5 Niemand darf der Folter oder grausamer, unmenschlicher oder erniedrigender Behandlung oder Strafe unterworfen werden.

InterAction Council: Allgemeine Erklärung der Menschenpflichten, abgerufen unter: http://interaction-council.org/sites/default/files/de_udhr%20ltr.pdf [02.07.2016] und Generalversammlung der Vereinten Nationen: Allgemeine Erklärung der Menschenrechte, Dokument A/RES/217 A (III), 10.12.1948, abgerufen unter: www.un.org/depts/german/menschenrechte/aemr.pdf [02.07.2016]

Wie Menschenrechtsorganisationen arbeiten

Menschenrechtsorganisationen entstehen, weil man den Schutz der Menschenrechte nicht allein dem Staat überlassen darf. Verwirklichung und Weiterentwicklung muss von den Menschen selbst gefordert und gefördert werden, denn die Menschenrechte sind der kleinste gemeinsame Nenner, der alle Menschen grenzüberschreitend verbindet.

Die meisten Menschenrechtsorganisationen konzentrieren sich auf bestimmte Arbeitsschwerpunkte und einzelne Artikel aus der AEMR.

ARBEITSVORSCHLÄGE

 1
Welche Pflichten muss ein Staat erfüllen, damit man vor Menschenrechtsverletzungen geschützt ist. Finden Sie weitere Beispiele zu den drei genannten Kategorien.

 2
Es gibt einige Möglichkeiten, um menschenrechtskonformes Verhalten einzufordern. Welche der genannten Möglichkeiten erscheint Ihnen am effektivsten?

 3
Vergleichen Sie die Menschenrechtsartikel mit den formulierten Pflichten.

Diskutieren Sie in der Klasse, welche Formulierung für Menschenpflichten Sie wählen würden.

 4
Recherchieren Sie, mit welchen Arbeitsschwerpunkten sich die gezeigten Menschenrechtsorganisationen beschäftigen.

Gemeinsamkeiten gibt es in der Form des Vorgehens und der Wahl der Arbeitstechniken.

Information über Menschenrechtsverletzungen

Berichte von Betroffenen und Zeugenaussagen werden gesammelt und recherchiert. Anschließend werden sie journalistisch aufbereitet und dann veröffentlicht, z. B. durch Nachrichtenagenturen.

Aufklärung/Information über Menschenrechte

Oft weiß die Bevölkerung wenig über ihre Rechte und noch weniger, wie man diese einfordert. Dies ist vor allem in Entwicklungsländern der Fall. Deshalb wird versucht, Menschen in möglichst vielen Sprachen über ihre Rechte zu informieren.

Hilfe für einzelne Opfer

Hier gibt es verschiedene Möglichkeiten. Oft wird mit Protestbriefen, Telegrammen oder E-Mails an die zuständigen Behörden eine Verbesserung erreicht. Es gilt, öffentlichen und internationalen Druck auf verantwortliche Behörden auszuüben. Oft helfen schon einfache Mittel wie Mahnwachen, Demonstrationen, Protestbriefe oder Unterschriftenlisten. Wichtig ist: Die Verantwortlichen scheuen das Licht der Öffentlichkeit und lassen oft von ihren Opfern ab, sobald man den „Scheinwerfer" auf sie richtet.

Präventives Arbeiten

Ursachen und Hintergründe werden erforscht. Unrecht rechtzeitig zu bekämpfen ist besser, als hinterher den Opfern zu helfen. Hierzu können direkte Maßnahmen durchgeführt werden, z. B. die Forderung nach gesetzlichen Schritten, oder indirekte Maßnahmen, z. B. die Forderung nach strafrechtlicher Verfolgung der Täter.

Schaubildanalyse

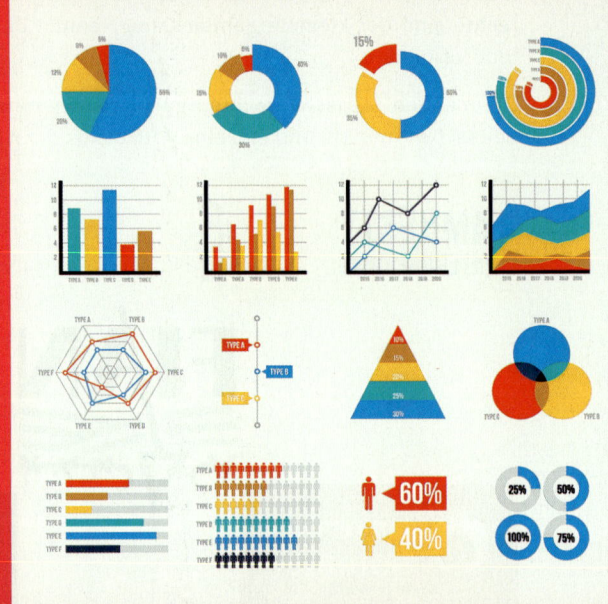

Viele Informationen werden uns heute über Schaubilder vermittelt. Mit ihnen können komplexe Sachverhalte verdeutlicht und verständlich gemacht werden. Um diese Sachverhalte aber zu verstehen, muss man die Informationen interpretieren und die Zusammenhänge herausarbeiten können.

Wenn Sie ein Schaubild untersuchen, ist es sinnvoll, sich an folgenden Fragen zu orientieren:

1. Hintergründe und Darstellung:

- Worum geht es (Thema)?
- Aus wie vielen Teilen besteht das Schaubild?
- Wer hat das Schaubild in Auftrag gegeben?
- Woher stammen die Angaben (Quelle)?
- Wo und wann ist es veröffentlicht worden (Herausgeber)?
- Wie werden die Inhalte dargestellt?

2. Wesentliche Informationen:

- Über welche Bereiche wird informiert und was wird zu den Bereichen gesagt?
- Welche Entwicklung bzw. Veränderung lässt sich ablesen?
- Mit welchen Angaben wird dies verdeutlicht?
- Gibt es Auffälligkeiten (Spitzenwerte, Durchschnittswerte, Tendenzen)?

3. Schlussfolgerung, Erkenntnis:

- Welche Schlussfolgerungen bzw. welche Erkenntnis kann man aus dem Schaubild ziehen?
- Welchen Eindruck gewinnt der Betrachter?
- Welche Ursachen sind für die Erkenntnis verantwortlich?
- Was können Folgen der Erkenntnis sein (z. B. für die Betroffenen, den Staat usw.)?

Aufgabe:

Ermitteln Sie das Thema des Schaubilds auf Seite 180 und fassen Sie die wesentlichen Informationen in ganzen und zusammenhängenden Sätzen zusammen. Erläutern Sie, welche wesentlichen Erkenntnisse man diesem Schaubild entnehmen kann.

So geht´s 👆

Schaubildanalyse

Hintergründe und Darstellung (Was wird dargestellt?)

Das vorliegende Schaubild, das vom Bergmoser + Höller Verlag in der Reihe Zahlenbilder veröffentlicht wurde, zeigt anhand einer Weltkarte und einer farbigen Legende, in welchen Ländern der Welt die Todesstrafe noch als Form der Bestrafung eingesetzt wird, und wie viele das insgesamt sind. Die Zahlenangaben sind absolute Zahlen, die sich auf die Legende beziehen und von der Menschenrechtsorganisation Amnesty International im Jahr 2015 bekannt gegeben wurden.

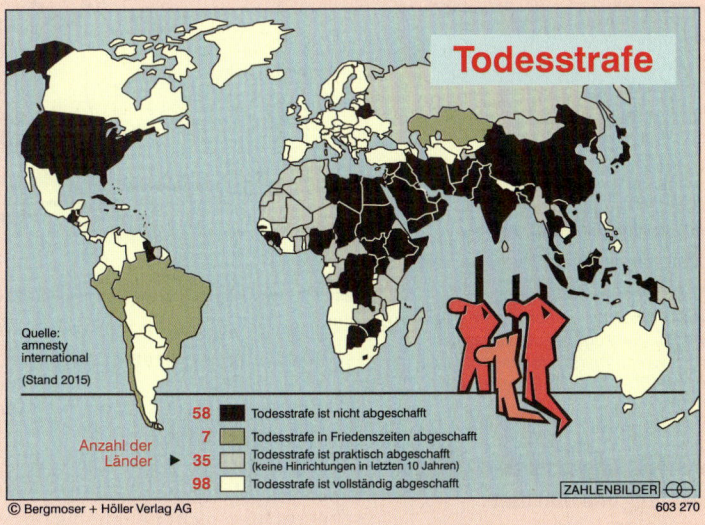

Todesstrafe

Quelle: amnesty international

(Stand 2015)

Anzahl der Länder ▶

58	⬛	Todesstrafe ist nicht abgeschafft
7	🟩	Todesstrafe in Friedenszeiten abgeschafft
35	⬜	Todesstrafe ist praktisch abgeschafft (keine Hinrichtungen in letzten 10 Jahren)
98	⬜	Todesstrafe ist vollständig abgeschafft

© Bergmoser + Höller Verlag AG

ZAHLENBILDER

603 270

Wesentliche Informationen (Spitzenwerte, Durchschnittswerte, Tendenzen)

Heute haben sich etwa zwei Drittel aller Staaten von der Todesstrafe abgewandt. Wie Amnesty International berichtet, halten weltweit aber noch 58 Staaten und Territorien an der Todesstrafe fest. In 35 weiteren Staaten ist die Todesstrafe zwar nach Gesetz noch in Kraft, wird aber nicht mehr angewandt, und sieben Staaten sehen in Friedenszeiten von der Todesstrafe ab. In 98 Ländern, also fast der Hälfte, ist sie vollständig abgeschafft.
Schaut man sich die Karte an, so sieht man, dass die meisten Länder, in denen die Todesstrafe noch durchgeführt wird, in Afrika und Asien liegen. In Europa und Südamerika ist die Todesstrafe nahezu abgeschafft.

Schlussfolgerung/Bewertung (Wie ist diese Quelle einzuschätzen? Welche Bedeutung hat sie?)

Auch wenn die meisten Staaten die Todesstrafe abgeschafft haben oder sie nicht mehr anwenden, bleiben immer noch 58 Länder, in denen Menschen als Bestrafung hingerichtet werden. Das Schaubild zeigt nicht, wie viele Menschen jedes Jahr aufgrund der Todesstrafe hingerichtet werden.
Interessant wäre die Information, ob in den Ländern mit Todesstrafe, die gewollte abschreckende Wirkung der Todesstrafe tatsächlich zu weniger Gewaltverbrechen führt.

Hinrichtungsmethoden

Die folgenden staatlichen Hinrichtungsmethoden kamen 2015 zur Anwendung:

Enthaupten
(Saudi-Arabien)

Erhängen
(Afghanistan, Ägypten, Bangladesch, Indien, Irak, Iran, Japan, Jordanien, Malaysia, Pakistan, Singapur, Sudan, Südsudan)

Giftinjektion
(China, USA, Vietnam)

Erschießen
(China, Indonesien, Jemen, Nordkorea, Saudi-Arabien, Somalia, Taiwan, Tschad, Vereinigte Arabische Emirate).

Amnesty International (Hrsg.): Todesurteile und Hinrichtungen 2015 – Bericht in Auszügen, S. 8, abgerufen unter: www.amnesty-todesstrafe.de/files/ACT50-3487-2016_uebersetzung.pdf [02.07.2016]

Der Nächste bitte!

Voraussetzungen für die Beachtung und Durchsetzung von Menschenrechten **3**

1. Die Rechte müssen formuliert sein.
2. politische Voraussetzungen: Errichtung eines Rechtsstaates
3. gesellschaftlich-kulturelle Voraussetzungen: Bildung, gesellschaftliche Werte und Normen, Toleranz
4. wirtschaftliche Voraussetzungen: Sozialstaat, denn wer täglich ums Überleben kämpfen muss, hat es schwer, an die „Würde des Menschen" oder an „Gerechtigkeit" zu glauben.

Leider sind Menschenrechtsverletzungen allgegenwärtig. Es gibt nur wenige Staaten, in denen es zu keinen Verstößen kommt. Selbst die westlichen Industriestaaten bieten keinen gesicherten Schutz vor Übergriffen.

Allerdings ereignen sich die meisten Menschenrechtsverletzungen in Schwellen- und Entwicklungsländern.

Das liegt daran, dass dort oftmals die Voraussetzungen für die Beachtung von Menschenrechten nicht gegeben sind.

Aktuelle Beispiele für Menschenrechtsverletzungen aus dem Amnesty International Report 2014/2015 **2**

Untersucht wurden 160 Länder.
- In 18 Ländern wurden Kriegsverbrechen oder Verletzungen des humanitären Völkerrechts verübt.
- In mindestens 35 Ländern gab es Verstöße durch bewaffnete Gruppen.
- 3500 Menschen sind bei dem Versuch, Europa zu erreichen, im Mittelmeer ertrunken.
- ¾ aller untersuchten Regierungen haben die Meinungsfreiheit willkürlich eingeschränkt.

- 62 Regierungen haben Menschen als politische Gefangene inhaftiert.
- Vier Millionen Menschen waren vor dem Konflikt in Syrien auf der Flucht.
- In 78 Ländern sind gleichgeschlechtliche Beziehungen verboten.
- In 93 Ländern wurden unfaire Gerichtsverfahren durchgeführt.
- In 131 Ländern wurden Menschen gefoltert oder anderweitig misshandelt.

Vgl. Amnesty International Report 2014/2015 – Zahlen & Fakten, abgerufen unter: www.amnesty.de/files/Amnesty-Report-2014-2015-Facts_Figures_DEU.pdf [02.07.2016]

Staaten haben das Recht und die Verantwortung, Straftatverdächtige vor Gericht zu stellen und Straftäter zu bestrafen. Dabei sind die Staaten aber verpflichtet, das internationale Völkerrecht anzuerkennen und zu beachten. Die Todesstrafe – so die Auffassung von Amnesty International – verstößt gegen die Menschenrechte [...]

Amnesty International (hrsg.): Wenn der Staat tötet – das Recht auf Leben und die Todesstrafe, in: Amnesty macht Schule – Bildung ist der Schlüssel zur Freiheit, Bonn, März 2008, S. 51

In der von Amnesty herausgegebenen Zahl der Todesopfer sind die in China Hingerichteten nicht enthalten, da dort Statistiken über die Todesstrafe als Staatsgeheimnis eingestuft sind. Es wird geschätzt, dass China nach wie vor jedes Jahr Tausende Menschen hinrichtet, mehr als jedes andere Land. Annähernd 50 Delikte können nach dem chinesischen Rechtssystem mit dem Tode bestraft werden.

Ein Augenzeugenbericht

„... Plötzlich ging ein Ruf durch die Menge: ‚Es geht los!', und alles erstarrte. Zuerst das Geräusch von Motorrädern, etwa 15 bewaffnete Polizisten kamen auf zwei- oder dreirädrigen Maschinen langsam in Sichtweite. Dann folgte die Hauptattraktion: 45 Pritschen-LKW rollten im Schritttempo vorbei. Vorne auf jeder LKW-Pritsche standen die Verurteilten, jedem zur Seite zwei Polizisten. Die Gefangenen waren gefesselt, auf dem Rücken trugen sie kleine, längliche Schilder. Auf der oberen Hälfte jedes Schildes stand die Anklage: ‚Dieb', ‚Mörder', ‚Vergewaltiger', auf der unteren der Name des Angeklagten, durchgekreuzt von einem großen ‚X'. Einige der Gefesselten hielten die Köpfe gesenkt, andere trugen sie aufrecht, trotzig, manche weinten unverhohlen." [...]
Anmerkung der Herausgeber:
Der Augenzeugenbericht über die Vollstreckung der Todesstrafe in China bezieht sich auf das Jahr 1983. [...] Die Praxis der Vollstreckung der Todesstrafe hat sich in China bis heute nicht grundlegend geändert. Die Hinrichtungen finden in der Regel unmittelbar im Anschluss an die Urteilsverkündung statt.

Reiner Engelmann/Urs M. Fiechtner (Hrsg.): Frei und gleich geboren –Ein Menschenrechte-Lesebuch, Aarau/Frankfurt/Salzburg, Verlag Sauerländer, 1997, S. 143

ARBEITSVORSCHLÄGE

 1

Interpretieren Sie die Karikatur.

 2

Überlegen Sie, welche Ursachen bzw. Rahmenbedingungen zu Menschenrechtsverletzungen führen können.

 3

Diskutieren Sie, welche Bedingungen nötig wären, um solche Ursachen zu verhindern bzw. zu bekämpfen.

 4

Beschreiben Sie die Karikatur und erläutern Sie die Kritik des Zeichners (s. Methodenkompetenz S. 62).

Recherchieren Sie, in welchen anderen Ländern die Todesstrafe noch praktiziert wird.

WEITERFÜHRENDE HINWEISE

„Für sich selbst wird jeder gerne seine Rechte in Anspruch nehmen, aber sie anderen zuzugestehen, wenn es einem selber dreckig geht, erfordert wahrlich besondere menschliche Größe."

Diskutieren Sie diese Aussage in der Klasse.

Recherchieren Sie im Internet nach aktuellen Beispielen für Menschenrechtsverletzungen (s. Methodenkompetenz S. 82).

Mitgliedsstaaten der Europäischen Menschenrechtskonvention

Belgien, Dänemark, Frankreich, Großbritannien, Irland, Italien, Luxemburg, Niederlande, Norwegen, Schweden, Griechenland, Türkei, Island, Deutschland, Österreich, Zypern, Schweiz, Malta, Portugal, Spanien, Liechtenstein, San Marino, Finnland, Ungarn, Polen, Bulgarien, Estland, Litauen, Slowenien, Slowakische Republik, Tschechische Republik, Rumänien, Andorra, Lettland, Albanien, Moldawien, Ukraine, Mazedonien, Russische Föderation, Kroatien, Georgien, Armenien, Aserbaidschan, Bosnien und Herzegowina, Serbien, Monaco, Montenegro

Die Konvention sichert folgende Rechte zu:

- Recht auf Leben
- Verbot der Folter
- Verbot von Sklaverei und Zwangsarbeit
- Recht auf Freiheit und Sicherheit
- Recht auf einen gerechten Prozess
- keine Bestrafung ohne Gesetz
- Anspruch auf Achtung des Privat- und Familienlebens
- Gedanken-, Gewissens- und Religionsfreiheit
- freie Meinungsäußerung, Versammlungs- und Vereinigungsfreiheit
- Recht auf Ehe
- Recht auf wirksame Beschwerde und Verbot der Diskriminierung

Der **Europäische Gerichtshof für Menschenrechte (EGMR)** wird 1959 gegründet, um Verstöße der Unterzeichnerstaaten gegen die Europäische Konvention zum Schutz der Menschenrechte zu verhandeln.

Er wacht über die Einhaltung der Grundrechte, die in der **Europäischen Menschenrechtskonvention** festgelegt sind und die 1950 vom Europarat angenommen werden.

Die Anzahl der Richter entspricht der Anzahl der Staaten, welche die Konvention ratifiziert haben (heute 47). Jede Person, die der Ansicht ist, dass ihre Grundrechte gemäß der Konvention durch einen Staat verletzt werden, kann vor dem Gerichtshof Klage einreichen.

Menschenrechtsklagen in Europa

Insgesamt 119 750 Beschwerden liegen beim Europäischen Gerichtshof für Menschenrechte vor. Davon kommen so viele aus

Russland	23 400
Italien	14 650
Ukraine	14 200
Türkei	13 900
Serbien	12 200
Rumänien	6 700
Bulgarien	3 650
Großbritannien	3 050
Georgien	2 650
Polen	2 300

© Globus

weitere 23 050 Klagen aus 37 anderen Ländern

Stand 31.8.2013
Quelle: Europäischer Gerichtshof für Menschenrechte

5982

Vor dem EGMR können nur Staaten angeklagt werden, die die Europäischen Menschenrechtskonventionen anerkannt haben. Beschwerden können sowohl von Einzelpersonen als auch von anderen Staaten kommen. In selteneren Fällen gibt er auch Gutachten zur Auslegung der Europäischen Menschenrechtskonvention ab. Voraussetzung für eine Klage ist, dass der innerstaatliche Rechtsweg ausgeschöpft ist. In Deutschland muss der Kläger zuvor erfolglos das Bundesverfassungsgericht angerufen haben.

Stellt der Gerichtshof einen Verstoß gegen die Menschenrechtskonvention fest, sind die Urteile rechtlich bindend, das Ministerkomitee des Europarats überprüft sie.

| RELIGIONSGEMEINSCHAFTEN

| EGMR zu Religionsfreiheit

Türkei diskriminiert Aleviten

Seit Jahren kämpfen die Aleviten in der Türkei vergeblich um staatliche Anerkennung. Der EGMR hat jetzt entschieden, dass die Türkei sie in ihrer Religionsfreiheit verletzt und diskriminiert. Bringt das Urteil nun die Wende? **Mehr lesen**

| PERSÖNLICHKEITSRECHT

| EGMR weist Beschwerde der Kinder von Oliver Kahn ab

Vogelfreie Prominentenkinder?

Der EGMR hat eine Beschwerde der Kinder von Oliver Kahn abgewiesen. Sie hatten unter Berufung auf Artikel 8 EMRK geltend gemacht, die deutsche Rechtsordnung schütze sie nicht hinreichend vor Paparazzi-Aufnahmen. Der EGMR sah dies anders.
Mehr lesen

| VERFAHRENSGRUNDSÄTZE

| EGMR verurteilt Deutschland

Strafurteil verstieß gegen Menschenrechte

Weil er aufgrund von Zeugen verurteilt wurde, die vor Gericht nicht mehr befragt werden konnten, zog ein Georgier vor den EGMR. Der gab ihm nun Recht: das deutsche Strafurteil verstößt gegen die Europäische Menschenrechtskonvention. **Mehr lesen**

| STERBEHILFE

| EGMR billigt Sterbehilfe für Wachkomapatienten

Lebenserhaltende Maßnahmen dürfen gestoppt werden

Vincent Lambert, der seit 2008 im Wachkoma liegt und künstlich ernährt wird, darf sterben. Die Richter des EGMR entschieden, dass der Stopp der lebenserhaltenden Maßnahmen kein Verstoß gegen das Recht auf Leben wäre. **Mehr lesen**

| DEMONSTRATIONEN

| EGMR verurteilt Russland

25.000 Euro wegen Festnahme nach Demo

Der EGMR hat Russland zu einer Geldzahlung von 25.000 Euro an einen Demonstranten verurteilt. Die Polizei hatte den Weg des Demonstrationszuges sehr kurzfristig geändert und den Mann, der die vorige Route nahm, festgenommen. **Mehr lesen**

3

ARBEITSVORSCHLÄGE

 1

Gestalten Sie einen Steckbrief zum Europäischen Gerichtshof für Menschenrechte. Gehen Sie dabei auf folgende Punkte ein:
- Entstehung
- Zusammensetzung
- Aufgaben

 2

Ermitteln Sie das Thema des Schaubildes und fassen Sie die wesentlichen Informationen zusammen.

3, 4

Prüfen Sie, über welche Grundrechtskonflikte der EGMR entscheiden muss.

Diskutieren Sie in Ihrer Klasse über Grundrechtskonflikte in Deutschland, z. B. Diskriminierungsverbot und Pressefreiheit oder freie Meinungsäußerung und Menschenwürde.
Finden Sie weitere Beispiele.

WEITERFÜHRENDE HINWEISE

Informieren Sie sich über die Menschenrechtssituation in Russland:

www.bpb.de/internationales/ weltweit/menschenrechte/38780/ russland?p=0.

Bei seinen Urteilen steht der Europäische Gerichtshof für Menschenrechte oft **4** vor dem Dilemma, ein Menschenrecht gegen ein anderes abwägen zu müssen. Zum Beispiel stehen sich bei einer Klage wegen der Verletzung von Persönlichkeitsrechten durch Medien einerseits das Recht auf Achtung der Persönlichkeit und andererseits das Grundrecht der Pressefreiheit gegenüber. Dieser **Grundrechtskonflikt** wird durch die Richter des EGMR sorgfältig abgewogen. Bei jedem Urteil muss entschieden werden, welches Recht im speziellen Fall eine größere Bedeutung hat.

Auch in Deutschland müssen die Gerichte, insbesondere das Bundesverfassungsgericht in Karlsruhe, über Grundrechtskonflikte entscheiden.

Grundrechte im Grundgesetz	Der im Grundgesetz verankerte Katalog von Grundrechten besteht aus • Menschenrechten, die für alle in Deutschland lebenden Personen gelten („Jeder hat das Recht …“) und • Bürgerrechten, die nur für deutsche Staatsbürger gelten („Alle Deutschen haben das Recht …“). Jeder Bürger, der sich in seinen Grundrechten durch staatliches Handeln beeinträchtigt fühlt, kann vor dem Bundesverfassungsgericht Klage erheben.
UNO-Menschenrechtserklärung	Die Allgemeine Erklärung der Menschenrechte • besteht aus 30 Artikeln, • in ihr stehen Freiheits- und Gleichheitsrechte sowie staatsbürgerliche und soziale Rechte, • sie besitzt keine bindende Wirkung für die Staaten, • sie prägt die Formulierung von Grundrechtskatalogen in nationalstaatlichen Verfassungen, • sie ist die Grundlage zahlreicher internationaler und regionaler Abkommen zum Menschenrechtsschutz.
Menschenrechtsverletzungen	Menschenrechtsverletzungen kommen in allen Staaten der Welt vor. Es gibt nirgends auf der Welt die Gewähr, dass Menschenrechte nicht verletzt werden. Verschiedene nichtstaatliche Organisationen (Non-governmental organizations, NGOs), wie Amnesty International oder terre des hommes, die sich für die Umsetzung von Menschenrechten engagieren, bringen in ihren jährlichen Berichten umfangreiche Auflistungen von Menschenrechtsverletzungen in aller Welt.
Europäischer Gerichtshof für Menschenrechte	Der EGMR (Sitz: Straßburg) wurde 1959 eingerichtet, um Verstöße der Unterzeichnerstaaten gegen die Europäische Konvention zum Schutz der Menschenrechte zu verhandeln. Er kann von Mitgliedsstaaten und von Einzelpersonen angerufen werden. Seine Urteile sind bindend. Der EGMR ist kein Organ der EU, sondern des Europarats.
Grundrechtskonflikte	Es kann passieren, dass bei einem Urteil ein Menschenrecht gegen ein anderes abgewogen werden muss. Es muss entschieden werden, welches Recht in dem Fall eine größere Bedeutung hat.

Kompetenz-Check

Ich kann ...   ☺ ☺ ☹

... Grundrechte beschreiben, die mir wichtig sind.

Ich kann ...   ☺ ☺ ☹

... die Stellung der Grund- und Menschenrechte im Grundgesetz erläutern.

... erläutern, warum hinter Rechten auch immer Pflichten stehen.

... Rahmenbedingungen analysieren, die zu Menschenrechtsverletzungen führen können.

... erläutern, welche Voraussetzungen für die Beachtung und Durchsetzung von Menschenrechten erfüllt sein müssen.

Ich kann ...   ☺ ☺ ☹

... einige Grundrechte aufzählen.

... erklären, warum Grundrechte ein wichtiger Bestandteil unserer Demokratie sind.

... zwischen Menschen- und Bürgerrechten unterscheiden.

... die Bedeutung des Europäischen Gerichtshofs darstellen.

... Beispiele für Menschenrechtsverletzungen benennen.

... einige Menschenrechtsorganisationen und ihre Arbeitsschwerpunkte benennen.

Ich kann ...   ☺ ☺ ☹

... Handlungsmöglichkeiten entwickeln, wie man mit Grundrechtskonflikten umgehen kann.

... begründen, warum der Schutz von Grund- und Menschenrechten für eine zivilisierte Gesellschaft wichtig ist.

Junge Menschen in Europa und der Welt

Die Europäische Union

		Beitrittsjahr	Einwohner 2016[1] in Mio.	BIP[1,2] 2016 pro Kopf in Tausend Euro	
	Belgien	★ 1958	11,4 Mio.	34,2 Tsd. €	■ Gründungsmitglieder
	Deutschland	★ 1958	82,8	35,7	
	Frankreich	★ 1958	67,0	30,3	
	Italien	★ 1958	60,6	27,9	
	Luxemburg	★ 1958	0,6	77,4	
	Niederlande	★ 1958	17,1	37,5	
	Dänemark	★ 1973	5,7	36,4	
	Großbritannien	★ 1973	65,8	31,2	
	Irland	★ 1973	4,8	53,2	
	Griechenland	★ 1981	10,8	19,5	
	Portugal	★ 1986	10,3	22,4	
	Spanien	★ 1986	46,5	26,5	
	Finnland	★ 1995	5,5	31,7	
	Österreich	★ 1995	8,8	36,7	
	Schweden	★ 1995	10,0	35,9	
	Estland	★ 2004	1,3	21,5	
	Lettland	★ 2004	2,0	19,0	
	Litauen	★ 2004	2,8	21,9	
	Malta	★ 2004	0,4	27,6	
	Polen	★ 2004	38,0	20,1	
	Slowakei	★ 2004	5,4	22,4	
	Slowenien	★ 2004	2,1	24,1	
	Tschechien	★ 2004	10,6	25,7	
	Ungarn	★ 2004	9,8	19,5	
	Zypern	★ 2004	0,9	23,6	
	Bulgarien	★ 2007	7,1	13,9	
	Rumänien	★ 2007	19,6	17,2	
	Kroatien	★ 2013	4,2	17,3	

FINNLAND
SCHWEDEN
ESTLAND
LETTLAND
LITAUEN
DÄNEMARK
GROSSBRITANNIEN
IRLAND
NIEDERLANDE
DEUTSCHLAND
POLEN
BELGIEN
TSCHECHIEN
LUXEMBURG
SLOWAKEI
ÖSTERREICH
FRANKREICH
UNGARN
SLOWENIEN
RUMÄNIEN
KROATIEN
BULGARIEN
ITALIEN
PORTUGAL
SPANIEN
GRIECHENLAND
ZYPERN
MALTA

11892 © Globus   [1]zum Teil vorläufig oder geschätzt, [2]kaufkraftbereinigt   Quelle: Eurostat

Sich in Europa und der Welt zurechtfinden und engagieren

Europa	Globalisierung	Friedenssicherung und Entwicklungszusammenarbeit
Essen gehen wir beim Griechen, Urlaub machen wir in Italien. Immer mehr Menschen sind geschäftlich im europäischen Ausland unterwegs oder haben dort sogar ihren Arbeitsplatz. Kein Zweifel, unser Alltagsleben wird zunehmend durch die enge Zusammenarbeit mit unseren europäischen Nachbarn geprägt. Warum brauchen wir überhaupt eine europäische Integration? Was bringt mir die Europäische Union? Wer entscheidet, was in Europa geschieht? Ist Europa sozial gerecht? Kann Europa die Herausforderungen der Zukunft bewältigen?	Unser Leben wird immer mehr von der Globalisierung beeinflusst. Was ist überhaupt Globalisierung? Welche Auswirkungen hat die Globalisierung in den Bereichen Politik, Wirtschaft, Kommunikation, Kultur, Umwelt und Ressourcen? Wie wirkt sich die Globalisierung auf den Lebensstandard in Industrie-, Schwellen- und Entwicklungsländern aus? Wie geht Nachhaltigkeit – das Prinzip zukunftsfähiger Politik? Welche Chancen und Risiken hat die Globalisierung?	Internationale Konflikte bestimmen die Weltpolitik im 21. Jahrhundert. Was sind die Konfliktursachen? Warum fliehen Menschen aus ihrer Heimat? Nützt die Entwicklungspolitik den armen Ländern der Welt? Entsteht eine friedliche Welt durch die UNO? Gibt es Friedenspolitik ohne Waffen? Was kann ich tun für ein gerechtes und friedliches Miteinander?

… wie lautet Ihre Antwort?

Die Versammlung der Regionen Europas (VRE) hat im Internet einen Fragebogen über die Zukunft Europas zur Verfügung gestellt. Angesprochen waren Jugendliche zwischen 18 und 26 Jahren.

Hier eine Auswahl der gestellten Fragen:

- Was ist das Erste, das Sie den führenden Politikern der EU sagen möchten?
- Europa, was bedeutet das für Sie? Ein Traum der Politiker, eine Realität, ein Symbol …?
- Was gefällt Ihnen am meisten im heutigen Europa?
- Was missfällt Ihnen am meisten im heutigen Europa?
- Wie stellen Sie sich das künftige Europa vor?
- Was wünschen Sie sich am meisten im künftigen Europa?

Friedensnobelpreis für die EU

Am 10. Dezember 2012 verleiht das Nobelpreiskomitee den Friedensnobelpreis an die EU „für ihren über sechs Jahrzehnte lang geleisteten Beitrag zu Frieden und Versöhnung, Demokratie und Menschenrechte in Europa".

Eurovision Song Contest – ein Erfolgsmodell

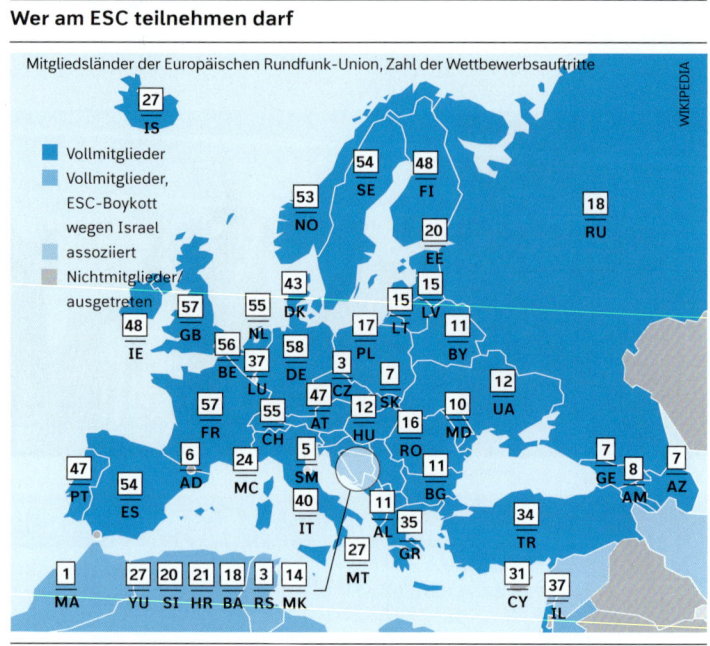

Wer am ESC teilnehmen darf

Mitgliedsländer der Europäischen Rundfunk-Union, Zahl der Wettbewerbsauftritte

„Europa", werden viele sagen, „was geht mich das an?" und zeigen mit dieser Frage, wie sehr uns manche Auswirkungen der europäischen Einigung bereits so selbstverständlich sind, dass wir sie kaum noch bewusst wahrnehmen. Dennoch, ein Blick auf unseren Alltag zeigt, dass Europa bereits auf vielfältige Weise unser Leben prägt.

Ein europäisches Angebot an Nahrungsmitteln und Konsumgütern wird mittlerweile als genauso selbstverständlich empfunden wie die offenen Grenzen und die damit verbundene Reisefreiheit in der Europäischen Union. Als Arbeitsmarkt, so wird uns zunehmend bewusst, bietet die Europäische Union bisher ungeahnte Möglichkeiten. Die Grundlage für die zunehmende Europäisierung unseres Alltags liegt darin, dass immer mehr Bereiche des täglichen Lebens auf europäischer Ebene geregelt werden. Die (Mit-)Verantwortung der Europäischen Union reicht heute von Ausbildung und Außenhandel über Lebensmittelsicherheit und Verbraucherschutz bis hin zu Umwelt, Verkehr und Währung, um nur einige Tätigkeitsbereiche der EU zu nennen.

  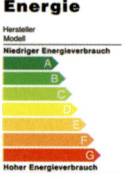

So überrascht es nicht, dass heute bereits über die Hälfte der Gesetzgebung in den Mitgliedsländern der Umsetzung von europäischem Recht in nationales Recht dient. Auf diese Weise entsteht ein einheitlicher europäischer Rechtsraum, der die Voraussetzungen für ein zusammenwachsendes Europa schafft.

Allerdings sollte man dabei aber nicht übersehen, dass europäische Gesetze, also Verordnungen und Richtlinien, nicht von *der* EU oder von anonymen Bürokraten in Brüssel gemacht werden, sondern unter Mitwirkung der Vertreter aus den einzelnen Mitgliedsstaaten in den Entscheidungsorganen der Europäischen Union.

4

Die EU in unserem Alltag

5

Manchmal hat man das Gefühl, dass die Entscheidungen aus Brüssel unser Leben nur am Rande berühren und alles weit weg ist. Aber wenn wir unseren Alltag mal näher unter die Lupe nehmen, finden wir sehr viele Berührungspunkte mit der EU.

Fangen wir mit dem Geld an, wenn wir unser Portemonnaie öffnen, finden wir einen täglichen Begleiter, den Euro. [...] Der Euro ist [...] wohl das offensichtlichste Zeichen für ein geeintes Europa.

Machen wir weiter mit dem Einkauf. Durch Richtlinien der EU wird der Verbraucher bei seinem täglichen Einkauf geschützt. Das fängt bei der Kennzeichnung von Lebensmitteln an und geht weiter bei hohen Qualitätsanforderungen bei Fleischwaren. Auch erfährt der Kunde einen Schutz durch EU-Recht beim Einkauf im Internet. Der zudem, bei einem Einkauf bei einem Händler aus einem Euroland, durch die einheitliche Währung in Europa sehr vereinfacht wird. Des Weiteren muss

der Produzent oder Anbieter einer Ware gewisse Gewährleistungsfristen für sein Produkt übernehmen. Auch dies wird von der EU geregelt.

Auch in Sachen Gesundheit haben wir ständig Kontakt mit der EU und ihren Regeln. So wird durch die EU geregelt, wie sauber unsere Luft und unser Trinkwasser sein müssen. Das gleiche gilt für die Landwirtschaft. Hier regeln EU-Gesetze, was der Bauer auf seinem Acker spritzen darf und was nicht. [...]

Auch im Urlaub treffen wir auf die EU. So ermöglicht sie uns das freie Reisen zwischen den EU-Ländern, in denen wir zum Beispiel eine durch die EU genormte hohe Wasserqualität finden. Zudem hat die EU festgelegt, dass die Telefongebühren vom Handy aus, vom EU-Ausland nach Deutschland, nicht zu hoch sein dürfen. Wenn wir in unserem Urlaub in einem Land der EU krank werden sollten, so bietet uns die europäische Krankenkarte Schutz und Hilfe. [...]

WelcomeMedia Internet – Awwad, Nagel, Peters GbR: Die EU in unserem Alltag, abgerufen unter:
www.zukunft24.eu/die-eu-in-unserem-alltag/ [31.05.2016]

 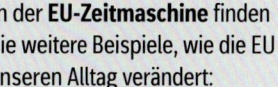

Winston Churchill, 1946 1

Wir müssen etwas wie die Vereinigten Staaten von Europa schaffen. Nur so können Hunderte von Millionen schwer arbeitender Menschen wieder die einfachen Freuden und Hoffnungen zurückgewinnen, die das Leben lebenswert machen. Was wir benötigen, ist der Entschluss von Hunderten von Millionen Männern und Frauen, Recht statt Unrecht zu tun und als Lohn Segen statt Fluch zu ernten.

Europa: Dokumente zur Frage der europäischen Einigung, hrsg. im Auftrag des Auswärtigen Amtes, München, Oldenbourg, 1962, S. 133f.

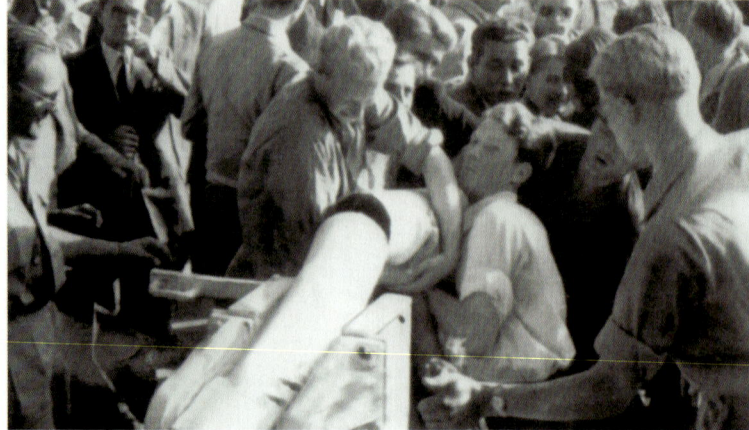

Europa-Begeisterung nach dem Zweiten Weltkrieg: Studenten reißen Schlagbäume nieder.

Der französische Außenminister Robert Schuman, 1950

Der jahrhundertealte Gegensatz zwischen Frankreich und Deutschland muss überwunden werden. [...] Wir schlagen vor, die gesamte deutsch-französische Kohle- und Stahlproduktion einer Hohen Behörde zu unterstellen, einer Organisation, die den anderen Ländern Europas zum Beitritt offensteht. Dies wird ein erster Grundstein für eine europäische Föderation sein. [...] Europa wird nicht mit einem Schlage zustande kommen. Es wird durch konkrete Schritte entstehen.

Regierungserklärung vom 9. Mai 1950

Konrad Adenauer, 1951

Ich glaube, dass wohl zum ersten Mal in der Geschichte Länder freiwillig und ohne Zwang auf einen Teil ihrer Souveränität verzichten wollen, um die Souveränität einem supranationalen Gebilde zu übertragen. Ich bin der festen Überzeugung, dass, wenn dieser Anfang einmal gemacht worden ist, man dann auch auf anderen Gebieten diesem Vorgang folgen wird und dass damit wirklich der Nationalismus, der Krebsschaden Europas, einen tödlichen Stoß bekommen wird.

Bundestagsrede vom 12.07.1951

Aus der Rede des Karlspreisträgers 1950, Graf Coudenhove-Kalergi 2

Wir haben uns hier zusammengefunden im Namen des europäischen Kaisers Karls des Großen, in der altehrwürdigen Hauptstadt seines gewaltigen Reiches, das Deutschland, Frankreich und Italien umschloss.

Es war eine kühne Initiative, durch Stiftung dieses Preises eine Brücke über elf Jahrhunderte zu schlagen, von den großartigen Traditionen des Frankenreichs zur größten Hoffnung unserer Tage: den Vereinigten Staaten von Europa. Zwischen diesen beiden Brückenköpfen fließt ein Strom von Blut und Tränen. Unserer Generation bleibt es vorbehalten, dieser Kette von Kriegen, dieser Erbfeindschaft, für immer ein Ende zu setzen und die Einheit des Abendlandes im Geiste des 20. Jahrhunderts zu erneuern. [...]

Der Europäische Rat in Straßburg ist der erste Schritt zu diesem großen Ziel. Aber der Weg zu einem einigen Europa, von Island bis zur Türkei und darüber hinaus von Finnland bis Portugal, ist weit. Jahre werden vergehen, ehe wir es erreichen.

Die Erneuerung des Karolinger-Reiches im Geiste des Zwanzigsten Jahrhunderts wäre ein entscheidender Schritt vorwärts zur Einigung Europas. Ein neues Weltreich würde entstehen, dessen Bevölkerung größer wäre als die Vereinigten Staaten von Amerika und dessen Territorium, von der Ostsee bis Katanga, nur der Sowjetunion an Größe nachstehen würde. Mit einem gewaltigen inneren Markt von 200 Millionen Menschen und fast unerschöpflichen Rohstoffreserven könnte es binnen Kurzem eine Wirtschaftsblüte schaffen, wie sie Europa nie gekannt hat. Militärisch wäre es unangreifbar und könnte seinen Völkern eine lange Friedensperiode sichern. Für Osteuropa wäre es ein Magnet, der erst Ostdeutschland in seinen Bann ziehen würde und dann die europäischen Oststaaten.

Zu diesem entscheidenden Schritt aus einer tragischen Vergangenheit in eine glänzende Zukunft bedarf es nur der Entschlossenheit und Initiative der Führer und Völker Deutschlands, Frankreichs, Italiens und der Benelux-Staaten. Von ihnen hängt es ab, ob Europa in Wolken von Atombomben versinkt – oder ob es aus den Flammen des letzten Weltkriegs wie ein junger Phönix in neuer Herrlichkeit hervorgeht.

Stiftung Internationaler Karlspreis zu Aachen (Hrsg.): Rede von Richard Nikolaus Graf Coudenhove-Kalergi, abgerufen unter: www.karlspreis.de/preistraeger/1950/rede_von_richard_nikolaus_graf_coudenhove_kalergi.html [17.04.2013]

Der Internationale **Karlspreis** zu Aachen wird seit 1950 jedes Jahr an Persönlichkeiten oder Institutionen vergeben, die sich für die Einigung Europas engagieren.

Motive und Ziele der europäischen Einigung

Nach den Schrecken und Zerstörungen des Zweiten Weltkriegs sehen viele Menschen, nicht nur in Deutschland, im überzogenen Nationalismus der zurückliegenden Jahrzehnte die zentrale Ursache für den Zusammenbruch Europas. Nicht in Konkurrenz, sondern nur in Kooperation mit den Nachbarländern, glauben sie, können

- die häufigen zwischenstaatlichen Konflikte gewaltlos gelöst werden und die Völker Europas friedlich zusammenleben,
- sich die Volkswirtschaften im verarmten Nachkriegseuropa entfalten und wieder Arbeit und Wohlstand bieten,
- die gemeinsamen Interessen Europas im beginnenden Kalten Krieg gegenüber den Supermächten USA und UdSSR vertreten werden.

Mit diesen Überlegungen beginnt ein Prozess der schrittweisen Vertiefung der Zusammenarbeit und der Erweiterung der Mitgliederzahl, der bis heute noch nicht abgeschlossen ist.

Gerade die wachsende Zahl von Mitgliedern – von ursprünglich sechs auf mittlerweile 28 – zeigt: Die Zusammenarbeit der Staaten Europas ist zu einer Erfolgsgeschichte geworden. Sicher, es gibt zu viel Bürokratie, zu teure Subventionen und zu wenig Bürgerbeteiligung. Aber gemessen an den ursprünglichen Herausforderungen ist es nicht nur gelungen, den Frieden unter den Mitgliedern zu sichern; darüber hinaus konnten die Mitgliedsstaaten der EU eine deutliche Steigerung des Massenwohlstandes verzeichnen, und auch politisch ist trotz mancher Rückschläge die EU längst nicht mehr der Zwerg, für den sie so lange gehalten wurde.

Doch für Selbstzufriedenheit besteht kein Anlass. Seit dem Ende des Kalten Krieges zu Beginn der 1990er-Jahre stellen sich den Staaten Europas neue Herausforderungen, die sie wegen ihres grenzübergreifenden Charakters nur gemeinsam auf europäischer Ebene lösen können.

Aus der Rede des Karlspreisträgers 2015, Martin Schulz, Präsident des Europäischen Parlaments 2012–2017   **3**

[…] Wir überwanden das Trennende, um das Einende zu schaffen. Das ist die Botschaft Europas: das Trennende zu überwinden, um das Einende zu schaffen. Deshalb stelle ich mich auch jedem energisch in den Weg, der uns diese Freiheit nehmen will! Wer Grenzen wieder einführen will, der will uns erneut trennen!

[…] Deshalb geht von Aachen heute eine Botschaft aus: Hören wir endlich auf, die Europäische Union schlecht zu reden. Wir haben gemeinsam so viel erreicht - gerade wir Deutsche sollten uns das vergegenwärtigen: Feinde wurden zu Freunden, Diktaturen zu Demokratien, Grenzen wurden geöffnet, der

größte und reichste Binnenmarkt der Welt geschaffen. Wir haben Menschenrechte und Pressefreiheit, aber keine Todesstrafe oder Kinderarbeit. Warum sind wir darauf nicht stolz?

In unserem europäischen Haus leben viele verschiedene Familien, auch einige neue Familien sind eingezogen. Es geht turbulent zu, manchmal auch laut, aber immer friedlich. Wir haben dieses großartige Haus von unseren Eltern geerbt. Es ist ein wenig in die Jahre gekommen. Deshalb: Lasst es uns erneuern, damit es in seinem Glanz erstrahlt. Mir geht es so, wie ich hoffe auch Ihnen: Ich bin dankbar, ein Bewohner dieses Hauses sein zu dürfen.

Stiftung Internationaler Karlspreis zu Aachen (Hrsg.): Rede von Martin Schulz, Präsident des Europäischen Parlaments, 14.05.2015, abgerufen unter: www.karlspreis.de/Portals/0/pdf/Rede_schulz_2015. pdf [03.06.2016]

ARBEITSVORSCHLÄGE

 1

Vergleichen Sie die Aussagen der europäischen Staatsmänner.
a. Welche Ziele haben sie?
b. Wie wollen sie diese Ziele erreichen?
c. Wo liegen die größten Gemeinsamkeiten?

 2

Graf Coudenhove-Kalergi stellt in seiner Rede seine Vision von Europa vor.
Stellen Sie die wichtigsten Kernaussagen dar.
Nehmen Sie aus Ihrer Sicht Stellung.

 3

Arbeiten Sie die wichtigsten Kernaussagen von Martin Schulz heraus.
Beurteilen Sie seine Aussagen aus Ihrer Sicht.

Setzen Sie sich mit den Gründen für europäische Zusammenarbeit nach dem Zweiten Weltkrieg und heute auseinander. Diskutieren Sie in Ihrer Klasse darüber.

WEITERFÜHRENDE HINWEISE

Es gibt auch einen Karlspreis für junge Menschen:
www.charlemagneyouthprize. eu/de/

Wer hat wofür den Jugendkarlspreis im letzten Jahr bekommen? Informieren Sie Ihre Klasse darüber.

Wirtschaftliche Zusammenschlüsse

1

1951: EGKS	1957: EWG	1957: Euratom
Europäische Gemeinschaft für Kohle und Stahl (Montanunion) **Ziel:** Schaffung eines gemeinsamen Marktes für Kohle und Stahl	Europäische Wirtschaftsgemeinschaft **Ziele:** • Zollunion und gemeinsamer Markt • gemeinsamer Agrarmarkt • politische Zusammenarbeit, Wirtschafts- und Währungsunion	Europäische Atomgemeinschaft **Ziel:** gemeinsame friedliche Nutzung der Kernenergie

Freihandelszone

- Abschaffung der Zölle zwischen den Mitgliedsländern
- unterschiedliche Zölle gegenüber Nichtmitgliedern

Zollunion

- Abschaffung der Zölle zwischen den Mitgliedern
- gleiche Zölle gegenüber Nichtmitgliedern

Gemeinsamer Markt

- freier Warenverkehr durch Schaffung einer Zollunion
- freier Personenverkehr
- freies Angebot von Dienstleistungen
- freier Kapitalverkehr

Schengener Abkommen

Um die Personenkontrollen an den gemeinsamen Grenzen abzuschaffen, unterzeichnen 1985 mehrere EU-Staaten das Schengener Abkommen. Seitdem werden die Bürgerinnen und Bürger der Unterzeichnerstaaten beim Grenzübertritt in ein anderes „Schengen-Land" nicht mehr kontrolliert.

Grenzkontrollen gibt es allerdings noch z. B. bei der Einreise nach Großbritannien und Irland.

Dem Schengener Abkommen sind mittlerweile auch die Nicht-EU-Mitglieder wie z. B. die Schweiz beigetreten (s. S. 201).

Im Jahre 1951 gründen Belgien, (West-)Deutschland, Frankreich, Italien, Luxemburg und die Niederlande die **Montanunion** und vereinbaren damit eine Zusammenarbeit auf dem Gebiet der Schwerindustrie. Hohe Wachstumsraten und die damit einhergehende Schaffung von Arbeitsplätzen führen die Montanunion schnell zum Erfolg. So liegt es nahe, die Grundsätze des gemeinsamen Marktes vom Kohle- und Stahlsektor auf die gesamte Wirtschaft zu übertragen.

Das Ergebnis: 1957 unterschreiben die sechs Mitgliedsländer der Montanunion in Rom die Verträge für die Gründung der Europäischen Wirtschaftsgemeinschaft (EWG) und der Europäischen Atomgemeinschaft (**Römische Verträge**).

§ **Aus dem Vertrag zur Gründung der EWG (1957)** **2**

Art. 1: Durch diesen Vertrag gründen die Hohen Vertragsparteien untereinander eine Europäische Wirtschaftsgemeinschaft.
Art. 2: Aufgabe der Gemeinschaft ist es, durch die Errichtung eines Gemeinsamen Marktes und die schrittweise Annäherung der Wirtschaftspolitik der Mitgliedsstaaten eine harmonische Entwicklung des Wirtschaftslebens innerhalb der Gemeinschaft, [...] eine beschleunigte Hebung der Lebenshaltung und engerer Beziehungen zwischen den Staaten zu fördern, die in dieser Gemeinschaft zusammengeschlossen sind.
Art. 8: Der Gemeinsame Markt wird während einer Übergangszeit von zwölf Jahren schrittweise verwirklicht.

Als Erstes machen sich die Mitglieder der EWG daran, nach und nach alle Binnenzölle abzubauen und so eine Zollunion zu schaffen – mit unübersehbaren Auswirkungen: Einerseits profitieren die Verbraucher von einem Güterangebot, das so groß ist wie nie zuvor. Andererseits können die Unternehmen kostengünstiger exportieren, was insbesondere der exportorientierten deutschen Wirtschaft zugutekommt und zur Schaffung neuer Arbeitsplätze beiträgt.

Auf dem Weg von der Zollunion zum gemeinsamen Markt kommen die Staaten der seit 1967 so genannten Europäischen Gemeinschaft (EG) zunächst nur mühsam voran. Erst die Einheitliche Europäischen Akte (1987) schafft mit der angestrebten Vollendung des Binnenmarktes bis 1992 einen neuen Impuls zur weiteren Vertiefung der Zusammenarbeit unter den mittlerweile zehn Mitgliedern.

1951	1957	1968	1973	1979	1981	1986	1993
Europäische Gemeinschaft für Kohle und Stahl	Europäische Wirtschaftsgemeinschaft	Vollendung der Zollunion	Beitritt von Großbritannien, Irland und Dänemark	Erste Direktwahl zum EU-Parlament	Beitritt von Griechenland	Beitritt von Spanien und Portugal	Verwirklichung des Binnenmarktes am 01.01.1993

Etappen der europäischen Einigung

Im Einzelnen will die Einheitliche Europäische Akte folgende Ziele verwirklichen:

- **freier Personenverkehr** durch Wegfall von Grenzkontrollen, Niederlassungs- und Beschäftigungsfreiheit für alle EU-Bürger, Harmonisierung der Einreise- und Asylgesetzgebung

- **freier Warenverkehr** durch Wegfall von Grenzkontrollen, Harmonisierung oder Anerkennung von nationalen Normen und Vorschriften

- **freier Kapitalverkehr** durch größere Freizügigkeit für Geld- und Kapitalbewegungen

- **freier Dienstleistungsverkehr** durch Liberalisierung der Finanzdienste von Banken und Versicherungen, Harmonisierung der Banken- und Versicherungsaufsicht, Öffnung der Transport- und Telekommunikationsmärkte

Die Vollendung des Binnenmarktes schafft jedoch ihre eigene Dynamik. Ein gemeinsamer Markt braucht eine einheitliche Währung. Die Abschaffung der Binnengrenzen ruft nach grenzüberschreitender polizeilicher Zusammenarbeit, um Missbrauch zu verhindern. Verstärkt wird die Dynamik noch durch die Wiedervereinigung Deutschlands: Um das Misstrauen der Nachbarn vor einem zu mächtigen Deutschland abzubauen, soll es stärker in Europa eingebunden werden. Das Ergebnis dieser Bemühungen ist der **Vertrag von Maastricht** (1993), der mit der Schaffung der **Europäischen Union** die Zusammenarbeit unter den Mitgliedern auf eine neue Stufe hebt.

Nun fehlt noch eine gemeinsame Verfassung der EU, damit die politische Europäische Union verwirklicht ist. Die Verhandlungen hierzu scheitern allerdings. Als ein weiterer Meilenstein wird 2009 der **Vertrag von Lissabon** beschlossen. Dadurch werden die Entscheidungsverfahren demokratischer und die Europäische Bürgerinitiative gibt der Bevölkerung der Mitgliedsstaaten mehr Möglichkeiten zum demokratischen Mitgestalten.

ARBEITSVORSCHLÄGE

 1

Beschreiben Sie die wichtigsten Etappen der europäischen Integration. Verwenden Sie dabei die Begriffe
- Zollunion,
- Binnenmarkt,
- politische Union.

 2

Erläutern Sie die Ziele der EWG.

 3

Beurteilen Sie die Fortschritte der europäischen Zusammenarbeit seit 1993.

WEITERFÜHRENDE HINWEISE

Wie hat die europäische Integration das Leben der Menschen als
- Verbraucher,
- Arbeitnehmer,
- Unternehmer
verändert?

Welche Veränderungen sind Ihrer Meinung nach eher positiv, welche eher negativ?

Sammeln Sie eine Woche lang Zeitungsartikel zur Europäischen Union und erstellen Sie damit eine Wandzeitung, die Sie Ihren Mitschülerinnen und Mitschülern vorstellen.

3

Von den drei Säulen zur einheitlichen EU

EU

| Europäische Gemeinschaft (EG) | Gemeinsame Außen- und Sicherheitspolitik (GASP) | Polizeiliche u. justizielle Zusammenarbeit in Strafsachen |

Struktur der EU nach dem Vertrag von Lissabon (in Kraft seit 1.12.2009)

Die **Europäische Union** besitzt einheitliche Rechtspersönlichkeit; sie löst die Europäische Gemeinschaft ab.

Politikbereiche der EU

Zollunion • Währungspolitik • Handelspolitik • Wettbewerbspolitik • Binnenmarkt • wirtschaftlicher, sozialer und territorialer Zusammenhalt • ein Raum der Freiheit, der Sicherheit und des Rechts • Landwirtschaft • Umwelt • Verbraucherschutz • Transeuropäische Netze • Energie • Forschung u.a.

Gemeinsame Außen- und Sicherheitspolitik einschließlich einer Gemeinsamen Sicherheits- und Verteidigungspolitik.
Für diesen Bereich gelten besondere Entscheidungsverfahren.

ZAHLENBILDER
714 020

©Bergmoser + Höller Verlag AG

1993	1995	2002	2004	2007	2009	2013
Vertrag von Maastricht am 01.11.1993	Beitritt von Finnland, Schweden, Österreich	Einführung des Euro	Osterweiterung: Beitritt von 10 neuen Mitgliedern	Beitritt von Bulgarien und Rumänien	Verabschiedung des Vertrags von Lissabon	Beitritt von Kroatien

Wissenswertes zu den Europawahlen

- Das EU-Parlament wird für fünf Jahre gewählt.
- Die nationalen Parteien jedes Mitgliedslandes stellen ihre Kandidaten auf.
- In allen Staaten wird nach dem Verhältniswahlrecht gewählt.

1

Europawahl 2014

Partei	Stimmen	Sitze
CDU	30 %	29
SPD	27,3 %	27
GRÜNE	10,7 %	11
DIE LINKE	7,4 %	7
AfD	7,1 %	7
CSU	5,3 %	5
FDP	3,4 %	3
Kleine Parteien, z. B. FREIE WÄHLER	0,6 %– 1,5 %	7
Sonstige	1,7 %	
Wahlbeteiligung	48,1 %	

© Der Bundeswahlleiter: Flyer „Europawahl 2014 – Ergebnisse der Wahl der Abgeordneten aus der Bundesrepublik Deutschland", Wiesbaden, April 2015

Antonio Tajani, Italien, Präsident des Europaparlaments

Das Europaparlament – Interessenvertretung der Bevölkerung

Sitz des Europäischen Parlaments in Straßburg

Arbeitsort des Europäischen Parlaments in Brüssel

„Dieses Parlament ist das Herz der Demokratie auf Ebene der EU."

Martin Schulz, Präsident des Europaparlaments 2012–2017, abgerufen unter: www.europarl.europa.eu/the-president/de/ [14.06.2016]

Das **Europäische Parlament** vertritt die Bürger der Mitgliedsstaaten. Die Zahl der Abgeordneten ist auf 751 begrenzt. Jeder Mitgliedsstaat schickt mindestens sechs und höchstens 96 Abgeordnete, je nach Einwohnerzahl. Inzwischen hat das EU-Parlament wichtige Rechte:

- **Gesetzgebungsrechte**: In einer wachsenden Zahl von Politikbereichen (z. B. Arbeit, Gesundheit, Umwelt) entscheidet das EU-Parlament mit. Das Verfahren gibt dem Parlament die Möglichkeit, einen vom Rat gebilligten Gesetzentwurf abzulehnen.
- **Haushaltsbefugnisse**: Das Parlament verabschiedet gemeinsam mit dem Rat der Europäischen Union den Haushaltsentwurf. Erst wenn das Parlament zustimmt, darf Geld aus der EU-Kasse fließen.
- **Kontrollrechte**: Das Parlament kontrolliert, ob das Geld der EU korrekt ausgegeben wird. Es kann die Kommission durch ein Misstrauensvotum zum Rücktritt zwingen.
- **Ernennungsrechte**: Der Vorschlag der Regierungschefs für den Vorsitz der Kommission kommt nur durch, wenn das Parlament mehrheitlich zustimmt. Auch die Kommissare müssen sich einer Anhörung durch das Parlament stellen. Anschließend muss das Parlament ihnen das Vertrauen aussprechen.

Das Europaparlament hat aber nicht die Kompetenzen wie z. B. der Deutsche Bundestag. Deshalb spricht man auch vom **Demokratiedefizit**. Dennoch ist es das demokratische Element in der EU, weil es direkt von der Bevölkerung aller Mitgliedsstaaten gewählt wird. Es wird auch oft als Legislative bezeichnet.

Das Parlament wählt einen Präsidenten für zweieinhalb Jahre. Dieser vertritt das Parlament in der Öffentlichkeit und bei Verhandlungen mit den anderen Organen der EU.

Europäische Bürgerinitiative – direkte Demokratie für alle

Wenn mindestens eine Million Bürgerinnen und Bürger aus den Mitgliedsstaaten der EU ein bestimmtes Gesetz durchsetzen oder verhindern möchten, können sie ein Bürgerbegehren durchführen. Die Kommission muss sich dann mit diesen Vorschlägen befassen.

Zum ersten Mal in der Geschichte der EU wurden 2014 bei einem Bürgerbegehren über 1,6 Mio. Unterschriften gesammelt und der Kommission übergeben. Das Bürgerbegehren richtete sich gegen die Privatisierung von Trinkwasser und setzte sich für Wasser als Menschenrecht ein.

Wer entscheidet in Europa?

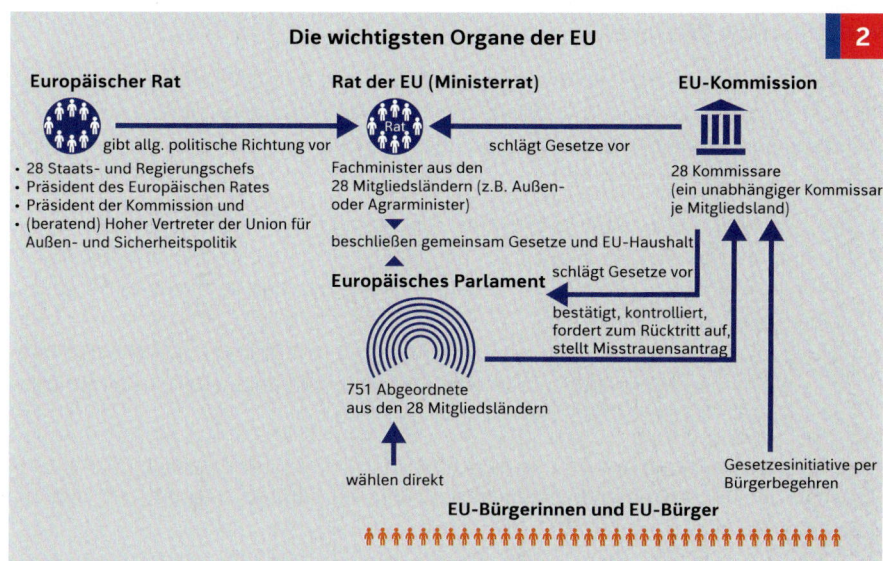

Die wichtigsten Organe der EU 2

Europäischer Rat → gibt allg. politische Richtung vor → **Rat der EU (Ministerrat)** ← schlägt Gesetze vor ← **EU-Kommission**

- 28 Staats- und Regierungschefs
- Präsident des Europäischen Rates
- Präsident der Kommission und
- (beratend) Hoher Vertreter der Union für Außen- und Sicherheitspolitik

Fachminister aus den 28 Mitgliedsländern (z.B. Außen- oder Agrarminister)

beschließen gemeinsam Gesetze und EU-Haushalt

Europäisches Parlament ← schlägt Gesetze vor

28 Kommissare (ein unabhängiger Kommissar je Mitgliedsland)

bestätigt, kontrolliert, fordert zum Rücktritt auf, stellt Misstrauensantrag

751 Abgeordnete aus den 28 Mitgliedsländern

wählen direkt

Gesetzesinitiative per Bürgerbegehren

EU-Bürgerinnen und EU-Bürger

Die Kommission – Vertreterin der europäischen Interessen

Die 28 Mitgliedsstaaten der EU entsenden jeweils eine Person in die Kommission. Diese Personen entscheiden nicht im Interesse der jeweiligen Regierung, sondern achten auf die gemeinsamen europäischen Interessen. Die Kommission entwickelt Vorschläge für neue Richtlinien und Verordnungen. Sie ist verantwortlich für die Durchsetzung der Beschlüsse des Europäischen Parlaments und des Rats der EU. Die Kommission wird oft als Exekutive bezeichnet.

Jean-Claude Juncker, Luxemburg

Der Rat der Europäischen Union – Stimme der nationalen Regierungen

Früher nannte sich der Rat „Ministerrat", denn er besteht aus den jeweiligen Fachministern der 28 Regierungen der Mitgliedsstaaten. Je nachdem, welches Thema gerade besprochen wird, treffen sich z. B. die Minister für Bildung, für Umwelt oder für Sicherheit. Die Fachminister entscheiden nach den Interessen ihrer jeweiligen Regierungen, d. h., dass Entscheidungen über Kompromisse oder eine Abstimmung mit qualifizierter Mehrheit stattfinden müssen. Eine Mehrheit ist dann erreicht, wenn 55 % der Mitgliedsstaaten zustimmen, die gleichzeitig mindestens 65 % der Bevölkerung vertreten. So wird verhindert, dass sich große Länder gegen kleinere verbünden und nur ihre nationalen Interessen durchsetzen.

Der Europäische Rat – die Staats- und Regierungschefs

Im Europäischen Rat finden sich die Staats- und Regierungschefs der Mitgliedsstaaten zu sogenannten Gipfeltreffen zusammen. Sie entscheiden über die grundlegende politische Richtung in der europäischen Politik. Ihr Präsident wird für zweieinhalb Jahre gewählt und gilt als Sprecher der EU.

Donald Tusk, Polen

 ARBEITSVORSCHLÄGE

1

Analysieren Sie das Ergebnis der EU-Wahlen von 2014. Was fällt Ihnen auf? Vergleichen Sie es mit den Bundestagswahlen von 2017 (S. 106). Diskutieren Sie die Unterschiede in der Klasse.

2

Erläutern Sie das Schaubild. Erklären Sie die Organe der EU mit Hilfe der Informationstexte in eigenen Worten.

Alternative:

Analysieren Sie die Informationstexte über die EU-Institutionen und gestalten Sie Ihr persönliches Schaubild.

 WEITERFÜHRENDE HINWEISE

Informieren Sie sich über die Arbeit der Abgeordneten aus Baden-Württemberg. Nutzen Sie dafür die Website des EU-Parlaments:
http://eubw.eu/Europaabgeordnete

Würden Sie sich an einer Europäischen Bürgerinitiative beteiligen? Welches Thema ist Ihnen wichtig?

Die wichtigsten Handelspartner Deutschlands in Europa

Zwei Drittel der deutschen Exporte gehen in EU-Mitgliedsstaaten.

Exporte 2015 in Mrd. Euro **2**	
Frankreich	103
Großbritannien	89
Niederlande	80
Italien	58
Österreich	58
Polen	52
Belgien	41
Zum Vergleich:	
USA	114
China	71

Statistisches Bundesamt: Grafik „Die größten Handelspartner Deutschlands 2015", abgerufen unter: www.destatis. de/DE/ZahlenFakten/Gesamtwirtschaft-Umwelt/Aussenhandel/Aussenhandel.ht ml;jsessionid=070D366DF84D2348AB12 C4EBCD477E5A.cae4 [14.06.2016]

Konvergenzkriterien **3**

Bedingungen für den Euro

- Preisstabilität: Die Inflation darf nicht höher sein als 1,5 % über dem Durchschnitt der drei preisstabilsten Länder.
- Staatsfinanzen: Das Haushaltsdefizit darf höchstens 3 % des Bruttoinlandsprodukts betragen und die Gesamtverschuldung darf nicht höher sein als 60 % des BIP.
- Währung: Die nationale Währung darf in den letzten beiden Jahren gegenüber dem Euro nicht zu stark auf- bzw. abgewertet werden.
- Zinsen: Zinsen für langfristige Kredite dürfen höchstens um 2 % über dem Durchschnitt der drei preisstabilsten Länder liegen.

Woher hat die EU Geld?

Normalerweise finanziert ein Staat seine öffentlichen Aufgaben durch Steuern. Die EU ist kein Staat und kann daher keine Steuern erheben. So müssen die Finanzen vor allem von den Mitgliedsstaaten selbst aufgebracht werden. Im Einzelnen verfügt die EU über diese Einnahmequellen:

- Mehrwertsteuer-Einnahmen: Die Mitgliedsstaaten führen einen Anteil ab.
- Eigenmittel: Das sind Einnahmen aus den Mitgliedsstaaten, die anhand des Bruttonationaleinkommens festgesetzt werden. Je nach Wirtschaftskraft zahlen Mitgliedsstaaten mehr oder weniger ein.
- Zölle und Zuckerabgabe: Zölle werden beim Import von Waren aus Nicht-EU-Staaten eingenommen. Zusätzlich erhält die EU Sonderzahlungen der Zuckerindustrie als Ausgleich für Subventionen.

Der jährliche **Haushalt** der EU beträgt 155 Mrd. € (2016). Im Vergleich dazu ist der Haushalt der Bundesrepublik Deutschland mehr als doppelt so groß, und dies bei einer Bevölkerung von nur 82 Mio. Menschen.

Es ist damit nachvollziehbar, dass die EU mit diesen begrenzten Mitteln nicht alle Wünsche ihrer 28 Mitgliedsstaaten zufriedenstellen kann. Darüber hinaus darf die EU auch keine Kredite aufnehmen, weil sie keine Schulden machen darf. Es kann also nur so viel verteilt werden, wie es Einnahmen gibt.

1

Europäische Union

Zahlmeister und Profiteure

„Operative Haushaltssalden"* der Mitgliedsländer 2014 in Mrd. €

Nettozahler		Nettoempfänger	
Deutschland	-15,5	+13,7	Polen
Frankreich	-7,2	+5,7	Ungarn
Großbritannien	-4,9	+5,2	Griechenland
Niederlande	-4,7	+4,5	Rumänien
Italien	-4,5	+3,2	Portugal
Schweden	-2,3	+3,0	Tschechien
Belgien	-1,5	+1,8	Bulgarien
Österreich	-1,2	+1,5	Litauen
Dänemark	-0,8	+1,1	Spanien
Finnland	-0,8	+1,0	Slowakei
		+0,8	Lettland
		+0,8	Slowenien
		+0,5	Estland
		+0,2	Malta
		+0,2	Kroatien
		+0,1	Zypern
		+0,1	Luxemburg
		+0,04	Irland

*Vereinfacht: Leistungen von der EU abzüglich Zahlungen an die EU

imu 109 1215 Quelle: EU-Kommission

Deutschland zahlt die höchste Summe in den EU-Haushalt ein. Deshalb sieht man sich in Deutschland gerne als „Zahlmeister Europas". Allerdings werden dabei häufig die Vorteile übersehen, die die exportorientierte deutsche Wirtschaft aus dem europäischen Binnenmarkt und der Währungsunion zieht. Die Mitgliedsstaaten der EU sind aufgrund der fehlenden Zollschranken (**Binnenmarkt**) Deutschlands beste Kunden. Konstant gehen zwei Drittel der deutschen Exporte in die EU-Mitgliedsstaaten.

Die **Währungsunion** seit 2002 schafft den Euro als die gemeinsame Währung. Mit dem Beitritt zur EU verpflichtet sich jedes Mitgliedsland auch dem Euroraum beizutreten, sobald es die Bedingungen (**Konvergenzkriterien**) dafür erfüllt.

Für die Einzelstaaten bedeutet die Teilnahme an der Währungsunion eine erhebliche Einschränkung ihrer Souveränität. Dass die Konvergenzkriterien auch nach dem Eintritt in den Euroraum gelten, sollte eigentlich eine Selbstverständlichkeit sein. Allerdings nehmen die meisten Euroländer diese Verpflichtung nicht ernst.

EU: Deutschland droht Milliardenstrafe wegen Exportüberschuss

Die **Finanzkrise** verschärft die Probleme im Euroraum und in der EU. Zunehmend wird das Ungleichgewicht in der Wirtschaftskraft zwischen den Einzelstaaten spürbar. Während einige Staaten mit steigender Staatsverschuldung kämpfen (z. B. Griechenland), erhöhen andere Staaten ihre Wirtschaftskraft durch Exportüberschüsse (z. B. Deutschland). In jedem Fall geht die Schere innerhalb der EU auseinander. Da es keinen Länderfinanzausgleich gibt, wie z. B. in der Bundesrepublik Deutschland, wo die reicheren Bundesländer die ärmeren unterstützen (vgl. S. 122), entscheidet sich die EU für andere Maßnahmen. So wird der **Europäische Stabilitätsmechanismus** ins Leben gerufen. Überschuldete EU-Mitgliedsstaaten können sich aus einem Topf von insgesamt 500 Mrd. € Kredite geben lassen. Sie müssen im Gegenzug Bedingungen akzeptieren, die teilweise ihre nationale Entscheidungssouveränität aufheben. Es werden Staatsausgaben gekürzt, und dies trifft vor allem die Allgemeinheit. Folgen sind geringere Kaufkraft, Armut und Arbeitslosigkeit, vor allem bei jungen Menschen. Die Privatisierung staatlicher Aufgaben, wie z. B. des Gesundheitswesens, führt zur Verschlechterung der medizinischen Versorgung der Bevölkerung.

Sparprogramme töten

[…] Unsere Erkenntnis lautet: Die eigentliche Gefahr für die Gesundheit der Allgemeinheit lauert nicht in Rezessionen an sich, sondern in den Sparprogrammen, mit denen diese häufig „bekämpft" werden. Wenn das soziale Netz durch Ausgabenkürzungen Löcher bekommt, kann ein wirtschaftlicher Rückschlag wie der Verlust des Arbeitsplatzes oder des Eigenheims die Gesundheit stark in Mitleidenschaft ziehen. […]

Stuckler, David/Basu, Sanjay/Barth, Richard (Übers.): Sparprogramme töten. hrsg. von Bundeszentrale für politische Bildung, Bonn, 2015, S. 15 – 16

ARBEITSVORSCHLÄGE

 1
Beschreiben Sie das Schaubild. Beurteilen Sie anhand der Zahlen, welches Land am meisten und welches am wenigsten an die EU zahlt. Welches Land bekommt am meisten bzw. am wenigsten von der EU?

 2
Erklären Sie den Zusammenhang zwischen den deutschen Exporten und der Behauptung, Deutschland sei der „Zahlmeister Europas".

 3
Erläutern Sie die Konvergenzkriterien für den Euro.

 4
Interpretieren Sie die Karikatur und nehmen Sie Stellung zur Kritik des Zeichners.

 5
Erläutern Sie die Aussage „Sparprogramme töten". Nehmen Sie Stellung.

WEITERFÜHRENDE HINWEISE

Vergleichen Sie den Haushalt der EU mit dem deutschen Bundeshaushalt. Welche Unterschiede fallen Ihnen auf?

Informationen zum Bundeshaushalt finden Sie beim Bundesfinanzministerium (www.bundesfinanzministerium.de).

Prüfen Sie, welche Länder den Euro als Währung haben.

Gesetzliche Mindestlöhne in Europa 2017 je Stunde in Euro 3

Luxemburg	11,27
Frankreich	9,76
Niederlande	9,52
Belgien	9,28
Irland	9,25
Deutschland	8,84
Großbritannien	8,79
Slowenien	4,65
Spanien	4,29
Malta	4,25
Portugal	3,36
Griechenland	3,35
Estland	2,78
Polen	2,65
Kroatien	2,51
Slowakei	2,50
Tschechien	2,44
Ungarn	2,35
Litauen	2,32
Lettland	2,25
Rumänien	1,65
Bulgarien	1,42

Hans-Böckler-Stiftung (Hrsg.): WSI-Mindestlohndatenbank Januar 2017, abgerufen unter: www.boeckler.de/pdf/ta_abb_europa_2017_mldb_v0117.pdf [22.08.2017]

Subsidiaritätsprinzip

Angewendet auf die EU bedeutet dieser Grundsatz, dass von der EU nur die Aufgaben übernommen werden, die die Staaten auf ihren verschiedenen Entscheidungsebenen allein nicht mehr zufriedenstellend wahrnehmen können. Dies soll gewährleisten, dass die Entscheidungen möglichst bürgernah getroffen werden.

1

Kurswechsel für Europa

Die EU – ein Europa der Arbeitgeber? Diese Kritik ist im Zusammenhang mit dem Vertrag von Lissabon und dem Bekenntnis zum freien Markt immer wieder zu hören. Das soziale Gefälle innerhalb der EU, verbunden mit großen Unterschieden bei Lohnkosten, Steuern und Sozialabgaben, ermöglicht es den Unternehmen die Freiheiten des Binnenmarktes zu ihrem Vorteil zu nutzen und die Produktion an den für sie günstigsten Standort zu verlagern.

Unternehmenssteuern in der EU gerechter machen 2

[...] Das derzeitige Unternehmenssteuerrecht ist nicht mehr zeitgemäß. Im Zeitalter der Digitalisierung ist das wirtschaftliche Umfeld globaler und mobiler geworden, aber Unternehmenseinkünfte werden nach wie vor auf nationaler Ebene besteuert. Geschäftsmodelle und Unternehmensstrukturen sind komplexer geworden, was die Verlagerung von Gewinnen erleichtert. Es ist daher nicht einfach zu bestimmen, in welchem Land die Einkünfte eines multinationalen Unternehmens zu versteuern sind.

Manche Unternehmen nutzen dies aus und verlagern ihre Gewinne in Niedrigsteuerländer, um ihre Gesamtsteuerlast zu reduzieren. Der Umstand, dass erfolgreiche multinationale Unternehmen im Verhältnis zu ihren Einkünften sehr wenig Steuern zahlen, viele Bürger aber zur Kasse gebeten werden, um die öffentlichen Finanzen zu sanieren, hat in der Öffentlichkeit für Unmut gesorgt. Dieser als Mangel an Gerechtigkeit wahrgenommene Umstand gefährdet den Gesellschaftsvertrag zwischen Staat und Bürger und kann dazu führen, dass die Steuerehrlichkeit in Mitleidenschaft gezogen wird. Einem solchen Missbrauch des Steuersystems auf Unternehmensebene muss dringend Einhalt geboten werden. Das Unternehmenssteuerrecht muss reformiert werden, um besser gegen aggressive Steuerplanung vorgehen zu können. [...]

Europäische Kommission (Hrsg.:) Eine faire und effiziente Unternehmensbesteuerung in der Europäischen Union – Fünf Aktionsschwerpunkte, 17.06.2015, abgerufen unter: http://ec.europa.eu/taxation_customs/resources/documents/taxation/company_tax/fairer_corporate_taxation/com_2015_302_de.pdf, S. 2 [06.06.2016]

Wenn die Unternehmen die Möglichkeit des Binnenmarktes für sich nutzen, muss die EU-Sozialpolitik die sozialen Folgen auffangen. Dafür stehen der EU allerdings nur bescheidene Mittel zu Verfügung, die in einem deutlichen Missverhältnis zu den Problemen stehen, die zu bewältigen sind.

... oder Europa der Bürger?

Proteste bei Opel Bochum

Das gilt auch für den sogenannten **Globalisierungsfonds**, dessen Mittel Beschäftigten zugute kommen sollen, deren Fabriken wegen internationaler Konkurrenz geschlossen und ins Ausland verlagert werden.

Europäischer Globalisierungsfonds unterstützt ehemalige Beschäftigte der Adam Opel AG in Bochum mit 6,9 Millionen Euro

[...] Mit dem Europäischen Globalisierungsfonds (EGF) stellt die EU ihre Solidarität für Beschäftigte unter Beweis, die aufgrund von Verwerfungen im Welthandel oder infolge des Andauerns der globalen Finanz- und Wirtschaftskrise ihre Arbeit verlieren. Dafür stellt sie von 2014 bis 2020 EU-weit jährlich bis zu 150 Millionen Euro bereit, um bei Krisen am Arbeitsmarkt schnell und gezielt helfen zu können. In Deutschland haben bisher knapp 11 600 Arbeitnehmerinnen und Arbeitnehmer von der Unterstützung durch den EGF profitiert.

Bundesministerium für Arbeit und Soziales: Europäischer Globalisierungsfonds unterstützt ehemalige Beschäftigte der Adam Opel AG in Bochum mit 6,9 Millionen Euro, Pressemitteilung vom 6.10.2015, Abgerufen unter: www.bmas.de/DE/Presse/Pressemitteilungen/2015/egf-opel.html [06.06.2016]

Eine gemeinsame europäische Sozialpolitik ist nicht ganz einfach. Länder mit niedrigen **Sozialstandards** fürchten ihre Standortvorteile zu verlieren, wenn sie höhere Standards übernehmen müssen. Andererseits müssen sich Länder mit höheren Sozialstandards den Vorwurf des Sozialabbaus gefallen lassen und mit erheblichen Widerständen rechnen, wenn sie ihre Sozialstandards absenken.

Trotzdem gibt es bei der Sozialpolitik und dem Arbeitsrecht Rechtsvorschriften der EU, die die nationalen Parlamente in den Mitgliedsländern umsetzen, wie die zwei Beispiele in der Tabelle zeigen:

Gegen Jugendarbeitslosigkeit	Gegen Diskriminierung am Arbeitsplatz
Um die hohe Jugendarbeitslosigkeit in der EU zu bekämpfen, hat die Kommission die Initiative „Chancen für junge Menschen" beschlossen. EU-Gelder fließen in die Schaffung neuer Lehrstellen. Außerdem werden junge Menschen bei der Suche nach einem Arbeitsplatz in einem anderen Mitgliedsstaat unterstützt.	Gleichzeitig hat die EU mehrere Richtlinien beschlossen, die es verbieten, Menschen wegen ihrer ethnischen Herkunft, ihres Geschlechts oder ihrer Religion, einer Behinderung, des Alters oder der sexuellen Ausrichtung zu diskriminieren. In Deutschland gilt dementsprechend das Allgemeine Gleichbehandlungsgesetz (AGG).

ARBEITSVORSCHLÄGE

 1
Analysieren Sie die Aussage der Karikatur.

 2
Analysieren Sie den Text: Inwiefern sind Unternehmenssteuern in der EU ungerecht? Welche Lösung gibt es?

3
Erläutern Sie, wo der höchste und wo der niedrigste Mindestlohn in der EU gilt. Welche Bedeutung haben Mindestlöhne für die Standortwahl der Unternehmen?

 4
Analysieren und beurteilen Sie die Regelungen des Globalisierungsfonds.

 5
Erläutern Sie ausgehend von den Beispielen, welche Auswirkungen eine europaweite einheitliche Sozialpolitik hat.

WEITERFÜHRENDE HINWEISE

In Ihrer Firma sind Auszubildende aus Spanien angekommen. Entwerfen Sie eine Begrüßungsrede als Ausbildungsvertreter/in.

Nutzen Sie auch die folgenden Informationen:
EU-Initiative für junge Menschen:
http://europa.eu/rapid/press-release_MEMO-14-530_de.htm

Antidiskriminierungsstelle
www.antidiskriminierungsstelle.de

Der ökologische Fußabdruck

Der ökologische Fußabdruck besagt, wie viel Fläche der Erde benötigt wird, um die verwendeten Rohstoffe (z. B. für die Herstellung eines Produkts) zur Verfügung zu stellen.

CO$_2$-Emissionen in der EU 2015

Die sechs größten CO$_2$-Emittenten (in Mio. Tonnen)

Deutschland	901,9
Großbritannien	503,5
Frankreich	457,1
Italien	433,0
Polen	385,8
Spanien	355,7
Die anderen 22 EU-Länder zusammen	1 272,6

Zahlen: Umweltbundesamt

Braunkohlekraftwerk bei Weisweiler

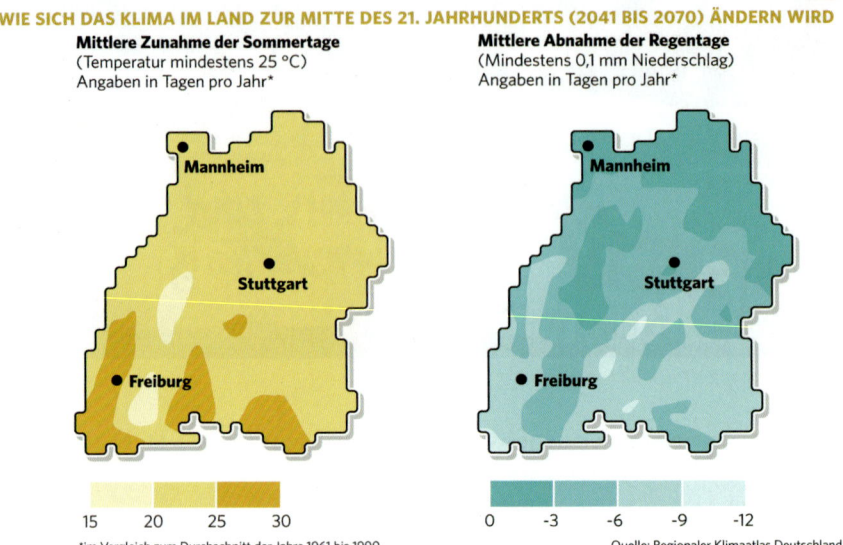

WIE SICH DAS KLIMA IM LAND ZUR MITTE DES 21. JAHRHUNDERTS (2041 BIS 2070) ÄNDERN WIRD

Mittlere Zunahme der Sommertage (Temperatur mindestens 25 °C) Angaben in Tagen pro Jahr*

Mittlere Abnahme der Regentage (Mindestens 0,1 mm Niederschlag) Angaben in Tagen pro Jahr*

15 20 25 30

0 -3 -6 -9 -12

*im Vergleich zum Durchschnitt der Jahre 1961 bis 1990

Quelle: Regionaler Klimaatlas Deutschland

Die Klimaforscher sind sich einig: Die Temperaturen auf der Erde werden steigen. Verantwortlich für diese Entwicklung ist der mit dem Beginn der Industrialisierung steigende Ausstoß von Treibhausgasen, insbesondere von Kohlendioxid (CO$_2$).

Sollte die Erderwärmung das vorindustrielle Niveau um mehr als 2 °C übersteigen, dürfte der **Klimawandel** unumkehrbar sein – mit schwerwiegenden Folgen: Niedriger liegende Gebiete der Erde könnten aufgrund des steigenden Meeresspiegels verschwinden. In vielen Teilen der Erde käme es zu Trinkwasserknappheit. Schwere Unwetter würden an Häufigkeit zunehmen. Schaut die Menschheit dieser Entwicklung tatenlos zu, wird mit einem Einbruch des globalen Sozialprodukts um bis zu 20 % gerechnet.

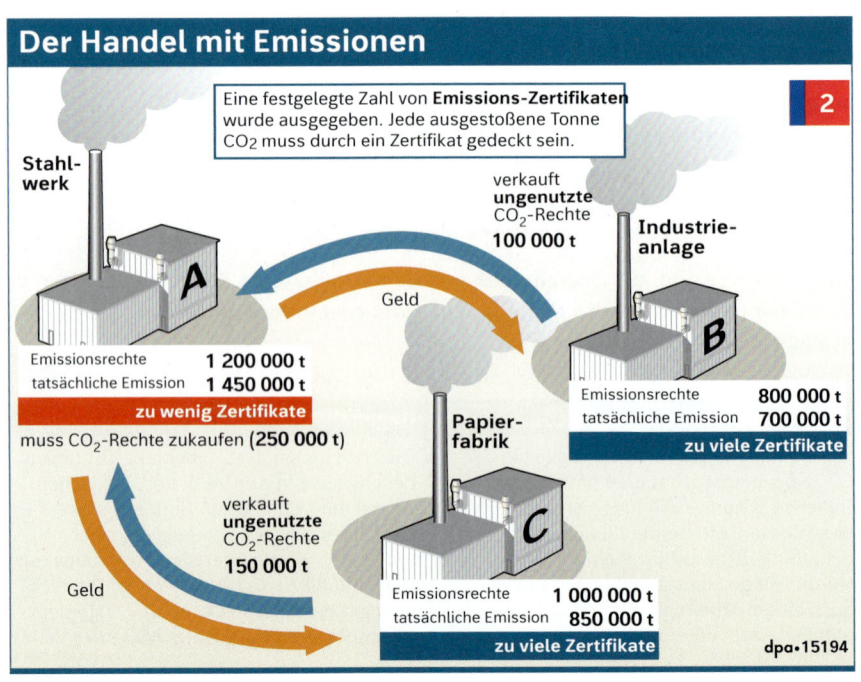

Die EU hat sich ehrgeizige Ziele gesteckt, um die Erdwärmung auf weniger als 2 °C zu begrenzen. Dazu gehört vor allem die Senkung der Treibhausemissionen. Wirtschaft und Privathaushalte sollen ihren Energieverbrauch zu einem immer höheren Prozentsatz mit erneuerbaren Energien decken. Schließlich möchte die EU eine optimale Energieeffizienz und eine emissionsarme Wirtschaft durchsetzen.

Maßnahmen der EU 3

Das Emissionshandelssystem der EU ist das zentrale Instrument für die möglichst kosteneffiziente Verringerung der industriellen Treibhausgasemissionen.

Die EU-Länder sind verpflichtet, erneuerbare Energiequellen wie Wind, Sonne und Biomasse zu fördern, damit die Ziele für umweltfreundliche Energieträger erreicht werden.

Daneben müssen die EU-Länder den Energieverbrauch staatlicher Gebäude senken, und die Industrie muss die Energieeffizienz eines breiten Spektrums von Maschinen und Haushaltsgeräten verbessern.

Die Fahrzeughersteller müssen die CO_2-Emissionen neuer Pkw und leichter Nutzfahrzeuge verringern.

Europäische Kommission (Hrsg.): EU-Klimapolitik, Strategie, abgerufen unter: http://ec.europa.eu/clima/citizens/eu/index_de.htm [06.06.2016]

Die Ziele der EU zum **Klimaschutz** haben allerdings erst dann Auswirkungen, wenn sie in den Mitgliedsstaaten umgesetzt werden. Wie schwierig das ist, zeigt sich auch in Deutschland, wo einerseits die Automobilindustrie ihre Interessen durchsetzen will und andererseits die Kohleproduktion als Energiebestandteil auch von Regierungsseite garantiert werden soll. In anderen Mitgliedsstaaten der EU stehen den Klimazielen andere Faktoren im Wege, z. B. das Festhalten an Atomkraftwerken.

Ausstieg aus Kohle und Öl mindert Fluchtursachen 4

Mit dem Pariser Klimaabkommen stehen die Zeichen auf Ausstieg aus Kohle, Öl und Gas. Dies kann die enormen Risiken des Klimawandels zwar nicht beseitigen, aber deutlich eindämmen. Der Ausstieg aus den fossilen Energieträgern kann auch weitere Konfliktursachen verhindern. Bei vielen Kriegen war der Zugang zu Öl eine der treibenden Kräfte, etwa im Sudan, im Nigerdelta oder im zweiten Golfkrieg. Auch der internationale Terrorismus speist sich aus Einnahmen aus Erdölverkäufen: Der „Islamische Staat" verfügt beispielsweise über Ölfelder im Irak und Syrien sowie entsprechende Infrastruktur für Förderung und Transport. Kriege und terrorbedingte Krisen zwingen viele Menschen in den betroffenen Regionen zur Flucht.

Im Gegensatz zu fossilen sind erneuerbare Energieträger in jedem Land der Erde dezentral verfügbar. Inzwischen sind sie zunehmend wettbewerbsfähig. Sie ermöglichen Menschen in ärmeren Ländern und ländlichen Gebieten den Zugang zu sauberer Energie und einer nachhaltigen Entwicklung. Doch auch bei Erneuerbaren Energien gilt es, genau hinzuschauen. Es sollte nicht zu Konkurrenz um Anbauflächen für Lebensmittel kommen. Die lokale Bevölkerung sollte auch bei Großprojekten Zugang zu Strom und Arbeitsplätzen haben. Und es bedarf auch einer Strategie, um neue Einkommensmöglichkeiten und Arbeitsplätze für die Menschen in den bisherigen fossilen Förderregionen zu generieren.

Künzel, Vera/Bosquet, Nicole: Ausstieg aus Kohle und Öl mindert Fluchtursachen, in: Weitblick 1/2016, Ausstieg aus den fossilen Energien, S. 1, abgerufen unter: https://germanwatch.org/de/download/14478.pdf [06.06.2016]

ARBEITSVORSCHLÄGE

 1

Beschreiben Sie die beiden Landkarten. Beurteilen Sie, wie sich das Klima für Baden-Württemberg verändern könnte.

 2

Erklären Sie den Emissionshandel.

 3

Stellen Sie dar, welche Maßnahmen die EU gegen den Klimawandel fordert.

 4

Beurteilen Sie die Aussage „Ausstieg aus Kohle und Öl mindert Fluchtursachen".

 5

Wie groß ist Ihr ökologischer Fußabdruck? Testen Sie bei www.fussabdruck.de.

WEITERFÜHRENDE HINWEISE

Wie können Sie Ihren CO_2-Fußabdruck verringern?

Maßgeblich für die Verringerung des CO_2-Ausstoßes sind nicht nur politische Entscheidungen und große Investitionen der Industrie. Wichtig ist auch der Beitrag jedes Einzelnen. Kleine Veränderungen können große Wirkungen erzielen.

Überlegen Sie:
- Wie kann man zu Hause Energie sparen?
- Wie kann man beim Autofahren Energie sparen?

Die Kopenhagen-Kriterien

1

Auf seinem Gipfel 1993 in Kopenhagen hat der Europäische Rat Bedingungen für den Beitritt weiterer Kandidaten zur EU festgelegt. Diese Bedingungen nennt man die „Kopenhagen-Kriterien":

Politische Kriterien
- stabile Demokratie
- Achtung der Menschenrechte
- Schutz von Minderheiten

Wirtschaftliche Kriterien
- funktionierende Marktwirtschaft
- wirtschaftliche Stärke

Gemeinschaftliche Kriterien
- Übernahme des Gemeinschafts-rechts einschließlich der Ziele der Wirtschafts- und Währungsunion, der Entwicklung der politischen Union

Beitrittsbedingungen

Viele Länder zeigen Interesse an einem EU-Beitritt. Nicht jedes interessierte Land erfüllt allerdings die Bedingungen dafür. Es genügt nicht, geografisch zu Europa zu gehören, zumal umstritten ist, wie weit Europa geografisch überhaupt reicht.

Die Bedingungen für eine Aufnahme in die EU sind in den Kopenhagen-Kriterien festgelegt. Wenn ein Land Demokratie, Garantie der Menschenrechte, Schutz von Minderheiten und einen Rechtsstaat vorweisen kann, eine funktionierende Marktwirtschaft hat und bereit ist, Rechtsnormen der EU anzunehmen, dann kann es einen Aufnahmeantrag stellen.

Manche europäische Staaten lehnen die Mitgliedschaft in der EU ab, obwohl sie die Kriterien erfüllen (Norwegen, Schweiz, Liechtenstein). Erstmals entscheidet sich sogar ein Mitgliedsland für den Austritt aus der EU: 2016 stimmt bei einem Referendum in Großbritannien eine Mehrheit für den Austritt des Vereinigten Königreichs aus der Europäischen Union („Brexit"). Auf der anderen Seite drängen Staaten in die EU, deren politische und wirtschaftliche Voraussetzungen den Kopenhagen-Kriterien nicht annähernd genügen.

Balkanstaaten in die EU?

Albanien, Bosnien-Herzegowina, Kosovo, Mazedonien, Montenegro und Serbien sind Länder mit Beitrittsperspektive für die Europäische Union. Jedes Jahr präsentiert die EU-Kommission ihre Einschätzung dieser Länder in sog. Fortschrittsberichten. Darin wird aufgelistet, was diese Länder noch tun müssen, um in die EU aufgenommen zu werden. Nachholbedarf gibt es vor allem beim Kampf gegen Korruption und beim Schutz von Minderheiten.

3

Der Aufnahmeprozess vollzieht sich in drei Stufen:

1. Einem interessierten Land wird die Beitrittsperspektive eröffnet.
2. Das Land bekommt einen offiziellen Status als Beitrittskandidat.
3. Das Land beginnt mit offiziellen Verhandlungen.

Alle EU-Mitgliedsstaaten müssen zustimmen, bevor ein neues Land in die EU aufgenommen wird.

Beitrittskandidat Türkei

Seit Jahrzehnten gibt es eine Zollunion mit der Türkei und dadurch einen regen wirtschaftlichen Austausch. Zudem ist die Türkei seit 1952 Mitglied der NATO.

Die Türkei ist auch seit 2005 Beitrittskandidat. Dennoch gibt es immer wieder Unterbrechungen bei den Verhandlungen, weil sich die türkische Regierung in ihrer Politik eher von der EU entfernt als sich ihr nähert. Die Ereignisse im Sommer 2016 nach dem gescheiterten Militärputsch, vor allem die Aussetzung demokratischer Grundrechte, lassen an einem baldigen Beitritt der Türkei in die EU zweifeln. Es sind auch immer öfter Stimmen zu hören, die sich für einen Abbruch der Beitrittsverhandlungen aussprechen.

Wer darf einreisen?

Einreisebedingungen

Die Zahl der Menschen, die aus Ländern außerhalb der EU kommen, ist in den letzten Jahren stark angestiegen. Deshalb hat die EU damit begonnen, eine gemeinsame Einwanderungs-, Asyl- und Visumspolitik sowie eine gemeinsame Strategie zur Sicherung der Außengrenzen zu entwickeln.

Der **Schengenraum** garantiert Freizügigkeit für EU-Bürger. Sie können also ohne Grenzkontrollen durch die EU reisen. Allerdings wirkt der Schengenraum für Menschen aus Drittstaaten wie eine Festung. Wer einmal europäischen Boden betreten hat, darf nicht mehr weiter. Er muss in diesem Land einen Asylantrag stellen.

Die Dramatik dieser Regelung zeigt sich im Zusammenhang mit den Tausenden Flüchtenden aus den Kriegsgebieten in Syrien, aus dem Irak und anderen Ländern. Denn der erste Staat, den diese Menschen betreten, ist meistens Griechenland oder Italien. Sie dürfen dann nicht weiter und müssen hier einen Asylantrag stellen. Wie schwer sich die EU-Staaten mit einer gerechten Verteilung von Flüchtenden tun, zeigt sich in den letzten Jahren. Die fehlende Solidarität innerhalb der EU führt dazu, dass Europa seine Grenzen dicht macht.

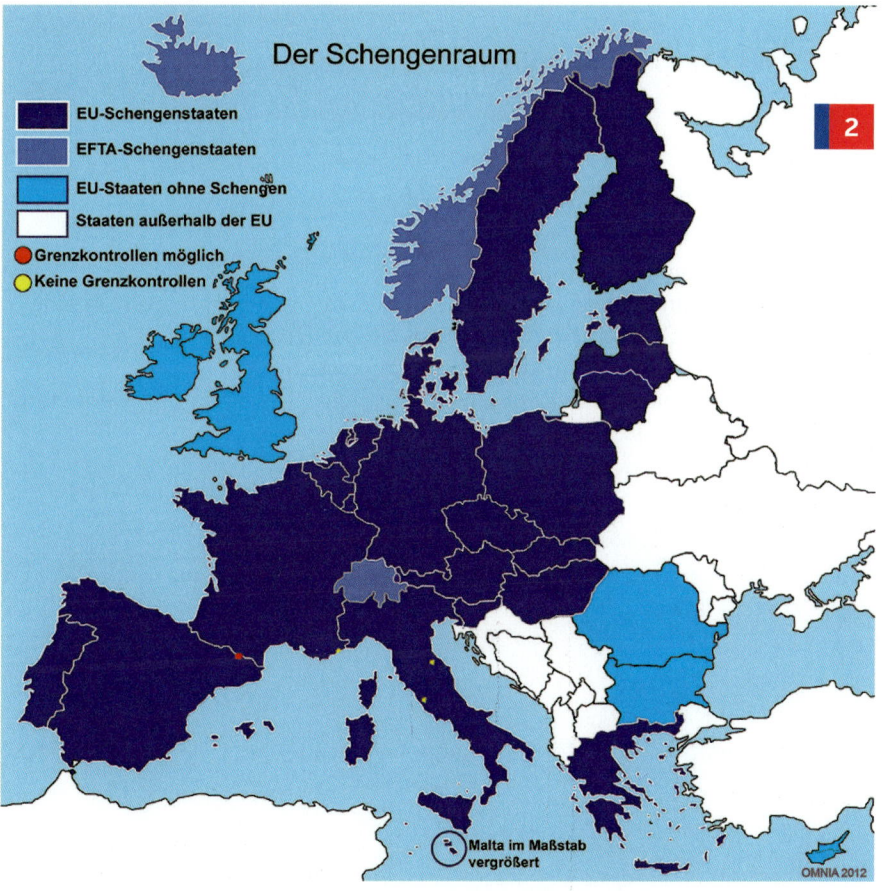

Landkarte Europas mit den Schengenstaaten sowie den EU-Staaten ohne Anwendung der Schengen-Übereinkommen

ARBEITSVORSCHLÄGE

 1

Wer darf Mitglied der EU werden? Erläutern Sie die Kopenhagen-Kriterien.

 2

Beschreiben Sie die Landkarte des Schengenraums. Welche Länder sind nicht dabei? Beurteilen Sie die Problematik, die sich darin zeigt.

 3

Interpretieren Sie die Karikatur.

WEITERFÜHRENDE HINWEISE

Informieren Sie sich über die aktuelle Lage der Flüchtlinge, die in der EU einen Asylantrag stellen wollen.
Diskutieren Sie in Ihrer Klasse über Lösungsmöglichkeiten, um eine humanitäre Aufnahme der Flüchtlinge zu gewährleisten.
Informieren Sie sich über den Verhandlungsverlauf zwischen Großbritannien und der EU zum Brexit.

Informieren Sie sich über die Beitrittsperspektive der Balkanländer:
http://europa.eu/newsroom/highlights/special-coverage/enlargement_de

Meth⚙denkompetenz

Fishbowl

Beim Fishbowl diskutieren Sie in Ihrer Klasse ein politisches Thema. Sie erarbeiten sich einen Standpunkt und stellen sich anderen Positionen.

Thema: **Wie groß soll die EU werden?**

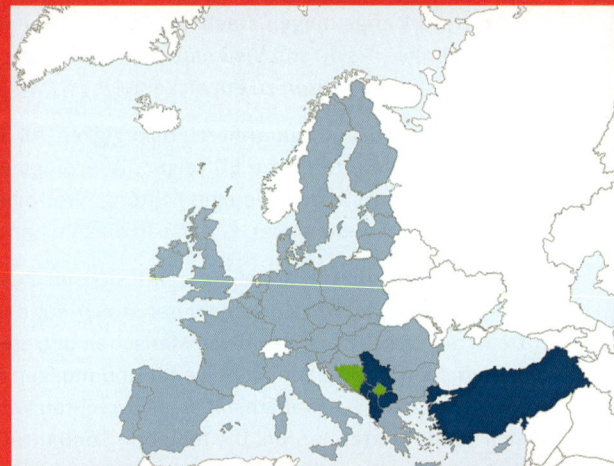

EU-Beitrittskandidat: grün
Potenzieller EU-Beitrittskandidat: dunkelblau
EU-Mitgliedstaat: hellblau

1. Vorbereitung in Einzelarbeit:

- Beschreiben Sie die Beitrittsbedingungen für die EU (S. 200/1).
- Vergleichen Sie die Beitrittsbedingungen mit den Länderportraits. Beim Auswärtigen Amt finden Sie eine interaktive Landkarte mit Portraits aller Beitrittskandidaten: www.auswaertiges-amt.de/DE/Europa/EU-Karte/EU-Beitrittskandidaten_node.html
- Nehmen Sie Stellung dazu, ob die Balkanstaaten Mitglied der EU werden sollen. Schreiben Sie mindestens zwei vollständige Argumente auf.

2. Vorbereitung in Zweiergruppen:

Setzen Sie sich mit Ihrem Tischnachbarn zusammen und tauschen Sie Ihre Ergebnisse aus. Welche Informationen fehlen Ihnen noch, um ein fundiertes Urteil zu fällen?

3. Zusatzinformationen:

Stellen Sie die fehlenden Informationen zusammen. Als Informationsquelle dient Ihnen das komplette Kapitel 3 (S. 186–209).

Fishbowl

Raumgestaltung:

Es gibt einen Innenkreis mit 5 bis 7 Stühlen.
Es gibt einen Außenkreis mit Platz für alle.

Regeln:

Nur im Innenkreis wird diskutiert.
Der Außenkreis beobachtet und macht sich Notizen.
Wer etwas beitragen möchte, setzt sich in den Innenkreis.
Wer nichts mehr zu sagen hat, verlässt den Innenkreis.

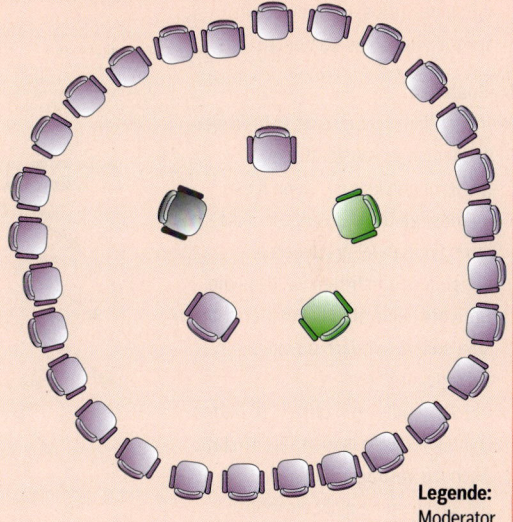

Legende:
Moderator
Freie Stühle

Ablauf:

Im Innenkreis sitzt eine Person, die moderiert. Das kann
die Lehrperson oder auch eine Schülerin bzw. ein Schüler sein.
Dazu kommen weitere Personen, die diskutieren möchten.
Zwei Stühle bleiben im Innenkreis frei.
Das Thema wird anmoderiert und dann beginnt die Diskussion.
Setzt sich eine neue Person in den Innenkreis, erhält sie sofort das Wort.
Wer sich nicht mehr äußern möchte, geht in den Außenkreis zurück.

Schluss:

Die moderierende Person holt in der Klasse ein Feedback ein.
- Welche Argumente waren für Sie neu?
- Welche Argumente haben Sie überzeugt?
- Welche Gesichtspunkte fehlen Ihnen?
- Was möchten Sie noch ergänzen?

Vorteile der Methode:

- Die Teilnahme an der Diskussion ist freiwillig.
- Es gibt einen ritualisierten Ablauf.
- Niemand muss sich einer Auseinandersetzung stellen.
- Auch alle im Außenkreis sind beteiligt, weil sie die Argumente mitschreiben.

Zeitlicher Rahmen: 30 Minuten

TTIP – Transatlantisches Freihandelsabkommen zwischen der EU und den USA 3

Ziele:
Handelserleichterungen durch
- Abschaffung der Zölle,
- Abschaffung von sog. nichttarifären Handelshemmnissen, z. B. gleiche Sicherheits- und Gesundheitsstandards bei Autos, Lebensmitteln, Chemikalien, Medikamenten.

Maßnahmen:
- Investitionsschutzrecht, d. h. Firmen können gegen ausländische Regierungen klagen, wenn diese ungünstige Gesetze erlassen, die ihren Freihandel erschweren. Besonders umstritten ist, dass die Gerichte keine staatlichen Gerichte sein sollen, sondern private Schiedsgerichte.
- Die Verhandlungen über TTIP finden „hinter verschlossenen Türen" statt. Auch die Vertragsunterlagen sind für die Bevölkerung nicht einsehbar.

TTIP ist umstritten. Eine Einigung ist nicht in Sicht.

CETA

Die EU-Kommission verhandelt mit Kanada bereits seit 2009 über ein Handels- und Investitionsschutzabkommen: CETA, „Comprehensive Economic and Trade Agreement". Die Verhandlungen sind weitgehend geheim. Kommt das Abkommen zustande, erlaubt die EU erstmals private Schiedsgerichte.
CETA ist ebenso umstritten wie TTIP.

Die Europäische Einigung hat unbestritten Erfolge zu verbuchen.

2012 wird die EU mit dem **Friedensnobelpreis** geehrt. Aus ehemals verfeindeten Staaten sind Nachbarn geworden, die friedlich zusammenleben. Es ist in der europäischen Geschichte nicht selbstverständlich, dass es in einer Region einen Zeitraum von über 60 Jahren ohne Krieg gibt. Diese Friedensbemühungen sind Anlass für das Nobelpreiskomitee, die Politik der EU zu würdigen (s. S. 186).

Die EU ist auch wirtschaftlich von großer Bedeutung. Der **Weltmarktanteil** beim Handel mit Waren und Dienstleistungen liegt bei 20 %. Beim **Warenexport** hat die EU inzwischen eine Spitzenposition vor den USA und China.

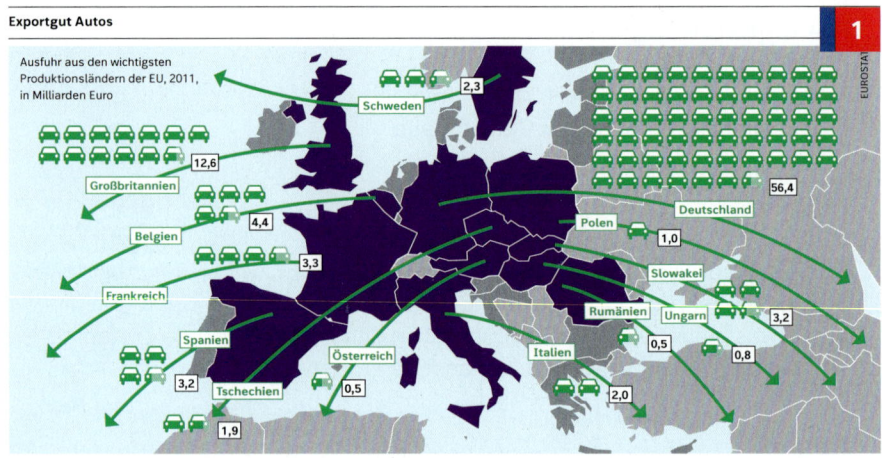

Exportgut Autos

Ausfuhr aus den wichtigsten Produktionsländern der EU, 2011, in Milliarden Euro

Schweden 2,3
Großbritannien 12,6
Belgien 4,4
Frankreich 3,3
Deutschland 56,4
Polen 1,0
Slowakei
Spanien 3,2
Tschechien
Österreich 0,5
Italien 2,0
Rumänien 0,5
Ungarn 0,8 | 3,2
1,9

Damit der Warenhandel noch optimaler läuft, setzt sich die EU für **Freihandelsabkommen** wie z. B. **TTIP** ein. Diese Liberalisierung sehen viele Menschen in Europa kritisch. Sie befürchten, dass die Normen der EU im Verbraucherschutz aufgeweicht werden. Aber auch Menschen in den ärmeren Ländern, mit denen die EU Handel treibt, sehen negative Folgen für ihre eigene Wirtschaft.

Das globale Huhn: Essen im Überfluss 2

Brust oder Keule? Da sich viele hierzulande und in anderen westlichen Industriestaaten fettarm ernähren wollen, stehen Hähnchenbrust und andere Filets ganz oben auf den Speiseplänen. Die weltweit agierenden Geflügelkonzerne in den USA, Asien, Südamerika und Europa bedienen diesen Trend allzu gerne, denn das Filet wirft gute Gewinne ab.

Doch wohin mit den übrigen Hühnerteilen? Tiefgekühlt werden sie weltweit verschoben. Die Länder Osteuropas sind beispielsweise ein großer Absatzmarkt, der aber längst nicht alles schluckt. Viele Überschüsse und Reste landen in afrikanischen Ländern und werden dort zu Billigpreisen verkauft. Die Folgen dort sind fatal. Lokale Märkte werden zerstört, Arbeitsplätze gehen verloren und die Menschen erkranken an dem minderwertigen Fleisch, weil die Kühlketten dort nicht eingehalten werden können und unsere Hygienevorschriften nicht mehr gelten. [...]

Schultes, Eva: Das globale Huhn – Essen im Überfluss, 07.12.2011, abgerufen unter: www.swr.de/odysso/das-globale-huhn/-/id=1046894/did=8803730/nid=1046894/1ghcy6r/index.html [07.06.2016]

... oder nationaler Egoismus?

Mit einer Gemeinsamen Außen- und Sicherheitspolitik (**GASP**) klappt es noch nicht in der EU. Es gibt inzwischen ein Amt für Außen- und Sicherheitspolitik. Die Mitgliedstaaten sind aber nicht bereit, auf eine eigene nationale Außenpolitik zu verzichten. Daher ist die europaweite Zusammenarbeit in diesem Politikbereich noch nicht weit gekommen. Bedenken gibt es ebenso gegen einen gemeinsamen Finanzminister, den der französische Präsident Macron 2017 anregt.

Nicht nur Regierungen von Mitgliedsstaaten der EU stellen immer öfter ihre egoistischen nationalstaatlichen Interessen in den Vordergrund, sondern auch größere Teile der Bevölkerung. Dies zeigt sich an Wahlen, in denen sogenannte Europakritiker auffallend viele Stimmen bekommen. Im Europäischen Parlament gibt es sogar eine Fraktion der Europagegner.

In Ländern mit einem Recht auf Volksabstimmungen führt die **Europakritik** inzwischen sogar so weit, dass über einen Austritt aus der Europäischen Union abgestimmt wird, z. B. in Großbritannien („Brexit").

Manche EU-Mitglieder lehnen den **Euro** als gemeinsame Währung ab. Sie behalten mit Sondergenehmigung der EU ihre nationalen Währungen bei. Das ist z. B. bei Großbritannien und Dänemark der Fall.

So gibt es viele Beispiele dafür, dass nationale Interessen einer gemeinsamen europäischen Politik im Wege stehen.

4

Wie es mit der EU weitergeht, ist umstritten. So gibt es auch hier Pessimisten und Optimisten.

[…] Nationalität und Europäertum koexistieren nur in Gebrauchsanweisungen von Ikea. Dort findet man auf Griechisch, Französisch, Deutsch, Englisch, Schwedisch, Ungarisch, Rumänisch und Polnisch dieselben Ratschläge darüber, was man zur verlängerten Lebensdauer von Polstern unternehmen kann. Nur in solchen Faltblättchen bleibt die europäische Idee von Einheit und Differenz erhalten. Draußen, in der realen Welt, hat Europa sich in den Haaren. […]

Michalopoulou, Amanda: Europa: Eine Liebesgeschichte, in: Aus Politik und Zeitgeschichte/ApuZ Nr. 52/2015, 21.12.2015, S. 4

ARBEITSVORSCHLÄGE

 1

Beschreiben Sie das Schaubild. Wer exportiert wohin wie viel? Beurteilen Sie die Bedeutung des Exports für Deutschland.

 2

Stellen Sie die Thesen des Textes dar.
Nehmen Sie persönlich Stellung zur Thematik.
Diskutieren Sie in Ihrer Klasse mögliche Konsequenzen für den eigenen Konsum von Hühnerfleisch.

 3

Erläutern Sie TTIP. Beurteilen Sie Vor- und Nachteile. Nehmen Sie Stellung.

 4

Interpretieren Sie die Karikatur.

WEITERFÜHRENDE HINWEISE

Überprüfen Sie an aktuellen Beispielen, welche Mitgliedsstaaten der EU sich besonders egoistisch verhalten.
Diskutieren Sie die Problematik in Ihrer Klasse.
Als Methode können Sie z. B. Fishbowl wählen (s. Methodenkompetenz auf S. 202 f.).

Szenariotechnik

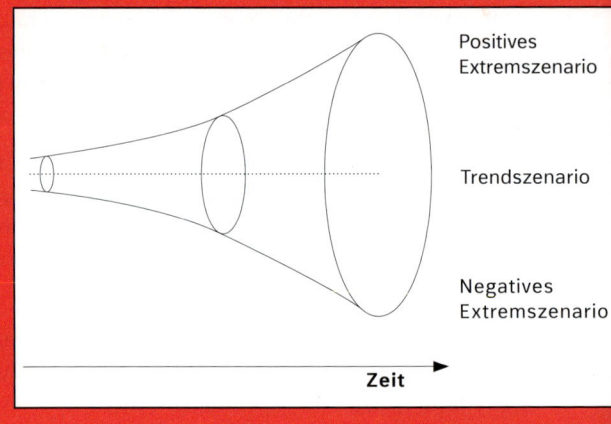

Positives Extremszenario

Trendszenario

Negatives Extremszenario

Zeit

Wäre die Zukunft nichts anderes als eine verlängerte Gegenwart, dann hätten die Menschen bald keine mehr. Aus dieser Erkenntnis folgt die Einsicht, dass wir heute die Weichen stellen müssen, wohin die Reise gehen soll. Eine bewährte Methode, die Zukunft planend zu gestalten, bietet die Szenariotechnik. Dabei werden heute bereits sichtbare Entwicklungen in die Zukunft hineinprojiziert, sodass als Ergebnis detaillierte Beschreibungen denkbarer Zukunftssituationen entstehen. Solche modellhaften Szenarien können dabei helfen, unerwünschten Entwicklungen entgegenzuwirken und erwünschte Entwicklungen zu fördern.

Der Szenariotrichter soll verdeutlichen, dass unsere Vorstellungen von der Zukunft immer unsicherer werden, je weiter wir uns von der heutigen Situation entfernen. Die Zahl der denkbaren Zukunftsmodelle steigt also mit dem Zeitrahmen der Prognose. Die Szenariotechnik bietet den Vorteil, dass nur drei Grundtypen von Szenarien entwickelt werden müssen, um damit alle möglichen Szenarien zu erfassen:

- Ein positives Extremszenario mit der günstigsten Zukunftsentwicklung
- Ein negatives Extremszenario mit dem schlimmsten Entwicklungsverlauf
- Ein Trendszenario als realistischer Mittelweg zwischen den Extremen

Thema: **Welche Zukunft hat die EU?**

Die drei folgenden Szenarien sind bisher nur Denkansätze. Sie sind nicht zu Ende entwickelt. Ihre Aufgabe ist es, diese Szenarien weiterzuführen.

1. Vorbereitung:

Lesen Sie die drei Szenarien durch und entscheiden Sie sich für das Szenario, das Sie am meisten interessiert.

Was wäre, wenn …? Drei Szenarien zur Zukunft der EU

- **Negatives Extremszenario:** Nach dem Brexit, dem Austritt Großbritanniens aus der EU, treten auch Griechenland, Italien, Spanien und Portugal aus der EU aus. Sie führen ihre alten nationalen Währungen wieder ein und bestimmen ihre Politik selbst.
  Flüchtlinge, die in diesen Ländern ankommen, werden weitergeschickt …
- **Positives Extremszenario:** Die Mitgliedsstaaten der EU, auch Deutschland und Frankreich, stimmen einer solidarischen Unterstützung der ärmeren EU-Länder zu und verteilen die Schulden europaweit um. Es wird eine gemeinsame Wirtschaftspolitik in allen EU-Ländern eingeführt. Überall gilt derselbe Mindestlohn …

Szenariotechnik

- **Trendszenario:** Es gibt trotz Verhandlungen keine Einigung zwischen den reichen und armen EU-Mitgliedsstaaten. Deshalb wird die EU nun in zwei Untergruppen unterteilt: Gruppe „Nord" mit dem höchsten BIP und der niedrigsten Verschuldung und Gruppe „Süd" mit dem niedrigsten BIP und der höchsten Verschuldung. Die Flüchtlinge, die in die EU kommen, werden je nach Wirtschaftsleistung auf die Mitgliedsstaaten verteilt …

2. Gruppenbildung nach Interesse:

Jetzt können Sie sich entscheiden, mit welchem Szenario Sie am liebsten arbeiten möchten.
- Wer sich lieber mit einem negativen Extremszenario befassen möchte, schließt sich der ersten Gruppe an.
- Wer sich lieber mit einem positiven Extremszenario befassen möchte, schließt sich der zweiten Gruppe an.
- Wer sich lieber mit einem Trendszenario befassen möchte, schließt sich der dritten Gruppe an.

An einem Szenario sollen jeweils nicht mehr als fünf Personen arbeiten. Deshalb gibt es mehrere Gruppen zum selben Szenario, die unabhängig voneinander sind.

3. Arbeiten in den Gruppen:

Diskutieren Sie in Ihrer Gruppe, welche weiteren Auswirkungen die drei Szenarien hätten und wen sie beträfen (z. B. EU insgesamt, Deutschland, die Wirtschaft, die Arbeitnehmer, die Arbeitsplätze usw.).

Nutzen Sie dafür auch die Informationen auf den Seiten 194–205.

4. Ergebnissicherung der Gruppen:

Gestalten Sie ein Plakat, auf dem Ihr Szenario übersichtlich und grafisch ansprechend dargestellt ist.

5. Auswertung:

Hängen Sie Ihre Plakate im Klassenzimmer auf. Jede Gruppe stellt Ihre Diskussionsergebnisse vor. Die jeweiligen Parallelgruppen ergänzen ihre Positionen.

Wissens-Check

Motive der Europäischen Einigung	Friedliches Zusammenleben zwischen den Völkern und wirtschaftliche Zusammenarbeit
Etappen der Europäischen Einigung	
Römische Verträge 1957	Gründung der Europäischen Wirtschaftsgemeinschaft (EWG) mit Zollunion und gemeinsamem Markt (Belgien, Deutschland, Frankreich, Italien, Luxemburg, Niederlande)
Schengener Abkommen 1985	Offene Grenzen ohne Personenkontrollen (alle EU-Staaten außer Bulgarien, Irland, Großbritannien, Kroatien, Rumänien). Die Nicht-EU-Staaten Island, Liechtenstein, Norwegen und Schweiz sind auch im Schengenraum.
Vertrag von Maastricht 1993	Der Binnenmarkt entsteht: freier Warenverkehr, freier Personenverkehr, freier Kapital- und Dienstleistungsverkehr (= vier Freiheiten)
Institutionen der EU	
EU-Parlament	Vertretung der Bevölkerung der Mitgliedsstaaten 751 direkt gewählte Abgeordnete Mitwirkung bei der Gesetzgebung, Kontrolle der Kommission
EU-Kommission	Vertreterin der europäischen Interessen 28 Kommissare (einer pro Mitgliedsland) Erarbeitung von Gesetzesvorschlägen, Durchführung von Maßnahmen
Rat der Europäischen Union	Stimme der nationalen Regierungen 28 Minister des zuständigen Ressorts Verbindliche Beschlüsse von Maßnahmen
Europäischer Rat	28 Staats- und Regierungschefs der Mitgliedsstaaten Grundsatzentscheidungen zur EU
Konflikte in der EU	
	Manchen Mitgliedsstaaten geht die europäische Zusammenarbeit zu weit. Sie stellen ihre nationalen Interessen in den Vordergrund.

Kompetenz-Check

Ich kann… ☺ 😐 ☹

… beschreiben, wie die EU meinen Alltag beeinflusst.

Ich kann… ☺ 😐 ☹

… analysieren, worum es geht, wenn ich auf den Internetseiten der EU recherchiere.

… analysieren, worum es geht, wenn ich eine Nachricht über die EU in einer Zeitung lese oder im Radio höre bzw. im Fernsehen sehe.

… mich auseinandersetzen mit Problemen, die es innerhalb der EU gibt.

… erläutern, wer welche Interessen innerhalb der EU verfolgt.

Ich kann… ☺ 😐 ☹

… darstellen, welche Motive es für den europäischen Einigungsprozess gab.

… erklären, in welchen Etappen die europäische Einigung verlaufen ist.

… erläutern, welche Änderungen sich ergeben haben durch

    a) die Römischen Verträge,
    b) das Schengener Abkommen,
    c) den Vertrag von Maastricht.

… beschreiben, welche Institutionen es in der EU gibt.

… zuordnen, wer wofür zuständig ist.

… erläutern, wie diese Institutionen zusammenarbeiten.

… beschreiben, welche Staaten Mitglieder der EU sind und diese auf einer Landkarte zeigen.

Ich kann… ☺ 😐 ☹

… begründen, ob ich für oder gegen eine Erweiterung der EU bin.

8.1 Alles ist überall

Catherine, 25 Jahre
Tansania

Renso, 15 Jahre
Ecuador

Reja, 17 Jahre
Indien

1

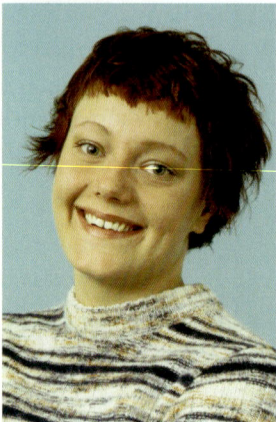

Leva, 17 Jahre
Litauen

Stephan, 18 Jahre
Deutschland

Dottie, 28 Jahre
Indonesien

Weltweite Kommunikation im Internet

Die UNESCO (Organisation der Vereinten Nationen für Wissenschaft, Bildung und Kultur) bietet Informations- und Kooperationsangebote für junge Menschen:

www.ups-schulen.de
www.unesco.de

Überall in der Welt sehen Jugendliche dieselben Fernsehserien. Den Durst löschen auch die Jugendlichen in Asien, Afrika und Lateinamerika gerne mit Cola, auch sie haben eine Schwäche für Hamburger und Sandwichs. Am liebsten kleiden sie sich mit Sportschuhen bekannter internationaler Hersteller.

Die Lebensgestaltung, mindestens aber die Wünsche sind ähnlich. Dort, wo sich die jungen Menschen alle diese Dinge nicht leisten können, die für uns selbstverständlich sind, träumen sie davon.

Überall auf der Welt gibt es aber nicht nur dasselbe Warenangebot und dieselben Träume, überall sind die Menschen konfrontiert mit der Bedrohung durch Armut und Krieg, durch AIDS, mit den Folgen der Zerstörung der Regenwälder. Auch den jungen Menschen in Afrika, Asien und Südamerika sitzt die Angst vor Arbeitslosigkeit im Nacken.

Alles ist überall.

Es gibt aber nicht nur die Angleichung von Lebensbildern und -einstellungen, sondern immer noch viele Unterschiede.

Globalisierung im Alltag

Konsum global

In Deutschland kann man Waren aus aller Welt einkaufen, direkt nebenan im Supermarkt oder übers Internet. Unabhängig von der Jahreszeit sind frisches Obst und Gemüse im Angebot, das aus allen Kontinenten nach Europa exportiert wird. Es gibt nichts, was es nicht gibt: Erdbeeren aus China, Orangen und Wein aus Chile oder

Südafrika, Grapefruits aus Mittelamerika, Avocados aus Neuseeland. Die Liste ist unvollständig.

Bekannte Textilketten bieten modische Kleidung aus China, Pakistan oder Indien an. Smartphones werden vorwiegend in Südostasien hergestellt, während viele Bestandteile aus Afrika stammen. Selbst Autos, die in Deutschland bei bekannten Firmen montiert werden, enthalten Teile aus Rumänien, Südkorea oder von den Philippinen. Auch diese Liste ist unvollständig.

Arbeiterinnen in China montieren Smartphoneteile am Fließband

Alles ist im Angebot. Und vieles ist günstig zu haben.

Näherinnen in einer Textilfabrik in Bangladesch

Bananen werden in Südafrika für den Versand vorbereitet.

Unterhaltung global

Spielshows wie „Wer wird Millionär" werden in fast 80 Ländern der Erde ausgestrahlt. Beliebte Serien wie „Die Simpsons" sind in über 100 Ländern im Programm, „Game of Thrones" wurde von den Produzenten bereits in 80 Länder verkauft. Musikgruppen wie Rammstein oder Metallica touren durch die ganze Welt. Auch diese Liste ist unvollständig.

Kommunikation global

Computer, Tablets und Smartphones ermöglichen den ständigen Kontakt mit der Welt. Freunde, die irgendwo im Ausland arbeiten, eine Ausbildung absolvieren oder studieren, können mit ihrer Heimat in Kontakt bleiben.

Schülergruppen fahren zum internationalen Austausch sogar nach China, nach Singapur oder nach Südafrika. Schülergruppen aus fernen Ländern kommen als Gäste nach Deutschland. Partnerschaften mit Schulen weit weg von Deutschland ermöglichen einen kulturellen und sprachlichen Austausch.

ARBEITSVORSCHLÄGE

 1

Betrachten Sie die Fotos der Jugendlichen aus verschiedenen Teilen der Erde.
Können Sie sich vorstellen, was sie verbindet (Wünsche, Träume, Hoffnungen)?
Wie erklären Sie sich diese Angleichung der Lebensbilder?

2

Beschreiben Sie das Angebot auf dem Foto.
Ergänzen Sie die Produkte mit denen, die Sie selbst aus anderen Ländern einkaufen.

3

Beschreiben Sie die Fotos. Erläutern Sie, wer wo was produziert. Tauschen Sie in Ihrer Klasse alle Informationen aus, die Sie über die Produktionsbedingungen dieser Menschen haben.

WEITERFÜHRENDE HINWEISE

Analysieren Sie die Herkunft Ihrer Lebensmittel, Ihrer Kleidung und Ihres Smartphones oder Tablets. Erstellen Sie eine Liste mit den Produkten und Herkunftsländern.

1

Die Stufen der wirtschaftlichen Globalisierung

1. Neue Märkte werden erschlossen: Es werden lediglich Waren exportiert.

2. Erste Montageaufträge: Teile werden im Ausland produziert. Kostenvorteile sollen genutzt werden.

3. Komplette Auslandsfertigung auf neuen Märkten wird möglich durch die Verbesserung der Informationstechniken. Firmenteile arbeiten selbstständig vor Ort.

4. Globale Strategien Strategische Partnerschaften sollen Wettbewerbsvorteile und Wissensvorsprung sichern.

Neoliberalismus

ist die Wirtschaftstheorie, die der Globalisierung zugrunde liegt. Diese Theorie setzt auf den freien Konkurrenzkampf der wirtschaftlichen Kräfte und will die Politik so weit wie möglich aus der Regulierung dieser weltweiten Ökonomie heraushalten.

Globalisierung bedeutet die weltweite Vernetzung aller Lebensbereiche. Dazu gehören die Bereiche Politik, Wirtschaft, Kommunikation, Kultur, Umwelt und Ressourcen.

Vier Faktoren spielen für die Entwicklung der Globalisierung eine Rolle:

1. Transportkosten von Gütern und Dienstleistungen sinken. Symbol sind die gigantischen Containerschiffe, die Waren auf den Weltmeeren zu günstigen Preisen transportieren.

2. Kommunikationstechniken sind weltweit verfügbar und kostengünstig. Symbol ist das Internet, das zeitgleiche und kostengünstige Kommunikation mit der ganzen Welt ermöglicht.

3. Finanz- und Investitionskapital kann international ungehemmt fließen. Symbol sind die Börsen, an denen im Sekundentakt Billionen Euro bzw. Dollar gehandelt werden.

4. Nationale Rechtsvorschriften und Steuern werden zunehmend einander angeglichen, die Grenzen werden geöffnet. Symbol hierfür sind Freihandelsabkommen.

Die Welt ist zum Binnenmarkt geworden. Nie zuvor wurden so viele Waren, Dienstleistungen und Finanzen transferiert.

Handel global

2

Die Wirtschaftszentren liegen in Nordamerika, Westeuropa und Asien. Ob sich in den nächsten Jahren die Handelsströme in Richtung Afrika und Lateinamerika verstärken, kann noch nicht gesagt werden.

Die Welt – ein großer Markt für alle?

Globalisierung ist kein Naturereignis, sondern das Ergebnis technologischer Entwicklungen und politischer Entscheidungen.

Seit dem Ende des Kommunismus in Osteuropa haben sich die Ökonomien der westlichen Länder, aber auch Japans nach den Prinzipien des **Neoliberalismus** entwickelt. Entsprechend dieser Wirtschaftstheorie soll sich die Politik aus dem Konkurrenzkampf der Wirtschaft heraushalten. Das Ergebnis sind weltweit operierende Unternehmen, sogenannte Global Player. Diese Unternehmen produzieren global und handeln global, ob mit Waren, Dienstleistungen oder Geld.

3

Fertigungsstandorte der Firma Bosch

Während die deutsche Wirtschaft vom globalen Markt profitiert, fürchten viele Menschen um ihren Arbeitsplatz. In Asien und Lateinamerika, allerdings auch in den ärmeren osteuropäischen Staaten wie z. B. Bulgarien und Rumänien, können Firmen billiger produzieren als in Deutschland. Deshalb gehen immer wieder Arbeitsplätze in Deutschland verloren. Beispiele für die Abwanderung von Firmen gibt es ausreichend (vgl. S. 196f.).

Gründe für die Verlagerung der Produktion ins Ausland: **4**

- Niedrigere Lohnkosten
- Niedrigere Lohnnebenkosten (wenig oder keine Sozialabgaben)
- Höhere Wochen- und Jahresarbeitszeiten
- Längere Maschinenlaufzeiten
- Produktionsstandorte liegen nahe an den Absatzmärkten
- Billigere Grundstücks- und Gebäudekosten
- Niedrigere Energiekosten
- Kürzere Wege, geringere Transportkosten (näher am Kunden)
- Keine Zölle
- Keine Wechselkursschwankungen
- Weniger Steuern

ARBEITSVORSCHLÄGE

 1

Die Weltkugel ist ein Symbol für Globalisierung. Definieren Sie den Begriff Globalisierung mit eigenen Worten.

 2

Beschreiben Sie das Schaubild. Beurteilen Sie, wo die größten und wo die geringsten Handelsströme fließen.

 3

Beschreiben Sie die Weltkarte mit den Standorten der Firma Bosch. Analysieren Sie, welche Produkte die Firma herstellt und wo ihre wichtigsten Absatzmärkte sind.

www.bosch.de
www.bosch.com

 4

Erläutern Sie die Gründe für die Verlagerung der Produktion ins Ausland. Belegen Sie die einzelnen Punkte mit konkreten Beispielen, z. B. aus Ihrem Ausbildungsbetrieb.

WEITERFÜHRENDE HINWEISE

Analysieren Sie, welche Produkte Deutschland vor allem exportiert:
www.destatis.de, Stichwort „Außenhandel"

Suchen Sie sich ein Produkt aus, z. B. ein Auto, einen Kühlschrank, ein Smartphone, eine Jeans… Belegen Sie, wie die globale Arbeitsteilung bei diesem Produkt organisiert ist:
http://fes-online-akademie.de, Stichwort „Jeans"

Die großen Industrienationen exportieren Autos und Maschinen aller Art in die Welt (s. S. 204), den ärmeren Ländern bleibt oft nur der Export ihrer nationalen Ressourcen. Mit **Rohstoffen** wie Öl, Edelmetallen, aber auch Palmöl bedienen sie die Bedürfnisse der reichen Länder.

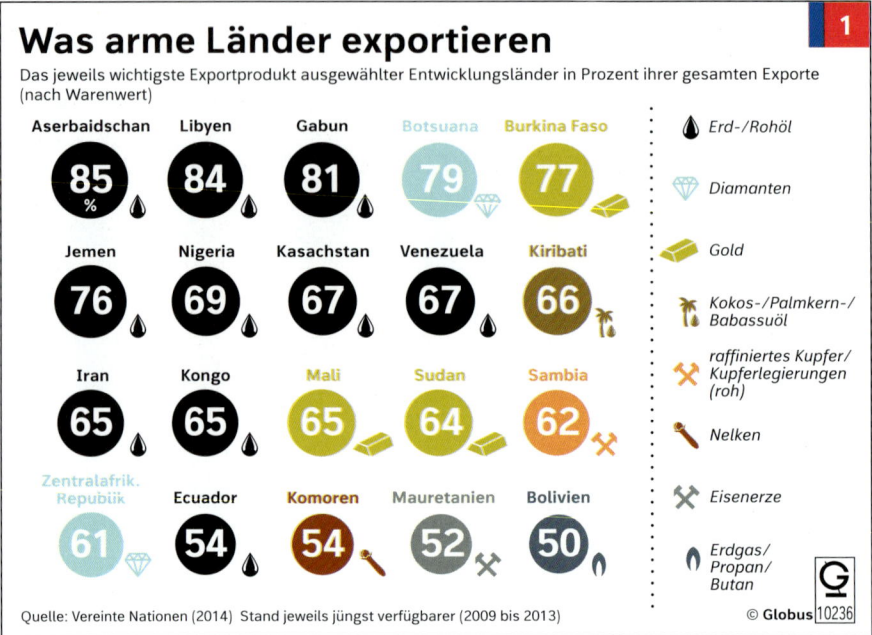

Was arme Länder exportieren

Das jeweils wichtigste Exportprodukt ausgewählter Entwicklungsländer in Prozent ihrer gesamten Exporte (nach Warenwert)

Aserbaidschan 85 %	Libyen 84	Gabun 81	Botsuana 79	Burkina Faso 77
Jemen 76	Nigeria 69	Kasachstan 67	Venezuela 67	Kiribati 66
Iran 65	Kongo 65	Mali 65	Sudan 64	Sambia 62
Zentralafrik. Republik 61	Ecuador 54	Komoren 54	Mauretanien 52	Bolivien 50

Legende:
- Erd-/Rohöl
- Diamanten
- Gold
- Kokos-/Palmkern-/Babassuöl
- raffiniertes Kupfer/Kupferlegierungen (roh)
- Nelken
- Eisenerze
- Erdgas/Propan/Butan

Quelle: Vereinte Nationen (2014) Stand jeweils jüngst verfügbarer (2009 bis 2013)

© Globus 10236

Typische Rohstoffe für ein Mobiltelefon

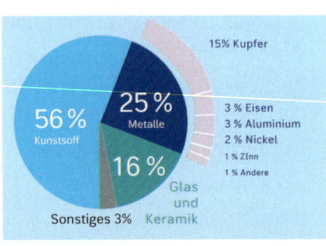

15% Kupfer
25 % Metalle
3 % Eisen
3 % Aluminium
2 % Nickel
1 % Zinn
1 % Andere
56 % Kunststoff
16 % Glas und Keramik
Sonstiges 3%

Quelle: Informationszentrum-Mobilfunk.de: Woraus besteht ein Mobiltelefon, Zugriff am 24.05.2016 unter: http://informationszentrum-mobilfunk.de/rohstoffe-im-handy-die-inneren-werte-zaehlen#header

Wenn eine Jeans 50 Euro kostet, fließen ...

7 Euro
5,50 Euro
12,50 Euro
25 Euro

- = zur Markenfirma
- = in den Einzelhandel
- = zur Jeansfabrik
- = zur Transportfirma und das Finanzamt

Der Lohn einer Näherin ist demnach verschwindend gering.

Für die Produktion von z. B. Smartphones oder Tablets werden viele Rohstoffe benötigt, die in den armen Ländern der Erde abgebaut werden, wie z. B. Cobalt, Coltan, Gold, Kupfer, Nickel, Palladium, Platin oder Silber.

Schwellenländer, die reicheren unter den armen Ländern, können neben Rohstoffen auch Fertigprodukte oder Teile für die Produktion in den Industrienationen auf dem Weltmarkt anbieten. Sie sind damit aktiver Teil der weltweiten Arbeitsteilung.

Ein Beispiel für eine solche **globale Arbeitsteilung** ist der Produktionsprozess einer Jeans. Die ärmsten Länder liefern den Rohstoff (Baumwolle), in vielen anderen Ländern werden einzelne Produktionsschritte vorgenommen. Bis die Jeans in Deutschland im Laden angeboten wird, hat sie eine weite Reise hinter sich.

Kasachstan/Usbekistan/Indien: Baumwolle anbauen und ernten
Türkei: Garn spinnen
Taiwan: Stoff weben
Polen: Farbe herstellen
Tunesien: Stoff färben
Bulgarien: Stoff veredeln
Schweiz: Futterstoff herstellen
Italien: Nieten und Reißverschluss einnähen
Frankreich: Stonewash-Effekt
Deutschland: verkaufen
Niederlande: Alte Jeans einsammeln
Ghana: Jeans tauchen auf den Märkten auf

... und Import

Die Welthandelsschere

Agrarexporte und -importe der ärmsten
Länder in Milliarden US-Dollar

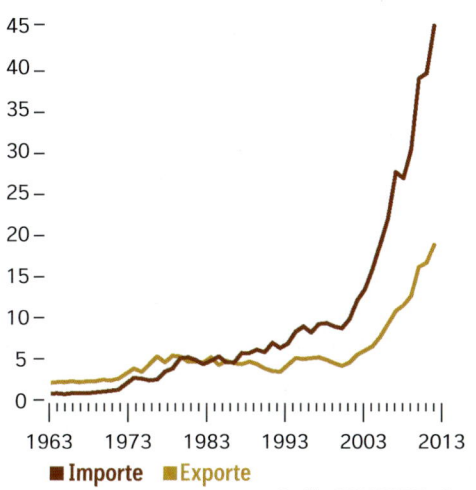

45 –	
40 –	
35 –	
30 –	
25 –	
20 –	
15 –	
10 –	
5 –	
0 –	

1963   1973   1983   1993   2003   2013

■ **Importe** ■ **Exporte**

Quelle: FAOSTAT, Trade

Die wichtigsten **Importprodukte** in den ärmeren Ländern sind Nahrungsmittel. Besonders paradox ist die Situation in Ländern, die eigentlich genügend Lebensmittel zur Verfügung hätten, diese aber exportieren.

Ein solches Beispiel zeigt der Dokumentarfilm „Darwins Alptraum" von Hubert Sauper. Die Menschen am Viktoriasee in Afrika verkaufen ihr Fischfilet nach Europa und USA. Ihnen bleibt nicht genug zum Essen übrig.

Markt in Äthiopien   *DVD-Cover „Darwins Alptraum"*

Weizen, Reis und Mais sind die wichtigsten Grundnahrungsmittel weltweit. Doch viele Entwicklungsländer produzieren nicht genügend für ihren eigenen Bedarf. So sind sie von Nahrungsmittelimporten abhängig.

Gefährliche Importabhängigkeit der armen Länder

Für die nationale Landwirtschaftspolitik vieler sogenannter Entwicklungsländer spielt der Welthandel oft eine fatale Rolle. Anstatt die Versorgung der eigenen Bevölkerung und die Entwicklung der heimischen Märkte und der ländlichen Gebiete zu fördern, verfolgen deren Regierungen und städtische Eliten häufig vorrangig das Ziel, durch Agrarexporte Devisen und Steuereinkommen zu erzielen.

Viele Länder, in denen große Teile gerade der ländlichen Bevölkerung Hunger leiden, versorgen die Futter-, Faser-, Treibstoff- und Genussmittelindustrie des Nordens mit billigen Rohstoffen zu hohen ökologischen und sozialen Kosten.
Als Importeure von Lebensmitteln geraten sie zugleich in Abhängigkeit von Weltmärkten, auf die sie selbst keinen Einfluss haben.

Zukunftsstiftung Landwirtschaft GLS Treuhand e. V.: Weltmarkt und Handel, abgerufen unter: www.weltagrarbericht.de/themen-des-weltagrarberichts/weltmarkt-und-handel/weltmarkt-und-handel.html [08.06.2016]

ARBEITSVORSCHLÄGE

1

Beschreiben Sie das Schaubild. Erläutern Sie anhand einer Weltkarte, wo die genannten Länder liegen.

2

Beschreiben Sie den Weg einer Jeans vom Ernten der Baumwolle bis zum Verkauf.
Analysieren Sie, wie viele Kilometer die Teilprodukte zurücklegen, bis die Jeans in den Verkauf kommt. Nehmen Sie die Weltkarte S. 278f. zu Hilfe.

3, 4

Erklären Sie, warum die Importabhängigkeit für die armen Länder ein Problem ist. Setzen Sie sich mit dem Schaubild und dem Text auseinander.

WEITERFÜHRENDE HINWEISE

Analysieren Sie, woher die Rohstoffe für ein Smartphone kommen und wo die Produkte zusammengebaut werden:
www.informationszentrummobilfunk.de, Stichwort „Rohstoffe".

Prüfen Sie anhand der Informationen auf S. 216, zu welcher Kategorie die genannten Länder jeweils gehören: Industrieländer, Schwellenländer oder Entwicklungsländer?

Arme und reiche Länder **2**

Die ersten 10:

1. Norwegen
2. Australien
3. Schweiz
4. Dänemark
5. Niederlande
6. Deutschland
7. Irland
8. USA
9. Kanada
10. Neuseeland

Die letzten 10:

179. Mali
180. Mosambik
181. Sierra Leone
182. Guinea
183. Burkina Faso
184. Burundi
185. Tschad
186. Eritrea
187. Zentralafrikanische Republik
188. Niger

Deutsche Gesellschaft für die Vereinten Nationen e. V. (DGVN) (Hrsg.): Bericht über die menschliche Entwicklung 2015, übersetzt von Klaus Birker, Christina Kamp, Gabriele Lassen-Mock, Bernd Neidlein, Berlin, Berliner Wissenschafts-Verlag, 2015, S. 292 – 295

Slums in Kairo

Yachthafen von Dubai

Die Einteilung der Länder der Erde in **Erste, Zweite, Dritte** und gar **Vierte Welt** stimmt nicht mehr. Diese Begriffe versuchen seit den 1950er-Jahren, die Welt nach Wirtschaftsleistung oder nach einem wie auch immer definierten Entwicklungsstand einzuteilen. Einen wesentlichen Anteil an dieser Definition hat auch der Ost-West-Konflikt; schließlich galten als „Erste Welt" die westlichen Industriestaaten und als „Zweite Welt" die sozialistischen östlichen Länder aus dem Machtbereich der UdSSR. Alle anderen Staaten werden lange Zeit der „Dritten Welt" zugerechnet.

Auch der Begriff „**Nord-Süd-Konflikt**" trifft nicht mehr die Realität. Es gibt auch im Norden arme Länder und im Süden reiche Länder. Am meisten verbreitet ist die Einteilung der Länder in **Industrieländer**, **Schwellenländer** und **Entwicklungsländer**.

Das Wirtschafts- und Wohlstandsgefälle zwischen diesen Ländern errechnet die UNO über einen bestimmten Faktor, der Lebenserwartung, Bildung und Kaufkraft als wesentliche Merkmale vergleicht. Jedes Jahr gibt es den „Bericht für menschliche Entwicklung", in dem die Länder der Erde nach diesem Faktor (**HDI = Human Development Index**) miteinander verglichen werden.

Eine einheitliche Definition, wann ein Land als Schwellenland gilt, gibt es nicht. So gelten einerseits China und Indien als Schwellenland, andererseits auch Brasilien und Südafrika. Was diese Länder gemeinsam haben ist: Sie nehmen immer mehr am Welthandel teil und verzeichnen teilweise hohes Wirtschaftswachstum. Ihr Agrarsektor wird zugunsten einer Industrialisierung zurückgedrängt.

Diese fünf Kriterien definieren ein Entwicklungsland:

3

1. eine schlechte Versorgung großer Gruppen der Bevölkerung mit Nahrungsmitteln, dadurch Unterernährung und Hunger
2. ein niedriges Pro-Kopf-Einkommen
3. keine oder nur eine mangelhafte Gesundheitsversorgung, eine hohe Kindersterblichkeitsrate und eine geringe Lebenserwartung
4. mangelhafte Bildungsmöglichkeiten, eine hohe Analphabetenquote
5. hohe Arbeitslosigkeit, ein insgesamt niedriger Lebensstandard, eine oft extrem ungleiche Verteilung der vorhandenen Güter

Bundesministerium für wirtschaftliche Zusammenarbeit und Entwicklung: Entwicklungsland, abgerufen unter: www.bmz.de/de/service/glossar/E/entwicklungsland.html [08.06.2016]

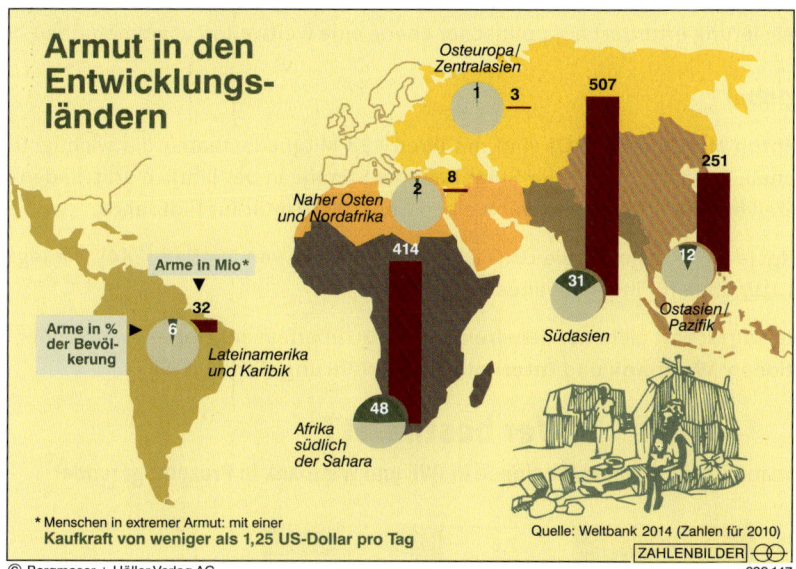

Armut in den Entwicklungsländern

Arme in Mio*

Arme in % der Bevölkerung

Osteuropa/Zentralasien
1 3

Naher Osten und Nordafrika
2 8

Lateinamerika und Karibik
32 6

Afrika südlich der Sahara
48

Südasien
31 414

Ostasien/Pazifik
12 251

507

* Menschen in extremer Armut: mit einer **Kaufkraft von weniger als 1,25 US-Dollar pro Tag**

Quelle: Weltbank 2014 (Zahlen für 2010)
ZAHLENBILDER
632 147

© Bergmoser + Höller Verlag AG

Die Kaufkraft pro Person und Tag liegt in vielen Entwicklungsländern bei 1,25 US-$. Davon kann niemand menschenwürdig leben.

Auch deshalb nehmen Menschen in Entwicklungsländern Arbeitsstellen an, bei denen sie mehr verdienen, auch wenn die Arbeitsbedingungen menschenunwürdig sind.

Beispiel Textilindustrie

Textilfabrik in Kambodscha

In der Textilindustrie arbeiten weltweit hauptsächlich Frauen. Die Arbeitsbedingungen sind vor allem in Asien und Lateinamerika oft katastrophal. Geringe Löhne sind normal, extrem lange Arbeitszeiten ebenso. In der Regel wird an sechs Tagen pro Woche gearbeitet. Es gibt keinen Kündigungsschutz. Wer krank ist, kann gehen. Oft muss in giftigen Dämpfen, in Gestank und Lärm gearbeitet werden. Schikanen sind an der Tagesordnung. Ein Monatslohn von 50,00 US-$ ist nicht überall garantiert. Es ist verboten, sich in Gewerkschaften zu organisieren.

Die reichen Länder profitieren von diesen günstigen Produktionskosten.

ARBEITSVORSCHLÄGE

1

Beschreiben Sie die beiden Fotos. Welche anderen Motive würden Sie wählen, um den Kontrast zwischen Arm und Reich weltweit deutlich zu machen?

2

Finden Sie die genannten Länder auf der Weltkarte (S. 278f.). Ordnen Sie die Länder den Kontinenten zu. Erläutern Sie, auf welchen Kontinenten die ersten zehn und die letzten zehn Länder zu finden sind.

3

Definieren Sie den Begriff „Entwicklungsland" in eigenen Worten.
Beurteilen Sie, weshalb der Begriff „Schwellenland" nicht eindeutig zu definieren ist.

4

Interpretieren Sie die Karikatur.

5

Beschreiben Sie das Schaubild. Erläutern Sie, wo die meisten Menschen in extremer Armut leben.

6

Beschreiben Sie das Foto. Setzen Sie sich mit den Produktions- und den Verkaufspreisen von T-Shirts, Sportschuhen etc. auseinander. Eine geeignete Informationsseite für Ihre Recherche finden Sie hier: www.bpb.de, Stichwort „Textilindustrie"

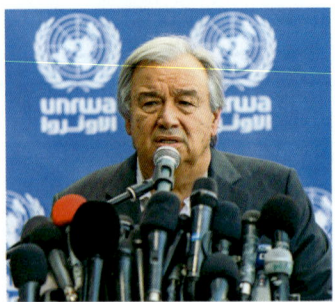

António Guterres (Portugal), Generalsekretär der Vereinten Nationen

Internationales Insolvenzrecht

Nichtregierungsorganisationen fordern ähnlich wie bei der Privatinsolvenz oder bei der Insolvenz von Unternehmen auch für verschuldete Staaten ein Insolvenzrecht (www.erlassjahr.de).

OECD – Organisation für wirtschaftliche Zusammenarbeit und Entwicklung

Ziel ist die wirtschaftliche Zusammenarbeit von inzwischen 35 Mitgliedsländern. Neben den wirtschaftlich starken Industrienationen gehören auch die Schwellenländer Mexiko, Chile und Türkei zur OECD. Kooperationen gibt es mit China, Brasilien und Indien.

Die Globalisierung erfordert auf politischer Ebene eine weltweite Zusammenarbeit.

Politik global

Die **Vereinten Nationen (UNO)** sind mit ihren 193 Mitgliedsstaaten die wichtigste internationale Organisation. Jeder Staat hat eine Stimme in der jährlich stattfindenden Generalversammlung. Diese wählt einen Generalsekretär für fünf Jahre.

Die wichtigste Grundlage für die UNO ist die **UN-Charta** von 1945 (S. 244). Sie legt Ziele und Aufgaben für ihr weltweites Handeln fest.

Um die Weltwirtschaft nicht nur dem freien Markt zu überlassen, gibt es zwei Sonderorganisationen: **Weltbank** und **Internationaler Währungsfonds (IWF)**.

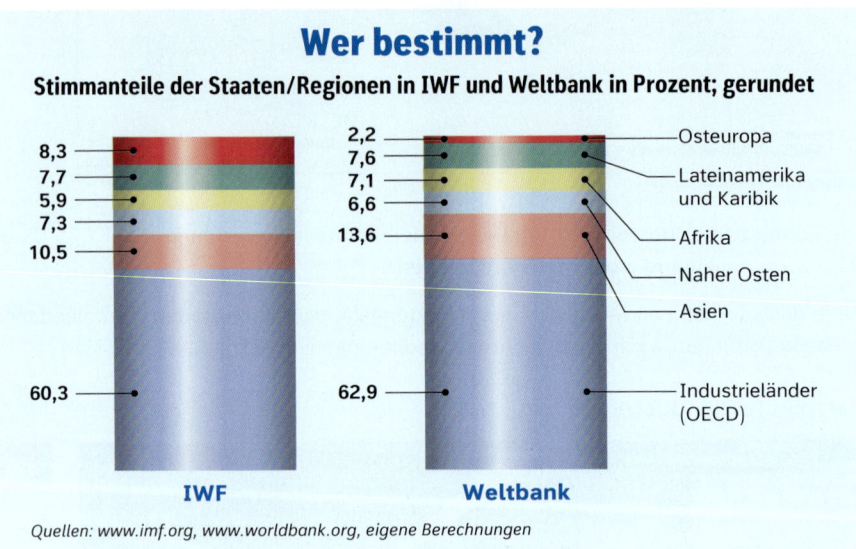

Quellen: www.imf.org, www.worldbank.org, eigene Berechnungen

Der **IWF** vergibt Kredite an verschuldete Länder, um einen Staatsbankrott zu verhindern. Allerdings stellt er harte Bedingungen, sogenannte Strukturanpassungsmaßnahmen:

- Verringerung der Staatsausgaben
- Abbau der Staatsschulden
- Begrenzung der Lohnzuwächse bzw. Senkung der Löhne
- Abwertung der Landeswährung, um Exporte zu verbilligen und Importe zu verteuern
- Liberalisierung des Außenhandels und des Kapitalverkehrs
- Privatisierung von Staatsbetrieben und öffentlichen Ausgaben (z. B. Wasserversorgung).

Die **Weltbank** ist der wichtigste Geldgeber für Projekte in den Entwicklungsländern. Sie engagiert sich in fast 1 800 Projekten in verschiedenen Bereichen und in unterschiedlichen Ländern. Beispiele für diese Aktivitäten sind Mikrokredite in Bosnien, Förderung der Schulbildung von Mädchen in Bangladesch, Gesundheitsprogramme in Mexiko oder Wiederaufbauhilfen nach Naturkatastrophen.

Die Politik von IWF und Weltbank ist sowohl in den Industriestaaten als auch in den Entwicklungsländern umstritten. Kritiker verweisen dabei auf die Folgen der Strukturanpassungsprogramme, die vor allem die Schwächsten treffen: Löhne werden gekürzt, Subventionen und öffentliche Leistungen werden gestrichen und Kleinbauern werden von ihrem Land vertrieben.

Die Politik stellt Regeln auf

Die dritte Wirtschaftsorganisation der UNO ist die **WTO** (**Welthandelsorganisation**). Sie soll den weltweiten Handel von Waren, Dienstleistungen und Kapital erleichtern. Dazu finden Konferenzen ihrer Mitgliedstaaten statt, die z. B. Zollerleichterungen beschließen oder besondere Handelsabkommen untereinander vereinbaren.

Eine weitere Sonderorganisation der UNO ist die **Internationale Arbeitsorganisation** (**ILO**). Sie kümmert sich um weltweite soziale Standards. Dieser Organisation ist es zu verdanken, dass seit dem Jahr 2000 Kinderarbeit weltweit geächtet ist. Die Beschlüsse der ILO sind Empfehlungen an die Mitgliedsstaaten der UNO. Auch wenn alle Mitgliedsstaaten zustimmen, müssen die Regelungen noch in nationales Recht umgesetzt werden.

Internationale Sozialstandards der ILO: Kernarbeitsnormen

Tag der Arbeit in Thailand

- für Vereinigungsfreiheit
- für Entlohnung entsprechend dem gesetzlichen Mindestlohn des jeweiligen Landes
- für geregelte Arbeitszeiten und Entlohnung von Überstunden (8 Std./Tag bzw. 48 Std./Woche)
- für Prävention im Gesundheits- und Arbeitsschutz
- gegen alle Formen der Zwangsarbeit
- gegen Kinderarbeit (Mindestalter 15 Jahre)
- gegen Diskriminierung

Vgl. ILO Kernarbeitsnormen, abgerufen unter: www.ilo.org/berlin/arbeits-und-standards/kernarbeitsnormen/lang–de/index.htm [09.06.2016]

G7, G8 oder **G20** sind globale Clubs. Hier treffen sich die Regierungschefs der reichsten Länder der Erde. Die G20 repräsentieren zwei Drittel der Weltbevölkerung, 75 % des Welthandels und 85 % des Weltbruttosozialprodukts. Das gibt diesen Gruppierungen noch keine demokratische Legitimation. So können diese Staaten auch keine Beschlüsse fassen, an die sich die anderen UN-Mitglieder halten müssen. Sie können

sich aber auf eine einheitliche Politik untereinander einigen und diese umsetzen.

Viele Länder sehen diese Clubs kritisch, insbesondere, wenn sie davon ausgeschlossen sind, wie alle Entwicklungsländer. Auch neu aufstrebende Schwellenländer haben nicht automatisch Zutritt zu G20.

Die Globalisierung erleichtert es auch zivilgesellschaftlichen Gruppen, sogenannten **Nichtregierungsorganisationen** (**NGO**), weltweit zusammenzuarbeiten. Beispiele hierfür sind Greenpeace und Amnesty International oder auch Ärzte ohne Grenzen. Nichtregierungsorganisationen finanzieren sich durch Spenden oder Mitgliedsbeiträge und organisieren und koordinieren Projekte in aller Welt. Es gibt auch globalisierungskritische NGOs wie ATTAC.

ARBEITSVORSCHLÄGE

1

Analysieren Sie die Mehrheitsverhältnisse bei IWF und Weltbank. Wer hat am meisten zu sagen?

2

Erläutern Sie die Kernarbeitsnormen der ILO. Beurteilen Sie die Wirksamkeit dieser Normen.

 3

Beschreiben Sie die Zusammensetzung des Clubs G20. Ordnen Sie die Flaggen den Ländern zu und finden Sie diese Länder auf der Weltkarte.

Entwerfen Sie eine Skizze, in der Sie alle globalen politischen Akteure übersichtlich darstellen. Beurteilen Sie die Legitimität der verschiedenen Akteure.

WEITERFÜHRENDE HINWEISE

Vergleichen Sie die Ziele und Aktivitäten der genannten NGOs:

www.greenpeace.de
www.amnesty-international.de
www.aerzte-ohne-grenzen.de
www.attac.de

Ergänzen Sie weitere NGOs, die Sie kennen, und erläutern Sie Ihrer Klasse deren Ziele und Aktivitäten.

„Wir haben die Erde von unseren Eltern nicht geerbt, sondern wir haben sie nur von unseren Kindern ausgeliehen."
Indianisches Sprichwort

Brandrodung in Brasilien

CO_2-Ausstoß weltweit
Die größten Verursacher 2014 in Mio. Tonnen:

China: 9 761
USA: 5 995
EU: 3 705
davon Deutschland: 799
davon Frankreich: 348
Indien: 2 088
Russland: 1 657
Japan: 1343
Südkorea: 768
Saudi-Arabien: 665
Kanada: 621
Brasilien: 582
Zahlen nach BP 2015

Nachhaltigkeit ist ein Grundprinzip internationaler Politik. Nachhaltig handeln bedeutet, dass die Bedürfnisse der Gegenwart befriedigt werden, ohne zu riskieren, dass künftige Generationen keine Chance mehr haben, ihre eigenen Bedürfnisse zu befriedigen. **1**

Dieses Prinzip gilt auch für die Umweltpolitik.

Der **Klimawandel** betrifft alle Menschen auf der Erde. Er macht nicht an Grenzen halt. Dem Klimawandel kann man nur international begegnen. Die wichtigsten Faktoren des Klimawandels hat der Weltklimarat der Vereinten Nationen zusammengefasst:

1. Die Temperatur auf der Erde steigt.

2. Die Wüstenbildung nimmt zu.

3. Die Wassertemperatur der Meere steigt.

4. Das Eis in der Antarktis und in Grönland geht zurück.

5. Die schneebedeckte Fläche auf der Erde schrumpft.

6. Der Meeresspiegel der Ozeane steigt.

Als Ursache wird die wachsende Konzentration von Treibhausgasen in der Atmosphäre genannt. Ursachen hierfür sind vor allem die Nutzung fossiler Brennstoffe wie z. B. Kohle, die weltweite Rodung von Wäldern und die Ausweitung der Viehzucht.

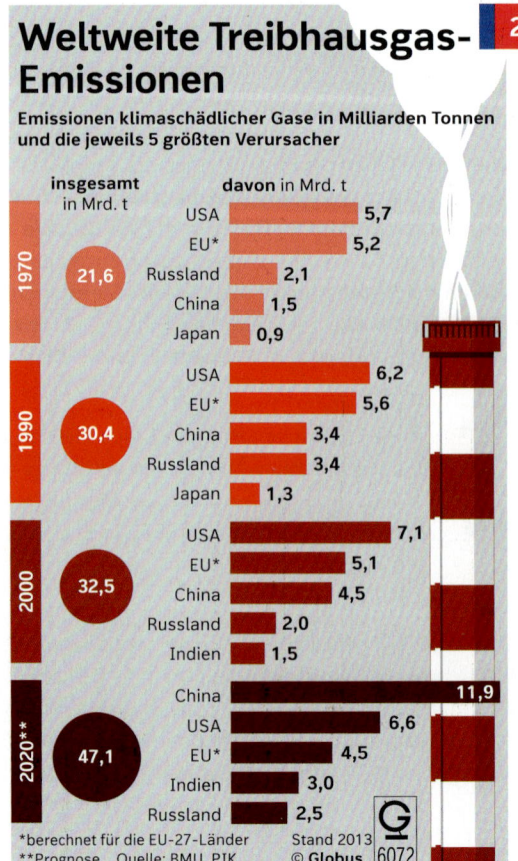

Weltweite Treibhausgas-Emissionen
Emissionen klimaschädlicher Gase in Milliarden Tonnen und die jeweils 5 größten Verursacher

insgesamt in Mrd. t		davon in Mrd. t	
1970	21,6	USA	5,7
		EU*	5,2
		Russland	2,1
		China	1,5
		Japan	0,9
1990	30,4	USA	6,2
		EU*	5,6
		China	3,4
		Russland	3,4
		Japan	1,3
2000	32,5	USA	7,1
		EU*	5,1
		China	4,5
		Russland	2,0
		Indien	1,5
2020**	47,1	China	11,9
		USA	6,6
		EU*	4,5
		Indien	3,0
		Russland	2,5

*berechnet für die EU-27-Länder
**Prognose   Quelle: BMU, PIK   Stand 2013   © Globus 6072

Die internationalen Klimakonferenzen im Rahmen der UNO formulieren seit den 1990er-Jahren Maßnahmen für einen verantwortungsvollen Umgang mit der Natur. Ziel ist es, den CO_2-Ausstoß in jedem Land zu senken und damit eine Klimaerwärmung auf der Erde um mehr als 2 °C zu verhindern. Die Glaubwürdigkeit der internationalen Konferenzen und Abkommen hängt davon ab, inwieweit die Teilnehmer und Unterzeichnerstaaten die Verpflichtungen in ihrer nationalen Politik auch wirklich umsetzen.

„WIR ARBEITEN DARAN!"

4

ARBEITSVORSCHLÄGE

1

Erläutern Sie den Begriff Nachhaltigkeit, indem Sie eine Liste nach der Kopfstandmethode erstellen:
Die Meere leer fischen ist nicht nachhaltig, weil …
Die Regenwälder abholzen ist nicht nachhaltig, weil …

2

Interpretieren Sie das Schaubild.

3

Ordnen Sie den CO_2-Emissionen der aufgeführten Länder die jeweilige Einwohnerzahl zu. Beurteilen Sie jetzt, welche Länder die größten CO_2-Verursacher sind.

4

Interpretieren Sie die Karikatur.

WEITERFÜHRENDE HINWEISE

Prüfen Sie, welche Anpassungsmaßnahmen sich die Industrieländer leisten, um die Folgen des Klimawandels aufzufangen:
www.nachhaltigkeitsrat.de
www.bmu.de
www.umweltbundesamt.de
www.greenpeace.de

Beim Umweltbundesamt können Sie Ihre persönliche Klimabilanz ausrechnen:
www.uba.klima-aktiv.de

Gestalten Sie ein Informationsplakat zum Schutz der Regenwälder. Umfangreiches Material finden Sie hier:
www.regenwald-schuetzen.org

Industriestaaten wie Deutschland oder andere Staaten der Europäischen Union reagieren auf die Folgen des Klimawandels durch **Anpassungsmaßnahmen**. Damit sind einerseits klimapolitische Beschlüsse der jeweiligen Regierung gemeint, aber auch verantwortliches Verhalten der Bevölkerung. Regierungen und Bevölkerung in ärmeren Regionen der Erde haben weniger Möglichkeiten, solche Anpassungsmaßnahmen umzusetzen.

Die Maßnahmen der Industriestaaten betreffen sowohl die Landwirtschaft als auch Industrie und Verkehr. Dazu kommen Ideen zur Raum- und Stadtplanung. Beispiele für solche Anpassungsmaßnahmen können sein:

- Schutz der Frischluftschneisen in den Städten
- Begrünung von Dächern
- Warnsysteme für die Bevölkerung bei extremer Hitze
- Kühlung von öffentlichen Einrichtungen wie Krankenhäusern
- Sicherung der Stromversorgung bei extremen Wetterbedingungen
- Anbau hitzeresistenter Pflanzen
- verbesserter Straßenbelag usw.

Alle diese Maßnahmen werden in Deutschland durch eine Kosten-Nutzen-Analyse vom Umweltbundesamt bewertet. Was davon umgesetzt wird, hängt auch von den finanziellen Möglichkeiten der Städte und Gemeinden ab.

An diesen vielfältigen Beispielen kann man sehen, dass nur reiche Länder ernsthaft über die Umsetzung von Klimaanpassungsmaßnahmen nachdenken können. Die armen Länder der Erde können Anpassungsmaßnahmen nicht selbst finanzieren. Dazu benötigen sie die Unterstützung der Industrieländer. Ein Beispiel, wie diese Unterstützung funktionieren kann, sind Katastrophenfrühwarnsysteme, die bei Überschwemmungen das Leben der Bevölkerung z. B. in Mosambik oder in Indonesien retten können.

Mindmap

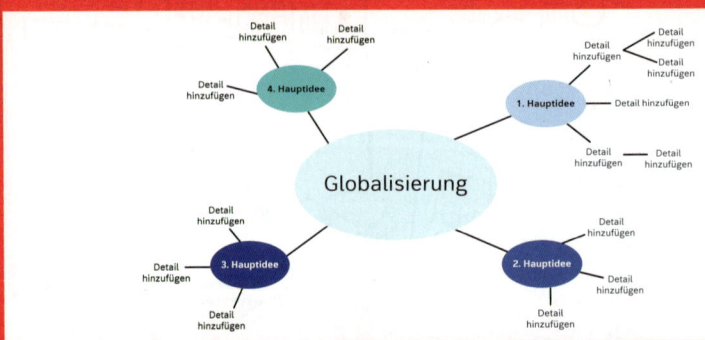

Mindmap bedeutet eigentlich Gedanken-landkarte.

Diese Methode ist eine Form der Visuali-sierung von Ideen zu einem Thema, das noch nicht endgültig durchdacht ist. Mind-mapping ermöglicht es, sich assoziativ und kreativ einem Problem zu nähern.

Die Methode ist aber auch geeignet zur Strukturierung einer schriftlichen Stellungnahme oder eines Vortrags. Mit einer Mindmap können Sie auch die Phasen einer (Team-)Arbeit planen.

In einigen Arbeitsvorschlägen werden Sie aufgefordert, eine Mindmap zu einem Quellentext zu entwerfen. Hier dient Ihnen diese Methode als Strukturierungshilfe zum Verständnis eines Textes.

Eine Mindmap zeigt auf einen Blick das Wesentliche zu einem Thema. Sie eignet sich daher auch als Gedächt-nisstütze für die Vorbereitung auf eine Klassenarbeit oder Prüfung.

Das Thema Globalisierung in diesem Kapitel umfasst sehr viele Gesichtspunkte und ist ziemlich komplex. Daher eignet sich hier die Methode des Mindmappings, um sich einen Überblick zu verschaffen und diesen gut strukturiert aufzuzeichnen.

Thema: **Mindmap zum Stichwort „Globalisierung"**

Vorbereitung:

1. Lesen Sie das Kapitel 8 sorgfältig durch.

2. Entscheiden Sie sich dann für einen passenden Begriff zur Definition von Globalisierung.

3. Stellen Sie in Stichworten die Bereiche zusammen, in denen sich Globalisierung auswirkt.

4. Sammeln Sie Akteure, Institutionen, Gruppierungen, die Globalisierung gestalten bzw. von ihr betroffen sind.

5. Sortieren Sie die Begriffe nach Hauptaspekten, untergeordneten Gesichtspunkten usw.

Hinweis:

Wenn Sie bei den vielen Begriffen die Übersicht verlieren, beginnen Sie mit einer kleineren Mindmap, z. B. zum Thema „Ursachen der Globalisierung".

Mindmap

Vorgehen:

Wenn Sie Ihre Begriffe gefunden und sortiert haben, geht's los:

1. Nehmen Sie ein Blatt Papier im Querformat.

2. In der Mitte notieren Sie das Thema.

3. Alle Begriffe, die zu diesem Thema gehören, zeichnen Sie als Äste (= Abzweigungen) im Uhrzeigersinn um diese Mitte herum ein.

4. Weitere Details, die zu den Hauptästen gehören, zeichnen Sie als Nebenäste ein.

5. Danach können Sie weitere Untergliederungen vornehmen.

So entsteht ein organisches Gebilde, das ergänzt oder verändert werden kann.

Tipps:

Verwenden Sie Stichworte, keine Sätze.

Unterscheiden Sie die Hauptäste und Nebenäste deutlich voneinander, z. B. mit einer anderen Farbe.

Vielleicht steht Ihnen „MindManager Smart" oder eine andere Software zur Verfügung, mit der Sie Ihre Mindmap am Computer gestalten können.

Kriterien für die Beurteilung einer Mindmap:

- Ist die Mindmap übersichtlich gestaltet?
- Erkenne ich auf den ersten Blick, worum es geht?
- Sind die Begriffe fachlich richtig zugeordnet?
- Sind die Beziehungen zwischen den Ästen logisch?
- Kann ich die Mindmap auch in einem halben Jahr noch verstehen?
- Kann jemand anderes meine Mindmap verstehen?

Was sind Grundbedürfnisse?

Die Internationale Arbeitsorganisation (ILO) ist eine Sonderorganisation der Vereinten Nationen (UNO).

Die Internationale Arbeitsorganisation (**ILO**) hat die Grundbedürfnisse eines Menschen definiert. Sie hat festgelegt, was der Mindestbedarf für ein menschenwürdiges Leben ist:

- Nahrung
- Unterkunft
- Kleidung
- Sauberes Trinkwasser
- Sanitäre Einrichtungen
- Gesundheitsversorgung
- Bildung
- Arbeit
- Transportmittel

Zu den Grundbedürfnissen gehört auch eine gesunde und menschliche Umwelt.

Außerdem sollen alle Menschen in ihrem Land politisch mitentscheiden dürfen.

Für jede Person gelten die individuellen Freiheitsrechte.

Eigentlich ist jeder Staat und damit die Regierung eines Landes für die Sicherung der Bedürfnisse der eigenen Bevölkerung zuständig. Die Sicherstellung der Grundbedürfnisse ist eine öffentliche Aufgabe, die z.B. in Deutschland weitgehend aus Steuergeldern finanziert wird.

Wie kann aber ein Entwicklungsland diese öffentlichen Aufgaben wahrnehmen?

Es fehlen Steuereinnahmen, weil die Bevölkerung arm ist. Es fehlen Deviseneinnahmen, weil es wenig Export gibt. Es fehlt Geld für Investitionen, weil der Staat verschuldet ist und für Kredite Zinsen bezahlt werden müssen. Und manchmal fehlt auch Geld, weil herrschende Eliten korrupt sind und lieber ihre eigenen Bedürfnisse bedienen.

Grundbedürfnis Nahrung

Grundbedürfnis Wohnung

Grundbedürfnis sauberes Wasser

Grundbedürfnis Bildung

Ohne Wasser kein Leben

Am Beispiel **Wasserversorgung** lässt sich zeigen, wie schwierig es ist, dieses Grundbedürfnis der Menschen zu sichern. In den letzten 20 Jahren haben zwei Milliarden weitere Menschen Zugang zu sauberem Trinkwasser bekommen. Aber immer noch gibt es mehr als 600 Millionen Menschen, denen kein gesundes Wasser zur Verfügung steht. Und immer noch fehlen für mehr als zwei Milliarden Menschen sanitäre Anlagen. Verunreinigtes Wasser führt zu Krankheiten und Tod.

Durch den fortschreitenden Klimawandel, der in immer mehr Regionen der Erde zu Wasserknappheit führt, hat sich in den letzten Jahren die Auseinandersetzung um diese Ressource verschärft. Zudem wird Wasser teurer, weil internationale Nahrungsmittelkonzerne Wasserrechte kaufen und damit Wasser zu einer Handelsware machen.

Die Generalversammlung der Vereinten Nationen erklärt im Jahr 2010 Wasser zu einem **Menschenrecht**. Jeder Mensch soll freien Zugang zu sauberem Trinkwasser haben. Einklagbar ist dies nicht, es ist aber ein Symbol dafür, wie wichtig die UNO die Wasserproblematik nimmt.

Es ist auch ein Signal an Länder, die für schnelles Geld ihre öffentliche Wasserversorgung an private Firmen verkauft haben und mit den neuen Besitzern schlechte Erfahrungen machen. Auch in Deutschland haben manche Städte ihre Wasserversorgung privatisiert. Viele dieser Städte beginnen, die Wasserrechte zurückzukaufen und eigene öffentliche Wasserwerke einzurichten. In Europa hat die Bürgerinitiative gegen Privatisierung von Wasser einen großen Erfolg erreicht (s. S. 196).

Virtuelles Wasser – versteckt im Einkaufskorb

Wir Deutschen sind Weltmeister im Wassersparen. Der tägliche Haushaltswasserbedarf in Deutschland liegt bei weniger als 130 l pro Person. Doch ist dies nur ein sehr geringer Teil unseres tatsächlichen Wassergebrauchs. Der liegt um ein Vielfaches höher – bei mittlerweile 4000 l pro Person und Tag! So viel „virtuelles Wasser" ist erforderlich, um all die Waren zu produzieren, die wir täglich brauchen, von unserer Kleidung über Elektronikartikel bis zur Tasse Kaffee.

Virtueller Wasserverbrauch

Um zum Beispiel eine Tasse Kaffee herzustellen, werden entlang der Produktionskette 140 Liter Wasser verbraucht.

| 140 l Tasse Kaffee | 200 l Glas Milch | 4 000 l T-Shirt | 11 000 l Jeans | 400 000 l Auto |

Quelle: Rat für Nachhaltige Entwicklung

© Globus 5645

Vgl.: Vereinigung Deutscher Gewässerschutz e. V. (VDG): Informationsplakat „Virtuelles Wasser", Bonn, 2013

Auf einer UN-Versammlung im September 2015 beschließen mehr als 150 Staats- und Regierungschefs einstimmig ein globales Programm für nachhaltige Entwicklung. Der Zeitrahmen ist festgelegt: Bis 2030 sollen die Maßnahmen umgesetzt werden.

Transformation unserer Welt: die Agenda 2030 für nachhaltige Entwicklung

1

[…] Wir sind entschlossen, von heute bis 2030 Armut und Hunger überall auf der Welt zu beenden, die Ungleichheiten in und zwischen Ländern zu bekämpfen, friedliche, gerechte und inklusive Gesellschaften auszubauen, die Menschenrechte zu schützen und Geschlechtergleichstellung und die Selbstbestimmung der Frauen und Mädchen zu fördern und den dauerhaften Schutz unseres Planeten und seiner natürlichen Ressourcen sicherzustellen. […]

Vereinte Nationen – Resolution der Generalversammlung, verabschiedet am 25. September 2015: Transformation unserer Welt: die Agenda 2030 für nachhaltige Entwicklung (Dokument A/RES/70/1), 21.10.2015, S. 3, abgerufen unter: www.un.org/Depts/german/gv-70/band1/ar70001.pdf [14.05.2018] © 2018 United Nations. Reprinted with the permission of the United Nations.

ZIELE FÜR NACHHALTIGE ENTWICKLUNG

2

Developed in collaboration with **TROLLBÄCK+COMPANY** | TheGlobalGoals@trollback.com | +1.212.529.1010
For queries on usage, contact: dpicampaigns@un.org | Non official translation made by UNRIC Brussels (September 2015)

Bereits zwischen 2000 und 2015 setzt die UNO mit den Millenniumsentwicklungszielen Maßstäbe für eine Verbesserung der Lebenssituation in den Entwicklungsländern. Nicht alle der dort formulierten Ziele sind erreicht worden. Dennoch können die Vereinten Nationen auf bemerkenswerte Verbesserungen verweisen.

Insbesondere der Zugang zu sauberem Wasser hat sich für viele Menschen verbessert (s. S. 227). Zudem besuchen heute 80 % der Kinder im südlichen Afrika eine Grundschule.

Viele zivilgesellschaftliche Gruppen beteiligen sich im Vorfeld der UN-Versammlung an der Diskussion über die Ziele und Maßnahmen. Die neuen Ziele der Vereinten Nationen berücksichtigen jetzt mehr den Zusammenhang von Entwicklung und Nachhaltigkeit. Ökonomische, ökologische und soziale Dimensionen spielen eine größere Rolle.

Afrika: Eine Frau füttert eine Ziege.

Mongolei: Bauer bei der Heuernte

Nachhaltige Landwirtschaft

Ziel 2 Den Hunger beenden, Ernährungssicherheit und eine bessere Ernährung erreichen und eine nachhaltige Landwirtschaft fördern.

Es soll erreicht werden, dass alle Menschen „ganzjährig Zugang zu sicheren, nährstoffreichen und ausreichenden Nahrungsmitteln haben". Obwohl bereits heute genügend Nahrungsmittel zur Verfügung stehen, haben immer noch nicht alle Menschen Zugang zu ihnen. Dies soll sich bis 2030 geändert haben. Ebenso sollen bis 2030 alle Formen der Mangelernährung beseitigt sowie die landwirtschaftliche Produktivität und die Einkommen der kleinen Nahrungsmittelproduzenten verdoppelt werden.

Außerdem soll die Nachhaltigkeit der Systeme der Nahrungsmittelproduktion sichergestellt werden. Bestimmte landwirtschaftliche Methoden sollen zur Erhaltung der Ökosysteme beitragen und eine Anpassung an den Klimawandel und durch ihn bedingte Naturkatastrophen ermöglichen. Auch sollen die Bodenqualität verbessert und die genetische Vielfalt bewahrt werden.

Deutsche Gesellschaft für die Vereinten Nationen e. V. (DGVN) (Hrsg.): 17 Ziele für eine nachhaltige Entwicklung, in: UN-Basis-Informationen Nr. 52, 12/2015, S. 6

Familienbetriebe oder kleine Produktionskooperationen in der Landwirtschaft können in den Entwicklungsländern die Grundlage für Ernährungssicherheit schaffen. Voraussetzung ist, dass diese Menschen Land besitzen und bewirtschaften können.

Internationale Großkonzerne kaufen oft Kleinbauern das Land ab. Sie stellen dann mit Maschinen, resistentem Saatgut und billigen Arbeitskräften Lebensmittel her und verkaufen diese gewinnbringend auf dem Weltmarkt. Manchmal wird Kleinbauern auch fruchtbares Ackerland ohne Entschädigung weggenommen, um auf ihrem Boden z. B. Mais als Basis für Bioenergie- oder Tierfutterrohstoffe anzubauen. Diese Produkte werden dann exportiert. Die Einheimischen haben danach weder Land noch Einkünfte.

Diese Vorgänge sollen mit dem Ziel 2 der Agenda 2030 beendet werden.

ARBEITSVORSCHLÄGE

1, 2
Beschreiben Sie die 17 Ziele für nachhaltige Entwicklung, indem Sie eine Tabelle mit den wichtigsten Stichworten erstellen. Tragen Sie nach und nach in eine zweite Spalte konkrete Beispiele ein.

2
Entscheiden Sie sich für eines der 17 Ziele (außer 2). Erläutern Sie, welche Maßnahmen die UNO anstrebt, und stellen Sie Ihre Ergebnisse in der Klasse vor. Ausführliche Beschreibungen finden Sie hier: **www.dgvn.de** (Veröffentlichungen → UN-Basis-Informationen 52 vom 14.12.2015)

3, 4
Beurteilen Sie die dargestellten Maßnahmen, um Ziel 2 zu erreichen:
Wo finden Sie hier ökonomische, ökologische und soziale Dimensionen?
Welche Maßnahmen halten Sie persönlich für besonders sinnvoll?

WEITERFÜHRENDE HINWEISE

Es gibt eine Bilanz des bisher Erreichten durch die sogenannten Millenniumsentwicklungsziele.

Arbeiten Sie heraus, wo die UNO Erfolge zu verzeichnen hat, und wo es noch Handlungsbedarf gibt: **www.dgvn.de** (Veröffentlichungen → UN-Basis-Informationen 52 vom 14.12.2015).

Eine ausführliche Fassung gibt es beim Bundesministerium für wirtschaftliche Zusammenarbeit und Entwicklung: **www.bmz.de** (Stichwort „Fortschrittsbericht").

Globalisierung hat dann für alle Länder der Erde Vorteile, wenn auch alle Länder Zugang zu den Weltmärkten haben. Der Abbau von Handelsschranken bedeutet eigentlich einen besseren Zugang zum Weltmarkt. Das heißt aber für einen Kleinproduzenten in einem armen Land nicht automatisch, dass er vom Verkauf seiner Produkte sich und seine Familie ernähren kann.

2

Kaffeeernte in Kenia

Kaffeeernte in Guatemala

Qualitätskontrolle

Beispiel Kaffee

3

1

Woher der Kaffee kommt

Weltweite Kaffee-Exporte 2014:
insgesamt 113,9 Millionen Säcke à 60 kg

Die größten Exporteure

Brasilien	36,4 Mio. Säcke
Vietnam	25,3
Kolumbien	11,0
Indonesien	6,0
Indien	5,1
Honduras	4,3
Uganda	3,4
Äthiopien	3,1
Guatemala	3,0
Peru	2,7
Mexiko	2,5
Nicaragua	1,9

Quelle: International Coffee Organization   © Globus   10436

Kaffee ist nach Erdöl der weltweit wichtigste **Exportrohstoff**. In 76 Anbauländern, vor allem Entwicklungsländer, gehört der Kaffee zum wichtigsten Exportprodukt. Wenn das Angebot an Kaffee auf dem Weltmarkt steigt, wie in den letzten Jahren geschehen, fällt der Preis, der sich durch Angebot und Nachfrage bestimmt. Die großen Kaffeeröstereien kaufen ihre Rohprodukte vom billigsten Anbieter auf dem Weltmarkt und können so auch ihre Gewinne halten oder sogar steigern. Da der Kaffeekonsum in den Verbraucherländern im Wesentlichen gleich bleibt, gehen die Kaffeebauern leer aus. Sie können ihr Rohprodukt entweder zu Dumpingpreisen oder gar nicht mehr verkaufen. In jedem Fall reichen die Erlöse nicht zum Leben.

Die Kaffee exportierenden Länder haben eine Organisation gegründet, die sich zum Ziel setzt, den Kleinbauern einen höheren Preis zu bezahlen, der ihnen ein menschenwürdiges Leben ermöglicht.

Fair produzieren – fair handeln – fair konsumieren

Kooperationen zwischen Kleinproduzenten in den Entwicklungsländern und Organisationen, die den fairen Handel fördern wollen, garantieren Mindeststandards:

- einen kostendeckenden Mindestpreis, unabhängig von den Preisschwankungen auf dem Weltmarkt
- eine Prämie für Investitionen in die Infrastruktur, z. B. Schulen
- einen Zuschuss für Bioprodukte
- In der Produktion werden weder Pestizide noch gentechnisch veränderte Bestandteile eingesetzt.
- Zwangsarbeit, Kinderarbeit und Diskriminierungen sind verboten.

Produkte aus fairer Produktion und fairem Handel kann man in Weltläden, aber auch in manchen Supermärkten oder Drogerien kaufen. Sie finden sich auch zunehmend im Angebot von Cafés, Kantinen und Bäckereien. Man erkennt die als nachhaltig zertifizierten Produkte an einem Siegel. Am bekanntesten ist das „**Fairtrade**"-Siegel.

Was ist Fairer Handel? 4

Das Siegel für Fairen Handel

Wenn ein Bauer trotz harter körperlicher Arbeit seine Familie nicht ernähren kann, dann liegt das zum Teil auch an ungerechten Welthandelsstrukturen. Im Fairen Handel sind die Strukturen anders: Die Produkte werden zu fairen Bedingungen hergestellt und importiert. Im Mittelpunkt stehen die Produzentinnen und Produzenten, denn: Der Faire Handel ist mehr als Import und Vertrieb von Produkten. Er gibt den Menschen hinter den Produkten ein Gesicht. Ihre Lebens- und Arbeitsbedingungen zu verbessern, ist das Ziel des Fairen Handels.

GEPA Gesellschaft zur Förderung der Partnerschaft mit der Dritten Welt mbH: Was ist Fairer Handel?, abgerufen unter: www.fairtrade.de/index.php/mID/1.1/lan/de [14.06.2016]

Die Auswahl an fairen Produkten ist inzwischen groß. Sie umfasst Lebensmittel wie Bananen, Fruchtsäfte, Kaffee, Tee, Schokolade, aber auch Blumen, Fußbälle, Holz- und Baumwollprodukte sowie Kosmetik.

Immer mehr Städte und Gemeinden lassen sich als „Fairtrade-Stadt" zertifizieren. Dazu müssen sie sich verpflichten, die folgenden Bedingungen zu gewährleisten:

1. Der Gemeinderat muss einen Beschluss fassen, dass die Stadt fairen Handel fördern wird. Bei allen öffentlichen Sitzungen muss fairer Kaffee ausgeschenkt werden.

2. Eine Organisationsgruppe plant und steuert die Maßnahmen. Sie muss aus mindestens je drei Personen aus Zivilgesellschaft, Politik und Wirtschaft bestehen.

3. In den Einzelhandelsgeschäften, bei Blumenläden und in Cafés und Restaurants müssen mindestens zwei Produkte aus fairem Handel zum Verkauf angeboten werden.

4. In öffentlichen Einrichtungen, in Schulen und Vereinen werden Produkte aus fairem Handel angeboten.

5. Die Zeitungen, Radio- und Fernsehsender der Region berichten regelmäßig über die Aktivitäten.

Die Zusammenarbeit zwischen Kleinproduzenten in den Entwicklungsländern und Konsumenten in den Industrieländern kann dazu beitragen, dass der Welthandel ein bisschen gerechter wird. Die Bevölkerung in den Industrieländern kann diesen Prozess aktiv mitgestalten.

ARBEITSVORSCHLÄGE

 1

Analysieren Sie das Schaubild. Welche Länder exportieren viel, welche wenig Kaffee? Finden Sie die Länder auf der Weltkarte (S. 278f.).

 2

Beschreiben Sie die Fotos. Stellen Sie dar, welche Arbeitsschritte Sie erkennen.

 3

Erläutern Sie anhand des Textes, weshalb die Kaffeeproduzenten in den Entwicklungsländern von ihren Exporterlösen nicht leben können.

 4

Erklären Sie in eigenen Worten, wie fairer Handel funktioniert.

 5

Überprüfen Sie in Supermärkten, Drogerien und anderen Geschäften, welche Produkte aus Asien, Afrika und Lateinamerika stammen. Welche dieser Produkte tragen ein Fairtrade-Siegel? Halten Sie Ihre Ergebnisse in einer Liste fest.

WEITERFÜHRENDE HINWEISE

Überprüfen Sie, ob Ihre Heimatstadt eine „Fairtrade-Stadt" ist. Sie finden eine Landkarte und eine Liste bei: **www.fairtrade-towns.de**.

Kampagne

Eine Kampagne ist eine Werbeaktion von mehreren Personen oder einer Gruppe, die ein gemeinsames Ziel erreichen wollen. Eine Kampagne ist immer zeitlich begrenzt.

Parteien führen vor allem vor Wahlen Kampagnen durch. Zivilgesellschaftliche Gruppen wie z. B. Greenpeace machen mit Kampagnen auf sich aufmerksam. Gewerkschaften oder Arbeitgeberverbände werben mit Kampagnen in der Öffentlichkeit. Auch Lobbyisten nehmen mit Kampagnen Einfluss auf die öffentliche Meinung und die Politik.

Bei Kampagnen werden Plakate, Flyer, Informationsbroschüren und Zeitungsanzeigen erstellt. Auch Informationsstände dienen dazu, möglichst viele Menschen zu erreichen.

Thema: **Kampagne für fairen Handel**

1. Vorbereitung:

Entscheiden Sie sich für ein Thema und bilden Sie zu jedem Thema eine Gruppe von drei Personen.

Themen zur Auswahl:

1. Was ist fairer Handel? Wie funktioniert er? Welche Vorteile haben die Kleinproduzenten in den Entwicklungsländern?

2. Beispiel faire Fußbälle

3. Beispiel fairer Kakao/fairer Tee

4. Beispiel faire Textilien

5. Beispiel faire Bananen/faire Fruchtsäfte

6. Beispiel faire Blumen

7. Beispiel faire Kosmetik

8. Beispiel faire Süßwaren/Zucker

9. …

2. Informationsbeschaffung:

Bei folgender Adresse finden Sie ausführliche Informationen: www.fairtrade-deutschland.de.

Dort gibt es eine Produktliste und Informationen zu den Produzenten.

Sie können auch direkt in einem Weltladen in Ihrer Nähe Informationen besorgen. Hier finden Sie eine Landkarte aller Weltläden in Baden-Württemberg: www.weltladen.de/bawue/.

So geht´s

Kampagne

Hinweis:

Sie können Ihre Kampagne auch auf Ihre Schule beziehen. Nutzen Sie dafür die Informationen unter: www.fairtrade-schools.de
Überprüfen Sie, welche Schritte Sie tun müssten, um Ihre Schule zu einer Fairtrade-Schule zu machen.

Flyer oder Informationsplakat erstellen

Kriterien für Gestaltung und Inhalt:
- Klare Überschrift
- Klare Stichworte
- Logischer inhaltlicher Aufbau
- Kurze und prägnante Texte
- Gut platzierte Fotos
- Gut sichtbares Logo
- Gut lesbare Schrift
- Harmonisches Gesamtbild
- Impressum (Verfasser und Kontaktadresse)

Kampagne Fairtrade Schools

FAIRTRADE®
Das Siegel für Fairen Handel

Informationsstand aufbauen

Kriterien für einen guten Infostand:
- Informationsmaterial gut auswählen
- Informationsmaterial übersichtlich platzieren
- Kostproben anbieten (Schokolade, Bananen, ...)
- Das Personal ist freundlich und kommunikativ.
- Das Personal ist gut informiert und gibt Auskunft.

Austausch

Machen Sie bei den anderen Informationsständen einen Rundgang und lassen Sie sich über die jeweiligen Produkte informieren. Stellen Sie Fragen, wenn Ihnen etwas nicht gut genug erklärt wird.
Alternative: Laden Sie eine andere Klasse zu einem Informationsrundgang ein.

Zusätzliche Ideen:

Ein „Radioreporter“ macht Interviews und nimmt diese auf.
Ein „Fernsehreporter“ nimmt kleine Videos auf.

Schlussrunde

Beurteilen Sie die Informationsstände. Was hat Ihnen besonders gut gefallen? Was könnte noch verbessert werden?

Wissens-Check

Definition von Globalisierung	Globalisierung bedeutet die weltweite Vernetzung aller Lebensbereiche.
Bereiche der Globalisierung	Die Globalisierung wirkt sich aus auf die Bereiche Politik, Wirtschaft, Kommunikation, Kultur, Umwelt und Ressourcen.
Ursachen der Globalisierung	Vier Faktoren sind verantwortlich, dass die Welt sich zu einem Binnenmarkt entwickelt: 1. Transportkosten von Gütern und Dienstleistungen sinken. 2. Kommunikationstechniken sind weltweit verfügbar und kostengünstig. 3. Finanz- und Investitionskapital kann international ungehemmt fließen. 4. Nationale Rechtsvorschriften und Steuern werden zunehmend einander angeglichen, die Grenzen werden geöffnet.
Neoliberalismus	Neoliberalismus ist die Wirtschaftstheorie, die der Globalisierung zugrunde liegt. Diese Theorie setzt auf den freien Konkurrenzkampf der wirtschaftlichen Kräfte und will die Politik so weit wie möglich aus der Regulierung dieser weltweiten Ökonomie heraushalten.
Industrieländer – Schwellenländer – Entwicklungsländer	In der Welt gibt es ein Wirtschafts- und Wohlstandsgefälle: 1. Industrieländer sind die wirtschaftlich stärksten Länder mit dem höchsten Lebensstandard. 2. Schwellenländer zeigen eine wachsende Wirtschaft und nehmen zunehmend am Welthandel teil. 3. Die Menschen in den Entwicklungsländern haben den niedrigsten Lebensstandard.
Definition von Nachhaltigkeit	Nachhaltigkeit ist das Grundprinzip internationaler (Umwelt-)Politik. Nachhaltig handeln bedeutet, dass die Bedürfnisse der Gegenwart befriedigt werden, ohne zu riskieren, dass künftige Generationen keine Chance mehr haben, ihre eigenen Bedürfnisse zu befriedigen. Die Agenda 2030 der UNO zeigt Wege zu einer nachhaltigen Politik.
Politische Akteure in der globalisierten Welt	UNO, IWF, Weltbank, ILO, G20, NGOs
Chancen und Risiken der Globalisierung	Die positiven Seiten der Globalisierung werden vor allem von der Wirtschaft hervorgehoben, während Nichtregierungsorganisationen, wie zum Beispiel ATTAC, vor den Risiken warnen. Es wird befürchtet, dass vor allem die armen Länder durch die Globalisierung Nachteile haben, weil sie nicht gleichberechtigt am Weltmarkt teilnehmen können. Andererseits können international anerkannte Organisationen dafür sorgen, dass weltweit Standards eingehalten werden, die allen Ländern nützen. Ein Beispiel für eine solche Organisation ist die ILO (Internationale Arbeitsorganisation), die sich um menschenwürdige Arbeitsbedingungen in der globalisierten Produktion kümmert.

Kompetenz-Check

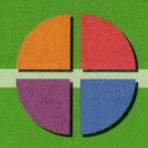

Ich kann... ☺ 😐 ☹

... beschreiben, wie die Globalisierung mein Leben beeinflusst.

Ich kann... ☺ 😐 ☹

... zuordnen, auf welche Bereiche des Lebens die Globalisierung Auswirkungen hat.

... analysieren, welche Länder den weltweiten Handel bestimmen.

... herausarbeiten, wie die weltweite Arbeitsteilung bei der Warenproduktion funktioniert (Beispiel Jeans).

... unterscheiden, welche Rolle Industrieländer, Schwellenländer und Entwicklungsländer auf dem Weltmarkt spielen.

... unterscheiden, welche Ziele die politischen Akteure in der globalisierten Welt verfolgen.

... analysieren, welche Maßnahmen angesichts des Klimawandels für die Industrieländer und die Entwicklungsländer nachhaltig sind.

... vergleichen, welche Produkte im Warenangebot fair produziert bzw. fair gehandelt werden.

Ich kann... ☺ 😐 ☹

... definieren, was Globalisierung bedeutet.

... erklären, warum sich die Welt zu einem Binnenmarkt entwickelt.

... erläutern, worin sich Industrieländer, Schwellenländer und Entwicklungsländer unterscheiden.

... beschreiben, welche politischen Akteure es in der globalisierten Welt gibt.

... definieren, was Nachhaltigkeit bedeutet.

... erklären, welche Ziele die Vereinten Nationen mit der Agenda 2030 verfolgen.

... erläutern, was man unter Grundbedürfnissen versteht.

... definieren, was „fairer Handel" bedeutet.

Ich kann... ☺ 😐 ☹

... beurteilen, welche Auswirkungen faire Produktion und fairer Handel für die Lebensbedingungen in den Entwicklungsländern haben.

... Stellung beziehen zum Angebot an fair gehandelten Waren

... beurteilen, welche Chancen und Risiken mit der Globalisierung verbunden sind.

... eine Mindmap erstellen.

... eine Kampagne planen und durchführen.

9.1 Krieg

Definitionen

Das Heidelberger Institut für Konfliktforschung unterscheidet bei bewaffneten Konflikten mehrere Stufen.

Gewaltsame Krise

Es kommt vereinzelt zu Gewaltausbrüchen zwischen den Konfliktparteien (*violent crisis*).

Begrenzter Krieg

Die Konfliktparteien liefern sich immer wieder gewalttätige Auseinandersetzungen. Es gibt aber auch Kampfpausen (*limited war*).

Krieg

Die Gewalt zwischen den Konfliktparteien ist organisiert und wird systematisch vorbereitet und durchgeführt.
Dabei kann es sich um Bürgerkriege innerhalb eines Landes oder um länderübergreifende Kriege zwischen verschiedenen Konfliktgruppen handeln (*war*).

Viele Familien in Deutschland haben Angehörige, die **Krieg** erlebt haben. Darunter sind vor allem Deutsche älterer Jahrgänge, die den Zweiten Weltkrieg überlebt haben, aber auch Einwandererfamilien, die wegen Krieg in ihren Heimatländern nach Deutschland geflohen sind und jetzt hier leben.

Alle Menschen, die einen nahestehenden Menschen bei einem Terroranschlag oder bei einem Auslandseinsatz der Bundeswehr verloren haben, sind ebenfalls mit Folgen von Krieg schmerzlich in Berührung gekommen. Auch Bundeswehrsoldaten, die z. B. in Afghanistan eingesetzt waren, tragen oft jahrelang an den Folgen ihrer Erlebnisse.

Viele Menschen, die Krieg erlebt haben, können nicht darüber sprechen. Die Erlebnisse sind im Unterbewusstsein verdrängt und werden manchmal erst im hohen Alter ausgesprochen.

Die nach 1945 in Deutschland geborenen Jahrgänge können auf eine Zeit in Frieden zurückblicken wie keine Generation zuvor. Diese Zeit des Friedens ist auch ein Erfolg des europäischen Versöhnungsprozesses (s. S. 188f.).

Bewaffnete Konflikte finden im 21. Jahrhundert vor allem außerhalb Europas statt.

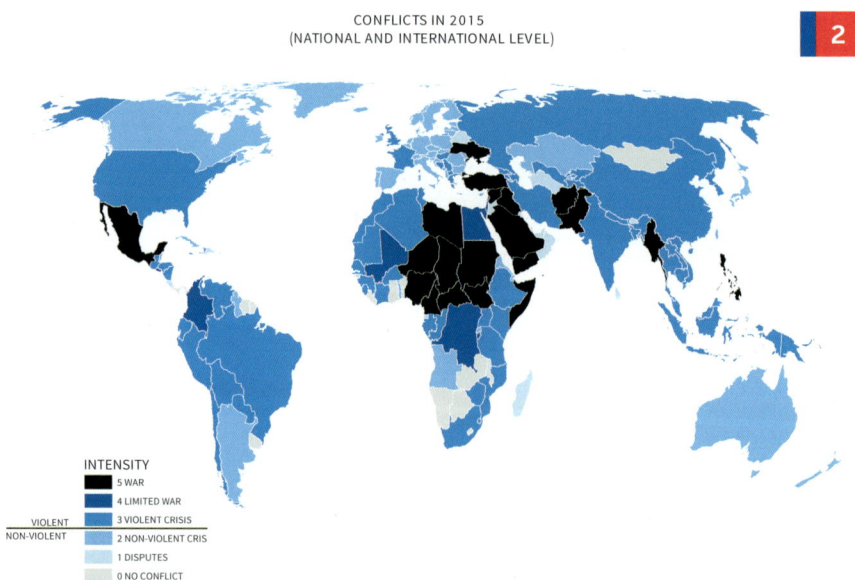

CONFLICTS IN 2015
(NATIONAL AND INTERNATIONAL LEVEL)

INTENSITY

■	5 WAR
■	4 LIMITED WAR
■	3 VIOLENT CRISIS
■	2 NON-VIOLENT CRIS
■	1 DISPUTES
■	0 NO CONFLICT

VIOLENT
NON-VIOLENT

In dem Buch „Krieg – Stell dir vor, er wäre hier" konfrontiert die Autorin Janne Teller ihre Leserinnen und Leser mit einem Gedankenexperiment. Der Perspektivenwechsel, den die Autorin vornimmt, ist „eine Einladung an das Vorstellungsvermögen. Eine Einladung, das Leben der anderen nachzuvollziehen, ein Schicksal, das hoffentlich nie unser eigenes sein wird. Dafür sind wir alle verantwortlich." (Teller, Janne: Krieg – Stell dir vor, er wäre hier, München, Carl Hanser Verlag, 2011, S. 58)

Wenn durch die Bomben der größte Teil des Landes, der größte Teil der Stadt in Ruinen läge? Wenn das Haus, in dem du mit deiner Familie lebst, Löcher in den Wänden hätte? Wenn alle Fensterscheiben zerbrochen, das Dach weggerissen wäre? [...]

Teller, Janne: Krieg – Stell dir vor, er wäre hier, München, übers. von Sigrid C. Engeler, Carl Hanser Verlag, 2011, S. 7

Stell dir vor, er wäre hier

Die **Terroranschläge** in den USA und den europäischen Metropolen zeigen: Kein Teil der Welt ist sicher. War in den Jahren zuvor der Frieden eher außerhalb des eigenen Landes bedroht, zeigt sich nach diesen Ereignissen, wie verwundbar auch die großen Industrienationen der Erde sind. Neu ist die schmerzliche Erkenntnis, dass für Gewalt nicht mehr einfach Regierungen verantwortlich gemacht werden können, sondern dass es zunehmend privatisierte Gewalt und Gewalt terroristischer Netzwerke gibt, die das friedliche Zusammenleben der Menschen bedrohen.

Seit den 1990er-Jahren werden in vielen Konfliktregionen Kinder und Jugendliche als Soldaten rekrutiert. Terroristische Gruppen erwerben günstig Kleinwaffen und statten die Kinder damit aus. Von diesen missbrauchten Kindern geht Gewalt gegen andere Zivilisten aus, werden Massaker und „ethnische Säuberungen" verübt. Diese Kinder sind traumatisiert.

Auf der anderen Seite werden modernste Waffen eingesetzt, bei denen die Akteure nicht mal mehr vor Ort sein müssen, um ihre tödliche Munition einzusetzen.

Das Sympathische an diesen Drohnen: man macht sich nicht mehr die Finger schmutzig!!!

ARBEITSVORSCHLÄGE

 1

Erläutern Sie die drei Stufen von bewaffneten Konflikten an jeweils einem konkreten Beispiel.

 2

Analysieren Sie die Konfliktkarte. Wo finden die meisten Kriege statt?
Finden Sie die Länder auf der Weltkarte (S. 278f.).
Erstellen Sie eine Liste nach Regionen und Konfliktstufen.

 3

Wie stellen Sie sich Krieg vor?
Alternative:
Lesen Sie das Buch „Krieg -Stell dir vor, er wäre hier".
Diskutieren Sie darüber in Ihrer Klasse.

 4

Beschreiben Sie das Foto. Was wissen Sie über Kindersoldaten? Tauschen Sie sich untereinander aus.

 5

Interpretieren Sie die Karikatur.

WEITERFÜHRENDE HINWEISE

Interviewen Sie behutsam Ihre (Ur-)Großeltern bzw. andere Verwandte, von denen Sie wissen, dass Sie Kriege erlebt haben.

Vergleichen Sie Filme und Bücher zum Thema Krieg. Nehmen Sie Stellung dazu, wie diese Filme oder Bücher auf Sie gewirkt haben.

Was ist Terrorismus? **1**

Unter „Terrorismus" versteht man Gewalt gegen eine politische Ordnung, die das Ziel hat, einen politischen Wandel zu erzwingen (z. B. Entführungen oder Attentate). Terror soll Unsicherheit und Schrecken oder auch Sympathie und Unterstützungsbereitschaft erzeugen und dadurch Druck ausüben. Das Wort „Terrorismus" stammt aus dem Lateinischen (lat. terror: Furcht, Schrecken).

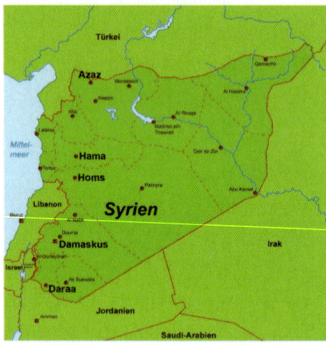

Bis ins 20. Jahrhundert sind Kriege zwischen Staaten die Regel. Ein Staat erklärt einem anderen den Krieg, verbündete Staaten unterstützen jeweils die eine oder andere Seite. Der Krieg eskaliert.

Im 21. Jahrhundert gibt es weniger Kriege zwischen Staaten. Die meisten bewaffneten Konflikte sind heutzutage **innerstaatliche Konflikte**. In einem zerfallenen Staat, in dem es keine Zentralregierung gibt, kämpfen verschiedene Interessengruppen um die Macht. Auch terroristische Gruppen sind in solchen Staaten aktiv. Viele dieser Gruppierungen finanzieren sich über Öl-, Diamanten-, und Drogenhandel. Oft mischen sich dann auch andere Staaten in diesen Konflikt ein. So entstehen aus Bürgerkriegen, die scheinbar nur innerhalb eines Landes stattfinden, regionale bewaffnete Konflikte oder sogar Kriege mit überregionaler Beteiligung.

Für alle diese bewaffneten Konflikte gibt es viele Ursachen, wie auch das folgende Interview mit Heiner Bielefeldt, UN-Sonderberichterstatter für Religions- und Weltanschauungsfreiheit, zeigt.

„Religion ist nie allein die Ursache" **2**

[...]

Werden so die tatsächlichen Ursachen verkannt?

Die Lage in Syrien lässt sich nicht ungebrochen als religiöser Konflikt bezeichnen. Vor drei Jahren ging es zunächst um den Kampf gegen eine Diktatur – unbewaffnete Demonstranten gegen einen bis unter die Zähne bewaffneten Despoten. Irgendwann waren dann die Demonstranten auch bewaffnet, der Konflikt wurde immer mehr in Kategorien des Bürgerkriegs beschrieben und obendrein zum Stellvertreterkonflikt großer, regionaler Gruppen. Und auf einmal war es in der öffentlichen Wahrnehmung dann nur noch der Kampf der Sunniten gegen Schiiten, mit den Christen irgendwo dazwischen. Religion ist zweifellos oft ein Faktor von Eskalation. Doch Religion ist nie allein die Ursache. Aktuell sehe ich sie in keinem einzigen Konflikt eindeutig als der entscheidende Auslöser. Weder in Syrien noch anderswo.

In der Zentralafrikanischen Republik ist die Rede vom Kampf zwischen Muslimen und Christen. Zu einfach?

Vom Konflikt der Christen gegen Muslime zu sprechen ist einerseits richtig, jedoch geht es meist nicht um christliche oder islamische Inhalte, sondern um Gruppenzugehörigkeiten. Identitäten werden oft religiös definiert und die Religion wird ihrerseits als Kriterium von Identität instrumentalisiert. In einer Situation des politischen Zerfalls wie in Zentralafrika zählt nur eine Botschaft: Wir sind anders als die. Die anderen sind böse. Sie haben meinen Vater umgebracht, sie haben meine Kinder bedroht oder vergewaltigen unsere Frauen. Das hat nichts mit unterschiedlichen Offenbarungsbekenntnissen, heiligen Büchern, Propheten oder anderen substanziellen Inhalten der Religionen zu tun.

Aber dennoch steht Religion im Zentrum?

Auch wenn es so erscheint: In vielen Konflikten – im subsaharischen Afrika und anderswo –, geht es im Kern um etwas anderes: um Staatsversagen, um Vertrauensverlust. Menschen glauben nicht mehr daran, dass die staatliche Ordnung funktioniert und dass man sich auf die öffentlichen Institutionen verlassen kann. [...]

Auszug aus: Stettin, Isabel: „Religion ist nie allein die Ursache", 28.01.2014, abgerufen unter: www.sueddeutsche.de/politik/glaube-in-konflikten-religion-ist-nie-allein-die-ursache-1.1868435 [10.06.2016]

Ursachen bewaffneter Konflikte in der Welt 3

Politische Ursachen:

- Ein Staat will eine ganze Region beherrschen oder beansprucht einen Teil seines Nachbarstaates (Eritrea/Äthiopien, Indien/Pakistan).
- In einem Staat gibt es eine schwache Zentralregierung und viele konkurrierende Interessengruppen mit regionaler Macht (Jemen, Somalia, Libyen).
- In einem Staat herrscht eine kleine korrupte Clique. Die Bevölkerung verbündet sich mit dem Militär (Ägypten).

Wirtschaftliche Ursachen:

- In einem Land herrscht ein extremes Wohlstandsgefälle. Die Bevölkerungsmehrheit möchte am Wohlstand der herrschenden Eliten teilhaben (fast überall).
- Zugang zu Ressourcen (Öl, Gas, Wasser, Verkehrswege) führt zwischen Nachbarstaaten zu Konflikten (Nigeria, Tschad).
- Unterschiedliche Interessengruppen innerhalb eines Staates möchten Zugang zu den Rohstoffen des Landes. Es kommt zu bewaffneten Konflikten (DR Kongo, Sierra Leone).

Religiöse Ursachen:

- Eine Glaubensrichtung will die Vormachtstellung über alle anderen (Sunniten gegen Schiiten, Christen gegen Muslime).

Ethnische Ursachen:

- Ganze Volksgruppen werden aufgrund ihrer Nationalität benachteiligt und unterdrückt. Nationale Minderheiten fordern politische Mitbestimmung und Gleichberechtigung (Kurden).

Neben diesen Faktoren gibt es auch ökologische Ursachen von bewaffneten Konflikten, z. B. beim Zugang zu Wasser. Je größer die Wasserknappheit auf der Erde wird, umso wahrscheinlicher werden Konflikte um die Wasserversorgung (Türkei/Syrien/Irak bzw. Israel/Palästina).

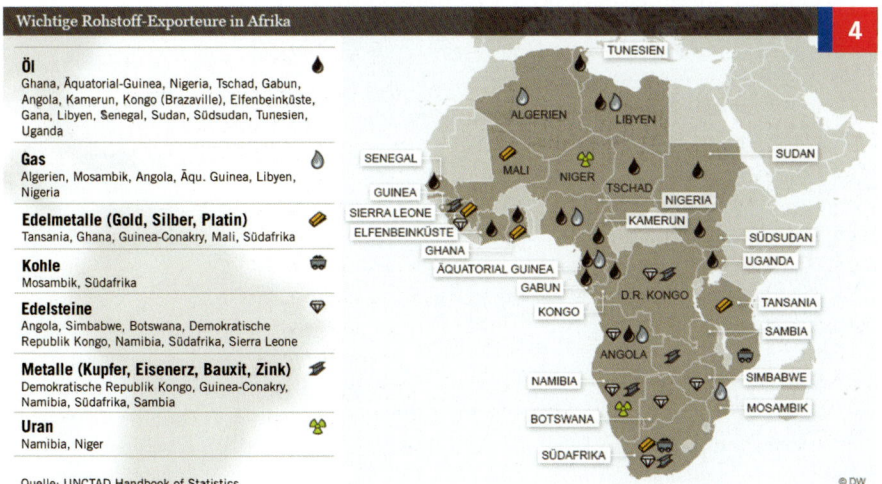

Wichtige Rohstoff-Exporteure in Afrika 4

Öl
Ghana, Äquatorial-Guinea, Nigeria, Tschad, Gabun, Angola, Kamerun, Kongo (Brazaville), Elfenbeinküste, Gana, Libyen, Senegal, Sudan, Südsudan, Tunesien, Uganda

Gas
Algerien, Mosambik, Angola, Äqu. Guinea, Libyen, Nigeria

Edelmetalle (Gold, Silber, Platin)
Tansania, Ghana, Guinea-Conakry, Mali, Südafrika

Kohle
Mosambik, Südafrika

Edelsteine
Angola, Simbabwe, Botswana, Demokratische Republik Kongo, Namibia, Südafrika, Sierra Leone

Metalle (Kupfer, Eisenerz, Bauxit, Zink)
Demokratische Republik Kongo, Guinea-Conakry, Namibia, Südafrika, Sambia

Uran
Namibia, Niger

Quelle: UNCTAD Handbook of Statistics

© DW

ARBEITSVORSCHLÄGE

 1

Fassen Sie in eigenen Worten zusammen, wie Terrorismus definiert wird.

 2

Erläutern Sie die Hauptthese von Heiner Bielefeldt. Erklären Sie, wie er diese These begründet. Beurteilen Sie diese These am Beispiel von Syrien und der Zentralafrikanischen Republik.

 3

Vergleichen Sie die unterschiedlichen Konfliktursachen. Was wissen Sie über die genannten Beispiele? Tauschen Sie sich untereinander aus.

 4

Beschreiben Sie die Afrika-Karte. Belegen Sie, inwiefern hier Ursachen von bewaffneten Konflikten dargestellt sind.

WEITERFÜHRENDE HINWEISE 🌐

Beschreiben Sie die Bestandteile Ihres Smartphones. Woher kommen diese Teile (s. S. 214).

Analysieren Sie die in 3 genannten Konflikte genauer. Detaillierte Informationen finden Sie z. B. bei der Bundeszentrale Politische Bildung: www.bpb.de, Stichwort „Konfliktporträts".

Stellen Sie weitere Konfliktursachen zusammen, die Sie bei Ihrer Recherche entdeckt haben.

Fallanalyse

Bei einer Fallanalyse werden Sie mit einem Problem konfrontiert, das sich nicht auf den ersten Blick erklärt. Deshalb ist eine gründliche Recherche erforderlich. Dazu benötigen Sie Kriterien, mit deren Hilfe Sie das Problem untersuchen können.

Thema: **Fallanalyse eines aktuellen bewaffneten Konflikts**

Aufgabe:

Analysieren Sie einen aktuellen bewaffneten Konflikt.
Entscheiden Sie sich zu zweit für ein Land (s. Konfliktkarte S. 234).

Vorarbeiten:

Beurteilen Sie die Kriterien, die Ihnen im Folgenden vorgestellt werden, finden Sie weitere und entscheiden Sie sich für diejenigen Kriterien, nach denen Sie den ausgewählten Konflikt untersuchen wollen.
Entwickeln Sie einen Katalog von Leitfragen, um den Konflikt aufzuschlüsseln.

Analysekriterien:

Naheliegende Kriterien sind:
- Wer sind die Beteiligten?
- Was wollen sie erreichen?
- Wie ist der Verlauf des Konflikts?
- Gibt es Lösungsansätze?

So geht's 👆

Fallanalyse

Vorgehen:

1. Beschaffen Sie sich zur Beantwortung Ihrer Leitfragen die nötigen Informationen. Neben Artikeln in der Presse können folgende Internetadressen hilfreich sein:

- Bundeszentrale für politische Bildung: www.bpb.de, Suchbegriff „Konfliktporträts"
- Auswärtiges Amt: www.auswaertiges-amt.de, Stichwort „Länderinformationen"
- Deutsche Gesellschaft für die Vereinten Nationen e. V.: www.dgvn.de, „Frieden sichern" → „Konflikte & Brennpunkte"

2. Ordnen Sie Ihre Ergebnisse den jeweiligen Leitfragen aus Ihrem Katalog zu.
   Übertragen Sie Ihre Leitfragen und Antworten in eine übersichtliche Tabelle oder gestalten Sie Leitfragen und Antworten übersichtlich auf einem Plakat.

3. Stellen Sie Ihre Fallanalysen in der Klasse vor.

4. Analysieren Sie nun gemeinsam im Querschnitt (in der folgenden Abbildung blau) die unterschiedliche oder gleiche Ausprägung der aktuellen Konflikte. Das funktioniert auch dann, wenn Sie verschiedene Kategorien verwendet haben.

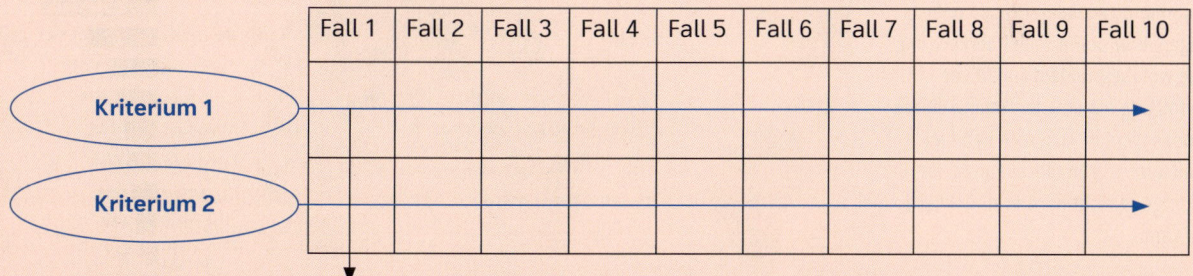

5. Diskutieren Sie in Ihrer Klasse unterschiedliche Lösungsmöglichkeiten, um Frieden in den betroffenen Ländern zu erreichen.

Friedensnobelpreis für den UNHCR

Schon zweimal, 1954 und 1981, hat das Flüchtlingskommissariat der UNO den Friedensnobelpreis für seine Arbeit erhalten.

UN-Flüchtlingskonvention (1951)

auch „Genfer Konvention" genannt, bestimmt die Rechte von Flüchtlingen, zu denen Religions- und Bewegungsfreiheit sowie das Recht, zu arbeiten, das Recht auf Bildung und das Recht auf den Erhalt von Reisedokumenten gehören.

Wer gilt als Flüchtling?

Artikel 1 der Genfer Flüchtlingskonvention definiert einen Flüchtling als Person, die sich außerhalb des Landes befindet, dessen Staatsangehörigkeit sie besitzt oder in dem sie ihren ständigen Wohnsitz hat, und die wegen ihrer Rasse, Religion, Nationalität, Zugehörigkeit zu einer bestimmten sozialen Gruppe oder wegen ihrer politischen Überzeugung eine wohlbegründete Furcht vor Verfolgung hat und den Schutz dieses Landes nicht in Anspruch nehmen kann oder wegen dieser Furcht vor Verfolgung nicht dorthin zurückkehren kann.

Die Zahl der **Flüchtlinge** steigt weltweit an. Millionen Menschen verlassen ihr Land, weil sie wegen ihrer Rasse, ihrer Religion, ihrer Nationalität oder ihrer politischen Überzeugung verfolgt werden. Dazu kommen Menschen, die wegen Armut, Hunger und Umweltschäden aus ihrer Heimat fliehen. Die meisten Flüchtlingsströme entstehen in Ländern der „Dritten Welt" und enden ebenfalls in einem anderen Entwicklungsland. Der Kontinent mit der größten Flüchtlingszahl ist Afrika. Dort nehmen fast ein Drittel der weltweiten Flüchtlingsströme ihren Anfang. Insbesondere durch Bürgerkriege werden heute Menschen entwurzelt. Diese überschreiten bei ihrer Flucht oft nicht einmal die Grenzen ihres Staates. Das **Flüchtlingskommissariat der Vereinten Nationen (UNHCR)** weist darauf hin, dass der Anteil dieser „Binnenvertriebenen" immer größer wird, diese Menschen aber gleichzeitig in keiner Statistik auftauchen. Humanitäre Hilfe für die Menschen scheitert oft an der Weigerung ihrer Regierung, die internationalen Helfer des UNHCR ins Land zu lassen.

Für die Flüchtlingsbetreuer der Vereinten Nationen ist es nicht damit getan, die Menschen wieder in ihrer Heimat unterzubringen. Die Eingliederung in das dortige Leben – teilweise nach vielen Jahren erzwungener Abwesenheit – ist nicht einfach. Überbrückungshilfen müssen zur Verfügung gestellt werden, um den Heimgekehrten ein menschenwürdiges Leben zu ermöglichen. Dies lässt sich aber nur durchführen, wenn genügend Geld zur Verfügung steht. Das UNHCR befürchtet, diese Maßnahmen bald nicht mehr bezahlen zu können, da jährlich eine Million neue Flüchtlinge dazukommen, die sofort betreut werden müssen.

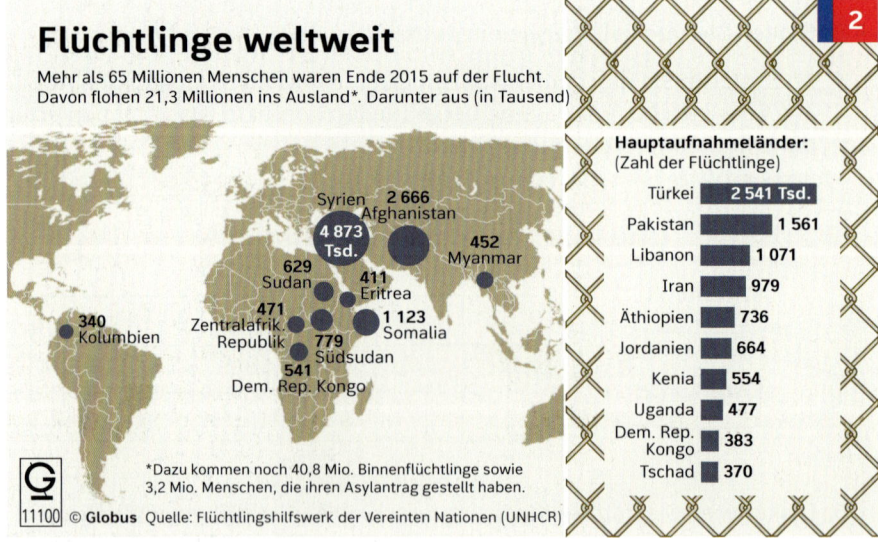

Flüchtlinge weltweit

Mehr als 65 Millionen Menschen waren Ende 2015 auf der Flucht. Davon flohen 21,3 Millionen ins Ausland*. Darunter aus (in Tausend)

Syrien **2 666**
Afghanistan **4 873 Tsd.**
452 Myanmar
629 Sudan
411 Eritrea
340 Kolumbien
471 Zentralafrik. Republik
1 123 Somalia
779 Südsudan
541 Dem. Rep. Kongo

Hauptaufnahmeländer: (Zahl der Flüchtlinge)

Türkei	2 541 Tsd.
Pakistan	1 561
Libanon	1 071
Iran	979
Äthiopien	736
Jordanien	664
Kenia	554
Uganda	477
Dem. Rep. Kongo	383
Tschad	370

*Dazu kommen noch 40,8 Mio. Binnenflüchtlinge sowie 3,2 Mio. Menschen, die ihren Asylantrag gestellt haben.

11100 © Globus Quelle: Flüchtlingshilfswerk der Vereinten Nationen (UNHCR)

Es gibt aber nicht nur Millionen sogenannter **Binnenflüchtlinge**, sondern ebenso Millionen Menschen, die in einem anderen Land eine neue Heimat suchen. Oft werden Menschen, die ihre Heimat verlassen, als „Wirtschaftsflüchtlinge" bezeichnet. Ihnen wird das Recht abgesprochen, in Deutschland oder einem anderen Industriestaat aufgenommen zu werden.

3

„Ist was?" Hanel-Zeichnung

Die Europäische Union zeigt sich angesichts der gestiegenen Zahl von Flüchtenden uneinig. Statt eine gemeinsame solidarische Lösung für die Verteilung der Menschen auf die 28 Mitgliedsstaaten zu finden, schotten sich immer mehr EU-Mitgliedsländer mit Zäunen gegen Flüchtlinge ab.

Der Flüchtlingsbeauftragte der UNO kritisiert diese Haltung und fordert von der EU Maßnahmen:

- Griechenland unterstützen, weil es die Hauptlast trägt.
- Mehr legale Einwanderungsmöglichkeiten schaffen, z. B. Familienzusammenführung.
- Mehr Schutz und bessere Rettungsmaßnahmen garantieren, besonders für Minderjährige, z. B. auf dem Meer, aber auch gegen rassistische Angriffe.
- Gerechte Verteilung der Geflüchteten auf alle EU-Mitgliedsstaaten ermöglichen.

4

Mit der Aktion „SOS Europe" gedenkt Amnesty International der im Mittelmeer umgekommenen Flüchtlinge und fordert sichere Fluchtwege nach Europa.

ARBEITSVORSCHLÄGE

 1

Erläutern Sie für jeden der genannten Fluchtgründe ein konkretes Beispiel – aus den Medien, aus Ihrem Bekanntenkreis, aus Ihrer Familie, aus der Geschichte.

 2

Analysieren Sie, in welchen Ländern Flüchtlingsströme beginnen.
Vergleichen Sie die Einwohnerzahl der Aufnahmeländer mit der Zahl der aufgenommenen Flüchtlinge.

 3

Interpretieren Sie die Karikatur.

 4

Beschreiben Sie das Foto. Woran denken Sie, wenn Sie das Bild ansehen?

WEITERFÜHRENDE HINWEISE

Arbeiten Sie heraus, wie der aktuelle Stand der Flüchtlingspolitik der EU ist.
Folgende Seiten können hilfreich sein:
www.europarl.de → Top-Themen
www.bamf.de, Stichwort „Flüchtlingspolitik"
www.proasyl.de

Beurteilen Sie, inwieweit die Forderungen des UN-Flüchtlingskommissars umgesetzt worden sind.

Der Bundesminister für wirtschaftliche Zusammenarbeit und Entwicklung

Dr. Gerd Müller (CSU)

**Nichtregierungsorgani-
sationen in Deutschland**

Brot für die Welt
Caroline-Michaelis-Straße 1
10115 Berlin
www.brot-fuer-die-welt.de

Misereor
Mozartstraße 9
52064 Aachen
www.misereor.de

Deutsche Welthungerhilfe e. V.
Friedrich-Ebert-Straße 1
53113 Bonn
www.welthungerhilfe.de

Deutsche Gesellschaft für Internationale Zusammenarbeit (GIZ)
Friedrich-Ebert-Allee 40
53113 Bonn
www.giz.de

Zusätzlich zu Fördermitteln aus dem
Etat des BMZ finanzieren die NGOs
ihre Projekte durch Spenden.

Das DZI-Spendensiegel ist das
Markenzeichen für eine seriöse
Spendenorganisation.
www.dzi.de

In Deutschland ist für die staatliche Entwicklungspolitik das **Bundesministerium für wirtschaftliche Zusammenarbeit (BMZ)** zuständig.

Entwicklungszusammenarbeit – weil Wohlstand verpflichtet

Gerechtigkeit und Solidarität sind Grundwerte des menschlichen Lebens: Keiner darf wegsehen, wenn in einem anderen Land unmenschliche Verhältnisse herrschen. Wir sind nicht nur für das verantwortlich, was wir tun, sondern auch für das, was wir nicht tun. Unsere Kultur basiert auf dem Ideal, dass die Starken die Schwachen unterstützen. Und im deutschen Grundgesetz steht: „Eigentum verpflichtet. Sein Gebrauch soll zugleich dem Wohle der Allgemeinheit dienen."

Die Allgemeinheit, das sind in der globalisierten Welt nicht nur die Menschen in Deutschland und Europa, sondern auch die Menschen auf anderen Kontinenten. Der Großteil der Menschheit lebt in Entwicklungsländern. Der Reichtum der Welt konzentriert sich jedoch in den Industriestaaten – sie tragen dadurch Mitverantwortung dafür, die Armut auf der Welt zu beseitigen.

Bundesministerium für wirtschaftliche Zusammenarbeit und Entwicklung (BMZ): Grundsatzfrage: Warum brauchen wir Entwicklungspolitik, abgerufen unter: www.bmz.de/de/ministerium/ziele/grundsaetze/index.html [27.03.2018]

Zu den aktuellen Aufgaben des BMZ gehören Maßnahmen, um **Fluchtursachen** zu bekämpfen, und Maßnahmen zur Unterstützung der Länder, die besonders viele Flüchtlinge aufnehmen. Es werden aber auch Projekte in anderen Ländern gefördert, damit die Lebensbedingungen der Menschen vor Ort verbessert werden.

Projekt Grundwasserschutz in Jordanien

Jordanien gehört zu den zehn Ländern mit den geringsten verfügbaren und erneuerbaren Wasservorräten pro Einwohner. Bevölkerung, Landwirtschaft und Industrie konkurrieren um das knappe Gut. [...]

Durch die Verbesserung des Grundwasserschutzes wird einer weiteren Verknappung der jordanischen Trinkwasserressourcen entgegengewirkt. Auch die Risiken für die Gesundheit der Menschen und die Verschmutzungen des Wassers sinken. Damit trägt das Projekt zur langfristigen Sicherung einer be-

zahlbaren Wasserversorgung bei – insbesondere für die ärmeren Bevölkerungsschichten.

BMZ: Management – Grundwasserschutz Jordanien, abgerufen unter: www.bmz.de/de/themen/wasser/deutscher_beitrag/wasser_fuer_menschen/management/wasser_grundwasser/index.html [11.06.2016]

Bei diesen Projekten arbeitet das BMZ mit EU und UNO zusammen, aber auch mit nicht staatlichen Organisationen, den sog. **NGOs** (*non-governmental organization*). Diese sind wichtige Partner in der Entwicklungszusammenarbeit. Sie kennen sich oft bei den Problemen vor Ort besser aus als die Vertreter der jeweiligen Regierungen. Auch deshalb spielen sie auf internationaler Ebene als Sprachrohr der Entwicklungsländer eine immer größere Rolle.

... und zivilgesellschaftliche Lösungen

Projektbeispiel Welthungerhilfe: Straßenbau im Kongo

Straßenbau ist entscheidend für die Versorgung von Flüchtlingen in abgelegenen Gegenden. Nur wenn Lastwagen die Verbindungsstrecken befahren können, kommen die lebenswichtigen Güter wie Nahrungsmittel, Medikamente und andere Hilfsgüter in den Flüchtlingslagern an.

Die Welthungerhilfe bindet die Bevölkerung in die Arbeiten ein, bezahlt sie für diese Arbeit und ermöglicht den Menschen dadurch eine aktive Mitgestaltung der Verbesserung ihrer Situation. So sind in den letzten Jahren 1 500 km Straßen ausgebaut und mehrere Brücken ausgebessert worden.

MISEREOR fördert Kleinbauern in Bangladesch.

Brot für die Welt: ein ehemaliger Kindersoldat lernt Instrumentenbauer.

Andere NGOs kümmern sich um die Bildung von Kindern und Jugendlichen, betreuen ehemalige Kindersoldaten oder unterstützen Kleinbauernfamilien in landwirtschaftlichen Kooperativen. Sie helfen Initiativen vor Ort, die sich für mehr Demokratie und menschenwürdige Arbeitsbedingungen einsetzen, und stehen Menschen zur Seite, die von Naturkatastrophen betroffen sind.

ARBEITSVORSCHLÄGE

 1

Arbeiten Sie heraus, wie das BMZ die Frage „Warum brauchen wir Entwicklungspolitik?" beantwortet. Beurteilen Sie diese Antwort aus Ihrer Sicht.

 2

Erläutern Sie das Projekt des BMZ in Jordanien und beurteilen Sie dessen Bedeutung für die Bevölkerung.

 3

Analysieren Sie, zu welchen Themen und in welchen Ländern die genannten NGOs Entwicklungsprojekte durchführen.

 3

Entscheiden Sie sich für ein Projekt und beurteilen Sie dessen Bedeutung für den Lebensstandard der Bevölkerung des jeweiligen Landes. Gestalten Sie eine Ausstellung für Ihr Klassenzimmer.

 4

Beschreiben Sie das Foto. Erläutern Sie anschließend das Projekt der Welthungerhilfe.

WEITERFÜHRENDE HINWEISE

Auf den Seiten des BMZ finden Sie eine Länderliste. Dort können Sie nach Themen suchen, die Sie besonders interessieren.
Beurteilen Sie die Projekte des BMZ.
Prüfen Sie, inwieweit diese Projekte dem Prinzip der Nachhaltigkeit entsprechen (s. S. 220).

UNITED NATIONS

UNO-Flagge

Laufende UN-Friedensmissionen 2016 `3`

seit

1948	Nahost (Palästina)
1949	Kaschmir (Indien/Pakistan)
1964	Zypern
1974	Nahost (Golanhöhen)
1978	Nahost (Libanon)
1991	Westsahara
1999	Kosovo
1999	Kongo
2002	Afghanistan
2003	Liberia
2004	Elfenbeinküste
2004	Haiti
2007	Sudan
2010	Kongo
2011	Sudan
2011	Libyen
2013	Mali
2014	Zentralafrikanische Republik

Die Vereinten Nationen

Nach dem Zweiten Weltkrieg wird die Organisation der Vereinten Nationen (UNO) gegründet. Ziel dieser Gemeinschaft aller Staaten der Erde ist die Sicherung des Weltfriedens. 193 Staaten sind Mitglied der UNO. Palästina und der Vatikanstaat haben einen Beobachterstatus.

Einmal im Jahr treffen sich die Vertreter dieser Staaten in der **Generalversammlung** in New York. Dort werden Grundsatzentscheidungen getroffen.

Der **Sicherheitsrat** ist das wichtigste Organ der UNO.

Die Vereinten Nationen setzen sich folgende Ziele: `1`

1. den Weltfrieden und die internationale Sicherheit zu wahren und zu diesem Zweck wirksame Kollektivmaßnahmen zu treffen, um Bedrohungen des Friedens zu verhüten und zu beseitigen, Angriffshandlungen und andere Friedensbrüche zu unterdrücken und internationale Streitigkeiten oder Situationen, die zu einem Friedensbruch führen könnten, durch friedliche Mittel nach den Grundsätzen der Gerechtigkeit und des Völkerrechts zu bereinigen oder beizulegen;

2. freundschaftliche, auf der Achtung vor dem Grundsatz der Gleichberechtigung und Selbstbestimmung der Völker beruhende Beziehungen zwischen den Nationen zu entwickeln und andere geeignete Maßnahmen zur Festigung des Weltfriedens zu treffen;

3. eine internationale Zusammenarbeit herbeizuführen, um internationale Probleme wirtschaftlicher, sozialer, kultureller und humanitärer Art zu lösen und die Achtung vor den Menschenrechten und Grundfreiheiten für alle ohne Unterschied der Rasse, des Geschlechts, der Sprache oder der Religion zu fördern und zu festigen;

4. ein Mittelpunkt zu sein, in dem die Bemühungen der Nationen zur Verwirklichung dieser gemeinsamen Ziele aufeinander abgestimmt werden.

Artikel 1 der Charta der Vereinten Nationen, beschlossen 1945

Damit die UNO ihre Ziele, Konflikte zu beenden und Frieden zu sichern, auch umsetzen kann, stellt sie zivile Kommissionen und Militäreinheiten zusammen. Weil aber die UNO über keine eigene Armee verfügt, müssen die Mitgliedsstaaten für jede UN-Friedensmission Kontingente aus ihren nationalen Armeen zur Verfügung stellen. Diese **Blauhelme** sind die Friedenstruppen der Vereinten Nationen.

Instrumente zur Friedenssicherung `2`	
vorbeugende Diplomatie Entstehung von Streitigkeiten im Vorfeld verhindern	**Friedensschaffung** Beendigung eines Konflikts durch Verhandlungen, z. B. Waffenstillstand
Friedenserzwingung durch militärische Gewalt militärisches Eingreifen im Auftrag des Sicherheitsrates bei Friedensbruch oder bei Angriffshandlungen, aber auch Sanktionen wie Wirtschaftsembargo	
Friedenssicherung Überwachung eines Waffenstillstandes, Wahlbeobachtung	**Friedenskonsolidierung** Unterstützung des Aufbaus rechtsstaatlicher Strukturen, Sicherung der Menschenrechte nach Beendigung eines Konflikts

Der Weltsicherheitsrat

...ist das mächtigste Gremium der Vereinten Nationen (UN). Ziel ist laut UN-Charta die „Wahrung des Weltfriedens und der internationalen Sicherheit".

China

Afrika

Asien

Frankreich

10 wechselnde Mitglieder für jeweils zwei Jahre nach Regionalschlüssel

Latein-amerika und Karibik

ständige Mitglieder

haben Vetorecht; *dadurch werden häufig wichtige Entscheidungen blockiert (z.B. Krise in Darfur)*

Groß-britannien

West-europa, Nord-amerika, andere

Russland

Vorsitz wechselt monatlich

Ost-europa

USA

UN-Mitglieder ohne Stimmrecht (rote Stühle)

Dolmetscher

Delegierte (graue Stühle)

Berater (blaue Stühle)

Stand: August 2009   Quelle: UN   © Globus 3166

Der Sicherheitsrat fasst Beschlüsse, die für alle UN-Mitglieder verbindlich sind. Nötig dafür:

9 der 15 Stimmen, kein Veto

etwa:
• Aufforderung zur friedlichen Einigung
• Sanktionen (z.B. Handelsembargo)
• militärisches Eingreifen („Friedenstruppen")

UN-Friedensmissionen seit 1948:	63
derzeit:	15
dabei im Einsatz:	95 000 Soldaten, Polizisten, Beobachter

Der Sicherheitsrat kann als einziges Organ der UNO Beschlüsse fassen, die für alle Mitgliedsstaaten verbindlich sind. Damit ein Beschluss gültig ist, sind mindestens neun Ja-Stimmen erforderlich, darunter müssen alle fünf ständigen Mitglieder sein. Nur mit dieser Mehrheit kann der Sicherheitsrat ein Mandat für Zwangsmaßnahmen oder für die Entsendung von Blauhelmen erteilen. Die fünf ständigen Mitglieder haben ein Vetorecht: Wenn nur eines dieser Länder nicht einverstanden ist, kommt kein Beschluss zustande.

Die fünf ständigen Mitglieder sind zugleich die fünf offiziellen Atommächte: Vereinigte Staaten von Amerika, Russland, Frankreich, Großbritannien und China.

Die Organisation für Sicherheit und Zusammenarbeit in Europa (OSZE)

Die OSZE hat im europäischen Rahmen die Aufgabe, Konflikte zwischen Staaten im Vorfeld militärischer Auseinandersetzungen zu lösen, also präventive Diplomatie zu betreiben. Ihre Bedeutung liegt vor allem darin, dass sie die einzige Institution darstellt, in der alle europäischen Staaten, auch die Nachfolgestaaten der ehemaligen Sowjetunion und alle Staaten des ehemaligen Ostblocks, gleichberechtigte Mitglieder sind. Die OSZE versteht sich als europäische UNO.

ARBEITSAUFTRÄGE

 1

Fassen Sie die Ziele der UN-Charta in eigenen Worten zusammen.

 2

Erläutern Sie, mit welchen Instrumenten die UNO ihre Ziele durchsetzen kann. Beurteilen Sie die Wirksamkeit dieser Maßnahmen.

 3

Ordnen Sie die UN-Friedensmissionen auf der Weltkarte (S. 278f.) den verschiedenen Kontinenten zu. Auf welchem Kontinent haben die UN-Blauhelme vor allem zu tun?

 4

Analysieren Sie die Zusammensetzung des Sicherheitsrates. Beurteilen Sie, ob statt Frankreich und Großbritannien ein gemeinsamer Vertreter der EU als ständiges Mitglied in den Sicherheitsrat aufgenommen werden sollte.

WEITERFÜHRENDE HINWEISE

Prüfen Sie, bei welchen UN-Friedensmissionen auch Bundeswehrsoldaten beteiligt sind.

Informationen dazu finden Sie auf S. 248f. und bei www.bundeswehr.de, Stichwort „Einsätze".

NATO-Flagge

Die **NATO** (North Atlantic Treaty Organization, Nordatlantik-Pakt) ist ein Militärbündnis, das 1949 von den USA, Kanada und zehn westeuropäischen Staaten gegründet wird. Erst 1955 tritt Deutschland (damals nur Westdeutschland) dem Bündnis bei. Nach dem Ende der Sowjetunion schließen sich viele osteuropäische Länder der NATO an. Inzwischen gehören 28 Staaten zur NATO.

NATO-Hauptquartier in Brüssel

NATO-Vertrag 1949 **1**

Die Parteien vereinbaren, dass ein bewaffneter Angriff gegen eine oder mehrere von ihnen in Europa oder Nordamerika als ein Angriff gegen sie alle angesehen wird; sie vereinbaren daher, dass […] jede von ihnen […] Beistand leistet, indem jede von ihnen unverzüglich […] die Maßnahmen, einschließlich der Anwendung von Waffengewalt, trifft, die sie für erforderlich erachtet […].

Nato-Vertrag, Artikel 5 (Auszug)

Jens Stoltenberg (Norwegen), NATO-Generalsekretär

Fahrzeug-Konvoi der Bundeswehr in Afghanistan

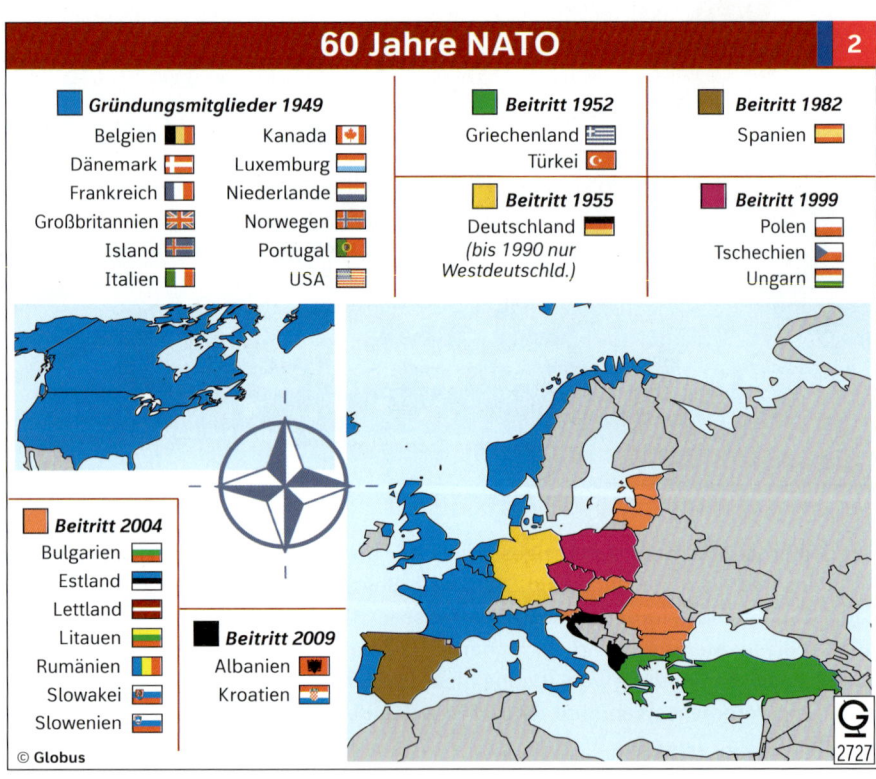

60 Jahre NATO **2**

Gründungsmitglieder 1949
Belgien | Kanada
Dänemark | Luxemburg
Frankreich | Niederlande
Großbritannien | Norwegen
Island | Portugal
Italien | USA

Beitritt 1952
Griechenland
Türkei

Beitritt 1955
Deutschland
(bis 1990 nur Westdeutschld.)

Beitritt 1982
Spanien

Beitritt 1999
Polen
Tschechien
Ungarn

Beitritt 2004
Bulgarien
Estland
Lettland
Litauen
Rumänien
Slowakei
Slowenien

Beitritt 2009
Albanien
Kroatien

© Globus

2727

In den fast 70 Jahren ihres Bestehens ändert die NATO mehrfach ihre Strategie. Vor dem Mauerfall 1989 setzt das Bündnis vor allem auf **Abschreckung** durch militärische Stärke, während in den ersten Jahren nach dem Mauerfall aufgrund der veränderten Sicherheitslage die **Kooperation** mit osteuropäischen Staaten in den Mittelpunkt rückt.

Nach den Terroranschlägen in den USA am 11. September 2001 erklärt der NATO-Rat erstmals in seiner Geschichte den „Bündnisfall". Als Grundlage für diese Entscheidung wird der Artikel 5 des NATO-Vertrags von 1949 herangezogen. Dadurch sehen sich die NATO-Staaten verpflichtet, die Regierung der USA in ihrem Kampf gegen den Terrorismus zu unterstützen. Zugleich verpflichten sich die NATO-Staaten, mit dem Sicherheitsrat der UNO zusammenzuarbeiten.

Der größte Einsatz der NATO außerhalb des Territoriums ihrer Mitgliedstaaten findet in Afghanistan statt. Dieser Auslandseinsatz dauert 13 Jahre. Fast 130 000 Soldaten aus 50 Ländern sind beteiligt, über 3 000 Soldaten sterben.

Die neue strategische Konzeption der NATO wird 2010 in Lissabon verabschiedet. Sie gibt Antworten auf die sicherheitspolitischen Herausforderungen in der Welt: internationaler Terrorismus, Cyber-Angriffe, Sicherheitsprobleme bei der Energieversorgung und Verbreitung von Massenvernichtungswaffen.

Lissabon-Gipfel: Neues Strategisches Konzept der NATO **3**

Das vorliegende Strategische Konzept wird Leitfaden für die nächste Phase der Entwicklung der NATO sein [...]:

- Es bekräftigt die Verpflichtung unserer Staaten, einander gegen einen Angriff zu verteidigen, auch gegen neue Bedrohungen der Sicherheit unserer Bürger.

- Es verpflichtet das Bündnis, Krisen zu verhindern, Konflikte zu bewältigen und die Lage nach einem Konflikt zu stabilisieren, auch indem es enger mit unseren internationalen Partnern zusammenarbeitet, in erster Linie mit den Vereinten Nationen und der Europäischen Union. [...]

- Es bekräftigt unsere feste Entschlossenheit, die Tür der NATO für alle europäischen demokratischen Staaten offen zu halten, die die Bedingungen einer Mitgliedschaft erfüllen, da die Erweiterung zu unserem Ziel eines ungeteilten, freien und friedlichen Europas beiträgt.

Ständige Vertretung der Bundesrepublik Deutschland bei der Nordatlantikvertrags-Organisation: Strategisches Konzept für die Verteidigung und Sicherheit der Mitglieder der Nordatlantikvertrags-Organisation – Aktives Engagement, moderne Verteidigung, abgerufen unter: www.nato.diplo.de/contentblob/2978550/Daten/1854725/strat_Konzept_Lisboa_DLD.pdf [11.06.2016]

Die Mitgliedsstaaten der NATO sind sich nicht immer einig. Während sich z. B. 2011 neben den USA auch Frankreich und Großbritannien an Kampfeinsätzen in Libyen beteiligen, lehnen Deutschland und andere NATO-Mitglieder dies ab.

Der NATO-Russland-Rat dient der Verständigung zwischen der NATO und Russland. Seit der Krim- und Ukrainekrise ist das Verhältnis angespannt. Die NATO verlegt 2017 Truppen an ihre Ostgrenze im Baltikum. Auch Russland führt militärische Übungen durch.

ARBEITSVORSCHLÄGE

 1, 3

Vergleichen Sie die Grundsätze der NATO 1949 und 2010. Was hat sich geändert?

 2

Analysieren Sie die Landkarte mit den NATO-Mitgliedsstaaten. Finden Sie die Länder auf der Europakarte (S. 277). Welche dieser Länder sind keine Mitglieder der EU?

 4

Interpretieren Sie die Karikatur.

WEITERFÜHRENDE HINWEISE

Erklären Sie, weshalb die Türkei schon 1952 der NATO beitritt.

Erklären Sie, weshalb Albanien Mitglied der NATO ist.

Setzen Sie sich mit den folgenden Auslandseinsätzen der NATO auseinander:
- Balkankrieg 1999
- Libyen 2011
- Afghanistan 2001–2014

Analysieren und beurteilen Sie die aktuellen Beziehungen zwischen der NATO und Russland.

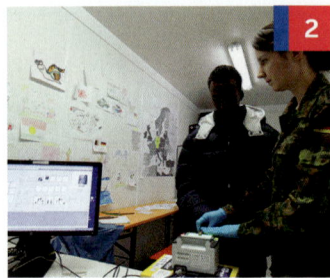

Bundeswehrsoldaten unterstützen die Registrierung von Geflüchteten.

Bundeswehrsoldaten helfen bei der Kleiderausgabe.

Die Sicherheitslage hat sich durch den internationalen Terrorismus verändert, neue Bedrohungen und Risiken sind entstanden. Die **Bundeswehr** steht vor neuen Herausforderungen. Zur Sicherheitspolitik des **Bundesverteidigungsministeriums** (BMVG) gehören die Zusammenarbeit mit den Verbündeten und Partnern in der NATO und der Europäischen Union (EU) sowie die aktive Mitarbeit bei den Vereinten Nationen (UNO) und der Organisation für Sicherheit und Zusammenarbeit in Europa (OSZE). Zugleich ergibt sich daraus die internationale Verantwortung der Bundeswehr.

EUTM Mali: Vorbereitung auf ein Orts- und Häuserkampftraining

Im Weißbuch sind die Leitlinien der Sicherheitspolitik der nächsten zehn Jahre zusammengefasst. Das aktuelle Weißbuch stammt aus dem Jahr 2016.
www.bmvg.de/de/themen/ weissbuch

Ursula von der Leyen (CDU), Bundesministerin der Verteidigung

Auftrag und Aufgaben der Bundeswehr

Die Bundeswehr verteidigt Deutschlands Souveränität sowie das Staatsgebiet und schützt seine Bürger. [...]

Schutz, Verteidigung und Abschreckung
Um Deutschland, seine Staatsbürger und Partner zu schützen und mögliche Gegner abzuschrecken, verteidigt die Bundeswehr das Land und seine Bündnisse im Rahmen der NATO und der EU. Mit aktiven militärischen und zivilmili-

tärischen Beiträgen betreibt sie internationales Krisenmanagement und stabilisiert so das internationale Umfeld. [...]

Aufgaben in Deutschland
Im Inland trägt die Bundeswehr zur Krisen- und Risikovorsorge bei und hilft bei Naturkatastrophen oder in Unglücksfällen. [...] Im Cyber- und Informationsraum leistet die Bundeswehr ihren Beitrag für die Sicherheitsarchitektur der Netze.

Bundesministerium für Verteidigung (Hrsg.): Der Auftrag der Bundeswehr, abgerufen unter: www.bmvg.de/de/themen/verteidigung/die-parlamentsarmee/der-auftrag [31.03.2018], Auszüge

Auslandseinsätze der Bundeswehr

5

1999-	**KFOR** NATO-Sicherheitstruppe für den Kosovo 795 Soldaten
2015-	**Sophia** EU-Operation gegen Schleuser im Mittelmeer 272 Soldaten
2013-	**EUTM Mali** EU-Mission zur Ausbildung der malischen Streitkräfte 192 Soldaten
2013-	**MINUSMA** UN-Stabilisierungsmission in Mali 22 Soldaten*
2008-	**Atalanta** EU-Operation zur Abwehr von Piraten vor Somalia 111 Soldaten

Einsatzführungskommando Potsdam

| **Anti-IS-Einsatz** 2015- Syrien; Luftaufklärung zur Unterstützung der internat. Koalition gegen den „IS" 426 Soldaten |
| **Resolute Support** 2015- Ausbildungs- und Beratungsmission in Afghanistan 808 Soldaten |
| **Unterstützung Irak** 2015- Ausbildungsmission im Nordirak 98 Soldaten |
| **UNIFIL** 2006- UN-Friedenstruppe im Libanon. Absicherung der seeseitigen Grenze 108 Soldaten |

*bis zu 650 möglich

Weitere Einsätze: UNAMA (Afghanistan), EUTM Somalia, UNAMID (Sudan), UNMISS (Südsudan), MINURSO (West-Sahara), UNMIL (Liberia), fallweise Beteiligung an der NATO-Seeraumüberwachung im Mittelmeer (OAE)

Quelle: Bundeswehr   Stand: Anfang Februar 2016

ZAHLENBILDER

© Bergmoser + Höller Verlag AG

136 250

ARBEITSVORSCHLÄGE

 1, 2, 3

Beschreiben Sie die Fotos. Welche Tätigkeiten der Bundeswehr zeigen sie?

4

Gestalten Sie eine Mindmap (s. S. 222) mit den im Text genannten Aufgaben der Bundeswehr.

5

Beschreiben Sie, in welchen Ländern die Bundeswehr an Auslandseinsätzen beteiligt ist, und analysieren Sie, welche Aufgaben die Bundeswehr in diesen Ländern übernimmt. Informationen finden Sie hier:
www.bundeswehr.de
www.bmvg.de

6

Analysieren Sie, welche Ziele die Bundeswehr in Mali verfolgt. Informieren Sie sich zusätzlich bei www.bundeswehr.de, Stichwort „Mali"

WEITERFÜHRENDE HINWEISE

Erklären Sie in eigenen Worten, was „Parlamentsvorbehalt" bedeutet. Beurteilen Sie die Bedeutung dieser Regelung für die Demokratie.

Die Auslandseinsätze der Bundeswehr haben schon vielen Soldaten das Leben gekostet. Informieren Sie sich über die Hintergründe unter www.bundeswehr.de, Stichwort „Todesfälle".

Für **Auslandseinsätze** der Bundeswehr gibt es bestimmte Bedingungen, die das Bundesverfassungsgericht bereits 1994 festlegt. Diese sind:

1. Vor jedem Einsatz muss der Bundestag ein Gesetz verabschieden, das genau regelt, in welchem Rahmen der Einsatz stattfinden darf. Das Gesetz gilt nur für ein Jahr.

2. Auftraggeber von internationalen Beteiligungen der Bundeswehr im Rahmen der NATO darf nur der UN-Sicherheitsrat sein.

Der „**Parlamentsvorbehalt**" (1.) bedeutet, dass nur der Gesetzgeber, also der Bundestag, darüber entscheiden darf, ob deutsche Soldatinnen und Soldaten in einen Auslandseinsatz geschickt werden dürfen.

In **Mali** sind mehr als 10 000 Blauhelme und über 1 000 Polizisten im Auftrag der UNO im Einsatz. Auch die Bundeswehr beteiligt sich mit einem Kontingent. Die UN-Mission MINUSMA soll dazu beitragen, das Land zu stabilisieren. Die Blauhelme haben ein robustes Mandat, das bedeutet: der Einsatz von Waffen ist erlaubt.

Frauen in der Bundeswehr

Der Europäische Gerichtshof in Luxemburg verpflichtet mit seinem Urteil vom 11. Januar 2000 die Bundeswehr, auch Frauen als Soldaten in der Armee zuzulassen. Heute sind mehr als 19 400 Frauen in der Bundeswehr tätig.

Bundeswehr in der Demokratie **2**

Unterordnung des Militärs unter die politische Führung = **Primat der Politik**

Befehls- und Kommandogewalt bei der Regierung

Kontrolle durch Parlament und Wehrbeauftragten

Innere Führung der Bundeswehr

Leitbild vom Staatsbürger in Uniform

Einschränkung der demokratischen Rechte nur in bestimmten gesetzlich festgelegten Fällen

Berufsarmeen in den NATO-Mitgliedsstaaten

Die meisten NATO-Mitgliedsstaaten haben inzwischen eine Berufsarmee.

---

§   **1**

Die allgemeine Wehrpflicht

Grundgesetz Artikel 12 a

(1) Männer können vom vollendeten achtzehnten Lebensjahr an zum Dienst in den Streitkräften, im Bundesgrenzschutz oder in einem Zivilschutzverband verpflichtet werden […]

(4) Kann im Verteidigungsfalle der Bedarf an zivilen Dienstleistungen im zivilen Sanitäts- und Heilwesen sowie in der ortsfesten militärischen Lazarettorganisation nicht auf freiwilliger Grundlage gedeckt werden, so können Frauen vom vollendeten achtzehnten bis zum vollendeten fünfundvierzigsten Lebensjahr durch Gesetz oder auf Grund eines Gesetzes zu derartigen Dienstleistungen herangezogen werden. Sie dürfen auf keinen Fall Dienst mit der Waffe leisten.

2011 wird die **allgemeine Wehrpflicht** ausgesetzt. Der Bundestag beschließt das dafür nötige Gesetz mit der Einschränkung, dass in einem Spannungs- oder Verteidigungsfall die Wehrpflicht jederzeit wieder aktiviert werden kann. Die Aussetzung der Wehrpflicht ist Teil einer Reform der Bundeswehr. Angesichts der veränderten sicherheitspolitischen Lage soll niemand gegen seinen Willen eingezogen werden. Zudem wird im Rahmen dieser Reform die Truppenstärke verkleinert.

Kein junger Mann ist derzeit also verpflichtet, Wehrdienst zu leisten. Als Alternative bietet die Bundeswehr einen **freiwilligen Wehrdienst** (FWD) an. Dieser Dienst kann zwischen zwölf und 23 Monaten dauern, in den ersten sechs Monaten gilt eine Probezeit für beide Seiten. Mit dem Slogan „Pflicht wird zur Chance" werden junge Männer und Frauen für diesen Freiwilligendienst angeworben. Die Bundeswehr ist zurzeit eine Freiwilligenarmee.

Nachwuchsprobleme der Bundeswehr führen zu aufwändigen und teuren Werbekampagnen. So besuchen die Karriereberater der Bundeswehr Schulen und rekrutieren dort ihren Nachwuchs. Dabei dürfen sogar Minderjährige Zeitverträge bei der Bundeswehr unterschreiben. Dies ist sehr umstritten.

Eine Auswahl von Werbespots der Bundeswehr

Die Bundeswehr rekrutiert Minderjährige und wirbt an Schulen **3**

Sterben ist nicht sexy, Krieg auch nicht, und Ängste, Depressionen und Alpträume schon gar nicht. Das weiß auch die Bundeswehr – und verschweigt diese Themen deshalb konsequent bei ihrer Nachwuchswerbung. Stattdessen werden bei Bundeswehr-Werbespots Bilder von gesunden, gut aussehenden jungen Männern und Frauen gezeigt, die Spaß haben, gemeinsam Abenteuer bestehen und sich für eine gute Sache einsetzen. […]

terre des hommes/Gewerkschaft Erziehung und Wissenschaft (GEW) (Hrsg.): Kinder im Visier – Aktionszeitung von terre des hommes und GEW, Januar 2015, Osnabrück/Frankfurt a. M., S. 1

§ **Das Grundrecht auf Kriegsdienstverweigerung**

Grundgesetz Artikel 4
(3) Niemand darf gegen sein Gewissen zum Kriegsdienst mit der Waffe gezwungen werden. […]
Artikel 12 a
(2) Wer aus Gewissensgründen den Kriegsdienst mit
der Waffe verweigert, kann zu einem Ersatzdienst
verpflichtet werden.

Im Grundgesetz der Bundesrepublik Deutschland ist seit 1949 das Grundrecht auf **Kriegsdienstverweigerung** festgelegt. Es erhält seine eigentliche Bedeutung aber erst, als 1955 die Bundeswehr und die allgemeine Wehrpflicht eingeführt werden.

In der DDR gab es kein Recht auf Kriegsdienstverweigerung und nur wenige europäische Staaten haben dieses Recht in der Verfassung verankert.

Die Zahl der Kriegsdienstverweigerer erhöht sich jedes Jahr. Im ersten Jahr des Golfkrieges 1991 sind es sogar 151 000 junge Männer, die keinen Wehrdienst leisten möchten. Der Einsatz der Bundeswehr bei internationalen Konflikten führt zu weiteren Steigerungsraten.

Anerkannte Kriegsdienstverweigerer sind immer zum **Zivildienst** verpflichtet. Dort leisten sie wichtige Unterstützung in Krankenhäusern, in der Altenpflege, in Kindergärten, bei der Betreuung von Menschen mit Behinderungen und in vielen anderen sozialen Bereichen.

Mit der Aussetzung der Wehrpflicht endet auch 2011 die Pflicht zum Zivildienst.

Seit 2011 gibt es den **Bundesfreiwilligendienst** (BFD). Die Bundesregierung hofft, dass sich jedes Jahr 35 000 Menschen freiwillig melden, um die Lücke zu füllen, die die fehlenden Zivildienstleistenden hinterlassen. Der Freiwilligendienst kann zwischen sechs Monaten und zwei Jahren dauern. Die Altersgrenze ist nach oben offen. So können sich auch ältere Menschen für diese Aufgabe melden.

ARBEITSVORSCHLÄGE

 1
Erklären Sie, was allgemeine Wehrpflicht bedeutet. Prüfen Sie, weshalb sie 2011 ausgesetzt wird.

 2
Die Bundeswehr in der Demokratie der Bundesrepublik: Deutschland orientiert sich an bestimmten Grundsätzen. Erstellen Sie eine Mindmap mit diesen Grundsätzen.

 3
Analysieren Sie die Werbespots der Bundeswehr und beurteilen Sie die Kritik an dieser Werbekampagne durch terre des hommes.

 4
Erläutern Sie das Recht auf Kriegsdienstverweigerung und beurteilen Sie die praktische Umsetzung bis 2011.

 5
Beschreiben Sie die Bilder. Nehmen Sie Stellung, ob Sie sich auch für den BFD entscheiden könnten.

WEITERFÜHRENDE HINWEISE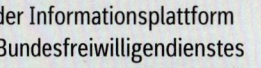

Auf der Informationsplattform des Bundesfreiwilligendienstes finden Sie Einsatzmöglichkeiten für Menschen beim BFD:

www.bundesfreiwilligendienst.de, Stichwort „Einsatzfelder".

Martin Luther King, Pfarrer, 1929–1968

Führer der amerikanischen Bürgerrechtsbewegung, setzte sich für eine friedliche Lösung der Rassenfrage ein und propagierte den gewaltlosen Widerstand. Für seinen Einsatz erhielt er 1964 den Friedensnobelpreis. King wurde 1968 von einem Weißen ermordet.

Mahatma Gandhi, Rechtsanwalt, 1869–1948

Indischer Nationalführer, der den gewaltlosen Widerstand gegen die britische Kolonialherrschaft anführte. Gandhi setzte sich auch für die Versöhnung der Hindus mit den Moslems ein. 1948 wurde Gandhi von einem fanatischen Hindu erschossen.

In Deutschland gibt es viele Menschen, die gegen die militärische Lösung von Konflikten sind. Diese Überzeugung hat mit den Erfahrungen von zwei Weltkriegen zu tun: Von deutschem Boden darf nie wieder Krieg ausgehen. Die **Friedensbewegungen** in den 1980er-Jahren sind in diesem Zusammenhang ebenso zu erwähnen wie die Friedens- und Konfliktforschung, die sich um nicht militärische Konfliktlösungen bemüht, sich aber bisher nicht in der Politik durchsetzen kann. Allen gemeinsam ist die Erkenntnis, dass Frieden mehr bedeutet als die Abwesenheit von Krieg.

Martin Luther King zum Frieden **1**

Eines Tages fragte ein einflussreicher weißer Bürger von Montgomery Martin Luther King Folgendes: „Jahrelang hatten wir hier so friedliche und harmonische Beziehungen zwischen unseren beiden Rassen. Warum haben Sie und Ihre Anhänger sie zerstört?" King antwortete: „Mein Herr, Sie haben niemals wirklich Frieden in Montgomery gehabt. Sie hatten eine Art negativen Frieden, bei dem der Neger meist seine untergeordnete Stellung einfach hinnahm. Aber das ist kein wirklicher Frieden. Nicht dann ist Frieden, wenn man nichts von Spannungen merkt, sondern wenn Gerechtigkeit herrscht. Wenn heute in Montgomery die Unterdrückten aufstehen und anfangen, sich um einen dauernden positiven Frieden zu bemühen, so ist diese Spannung notwendig."

Martin Luther King: Freiheit, aus dem Amerikanischen übersetzt von Ruth Rostock und Alfred Schmidt, Kassel, Oncken, 1964, S. 29 f.

In früheren Zeiten wird Frieden als ein Zustand definiert, in dem kein Krieg herrscht. Krieg und Gewalt als Mittel zur Lösung von Streitigkeiten oder zur Durchsetzung eigener Interessen wird als normal angesehen. So wird Krieg vielfach als Fortsetzung der Politik mit anderen Mitteln, also als etwas Selbstverständliches betrachtet. Dieser negative Friedensbegriff gilt auch heute noch im internationalen Völkerrecht.

Unter „Frieden" versteht man aber nicht nur die Abwesenheit von Krieg. Die moderne **Friedensforschung** verwendet einen sehr viel umfassenderen Friedensbegriff und spricht von einem positiven Frieden, der als Ziel erreicht werden soll. Darunter versteht man einen Zustand, in dem folgende Voraussetzungen erfüllt sind: gewaltfreie Lösungen von Konflikten, soziale Gerechtigkeit, Wohlstand aller Menschen, Verwirklichung von Freiheit und Demokratie, Achtung der Menschenwürde und sorgsamer Umgang mit der Natur. Der erweiterte Friedensbegriff bezieht sich deshalb nicht nur auf das Verhältnis zwischen Völkern und Staaten zueinander, sondern auch auf das alltägliche Leben der Menschen. Frieden fängt also bei jedem Einzelnen an: in der Familie, in der Schule, am Arbeitsplatz und im Freundeskreis.

So können wir alle zur Verwirklichung eines positiven Friedens beitragen, indem wir versuchen, Konflikte friedlich zu lösen, Vorurteile abzubauen, Andersdenkende zu tolerieren, Gegner nicht als Feinde zu betrachten und Angehörige anderer Nationen besser zu verstehen.

Friedensnobelpreis 2017

2017 geht der Friedensnobelpreis an die Internationale Kampagne für ein Atomwaffenverbot (ICAN).

Das Norwegische Nobelpreiskomitee zeichnet damit die Kampagne von ICAN für eine atomwaffenfreie Welt aus. 122 Staaten haben bisher einen Vertrag zum Verbot von Atomwaffen unterzeichnet.

Dass Gewalt nur Gegengewalt erzeugt, zeigt sich immer wieder. Von dieser Überzeugung gehen Friedenskonzepte aus, die sich den **gewaltlosen Widerstand** der indischen Bevölkerung gegen die englische Kolonialmacht oder der afroamerikanischen Bevölkerung gegen die rassistische Herrschaft der Weißen zum Vorbild nehmen. Herausragende Personen des gewaltlosen Widerstands sind Mahatma Gandhi und Martin Luther King.

„Meine Erfahrung, so begrenzt sie auch sein mag, sagt mir, dass Gewaltlosigkeit eine sehr starke, wirkende Kraft darstellt. Es ist meine Absicht, diese Kraft gegen die organisierte Gewalt der britischen Herrschaft einzusetzen. Da ich bedingungsloses und unbeirrbares Vertrauen in die Wirksamkeit der Gewaltlosigkeit, wie ich sie verstehe, habe, wäre es mir eine Sünde, länger zu warten. Diese Gewaltlosigkeit wird in einem bürgerlichen Ungehorsam zum Ausdruck kommen."

Gandhi, Mahatma: Brief an den britischen Vizekönig am 02.03.1930, in: Peter, Karl Heinrich (Hrsg.): Briefe zur Weltgeschichte, Stuttgart, Cotta, 1961, S. 427 ff.

Auch politische Bewegungen der letzten Jahre, z. B. die Bewegung des sogenannten „Arabischen Frühlings" sind von dieser Form des gewaltlosen Widerstands geprägt.

Blumen für Soldaten, Kiew

Demonstration mit Kerzen, Tunis

Gewaltfreiheit

Eine allgemein anerkannte Definition von Gewaltfreiheit gibt es nicht. Unter „Gewaltlosigkeit" versteht man den Verzicht auf die Androhung oder Anwendung jeglicher Form von Gewalt gegen Menschen oder Dinge, um eigene Ziele zu erreichen. Darüber hinausgehend gehört es zu den Grundprinzipien von „Gewaltfreiheit", nicht nur passiv auf Gewalt zu verzichten, sondern aktiv Widerstand zu leisten gegen Gewalt in Form von Ungerechtigkeit, Unterdrückung oder Diskriminierung.

Evangelisches Werk für Diakonie und Entwicklung für Brot für die Welt – Evangelischer Entwicklungsdienst (Hrsg.): Gewaltfreiheit, in: Global lernen, 19. Jahrgang, Nr. 2, 2013, S. 5

Formen von gewaltfreien Protestaktionen können sein: Demonstration durchführen – Kirchenasyl organisieren – Symbol bei sich tragen – Petition unterzeichnen – Musik machen – Briefe an Politiker schreiben – sich auf die Straße setzen – in der Öffentlichkeit laut seine Meinung sagen – jemanden verstecken – ein Gebäude umzingeln – Flyer verteilen …

Vgl. Evangelisches Werk für Diakonie und Entwicklung für Brot für die Welt – Evangelischer Entwicklungsdienst (Hrsg.): Gewaltfreiheit, in: Global lernen, 19. Jahrgang, Nr. 2, 2013, S. 4

ARBEITSVORSCHLÄGE

1
Erläutern Sie, wie Martin Luther King Frieden definiert.

2
Erläutern Sie Gandhis Position zur Gewaltlosigkeit. Informieren Sie sich über Gandhis Weg des gewaltlosen Widerstands.

3
Beschreiben Sie die Fotos. Wie beurteilen Sie die Chance, Konflikte gewaltlos zu lösen?

4
Erläutern Sie, weshalb Gewaltfreiheit als „aktiv Widerstand leisten" bezeichnet wird. Diskutieren Sie über gewaltfreie Protestaktionen.

WEITERFÜHRENDE HINWEISE

Erläutern Sie, wie das Nobelpreiskomitee die Verleihung des Friedensnobelpreises an Barack Obama (2008), an die Europäische Union (2012) und an ICAN (2017) begründet. Die Liste aller Friedensnobelpreisträger finden Sie im Internet.

Diskutieren Sie in Ihrer Klasse über die Legitimität von gewaltfreien Aktionen. Finden Sie Beispiele aus Deutschland, Europa und der Welt, z. B. Occupy-Bewegung, Femen-Aktivistinnen, Kirchenasyl usw.

Karikaturenrallye

Wie Sie eine Karikatur interpretieren, haben Sie bereits im Kapitel 2 (S. 62f.) erfahren. Eine Karikaturenrallye ist die Erweiterung dieser Methode. Sie können sich bei einer Karikaturenrallye mit einem komplexen Thema beschäftigen, sich Informationen in Erinnerung rufen und Probleme überdenken, die in diesem Themenbereich eine Rolle spielen.

Damit ist diese Methode auch als Klausur- und Prüfungsvorbereitung geeignet.

Vorarbeiten:

- Orientieren Sie sich **in Einzelarbeit** noch einmal im Kapitel 9 (Friedenssicherung und Entwicklungszusammenarbeit) und notieren Sie sich die Seiten, auf denen Karikaturen stehen.
- Erstellen Sie eine Tabelle (Querformat) und nummerieren Sie die Karikaturen. Nehmen Sie auch die folgenden Beispiele dazu.

Stürmische Zeiten

Die UNO kümmert sich …

Karikaturenrallye

Ihre Tabelle müsste nun Platz für acht Karikaturen haben.

	1	2	3	4	5	6	7	8
Inhalt								
Gestaltungsmittel								
Intention und Wirkung								

Vorgehen:

- Bilden Sie **Zweiergruppen**.
- Interpretieren Sie gemeinsam die Karikaturen. Orientieren Sie sich dabei an den drei Kriterien (s. S. 62).
- Besprechen Sie miteinander, was Sie in Ihre Tabelle eintragen. Wählen Sie geeignete Stichworte.

Auswertung:

Schließlich haben alle Teams die acht Karikaturen interpretiert. Möglicherweise sind dabei unterschiedliche Deutungen herausgekommen. Deshalb werden jetzt die Karikaturen nacheinander besprochen:
- Ein Team stellt seine Interpretation von Karikatur 1 vor.
- Die anderen Teams ergänzen, bestätigen oder widersprechen.
- Das nächste Team stellt seine Interpretation von Karikatur 2 vor.
- usw.

Schlussdiskussion:

Diskutieren Sie über folgende Fragen:
- Gibt es bei der Interpretation einer Karikatur eine richtige und eine falsche Deutung?
- Welche Kriterien kann man an die Interpretation einer Karikatur anlegen?
- Wie beurteilen Sie die Interpretationen der Teams?

Tipp: Sie können auch zu den anderen Kapiteln eine Karikaturenrallye durchführen.

Bewaffnete Konflikte	Bewaffnete Konflikte finden hauptsächlich außerhalb Europas statt. Sie beginnen meist als innerstaatliche Konflikte und weiten sich manchmal in einer ganzen Region aus.
Ursachen bewaffneter Konflikte	Politisch: Machtansprüche innerhalb und außerhalb des Landes, korrupte Machtelite. Wirtschaftlich: soziale Ungleichheit, Streit um Zugang zu Ressourcen. Religiös: Unterdrückung anderer Glaubensrichtungen. Ethnisch: Unterdrückung nationaler Minderheiten.
Flucht	Weltweit sind so viele Menschen wie noch nie auf der Flucht (ca. 65 Millionen). Die meisten sind Binnenflüchtlinge. Die wenigsten schaffen es bis nach Europa.
Entwicklungspolitik	Ziel: Fluchtursachen beseitigen. Staatliche und zivilgesellschaftliche Entwicklungspolitik soll Hunger, Ungerechtigkeit und soziale Ungleichheit in der Welt beseitigen helfen. In Deutschland ist das Bundesministerium für wirtschaftliche Zusammenarbeit und Entwicklung (BMZ) zuständig.
Nichtregierungsorganisationen (NGO)	Gruppierungen wie z. B. Brot für die Welt, Misereor, Welthungerhilfe u. v. m. finanzieren Projekte in den armen Ländern, um die Lebensverhältnisse zu verbessern.
Vereinte Nationen (UNO)	Die UNO ist die größte weltweite Organisation, die sich für den Frieden in der Welt einsetzt. (Fast) alle Länder der Erde sind Mitglieder der UNO.
Weltsicherheitsrat der UNO	Der Weltsicherheitsrat ist die mächtigste Organisation innerhalb der UNO. Er verfügt über verschiedene Instrumente, um Frieden zu sichern, zu erzwingen oder zu festigen. Blauhelme sind Soldaten im Auftrag der UNO.
NATO	Die NATO ist ein Militärbündnis der westlichen Industriestaaten. Sie engagiert sich international meist im Auftrag der UNO bei Maßnahmen zur Friedenssicherung. Sie beteiligt sich auch an bewaffneten Kampfeinsätzen.
Bundeswehr	Die Bundeswehr ist die Armee in Deutschland. Sie operiert im Auftrag des Bundestags auch international. Die Soldaten und Soldatinnen sind Freiwillige, die allgemeine Wehrpflicht ist ausgesetzt.
Gewaltfreie Friedenspolitik	Beispiele aus der Geschichte sind Martin Luther King (USA) und Mahatma Gandhi (Indien). Gewaltfreiheit meint aktiven, aber gewaltfreien Widerstand gegen Gewalt.

Kompetenz-Check

Ich kann... ☺ ☺ ☹

... beschreiben, welche Auswirkungen Krieg auf Menschen hat.

... definieren, was für mich persönlich Frieden bedeutet.

Ich kann... ☺ ☺ ☹

... einen internationalen Konflikt anhand klarer Kriterien analysieren.

... Ursachen von bewaffneten Konflikten politischen, wirtschaftlichen, religiösen und ethnischen Kategorien zuordnen.

... Folgen von bewaffneten Konflikten analysieren.

... darstellen, welche Bedeutung die Entwicklungspolitik für die Friedenssicherung hat.

... darstellen, welche Rolle Nichtregierungsorganisationen in Bezug auf Friedenssicherung weltweit spielen.

... analysieren, welche Ziele die UNO in Bezug auf Friedenssicherung weltweit verfolgt.

... die unterschiedlichen Instrumente der UNO zur Friedenssicherung unterscheiden.

... die Bedeutung von UNO und NATO für die internationale Friedenspolitik vergleichen.

Ich kann... ☺ ☺ ☹

... unterschiedliche Ursachen von bewaffneten Konflikten beschreiben.

... beschreiben, warum Menschen fliehen.

... beschreiben, was man unter Entwicklungspolitik versteht.

... die verschiedenen entwicklungspolitischen Akteure beschreiben (BMZ, NGOs).

... erklären, welche Bedeutung die UNO hat.

... die Zusammensetzung und Rolle des Weltsicherheitsrats erklären.

... beschreiben, was Blauhelme tun.

... erklären, welche Ziele die NATO verfolgt.

... die NATO-Mitgliedsstaaten auf der Landkarte zuordnen.

... beschreiben, welche Aufgaben die Bundeswehr hat.

... Beispiele für einen Bundeswehreinsatz im Ausland darstellen.

... definieren, was der Unterschied zwischen negativem und positivem Frieden ist.

... erklären, was man unter gewaltfreiem Widerstand versteht.

Ich kann... ☺ ☺ ☹

... Stellung beziehen zur Wirksamkeit von entwicklungspolitischen Projekten.

... begründen, welche Handlungsmöglichkeiten jeder Mensch hat, um eine friedliche und gerechte Welt mitzugestalten.

Modulübergreifende Aufgabe 1

Modul 2: Strukturwandel der Gesellschaft

Modul 8: Globalisierung

Privater Konsum, Strukturwandel und Globalisierung

1. Beschreiben Sie das Schaubild und erläutern Sie, wer wie viel und wo an dem T-Shirt verdient.

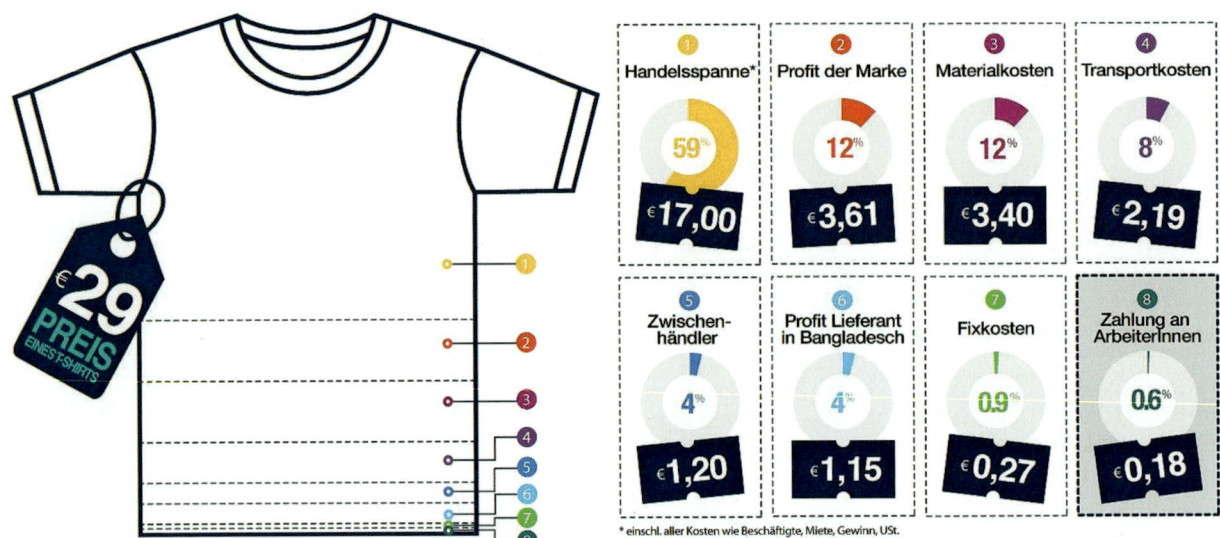

PREISAUFSCHLÜSSELUNG EINES T-SHIRTS

| ① Handelsspanne* | ② Profit der Marke | ③ Materialkosten | ④ Transportkosten |
| 59% €17,00 | 12% €3,61 | 12% €3,40 | 8% €2,19 |

| ⑤ Zwischen- händler | ⑥ Profit Lieferant in Bangladesch | ⑦ Fixkosten | ⑧ Zahlung an ArbeiterInnen |
| 4% €1,20 | 4% €1,15 | 0,9% €0,27 | 0,6% €0,18 |

€29 PREIS EINES T-SHIRTS

Source: Fairwear Foundation

* einschl. aller Kosten wie Beschäftigte, Miete, Gewinn, USt.

www.lohnzumleben.de

2. Nehmen Sie an, das T-Shirt wird in einer Textilfabrik in einem Entwicklungsland, z. B. Bangladesch, produziert und dann in Deutschland verkauft. Erläutern Sie, welche Rolle dabei die Transportkosten spielen.

3. Belegen Sie anhand dreier Gesichtspunkte, was dieses Produkt mit dem globalen Strukturwandel zu tun hat.

4. 2014 gründen verschiedene Organisationen, Textilunternehmen und das Bundesministerium für wirtschaftliche Zusammenarbeit das sogenannte Textilbündnis. Arbeiten Sie heraus, welche Ziele das Bündnis verfolgt, und beurteilen Sie seinen Nutzen für Verbraucher/-innen in Deutschland.

„Bündnis für nachhaltige Textilien"

Das Textilbündnis ist ein wichtiger Baustein im Kampf gegen menschenunwürdige Arbeit in der weltweiten Textilproduktion und unterstützt das große globale Ziel der Internationalen Arbeitsorganisation (ILO), Arbeits- und Sozialstandards weltweit durchzusetzen. Kluges, abgestimmtes und gemeinsames Handeln im nationalen und internationalen Bereich trägt zu menschenwürdiger Arbeit in den produzierenden Ländern bei und schärft die Bereitschaft der Konsumenten in Deutschland, Kleidung zu kaufen, die unter menschenwürdigen Arbeitsbedingungen entstanden ist.

ILO-Berlin: „Bündnis für nachhaltige Textilien" – Textilbündnis: ein wichtiger Baustein im Kampf gegen menschenunwürdige Arbeit, Pressemitteilung vom 16.10.2014, abgerufen unter: www.ilo.org/berlin/presseinformationen/WCMS_314280/lang--de/index.htm [28.06.2016]

5. In Deutschland und in anderen Ländern gibt es sogenannte Nichtregierungsorganisationen (NGOs), die sich für faire Produktionsbedingungen und fairen Handel in der Welt einsetzen. Beispiele sind „Kampagne für saubere Kleidung", „Brot für die Welt", „TransFair" u.a.
    Wählen Sie eine Nichtregierungsorganisation Ihrer Wahl und beschreiben Sie anhand von zwei Beispielen, was diese Organisation konkret tut.

6. a) Erläutern Sie die Grundprinzipien der Firma TRIGEMA.
    b) Entwickeln Sie zu jedem der fünf Gesichtspunkte ein Gegenbeispiel, wie es bei Produktionsbedingungen in den meisten Billiglohnländern wie z.B. Bangladesch vorkommt.
    c) Auch in Deutschland haben sich die Beschäftigungsverhältnisse verändert. Stellen Sie drei Beispiele für sogenannte atypische Beschäftigungsverhältnisse dar (vgl. S. 71).

Soziale Verantwortung bei TRIGEMA

Alle Beschäftigten stehen bei TRIGEMA in einem festen Arbeitsverhältnis. Unsere Grundsätze im Bereich „Arbeitsbedingungen und Löhne" lassen sich daher für alle Mitarbeiter wie folgt zusammenfassen:

- Ein sicheres und sauberes Arbeitsumfeld mit allen gebotenen Schutzmaßnahmen für Mensch und Umwelt

- Gerechte und reelle Löhne nach Tarif
- 100 % Lohnfortzahlung im Krankheitsfall
- Eine Arbeitnehmervertretung durch unseren Betriebsrat
- Die Einbindung der Mitarbeiter in alle wichtigen Entscheidungen

TRIGEMA: Soziale Verantwortung bei TRIGEMA, abgerufen unter: www.trigema.de/Nachhaltigkeit/Soziale-Verantwortung/ [28.06.2016]

7. Nehmen Sie Stellung, inwieweit die Erkenntnisse über die globale Arbeitsteilung bei der Textilproduktion Ihr eigenes Konsumverhalten verändert.

Modul 2: Strukturwandel der Gesellschaft

Modul 6: Grund- und Menschenrechte

Modul 7: Europa im 20. und 21. Jahrhundert

Migration – Grundrechte – Europa

Im folgenden Text wendet sich die Nichtregierungsorganisation „Pro Asyl" gegen das Vorurteil „Durch Zuwanderung geht die deutsche Kultur zugrunde".

1. Lesen Sie den Text. Beschreiben Sie, mit welchen Argumenten das Vorurteil widerlegt wird.

2. Beurteilen Sie diese Argumentation am Beispiel von zwei Einwanderungsphasen in der deutschen Geschichte nach 1945 (s. S. 52f.).

„Überfremdet" sind wir schon immer

Eigentlich kommen wir alle aus Afrika. Menschliche Knochenfunde aus Äthiopien und Kenia weisen darauf hin, dass die Menschen einst von dort ausgehend die anderen Erdteile besiedelten. Seither ist alle Geschichte immer auch eine Geschichte der Migration. Die sogenannte „Völkerwanderung" war tatsächlich ein gigantischer Prozess der Vermischung von Menschen unterschiedlicher Herkunft. Das ist in der Geschichte der Normalfall. Migrantinnen und Migranten waren schon immer da. Das „reine deutsche Volk" oder die „deutsche Kultur" ist schon immer eine Erfindung gewesen.

Irgendwann werden aus Zugewanderten Einheimische. Wenn die ehemals „Fremden" eine Weile da sind, sind sie nicht mehr fremd. Und wo lange niemand mehr dazukommt, entsteht der Eindruck, man sei schon immer „unter sich". Daher ist auch nicht verwunderlich, dass Menschen gerade in solchen Gegenden mehr Angst vor einer vermeintlichen „Überfremdung" haben, wo statistisch gesehen die wenigsten „Ausländer" leben. Wo Menschen dagegen im Alltag permanent mit Migrantinnen und Migranten in Kontakt kommen, herrscht […] eher Gelassenheit und Normalität.

Pro Asyl (Hrsg.): Fakten gegen Vorurteile, No. 13: „Durch Zuwanderung geht die deutsche Kultur zugrunde", abgerufen unter: www.proasyl.de/thema/rassismus/fakten-gegen-vorurteile/ [28.06.2016]

3. Eingewanderte Menschen in Deutschland leben hier zunächst mit einem ausländischen Pass. Erklären Sie, welche Rechte diese Menschen laut Grundgesetz haben. Wählen Sie drei Grundrechte aus und erläutern Sie diese.

4. Die Europäische Union garantiert für alle Menschen ihrer Mitgliedsstaaten Freizügigkeit. Das bedeutet, dass Sie als Deutsche in Frankreich oder Dänemark leben und arbeiten können. Es bedeutet auch, dass Menschen aus Spanien oder Rumänien in Deutschland leben und arbeiten können.
Erläutern Sie jeweils zwei Vorteile und Nachteile dieser Freizügigkeit für Menschen, die von einem EU-Land in ein anderes EU-Land auswandern.

5. Erklären Sie kurz, ob die in 3. genannte Freizügigkeit auch für Menschen aus Serbien, Mazedonien und Weißrussland gilt.

6. Die Europäische Union kann sich bis heute nicht auf eine faire Verteilung der Flüchtlinge aus den Kriegsgebieten der Welt einigen. Warum ist eine gemeinsame Regelung so schwierig? Begründen Sie dies mit zwei Argumenten.

7. Interpretieren Sie das folgende Schaubild.
   Erklären Sie in einem Satz, warum Deutschland in dem Schaubild nicht vorkommt, obwohl bei uns 2015 ca. 1 Mio. Flüchtlinge registriert wurden.

Wo leben die meisten Flüchtlinge im Vergleich zur Bevölkerung?

Zahl der Flüchtlinge pro 1000 Einwohner, Ende 2016

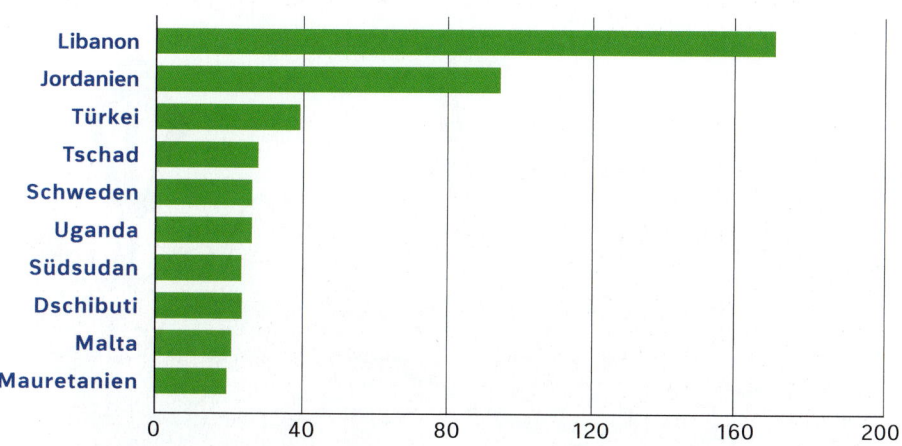

8. Interpretieren Sie die Karikatur.

Modul 3: Medien und Mediennutzung

Modul 7: Europa im 20. und 21. Jahrhundert

Modul 8: Globalisierung

Mein Smartphone, Europa und die Welt

1. Beschreiben Sie, wozu Sie Ihr Smartphone nutzen.

2. Erläutern Sie, welche Vorteile und welche Nachteile soziale Netzwerke für die Kommunikation haben. Belegen Sie Ihre Antwort mit jeweils zwei Argumenten.

3. Interpretieren Sie die Karikatur.

4. Stellen Sie dar, was die Europäische Union mit Ihrem Smartphone zu tun hat.

5. Erklären Sie, weshalb der Autor im folgenden Text die Ressourcen als „Fluch" bezeichnet.
Beurteilen Sie, was Ihr Smartphone mit alldem zutun hat.

Der „Fluch" der Ressourcen

Aus über 50 Entwicklungsländern werden große Mengen wertvoller Rohstoffe exportiert, auf die die Weltwirtschaft angewiesen ist.

Ob auf Diamanten, Gold, Erdöl, Uran, Tropenholz, Soja oder Kakao – der Rohstoffhunger von Wirtschaft und Konsumenten ist enorm.

Für viele Förderländer des Südens aber ist ihr Rohstoffreichtum nicht Quelle staatlicher Wohlfahrt, sondern ein Verhängnis. Oft untergräbt er die reguläre Wirtschaft, führt zu Kriegen und Menschenrechtsverletzungen.

Das rohstoffreichste Land Afrikas, die Demokratische Republik Kongo, „verdankt" ihren zahlreichen Bodenschätzen wie Gold, Diamanten, Tropenholz und Tantalit (Coltan) jahrzehntelange Kämpfe.

Auch in Angola und Sierra Leone finanzierten Diamanten die Bürgerkriege. In den Erdölregionen Nigerias, des Tschad und des Sudan lösen sich soziale Strukturen auf. Ganze Regionen sind geprägt von Zerstörung und Hoffnungslosigkeit.

BICC – Internationales Konversionszentrum Bonn (Hrsg.): Flyer „Rohstoffe für eine gerechte Welt", S. 2, abgerufen unter: www.rohstoffgerechtigkeit.de/wp-content/uploads/2008/12/informationen-fur-aussteller.pdf [28.06.2016]

6. Interpretieren Sie das Schaubild.

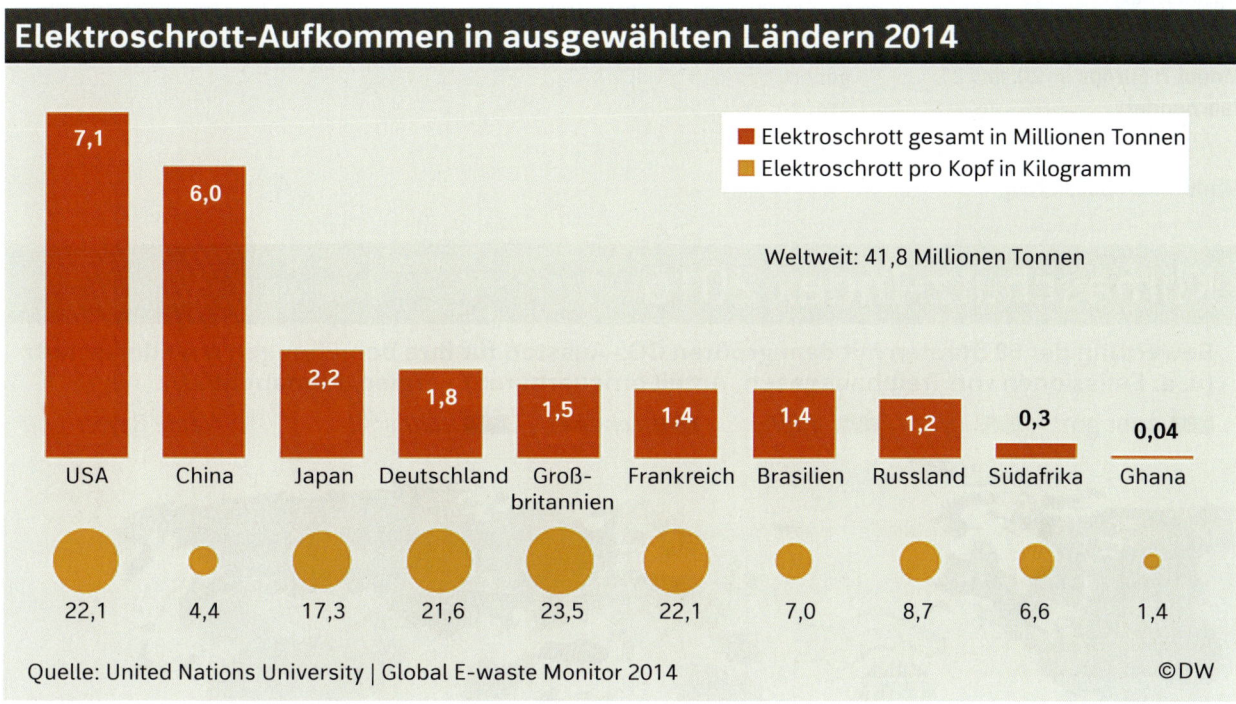

Elektroschrott-Aufkommen in ausgewählten Ländern 2014

■ Elektroschrott gesamt in Millionen Tonnen
■ Elektroschrott pro Kopf in Kilogramm

Weltweit: 41,8 Millionen Tonnen

Land	Elektroschrott gesamt (Mio. t)	Elektroschrott pro Kopf (kg)
USA	7,1	22,1
China	6,0	4,4
Japan	2,2	17,3
Deutschland	1,8	21,6
Großbritannien	1,5	23,5
Frankreich	1,4	22,1
Brasilien	1,4	7,0
Russland	1,2	8,7
Südafrika	0,3	6,6
Ghana	0,04	1,4

Quelle: United Nations University | Global E-waste Monitor 2014   ©DW

7. Erläutern Sie die Probleme von Elektroschrott anhand des folgenden Textes.

Von Bayern nach Ghana – unser Müll für Afrika

Jedes Jahr landen nach Schätzungen von Ökopol über 150 000 Tonnen deutschen Elektromülls in Afrika und Asien. Dabei ist der Export von Elektroschrott verboten. Im Stadtviertel Agbogbloshie, in Ghanas Hauptstadt Accra, liegt die größte Müllhalde für Elektroschrott in Afrika, einer der verseuchtesten Orte der Welt. Dort lernen wir den achtjährigen Kofi kennen. Er zeigt uns, wie er alte Elektrogeräte sortiert und Metallteile sammelt, um so den Lebensunterhalt für sich und seine Familie zu bestreiten. Ein lebensgefährlicher Job, inmitten von Blei, Kadmium und Quecksilber.

Reichart, Johannes: Von Bayern nach Ghana – unser Müll für Afrika, 22.07.2015, abgerufen unter:
www.br.de/br-fernsehen/sendungen/kontrovers/elektroschrott-afrika-muell-100.html [28.06.2016]

8. Beschreiben Sie zwei nachhaltige Möglichkeiten, wie Verbraucherinnen und Verbraucher dem Problem des zunehmenden Elektroschritts begegnen könnten.

Modul 2: Strukturwandel der Gesellschaft

Modul 7: Europa im 20. und 21. Jahrhundert

Modul 8: Globalisierung

Klimaschutz – Entwicklungsländer – Leben in Europa

1. Beschreiben Sie das Schaubild.
   Erklären Sie, weshalb Deutschland nicht zu den am besten bewerteten Ländern gehört.

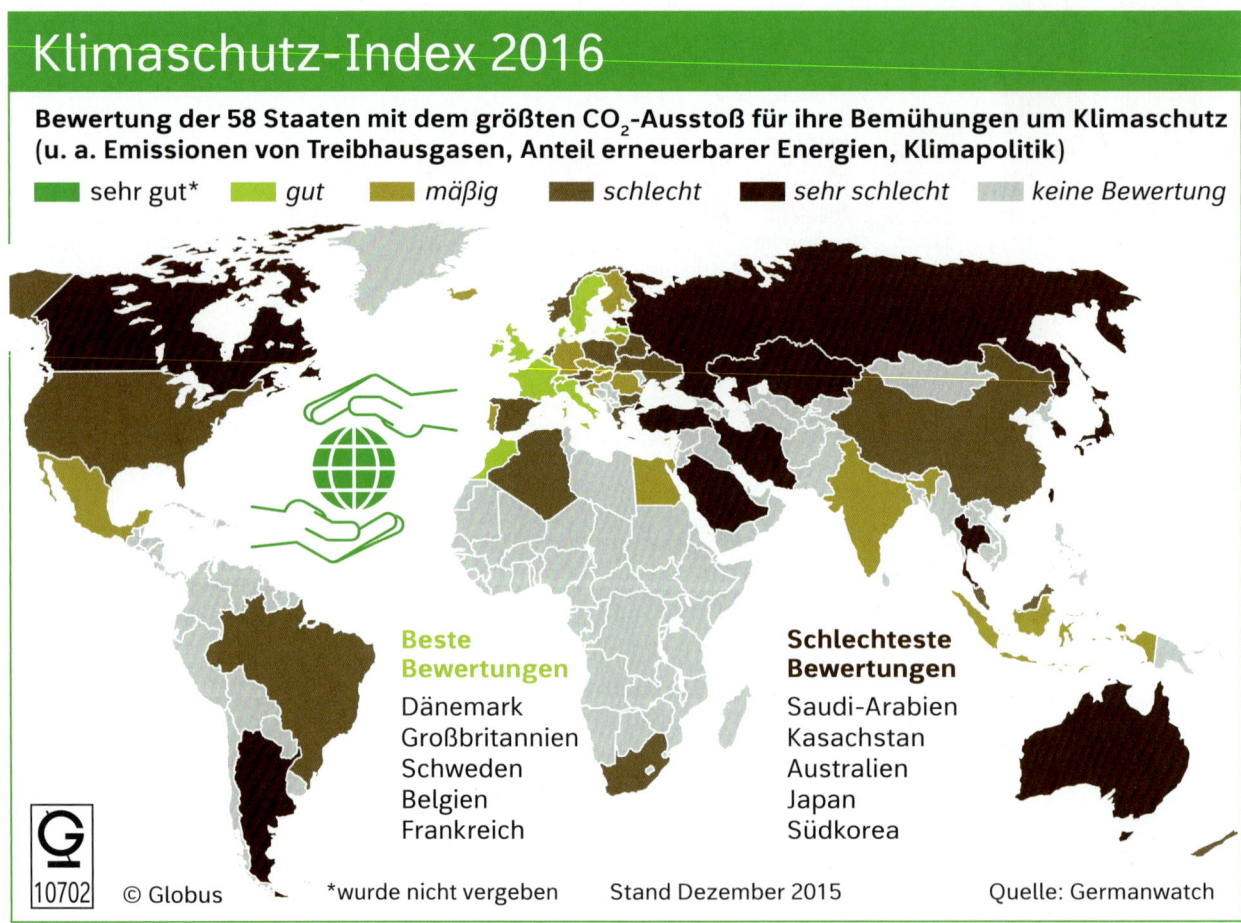

Klimaschutz-Index 2016

Bewertung der 58 Staaten mit dem größten CO_2-Ausstoß für ihre Bemühungen um Klimaschutz (u. a. Emissionen von Treibhausgasen, Anteil erneuerbarer Energien, Klimapolitik)

sehr gut*   *gut*   *mäßig*   *schlecht*   *sehr schlecht*   *keine Bewertung*

Beste Bewertungen

Dänemark
Großbritannien
Schweden
Belgien
Frankreich

Schlechteste Bewertungen

Saudi-Arabien
Kasachstan
Australien
Japan
Südkorea

© Globus   *wurde nicht vergeben   Stand Dezember 2015   Quelle: Germanwatch

10702

2. Nachhaltig handeln bedeutet, dass die Bedürfnisse der Gegenwart befriedigt werden, ohne zu riskieren, dass künftige Generationen keine Chance mehr haben, ihre Bedürfnisse zu befriedigen.
   Prüfen Sie anhand des folgenden Beispiels, inwiefern diese Maßnahmen als nachhaltig bezeichnet werden können. Begründen Sie Ihre Meinung mit zwei geeigneten Argumenten.

Herausforderungen im Palmölanbau

Einer der Hauptgründe, warum Palmöl in der Kritik steht, liegt im Anbau der Ölpalme in Regenwaldregionen. Zum Anbau der Ölpalme werden unter anderem wertvolle Primärwälder abgeholzt. Rund 85 % der Weltproduktion stammen aus zwei Produktionsländern, nämlich Malaysia und Indonesien, die besonders stark von der Abholzung betroffen sind.

Die Flächenexpansion geht auf eine gesteigerte Nachfrage nach Palmöl zurück, vor allem in Indien, Indonesien und China wird vermehrt nach Palmöl nachgefragt, da in diesen drei Ländern ein hohes Bevölkerungs- und wirtschaftliches Wachstum stattgefunden hat und noch weiter zunehmen wird. Palmöl wird in diesen Ländern vor allem als preisgünstiges Öl zum Kochen, Frittieren und Braten genutzt. China, Indonesien und Indien alleine nutzen 41 % des weltweit gehandelten Palmöls. Doch auch in den westlichen Ländern kam es in den vergangenen 20 Jahren zu einer vermehrten Nachfrage nach Palmöl, vor allem weil sich Palmöl, aufgrund seiner besonderen technologischen Eigenschaften und seinem günstigen Preis, sehr gut für die Herstellung von Fertigprodukten eignet.

Deutsche Gesellschaft für Internationale Zusammenarbeit (GIZ): Herausforderungen im Palmölanbau, abgerufen unter: www.forumpalmoel.org/de/ueber-palmoel/herausforderungen-im-palmoelanbau.html [28.06.2016]

3. Interpretieren Sie die Karikatur.

GLOBALISIERUNG

4. Entwickeln Sie zwei Möglichkeiten, wie sich der Einzelne in Europa angesichts des Klimawandels nachhaltig verantwortungsvoll verhalten kann.

Modul 3: Medien und Mediennutzung

Modul 4: Partizipation und politischer Entscheidungsprozess

Modul 6: Grund- und Menschenrechte

Modul 9: Friedenssicherung und Entwicklungszusammenarbeit

Medien – Demokratie – Menschenrechte – Krieg – Frieden

1. a) Arbeiten Sie aus dem Text heraus, welche Bedenken die Autorin zur Datennutzung äußert.
   b) Beschreiben Sie drei Beispiele, mit welchen technischen Möglichkeiten Ihre Daten täglich von anderen benutzt werden.
   c) Nehmen Sie in diesem Zusammenhang Stellung zum Titel des Interviews „Demokratie in Gefahr" und begründen Sie, ob bzw. inwieweit Sie der Autorin zustimmen.

Demokratie in Gefahr

Die meisten Menschen merken wohl noch gar nicht, wie sehr sie längst mit ihren Daten bezahlen und sozusagen eine neue Währung nutzen. Sie ahnen daher alltäglich kaum, was mit ihren Daten passiert.

Einerseits gibt es seit der Entscheidung des Bundesverfassungsgerichts 1983 das Grundrecht auf informationelle Selbstbestimmung, andererseits haben sich die technischen Möglichkeiten der Datenauswertung in den letzten Jahrzehnten dramatisch verändert, sodass die traditionellen Formen des Datenschutzes dem kaum noch gerecht werden können.

Jens Wernicke: Demokratie in Gefahr, 22.05.2015, abgerufen unter: www.heise.de/tp/artikel/44/44967/1. html [28.06.2016]

2. Erläutern Sie zwei Möglichkeiten, wie Sie Ihre persönlichen Daten vor fremdem Zugriff schützen können.

3. Stellen Sie dar, vor welchen Schwierigkeiten Journalisten bei einer Berichterstattung über Krieg stehen. Wählen Sie drei Gesichtspunkte aus dem folgenden Text aus und erläutern Sie diese anhand konkreter Beispiele.

Hat die Feststellung, dass die Wahrheit das erste Opfer eines Krieges ist, noch Gültigkeit? Können Medien den Krieg überhaupt objektiv darstellen? Oder ist es nicht vielmehr so, dass in allen medialen Darstellungen von Krieg die Grenze zwischen Information, Desinformation und Nicht-Information – also Zensur – nicht eindeutig gezogen werden kann? Auch Kriegsberichterstatter sind in ihrer Arbeit an journalistische Ethik gebunden. Der Aktualitätsdruck allerdings hindert Journalisten häufig daran, verantwortungsvoll mit Informationen umzugehen. Unter dem Zwang der Einschaltquoten folgt die Berichterstattung häufig den Spielregeln der Selbstinszenierung. Krieg wird nach dramaturgischen Gesichtspunkten publikumswirksam als „Abenteuer für das Auge" inszeniert und bedient somit vorschnell Interessen, weckt Emotionen. Unterliegt die Berichterstattung noch einer politisch-militärisch gewollten Lenkung oder gar Zensur, geraten Kriegsdarstellung und Berichterstattung in eine fatale Nähe zur Propaganda.

Christian Büttner/Magdalena Kladzinski: Krieg und Medien – Zwischen Information, Inszenierung und Zensur, in: Die neuen Kriege, hrsg. von Herfried Münkler, 4. Aufl., Reinbek bei Hamburg, Rowohlt Taschenbuch Verlag, 2004, S. 223

4. Erläutern Sie am Beispiel der Bundesrepublik Deutschland, wie die im folgenden Text genannte Gewaltenteilung konkret funktioniert. Beschreiben Sie in diesem Zusammenhang auch, welche Institution in der Demokratie Deutschlands welche Gewalt repräsentiert.

Rangliste der Pressefreiheit 2016: Deutschland Platz 16 von 180

Im weltweiten Vergleich stehen auf den oberen Plätzen der Rangliste der Pressefreiheit 2016 ausschließlich Länder mit demokratisch verfassten Regierungen, in denen die Gewaltenteilung funktioniert. In diesen Ländern sorgt eine unabhängige Gerichtsbarkeit dafür, dass Mindeststandards tatsächlich von Gesetzgebung und Regierung respektiert werden. Hierzu zählen vor allem die meisten EU-Staaten und die angelsächsischen Demokratien. Deutschland liegt in der Rangliste der Pressefreiheit in diesem Jahr auf Platz 16 (2015: Platz 12) und hält sich damit im Mittelfeld der EU-Staaten.

Reporter ohne Grenzen: Rangliste der Pressefreiheit 2016 - Nahaufnahme Deutschland, S. 1, abgerufen unter: www.reporter-ohne-grenzen.de/fileadmin/Redaktion/Presse/Downloads/Ranglisten/Rangliste_2016/Nahaufnahme_Deutschland_2016.pdf [28.06.2016]

5. Meinungsfreiheit und Pressefreiheit sind elementare Menschenrechte und zählen zu den Grundprinzipien einer Demokratie.
   Begründen Sie, warum diese beiden Freiheiten so wichtig für die Demokratie sind.

6. Analysieren Sie das folgende Schaubild.
   Wo würden Sie sich selber positionieren? Begründen Sie.

Deutsche Außenpolitik – Oktober 2015

Übernahme von Verantwortung bei internationalen Krisen im Zeitverlauf

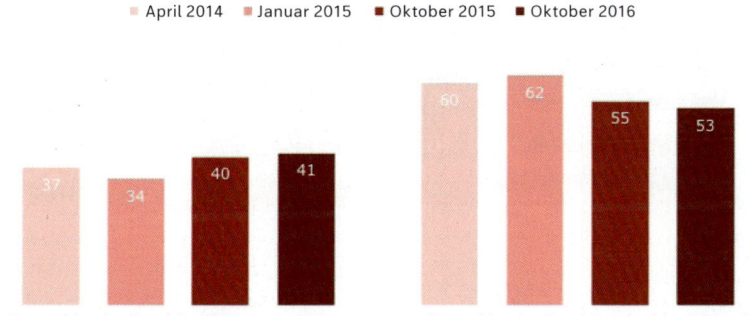

April 2014 ■ Januar 2015 ■ Oktober 2015 ■ Oktober 2016

Deutschland sollte sich stärker engagieren: 37, 34, 40, 41

Deutschland sollte sich weiterhin eher zurückhalten: 60, 62, 55, 53

Frage 2: Es wird derzeit viel darüber diskutiert, ob Deutschland in Zukunft international mehr Verantwortung übernehmen soll. Was denken Sie: Sollte sich Deutschland künftig bei internationalen Krisen stärker engagieren oder sollte sich Deutschland weiterhin eher zurückhalten? Fehlende Werte zu 100%: weiß nicht/ keine Angabe

Angaben in Prozent
Grundgesamtheit: Bevölkerung ab 18 Jahren

TNS Infratest
Deutsche Außenpolitik | Oktober 2015
© TNS 2015

7. Beschreiben Sie anhand zweier Beispiele, welche Auslandseinsätze die Bundeswehr zurzeit im Rahmen der NATO und im Auftrag der UNO durchführt und welche Aufgaben sie dabei erfüllt.

Modul 1: Auszubildende und ihre Lebenswelt

Modul 2: Strukturwandel der Gesellschaft

Modul 4: Partizipation und politischer Entscheidungsprozess

Modul 5: Entwicklung der Demokratie in Deutschland und ihre Gefährdungen

Familie – Rollenbilder – Strukturwandel – Reformen

1. Heute leben die Menschen in vielfältigen Lebensformen.
   Beschreiben Sie die Unterschiede zwischen einer traditionellen Familie und einer Patchworkfamilie anhand dreier Gesichtspunkte.

2. Erst mit den innenpolitischen Reformen durch Bundeskanzler Willy Brandt (SPD) in den 1970er-Jahren wird die Gleichberechtigung von Mann und Frau auch in der Ehe durchgesetzt. Zuvor waren nach dem Grundgesetz Männer und Frauen zwar theoretisch gleichgestellt, in der Realität aber nicht.
   Erläutern Sie anhand zweier Beispiele, wie die Gleichstellung von Mann und Frau in der Ehe heute geregelt ist. Wählen Sie z. B. das Namensrecht, die Regelungen zur Haushaltsführung oder zur Berufstätigkeit, das Sorgerecht für Kinder oder einen anderen geeigneten Gesichtspunkt.

3. a) Analysieren Sie das folgende Schaubild.
   b) Erklären Sie, weshalb Frauen und Männer unterschiedlich viel verdienen.

Männerberufe **besser bezahlt**

Der mittlere Stundenlohn beträgt in den jeweils 10 typischen ...

In Berufen mit über 70 Prozent Frauenanteil bekommen die Beschäftigten im Schnitt einen Stundenlohn von 12 Euro, in typischen Männerberufen sind es 20 Euro. Die Lohndifferenz beträgt damit gut 40 Prozent.

Frauenberufen			Männerberufen
Sachbearbeiterin	17 €	31 €	Unternehmer
Krankenpflegerin	16 €	29 €	Ingenieur
Sozialarbeiterin	16 €	24 €	Softwareentwickler
Erzieherin	14 €	22 €	Datenverarbeiter
Bürokraft	13 €	18 €	Soldat / Polizist
Altenpflegerin	12 €	18 €	Techniker
Gebäudereinigerin	11 €	16 €	Elektriker
Verkäuferin	10 €	13 €	Hausmeister
Sprechstundenhelferin	10 €	12 €	Kraftfahrer
Kellnerin	10 €	12 €	Lagerist

 Infografik / Quelle: DIW, März 2016

4. Arbeiten Sie aus dem Text die Argumente der Autorin gegen das System Hartz IV heraus.

Zahnbürstenkontrolle und Sanktionen

Gegenwärtig hängt die Wahrnehmung, wie Menschenwürde eingelöst wird, zu sehr davon ab, ob wir eine bezahlte Erwerbstätigkeit haben oder andere nennenswerte Einkommensquellen. Die Würde des Hartz-IV-Empfängers wird, da sie kein Lohneinkommen, sondern eine „Lohnersatzleistung" beziehen, ständig verletzt: Es werden Hauskontrollen durchgeführt, bei der die Anzahl der Zahnbürsten mit der Mieterzahl verglichen wird, die Offenlegung von Kontoauszügen wird erzwungen und Sanktionen verhängt, die den Hartz-IV-Satz unter das grundgesetzlich geschützte Existenzminimum senken.

Domscheit-Berg, Anke: Anders arbeiten, in: taz, 28.5.2016, abgerufen unter: www.taz.de/Diskussion-ums-Grundeinkommen/!5304827/ [31.7.2016]

5. Interpretieren Sie die Karikatur.

6. Nehmen Sie Stellung zur Argumentation von Götz Werner für ein bedingungsloses Grundeinkommen.

Die Freiheit zu zeigen, was wir können

Ein bedingungsloses Grundeinkommen […] würde die Eigenverantwortung stärken, weil es Freiheit gibt: die Freiheit, sein Leben selbst in die Hand zu nehmen. Nicht mehr Opfer sein zu müssen, weder der Vorgesetzten oder der Eltern, noch der Verhältnisse. Der so oft gehörte Satz „Wenn ich könnte, wie ich wollte, dann würde ich … aber ich muss ja …", würde so nicht mehr Bestand haben können. Die Menschen könnten darüber nachdenken, was sie frei von Angst tun *möchten*, welchen Beitrag sie leisten *wollen* und was sie schaffen *können* – statt nur das zu tun, zu dem sie aus Existenzangst gezwungen werden.

Werner, Götz/Goehler, Adrienne: 1000 € für jeden – Freiheit, Gleichheit, Grundeinkommen, 1. Aufl., Berlin, Ullstein, 2011, S. 261 f.

Modul 3: Medien und Mediennutzung

Modul 4: Partizipation und politischer Entscheidungsprozess

Modul 6: Grund- und Menschenrechte

Handlungssituation

Beim Surfen in einem sozialen Netzwerk fällt Ihnen in einer Gruppe folgende Diskussion auf:

Kai N.: „Schwule sind doch alle widerlich, überhaupt ist das gegen die Natur!!! Die gehören doch alle in den Knast!"

Anna B.: „Das kannst du doch so nicht sagen! Schon mal was von Menschenrechten gehört?"

Kai N.: „Wieso? Man wird doch noch die Wahrheit sagen dürfen? Schließlich haben wir Meinungsfreiheit. Das ist schließlich ein Menschenrecht!!!"

Aufgabe   Punkte

Hinweis: Alle Aufgaben sind, sofern nicht anders angegeben, in ganzen   30
Sätzen zu beantworten.

1   Kai verstößt mit seinen Aussagen gegen die Menschenrechte.

1.1   Definieren Sie, was man unter Menschenrechten versteht.   3

1.2   Kai verstößt mit seinen Aussagen auch gegen mindestens zwei Grund- 6
      gesetz-Artikel.
      Erklären Sie diesen Sachverhalt mit Hilfe des Grundgesetzes (Anlage 1) an
      zwei Beispielen aus dem abgedruckten Dialog.

2   Auch die deutsche Politik beschäftigt sich mit den sozialen Netzwerken.
      (Anlage 2)

2.1   Stellen Sie in eigenen Worten den in Anlage 2 geschilderten Sachverhalt 3
      dar.

2.2   Sie fragen sich, ob das geplante Vorhaben des Justizministers sinnvoll ist. 8
      Begründen Sie Ihre Meinung mit zwei Argumenten und jeweils einem dazu
      passenden Beispiel.

3   Die Diskussion im sozialen Netzwerk geht weiter. Kai N. äußert sich fol- 10
      gendermaßen:
      Kai N.: „Was ich über Schwule gesagt habe, stimmt hundertprozentig. Das
      habe ich nämlich schon oft im Netz gelesen."
      Beurteilen Sie ausgehend von Kais Aussage, inwieweit soziale Netzwerke,
      im Unterschied zu klassischen Medien, als Informationsquelle sinnvoll
      sind. Beziehen Sie sich auf mindestens fünf unterschiedliche Gesichts-
      punkte.

Anlage 1

Die Grundrechte

Artikel 1
(1) Die Würde des Menschen ist unantastbar. Sie zu achten und zu schützen ist Verpflichtung aller staatlichen Gewalt.
(2) Das Deutsche Volk bekennt sich darum zu unverletzlichen und unveräußerlichen Menschenrechten als Grundlage jeder menschlichen Gemeinschaft, des Friedens und der Gerechtigkeit in der Welt. [...]

Artikel 2

(1) Jeder hat das Recht auf die freie Entfaltung seiner Persönlichkeit, soweit er nicht die Rechte anderer verletzt und nicht gegen die verfassungsmäßige Ordnung oder das Sittengesetz verstößt.

(2) Jeder hat das Recht auf Leben und körperliche Unversehrtheit. Die Freiheit der Person ist unverletzlich. In diese Rechte darf nur auf Grund eines Gesetzes eingegriffen werden.

Artikel 3

(1) Alle Menschen sind vor dem Gesetz gleich.

(2) Männer und Frauen sind gleichberechtigt. Der Staat fördert die tatsächliche Durchsetzung der Gleichberechtigung von Frauen und Männern und wirkt auf die Beseitigung bestehender Nachteile hin.

(3) Niemand darf wegen seines Geschlechtes, seiner Abstammung, seiner Rasse, seiner Sprache, seiner Heimat und Herkunft, seines Glaubens, seiner religiösen oder politischen Anschauungen benachteiligt oder bevorzugt werden. Niemand darf wegen seiner Behinderung benachteiligt werden.

Artikel 4

(1) Die Freiheit des Glaubens, des Gewissens und die Freiheit des religiösen und weltanschaulichen Bekenntnisses sind unverletzlich.

(2) Die ungestörte Religionsausübung wird gewährleistet. [...]

Artikel 5

(1) Jeder hat das Recht, seine Meinung in Wort, Schrift und Bild frei zu äußern und zu verbreiten und sich aus allgemein zugänglichen Quellen ungehindert zu unterrichten. Die Pressefreiheit und die Freiheit der Berichterstattung durch Rundfunk und Film werden gewährleistet. Eine Zensur findet nicht statt.

(2) Diese Rechte finden ihre Schranken in den Vorschriften der allgemeinen Gesetze, den gesetzlichen Bestimmungen zum Schutze der Jugend und in dem Recht der persönlichen Ehre. [...]

Anlage 2

Vorgehen gegen Hasskommentare: Maas droht Facebook (17.07.2016)

Bundesminister Heiko Maas hat Facebook vorgeworfen, Zusagen im Kampf gegen Hassbotschaften nicht vollständig einzuhalten. In einem dem „Spiegel" vorliegenden Brief an die Cheflobbyisten[1] des Kommunikationskonzerns in Berlin und London verweist er auf eine gemeinsame Arbeitsgruppe zum Thema Hetze im Netz. „Das Ergebnis Ihrer Anstrengungen bleibt bisher hinter dem zurück, was wir in der Task Force[2] gemeinsam verabredet haben", zitiert das Nachrichtenmagazin daraus.

Maas moniert[3] demnach, dass „noch immer zu wenig, zu langsam und zu oft auch das Falsche gelöscht" werde. Meldungen problematischer Beiträge durch Nutzer müssten genauso zügig und sorgfältig bearbeitet werden wie solche von Organisationen.

Indirekt drohte Maas mit einer Regelung auf europäischer Ebene. Er sei sich mit seinen EU-Kollegen einig, dass von Hassbotschaften „eine erhebliche Gefahr für den gesellschaftlichen Frieden" ausgehe. „Je besser es den beteiligten Unternehmen hier gelingt, ihrer Verantwortung gerecht zu werden, desto geringer ist der Bedarf für weitere Regelungen", schrieb er. Maas hatte im September Facebook die Selbstverpflichtung abgenommen, wegen Volksverhetzung gemeldete Beiträge binnen 24 Stunden auf Grundlage des deutschen Rechts zu prüfen.

tagesschau.de (Hrsg.): Maas droht Facebook, 17.07.2016, abgerufen unter: www.tagesschau.de/inland/maas-facebook-111.html [13.10.2016]

Ministerium für Kultus, Jugend und Sport Baden-Württemberg, Koordinierungsstelle für Abschlussprüfungen von Berufsschule und Wirtschaft (Hrsg.): Handreichung zur schriftlichen Abschlussprüfung in der Berufsschule nach dem neuen Bildungsplan Gemeinschaftskunde, Stuttgart 2017, S. 9f.

---

[1] *Cheflobbyist: oberster Interessenvertreter eines Verbandes*
[2] *Task Force: aufgrund von dringlichen Problemen für eine begrenzte Zeit einberufene Arbeitsgruppe*
[3] *monieren: anmahnen*

Modul 4: Partizipation und politischer Entscheidungs-prozess

Modul 7: Europa im 20. und 21. Jahrhundert

Modul 8: Globalisierung

Handlungssituation

Seit Jahren verändert sich das Klima auf der Welt und grenzübergreifend sind Menschen von den Auswirkungen betroffen. Als eine der Ursachen dafür wird u.a. die Zunahme von Treibhausgasen wie CO_2 und Methan genannt.

Im Rahmen eines schulischen Umweltprojektes beschäftigt sich Ihre Klasse mit diesem Klimawandel. Gegenstand des Projekts sind sowohl internationale Klimaabkommen als auch nationale Beschlüsse.

Aufgabe   Punkte

Hinweis: Alle Aufgaben sind, sofern nicht anders angegeben, in ganzen Sätzen zu beantworten.   30

1.1 Im Zentrum des Projektes steht die Frage, was jeder Einzelne für den Klimaschutz tun kann.   3
Beschreiben Sie drei konkrete Möglichkeiten, wie Sie selbst zum Schutz des Klimas beitragen können.

1.2 Bei Ihren Recherchen stoßen Sie auch auf folgende Karikatur zum Klimawandel.   5
Beschreiben und interpretieren Sie die beiliegende Karikatur (Anlage 1). Berücksichtigen Sie bei Ihrer Interpretation die zunehmende Globalisierung.

1.3 Bei Ihrer weiteren Arbeit für das Projekt entdecken Sie im Internet folgenden Artikel (Anlage 2).   4
Geben Sie den Inhalt des Textes in eigenen Worten wieder, indem Sie das Ziel und den Vorschlag des Bundesrates herausarbeiten.

1.4 Beim Durcharbeiten des Textes wird Ihnen bewusst, dass es weitere globale Umweltprobleme gibt.   6
Erläutern Sie zwei weitere aktuelle globale Umweltprobleme und deren negativen Auswirkungen.

2   Ein europaweiter Gesetzesvorschlag, wie er in Anlage 2 gefordert wird, kann nur durch die Institutionen der Europäischen Union beschlossen werden.   4
Stellen Sie mit Hilfe des Schaubilds (Anlage 3) in eigenen Worten zwei mögliche Wege dar, wie ein solcher Gesetzesvorschlag für die gesamte EU zustande kommen kann.

3   Im Rahmen Ihres Schulprojektes haben Sie auch einen Internetblog.   8
Verfassen Sie in diesem Zusammenhang einen Kommentar zum Vorschlag des Bundesrats. Nehmen Sie darin zu diesem Vorschlag Stellung und begründen Sie Ihre Haltung mit drei ausformulierten Argumenten.

Anlage 1

Anlage 2

Ab 2030: Bundesländer wollen Benzin- und Dieselautos verbieten

Von Sven Böll

Die Bundesländer wollen nach SPIEGEL-Informationen ab 2030 keine Benzin- und Dieselautos mehr neu zulassen. Das geht aus einem Beschluss hervor, den der Bundesrat in seiner jüngsten Sitzung gefasst hat. Damit befürworten sowohl die SPD- als auch die unionsregierten Länder ein entsprechendes Verbot.

In dem Beschluss wird die EU-Kommission aufgefordert, „die bisherigen Steuer- und Abgabenpraktiken der Mitgliedsstaaten auf ihre Wirksamkeit hinsichtlich der Förderung emissionsfreier Mobilität[1] auszuweiten ..., damit spätestens ab 2030 unionsweit nur noch emissionsfreie Pkw zugelassen werden". [...]

Um das Klimaabkommen zu erfüllen, sollen die deutschen CO_2-Emissionen bis 2050 um bis zu 95 Prozent gesenkt werden. Eine Maßnahme ist dabei die Förderung der Elektromobilität[2] – allerdings bislang mit bescheidenem Erfolg. Auch eine Kaufprämie hat noch nicht den gewünschten Anschub gebracht.

Sven Böll: Bundesländer wollen Benzin- und Dieselautos verbieten, 8.10.2016, abgerufen unter:
www.spiegel.de/auto/aktuell/bundeslaender-wollen-benzin-und-dieselautos-ab-2030-verbieten-a-1115671.html [11.10.2016]

---

[1] *emissionsfreie Mobilität: Fahren ohne Schadstoffausstoß*
[2] *Elektromobilität: Fahren mit Elektromotor*

Anlage 3

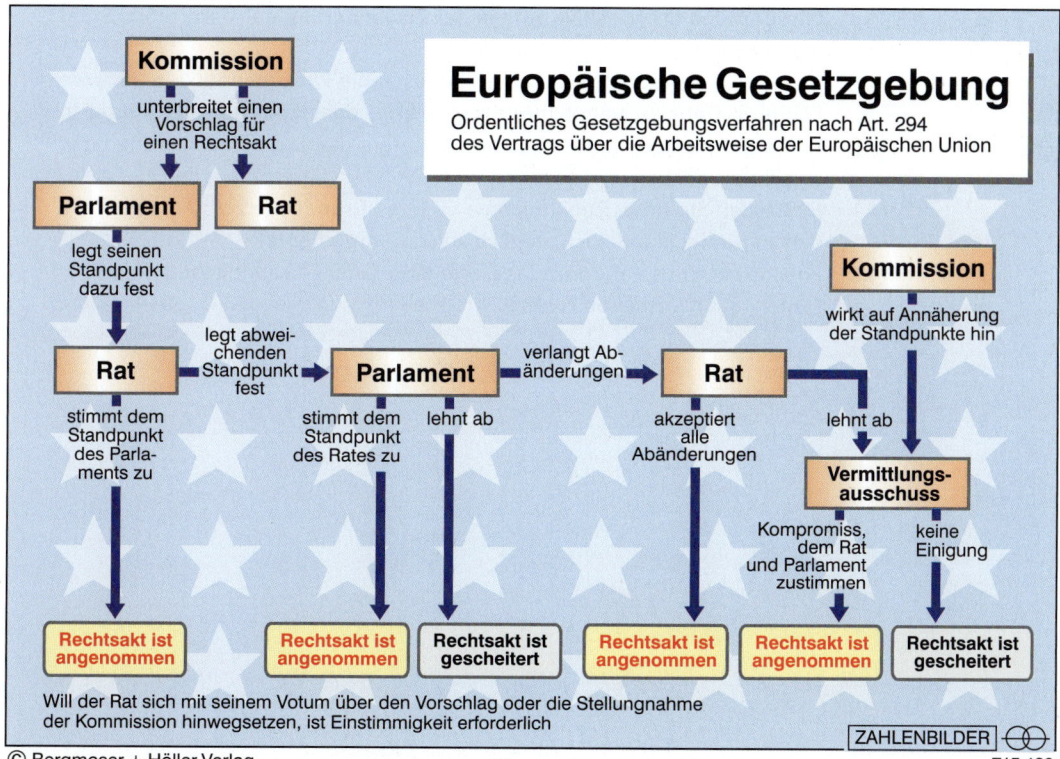

Ministerium für Kultus, Jugend und Sport Baden-Württemberg, Koordinierungsstelle für Abschlussprüfungen von Berufsschule und Wirtschaft (Hrsg.): Handreichung zur schriftlichen Abschlussprüfung in der Berufsschule nach dem neuen Bildungsplan Gemeinschaftskunde, Stuttgart 2017, S. 14 ff.

Modul 1: Auszubildende und ihre Lebenswelt

Modul 2: Strukturwandel der Gesellschaft

Modul 6: Grund- und Menschenrechte

Handlungssituation

Eine Austauschschülerin aus Indien berichtet Ihnen von ihrer Familie. Sie wohnt in Indien zusammen mit ihren Großeltern, Eltern und drei Geschwistern in einem Haus. Die meisten ihrer Freunde dort leben in ähnlichen Familienverhältnissen. Sie fragt Sie, ob die Situation in Deutschland vergleichbar ist.

Aufgabe   Punkte

Hinweis: Alle Aufgaben sind, sofern nicht anders angegeben, in ganzen   30
Sätzen zu beantworten.

1   Sie überlegen sich daraufhin, in welchen Familien- und Lebensformen   4
     Menschen in der heutigen Zeit in Deutschland leben.
     Beschreiben Sie zwei unterschiedliche aktuelle Familien- und Lebensformen.

2   Sie wollen wissen, wie sich die Familie im Einzelnen verändert hat.   6
     Arbeiten Sie aus dem Schaubild (Anlage 1) drei wesentliche Entwicklungen
     heraus und stellen Sie diese in zusammenhängenden Sätzen dar.

3   Sie informieren sich weiter und stoßen auf den Text in Anlage 2.

3.1 Arbeiten Sie aus dem Text (Anlage 2) drei besonders wichtige Veränderun- 6
     gen heraus, wie sich die Bevölkerungs- und die Altersstruktur in der Bun-
     desrepublik zukünftig entwickeln wird.

3.2 Sie berichten Ihrer indischen Austauschschülerin von diesen Veränderun-   6
     gen und diese ist der Meinung, dass zum Beispiel Zuwanderung die nega-
     tiven Folgen dieser Situation verändern werde.
     Erläutern Sie drei positive Folgen der Zuwanderung auf Wirtschaft, Staat
     oder Gesellschaft in Deutschland.

4   In Ihrem Gespräch thematisieren Sie auch die Familienpolitik in anderen
     Ländern. Dabei erwähnt Ihre Mitschülerin, dass zum Beispiel Bürger in
     China nur wenige Kinder bekommen dürfen, damit die Bevölkerung nicht
     so schnell wächst. Wer dagegen verstößt, kann bestraft werden.

4.1 Beurteilen Sie unter Zuhilfenahme unseres Grundgesetzes (Anlage 3), ob   4
     dies in Deutschland auch möglich wäre. (2 Argumente)

4.2 Entwickeln Sie zwei Vorschläge, wie eine familienfreundlichere Politik in 4
     Deutschland aussehen könnte.

Anlage 1

Von der Groß- zur Kleinstfamilie

Haushaltsgrößen in Deutschland nach Personenzahl in Prozent der privaten Haushalte

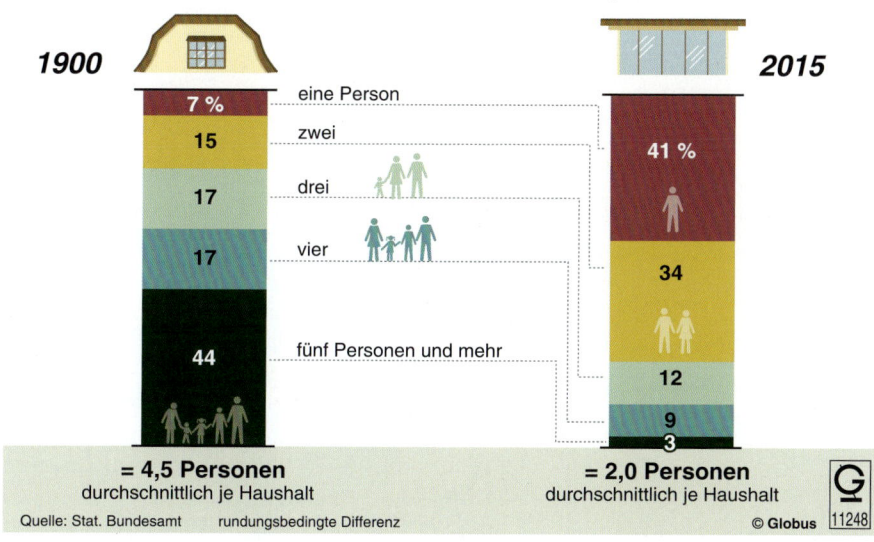

1900

7 % eine Person
15 zwei
17 drei
17 vier
44 fünf Personen und mehr

= 4,5 Personen
durchschnittlich je Haushalt
Quelle: Stat. Bundesamt   rundungsbedingte Differenz

2015

41 %
34
12
9
3

= 2,0 Personen
durchschnittlich je Haushalt
© Globus 11248

Anlage 2

Nach der Variante der Bevölkerungsvorausberechnung, bei der eine annähernd konstante Geburtenrate je Frau, ein moderater Anstieg der Lebenserwartung sowie ein positiver Wanderungssaldo von 200.000 Personen pro Jahr ab 2021 angenommen wird, wird sich das Generationenverhältnis weiter zu Lasten der Jüngeren verschieben. Der Anteil der unter 20-Jährigen wird von 18,1 Prozent im Jahr 2013 bis 2060 auf 16,4 Prozent zurückgehen. [...]
Besonders stark wird die Bevölkerung im erwerbsfähigen Alter schrumpfen. Die Zahl der 20- bis unter 65-Jährigen wird ab 2020 deutlich zurückgehen und je nach Höhe der Nettozuwanderung von 49,2 Millionen im Jahr 2013 auf 37,9 Millionen bzw. 34,3 Millionen im Jahr 2060 fallen. Der Anteil an der Gesamtbevölkerung sinkt dabei von 61,0 auf 51,9 bzw. 50,8 Prozent. [...]
Der demografische Wandel schlägt sich besonders deutlich bei der Anzahl der Hochbetagten nieder. Im Jahr 2013 lebten 4,4 Millionen 80-Jährige und Ältere in Deutschland. Ihre Anzahl wird bis 2050 (bei stärkerer Zuwanderung) auf 9,9 Millionen steigen (2060: 9,0 Mio.). Der Anteil der 80-Jährigen und Älteren an der Gesamtbevölkerung betrug 2013 rund 5 Prozent, bis 2050 wird sich der Anteil auf 13,0 Prozent erhöhen. 2060 wird jede achte Person 80 Jahre oder älter sein (12,3 Prozent).

Bundeszentrale für politische Bildung (Hrsg.): Bevölkerungsentwicklung und Altersstruktur, 27.12.2015, abgerufen unter: www.bpb.de/nachschlagen/zahlen-und-fakten/soziale-situation-in-deutschland/61541/altersstruktur (stark gekürzt und sprachlich verändert)

Anlage 3

Die Grundrechte
siehe Anlage 1 auf S. 270f.

Ministerium für Kultus, Jugend und Sport Baden-Württemberg, Koordinierungsstelle für Abschlussprüfungen von Berufsschule und Wirtschaft (Hrsg.): Handreichung zur schriftlichen Abschlussprüfung in der Berufsschule nach dem neuen Bildungsplan Gemeinschaftskunde, Stuttgart 2017, S. 20f.

Deutschland

© westermann

Zeichenerklärung
Verwaltung
— Staatsgrenze
— Landesgrenze
■ Hauptstadt eines Staates
● Landeshauptstadt
Gewässer
〜 Fluss
〜 See

Maßstab 1:4 000 000
0 20 40 60 80 100 km

Grönland
(mit Dänemark
assoziiert)

Spitzbergen
(Norw.)

Bäreninsel
(Norw.)

Nowaja
Semlja

Zeichenerklärung
Verwaltung

Staatsgrenze
umstrittene
Grenze
Hauptstadt
eines Staates

E u r o p ä i s c h e s

Jan Mayen
(Norw.)

N o r d m e e r

Island
Reykjavík

Färöer
(Dän.)

Finnland
Helsinki

R u s s l a n d

Shetland-
Inseln

Norwegen

Schweden

Moskau

Orkney-
Inseln

N o r d s e e

Oslo

Stockholm

Tallinn
Estland

Riga
Lettland

Nord-
irland

Vereinigtes

Dänemark

Litauen
Vilnius

Minsk

Dublin

Großbritannien

Kopenhagen

(zu
Russland)

Weißrussland
(Belarus)

Irland

Königreich

Niederlande
Amsterdam

Berlin

Polen

Warschau

Kiew

London

Deutschland

Ukraine

Brüssel

Kanalinseln
(G.-B.)

Belgien

Prag
Tschechische
Republik

Slowakei

Moldau
Kischinau

Luxemburg
Luxemburg

Bratislava

Krim
(von Russland
kontrolliert)

Paris

Liechten-
stein

Wien

Budapest

Frankreich

Bern
Schweiz

Österreich

Ungarn

Rumänien

Bukarest

Schwarzes Meer

Slowenien

Ljubljana
Zagreb

Kroatien

Portugal

Madrid

Andorra

Monaco

San Marino

Korsika

Vatikanstadt

Bosnien u.
Herzegowina
Sarajevo

Belgrad
Serbien

Monte-
negro

Kosovo

Bulgarien
Sofia

Skopje
Mazedonien

Ankara

Tirana
Albanien

Türkei

Spanien

Balearen

Rom

Italien

Sardinien

Griechenland

Athen

Lissabon

Gibraltar
(G.-B.)

Ceuta
(Spanien)

Melilla
(Spanien)

Algier

Tunis

Sizilien

Valletta
Malta

Kreta

Nikosia
Zypern

Beirut
Libanon

Westjordanland
Jerusalem
Israel
Gazastreifen

Rabat

Marokko

Tunesien

Tripolis

A l g e r i e n

L i b y e n

M i t t e l m e e r

Kairo

Ä g y p t e n

A t l a n t i s c h e r   O z e a n

Maßstab 1:25 000 000

0 100 200 300 400 500 km

© westermann

Nordpolarmeer

Russland

Finnland
Helsinki
Estland
Lettland
Litauen
Weiß-
russland
Polen
Slowakei
Ungarn RO
SRB
BIH
MK Bulgarien
Griechen-
land

Moskau

Astana

Kasachstan

Mongolei
Ulan-Bator

China

Peking

Nordkorea
Pjöngjang
Seoul
Südkorea

Japan
Tokio

(russische
Verwaltung)

Kiew
Ukraine
Moldau

Georgien
Ankara
Türkei
Armenien
Aser-
baidschan
Usbekistan
Turk-
menistan
Bischkek
Taschkent
Duschanbe
Kirgisistan
Tadschikistan
Asgabat

Zypern
Libanon
Israel
Syrien
Bagdad
Irak
Iran
Teheran
Kabul
Afghanistan
Islamabad

Kairo
Jordanien
Kuwait
Pakistan
Neu-Delhi
Nepal
Kathmandu
Bhutan
Bangla-
desch
Dhaka

Libyen
Ägypten
Saudi-
Arabien
Bahrain
Katar
VAE
Riad
Maskat
Oman
Indien
Myanmar
(Birma)
Naypyidaw
Laos
Hanoi
Vientiane
Vietnam
Taipeh
Taiwan

Tschad
Sudan
Khartum
Eritrea
Asmarä
Jemen
Sana
Dschibuti
Dschibuti
Sokotra
(Jemen)
Thailand
Bangkok
Kambodscha
Manila
Philippinen

Zentral-
afrikan.
Republik
Bangui
Süd-
sudan
Juba
Addis
Abeba
Äthiopien
Somalia
Mogadischu
Colombo
Malé
Sri Lanka
Malediven
Phnom
Penh
Kuala
Lumpur
Singapur
Singapur
Malaysia
Brunei

D. R.
Kongo
Kinshasa
Uganda
Kampala
Ruanda
Burundi
Kenia
Nairobi
Victoria
Seychellen
Jakarta
Indonesien

Dodoma
Tansania
Moroni
Komoren
Dili
Timor-Leste
Papua-
Neuguinea
Port
Moresby

Sambia
Lusaka
Lilongwe
Malawi
Harare
Simbabwe
Madagaskar
Antananarivo
Réunion
(Fr.)
Port Louis
Mauritius

Windhuk
Botsuana
Gaborone
Mosambik
Pretoria
Maputo
Maseru
Lesotho
Mbabane
Swasiland
Südafrika

Indischer

Ozean

Australien

Canberra

Kerguelen
(Fr.)

Neuseeland
Wellington

Antarktis

Pazifischer

Ozean

Nördliche
Marianen
(USA)
Guam(USA)

Marshall-
inseln

Melekeok
Palau
Mikronesien
Palikir
Majuro

Yaren
Nauru
South
Tarawa

Salomonen
Honiara

Vanuatu
Port Vila
Neukaledonien
(Fr.)
Suva
Fidschi

Zeichenerklärung
Verwaltung
——— Staatsgrenze
- - - - umstrittene Grenze
● Hauptstadt
eines Staates
Réunion
(Fr.)
Außengebiet mit
innerer Autonomie
Azoren
(Port.)
abhängiges Gebiet,
Außenbesitzung

Bildquellenverzeichnis

Vereinte Nationen – www.un.org/
sustainabledevelopment: 226
Wikimedia – PD: 138.3
Wikimedia/CC-BY-SA-3.0/Ralf
Roletschek: 87
Wikimedia CC BY-SA 2.0: 253.1
Wikimedia Commons PD: 186.5
Wikimedia Commons PD – Adolph
Menzel: 58.2
Wikimedia Commons PD/Carl Van
Vechten: 130.2
WIKIMEDIA FOUNDATION, INC.. 80.1
Zukunftsstiftung Landwirtschaft, Berlin:
215.1

Zeichnungen/Karikaturen
Angelika Brauner/Bildungsverlag
EINS: 132
Baaske Cartoons/Kersten, Detlef: 36.1
Burkhard Mohr, Königswinter: 254.1
Christiane Pfohlmann: 36.2
Claudia Hild, Angelburg: 218.3
Frank Speth, Quickborn: 254.3
Gerhard Mester, Wiesbaden: 161.2, 178,
216.3, 235.2
Harm Bengen, Norden: 196
Heiko Sakurai, Essen: 179.2, 187
Henning Studte, Darmstadt: 261.2
Horst Haitzinger, München: 156
HSB-Cartoon, Horstmar: 262.2
Janson-Karikatur, Landau: 103
Jürgen Tomicek, Werl-Westönnen: 221,
265
KA GREVE/toonpool.com: 84.2
Karin Mihm, Düsseldorf: 200

Klaus Stuttmann, Berlin: 238, 254.2, 269
Kostas Koufogiorgos, Stuttgart: 247
Lena Rupert/Bildungsverlag EINS: 23
Paolo Calleri, Ulm: 195, 205
Roger Schmidt, Brunsbüttel: 73
Rolf Henn (Luff), Stuttgart: 110
Schwarwel, Leipzig: 254.4
Thomas Plaßmann, Essen: 10.4, 56.1,
64.1, 64.2, 65, 78.1, 272
Tom Körner, Berlin: 54.1
Universitats- und Landesbibliothek
Münster, N. Schöpper K 12,057: 62
Vicky (Viktor Weisz): 134
Walter Hanel, Bergisch–Gladbach: 241.1
Westermann Kartographie, Braun-
schweig: 276–279

Umschlag
Links: Laif; Rechts: dpa Picture-Alliance
GmbH, Frankfurt